Around the World in Eighty Days

Jules Verne

Copyright © 2016 BrotherSun Inc.

All rights reserved.

ISBN-13: 978-1545089163

ISBN-10: 1545089167

BrotherSun Incorported
500 North Rainbow Boulevard
Suite 300A
Las Vegas NV 89107

www.brothersuninc.com

Jules Verne

Learn by Reading is a series of electronic books that aims at helping students learn French and get familiar with the French culture. It features famous but simple, short texts, side-by-side with their translation.

I DANS LEQUEL PHILEAS FOGG ET PASSEPARTOUT S'ACCEPTENT RÉCIPROQUEMENT L'UN COMME MAÎTRE, L'AUTRE COMME DOMESTIQUE

En l'année 1872, la maison portant le numéro 7 de Saville-row, Burlington Gardens -- maison dans laquelle Sheridan mourut en 1814 --, était habitée par Phileas Fogg, esq., l'un des membres les plus singuliers et les plus remarqués du Reform-Club de Londres, bien qu'il semblât prendre à tâche de ne rien faire qui pût attirer l'attention. A l'un des plus grands orateurs qui honorent l'Angleterre, succédait donc ce Phileas Fogg, personnage énigmatique, dont on ne savait rien, sinon que c'était un fort galant homme et l'un des plus beaux gentlemen de la haute société anglaise.

Chapter I IN WHICH PHILEAS FOGG AND PASSEPARTOUT ACCEPT EACH OTHER, THE ONE AS MASTER, THE OTHER AS MAN

Mr. Phileas Fogg lived, in 1872, at No. 7, Saville Row, Burlington Gardens, the house in which Sheridan died in 1814. He was one of the most noticeable members of the Reform Club, though he seemed always to avoid attracting attention; an enigmatical personage, about whom little was known, except that he was a polished man of the world. People said that he resembled Byron--at least that his head was Byronic; but he was a bearded, tranquil Byron, who might live on a thousand years without growing old.

Jules Verne

On disait qu'il ressemblait à Byron -- par la tête, car il était irréprochable quant aux pieds --, mais un Byron à moustaches et à favoris, un Byron impassible, qui aurait vécu mille ans sans vieillir. Anglais, à coup sûr, Phileas Fogg n'était peut-être pas Londonner. On ne l'avait jamais vu ni à la Bourse, ni à la Banque, ni dans aucun des comptoirs de la Cité. Ni les bassins ni les docks de Londres n'avaient jamais reçu un navire ayant pour armateur Phileas Fogg. Ce gentleman ne figurait dans aucun comité d'administration. Son nom n'avait jamais retenti dans un collège d'avocats, ni au Temple, ni à Lincoln's-inn, ni à Gray's-inn. Jamais il ne plaida ni à la Cour du chancelier, ni au Banc de la Reine, ni à l'Échiquier, ni en Cour ecclésiastique. Il n'était ni industriel, ni négociant, ni marchand, ni agriculteur. Il ne faisait partie ni de l'Institution royale de la Grande-Bretagne, ni de l'Institution de Londres, ni de l'Institution des Artisans, ni de l'Institution Russell, ni de l'Institution littéraire de l'Ouest, ni de l'Institution du Droit, ni de cette Institution des Arts et des Sciences réunis, qui est placée sous le patronage direct de Sa Gracieuse Majesté. Il n'appartenait enfin à aucune des nombreuses sociétés qui pullulent dans la capitale de l'Angleterre, depuis la Société de l'Armonica jusqu'à la Société entomologique, fondée principalement dans le but de détruire les insectes nuisibles.

Certainly an Englishman, it was more doubtful whether Phileas Fogg was a Londoner. He was never seen on 'Change, nor at the Bank, nor in the counting-rooms of the "City"; no ships ever came into London docks of which he was the owner; he had no public employment; he had never been entered at any of the Inns of Court, either at the Temple, or Lincoln's Inn, or Gray's Inn; nor had his voice ever resounded in the Court of Chancery, or in the Exchequer, or the Queen's Bench, or the Ecclesiastical Courts. He certainly was not a manufacturer; nor was he a merchant or a gentleman farmer. His name was strange to the scientific and learned societies, and he never was known to take part in the sage deliberations of the Royal Institution or the London Institution, the Artisan's Association, or the Institution of Arts and Sciences. He belonged, in fact, to none of the numerous societies which swarm in the English capital, from the Harmonic to that of the Entomologists, founded mainly for the purpose of abolishing pernicious insects.

Phileas Fogg était membre du Reform-Club, et voilà tout.

Phileas Fogg was a member of the Reform, and that was all.

A qui s'étonnerait de ce qu'un gentleman aussi mystérieux comptât parmi les membres de cette honorable association, on répondra qu'il passa sur la recommandation de MM. Baring frères, chez lesquels il avait un crédit ouvert. De là une certaine « surface », due à ce que ses chèques étaient régulièrement payés à vue par le débit de son compte courant invariablement créditeur.

The way in which he got admission to this exclusive club was simple enough. He was recommended by the Barings, with whom he had an open credit. His cheques were regularly paid at sight from his account current, which was always flush.

Ce Phileas Fogg était-il riche ? Incontestablement. Mais comment il avait fait fortune, c'est ce que les mieux informés ne pouvaient dire, et Mr. Fogg était le dernier auquel il convînt de s'adresser pour l'apprendre. En tout cas, il n'était prodigue de rien, mais non avare, car partout où il manquait un appoint pour une chose noble, utile ou généreuse, il l'apportait silencieusement et même anonymement. En somme, rien de moins communicatif que ce gentleman. Il parlait aussi peu que possible, et semblait d'autant plus mystérieux qu'il était silencieux. Cependant sa vie était à jour, mais ce qu'il faisait était si mathématiquement toujours la même chose, que l'imagination, mécontente, cherchait au-delà.

Was Phileas Fogg rich? Undoubtedly. But those who knew him best could not imagine how he had made his fortune, and Mr. Fogg was the last person to whom to apply for the information. He was not lavish, nor, on the contrary, avaricious; for, whenever he knew that money was needed for a noble, useful, or benevolent purpose, he supplied it quietly and sometimes anonymously. He was, in short, the least communicative of men. He talked very little, and seemed all the more mysterious for his taciturn manner. His daily habits were quite open to observation; but whatever he did was so exactly the same thing that he had always done before, that the wits of the curious were fairly puzzled.

Jules Verne

Avait-il voyagé ? C'était probable, car personne ne possédait mieux que lui la carte du monde. Il n'était endroit si reculé dont il ne parût avoir une connaissance spéciale. Quelquefois, mais en peu de mots, brefs et clairs, il redressait les mille propos qui circulaient dans le club au sujet des voyageurs perdus ou égarés ; il indiquait les vraies probabilités, et ses paroles s'étaient trouvées souvent comme inspirées par une seconde vue, tant l'événement finissait toujours par les justifier. C'était un homme qui avait dû voyager partout, -- en esprit, tout au moins.

Had he travelled? It was likely, for no one seemed to know the world more familiarly; there was no spot so secluded that he did not appear to have an intimate acquaintance with it. He often corrected, with a few clear words, the thousand conjectures advanced by members of the club as to lost and unheard-of travellers, pointing out the true probabilities, and seeming as if gifted with a sort of second sight, so often did events justify his predictions. He must have travelled everywhere, at least in the spirit.

Ce qui était certain toutefois, c'est que, depuis de longues années, Phileas Fogg n'avait pas quitté Londres. Ceux qui avaient l'honneur de le connaître un peu plus que les autres attestaient que -- si ce n'est sur ce chemin direct qu'il parcourait chaque jour pour venir de sa maison au club -- personne ne pouvait prétendre l'avoir jamais vu ailleurs. Son seul passe-temps était de lire les journaux et de jouer au whist. A ce jeu du silence, si bien approprié à sa nature, il gagnait souvent, mais ses gains n'entraient jamais dans sa bourse et figuraient pour une somme importante à son budget de charité. D'ailleurs, il faut le remarquer, Mr. Fogg jouait évidemment pour jouer, non pour gagner. Le jeu était pour lui un combat, une lutte contre une difficulté, mais une lutte sans mouvement, sans déplacement, sans fatigue, et cela allait à son caractère.

It was at least certain that Phileas Fogg had not absented himself from London for many years. Those who were honoured by a better acquaintance with him than the rest, declared that nobody could pretend to have ever seen him anywhere else. His sole pastimes were reading the papers and playing whist. He often won at this game, which, as a silent one, harmonised with his nature; but his winnings never went into his purse, being reserved as a fund for his charities. Mr. Fogg played, not to win, but for the sake of playing. The game was in his eyes a contest, a struggle with a difficulty, yet a motionless, unwearying struggle, congenial to his tastes.

On ne connaissait à Phileas Fogg ni femme ni enfants, -- ce qui peut arriver aux gens les plus honnêtes, -- ni parents ni amis, -- ce qui est plus rare en vérité. Phileas Fogg vivait seul dans sa maison de Saville-row, où personne ne pénétrait. De son intérieur, jamais il n'était question. Un seul domestique suffisait à le servir. Déjeunant, dînant au club à des heures chronométriquement déterminées, dans la même salle, à la même table, ne traitant point ses collègues, n'invitant aucun étranger, il ne rentrait chez lui que pour se coucher, à minuit précis, sans jamais user de ces chambres confortables que le Reform-Club tient à la disposition des membres du cercle. Sur vingt-quatre heures, il en passait dix à son domicile, soit qu'il dormît, soit qu'il s'occupât de sa toilette. S'il se promenait, c'était invariablement, d'un pas égal, dans la salle d'entrée parquetée en marqueterie, ou sur la galerie circulaire, au-dessus de laquelle s'arrondit un dôme à vitraux bleus, que supportent vingt colonnes ioniques en porphyre rouge. S'il dînait ou déjeunait, c'étaient les cuisines, le garde-manger, l'office, la poissonnerie, la laiterie du club, qui fournissaient à sa table leurs succulentes réserves ; c'étaient les domestiques du club, graves personnages en habit noir, chaussés de souliers à semelles de molleton, qui le servaient dans une porcelaine spéciale et sur un admirable linge en toile de Saxe ; c'étaient les cristaux à moule perdu du club qui contenaient son sherry, son porto ou son claret mélangé de cannelle, de capillaire et de cinnamome ; c'était enfin la glace du club -- glace venue à grands frais des lacs d'Amérique -- qui entretenait ses boissons dans un satisfaisant état de fraîcheur.

Si vivre dans ces conditions, c'est être un excentrique, il faut convenir que l'excentricité a du bon !

Phileas Fogg was not known to have either wife or children, which may happen to the most honest people; either relatives or near friends, which is certainly more unusual. He lived alone in his house in Saville Row, whither none penetrated. A single domestic sufficed to serve him. He breakfasted and dined at the club, at hours mathematically fixed, in the same room, at the same table, never taking his meals with other members, much less bringing a guest with him; and went home at exactly midnight, only to retire at once to bed. He never used the cosy chambers which the Reform provides for its favoured members. He passed ten hours out of the twenty-four in Saville Row, either in sleeping or making his toilet. When he chose to take a walk it was with a regular step in the entrance hall with its mosaic flooring, or in the circular gallery with its dome supported by twenty red porphyry Ionic columns, and illumined by blue painted windows. When he breakfasted or dined all the resources of the club--its kitchens and pantries, its buttery and dairy--aided to crowd his table with their most succulent stores; he was served by the gravest waiters, in dress coats, and shoes with swan-skin soles, who proffered the viands in special porcelain, and on the finest linen; club decanters, of a lost mould, contained his sherry, his port, and his cinnamon-spiced claret; while his beverages were refreshingly cooled with ice, brought at great cost from the American lakes.

If to live in this style is to be eccentric, it must be confessed that there is something good in eccentricity.

Jules Verne

La maison de Saville-row, sans être somptueuse, se recommandait par un extrême confort. D'ailleurs, avec les habitudes invariables du locataire, le service s'y réduisait à peu. Toutefois, Phileas Fogg exigeait de son unique domestique une ponctualité, une régularité extraordinaires. Ce jour-là même, 2 octobre, Phileas Fogg avait donné son congé à James Forster -- ce garçon s'étant rendu coupable de lui avoir apporté pour sa barbe de l'eau à quatre-vingt-quatre degrés Fahrenheit au lieu de quatre-vingt-six --, et il attendait son successeur, qui devait se présenter entre onze heures et onze heures et demie.	*The mansion in Saville Row, though not sumptuous, was exceedingly comfortable. The habits of its occupant were such as to demand but little from the sole domestic, but Phileas Fogg required him to be almost superhumanly prompt and regular. On this very 2nd of October he had dismissed James Forster, because that luckless youth had brought him shaving-water at eighty-four degrees Fahrenheit instead of eighty-six; and he was awaiting his successor, who was due at the house between eleven and half-past.*
Phileas Fogg, carrément assis dans son fauteuil, les deux pieds rapprochés comme ceux d'un soldat à la parade, les mains appuyées sur les genoux, le corps droit, la tête haute, regardait marcher l'aiguille de la pendule, -- appareil compliqué qui indiquait les heures, les minutes, les secondes, les jours, les quantièmes et l'année. A onze heures et demie sonnant, Mr. Fogg devait, suivant sa quotidienne habitude, quitter la maison et se rendre au Reform-Club.	*Phileas Fogg was seated squarely in his armchair, his feet close together like those of a grenadier on parade, his hands resting on his knees, his body straight, his head erect; he was steadily watching a complicated clock which indicated the hours, the minutes, the seconds, the days, the months, and the years. At exactly half-past eleven Mr. Fogg would, according to his daily habit, quit Saville Row, and repair to the Reform.*
En ce moment, on frappa à la porte du petit salon dans lequel se tenait Phileas Fogg. James Forster, le congédié, apparut.	*A rap at this moment sounded on the door of the cosy apartment where Phileas Fogg was seated, and James Forster, the dismissed servant, appeared.*
« Le nouveau domestique », dit-il,	*"The new servant," said he.*
Un garçon âgé d'une trentaine d'années se montra et salua.	*A young man of thirty advanced and bowed.*
« Vous êtes Français et vous vous nommez John ? lui demanda Phileas Fogg.	*"You are a Frenchman, I believe," asked Phileas Fogg, "and your name is John?"*

-- Jean, n'en déplaise à monsieur, répondit le nouveau venu, Jean Passepartout, un surnom qui m'est resté, et que justifiait mon aptitude naturelle à me tirer d'affaire. Je crois être un honnête garçon, monsieur, mais, pour être franc, j'ai fait plusieurs métiers. J'ai été chanteur ambulant, écuyer dans un cirque, faisant de la voltige comme Léotard, et dansant sur la corde comme Blondin ; puis je suis devenu professeur de gymnastique, afin de rendre mes talents plus utiles, et, en dernier lieu, j'étais sergent de pompiers, à Paris. J'ai même dans mon dossier des incendies remarquables. Mais voilà cinq ans que j'ai quitté la France et que, voulant goûter de la vie de famille, je suis valet de chambre en Angleterre. Or, me trouvant sans place et ayant appris que M. Phileas Fogg était l'homme le plus exact et le plus sédentaire du Royaume-Uni, je me suis présenté chez monsieur avec l'espérance d'y vivre tranquille et d'oublier jusqu'à ce nom de Passepartout...

-- Passepartout me convient, répondit le gentleman. Vous m'êtes recommandé. J'ai de bons renseignements sur votre compte. Vous connaissez mes conditions ?

-- Oui, monsieur.

-- Bien. Quelle heure avez-vous ?

-- Onze heures vingt-deux, répondit Passepartout, en tirant des profondeurs de son gousset une énorme montre d'argent.

-- Vous retardez, dit Mr. Fogg.

-- Que monsieur me pardonne, mais c'est impossible.

"Jean, if monsieur pleases," replied the newcomer, "Jean Passepartout, a surname which has clung to me because I have a natural aptness for going out of one business into another. I believe I'm honest, monsieur, but, to be outspoken, I've had several trades. I've been an itinerant singer, a circus-rider, when I used to vault like Leotard, and dance on a rope like Blondin. Then I got to be a professor of gymnastics, so as to make better use of my talents; and then I was a sergeant fireman at Paris, and assisted at many a big fire. But I quitted France five years ago, and, wishing to taste the sweets of domestic life, took service as a valet here in England. Finding myself out of place, and hearing that Monsieur Phileas Fogg was the most exact and settled gentleman in the United Kingdom, I have come to monsieur in the hope of living with him a tranquil life, and forgetting even the name of Passepartout."

"Passepartout suits me," responded Mr. Fogg. "You are well recommended to me; I hear a good report of you. You know my conditions?"

"Yes, monsieur."

"Good! What time is it?"

"Twenty-two minutes after eleven," returned Passepartout, drawing an enormous silver watch from the depths of his pocket.

"You are too slow," said Mr. Fogg.

"Pardon me, monsieur, it is impossible--"

Jules Verne

-- Vous retardez de quatre minutes. N'importe. Il suffit de constater l'écart. Donc, à partir de ce moment, onze heures vingt-neuf du matin, ce mercredi 2 octobre 1872, vous êtes à mon service. »

Cela dit, Phileas Fogg se leva, prit son chapeau de la main gauche, le plaça sur sa tête avec un mouvement d'automate et disparut sans ajouter une parole.

Passepartout entendit la porte de la rue se fermer une première fois : c'était son nouveau maître qui sortait ; puis une seconde fois : c'était son prédécesseur, James Forster, qui s'en allait à son tour.

Passepartout demeura seul dans la maison de Saville-row.

II OU PASSEPARTOUT EST CONVAINCU QU'IL A ENFIN TROUVE SON IDEAL

« Sur ma foi, se dit Passepartout, un peu ahuri tout d'abord, j'ai connu chez Mme Tussaud des bonshommes aussi vivants que mon nouveau maître ! »

Il convient de dire ici que les « bonshommes » de Mme Tussaud sont des figures de cire, fort visitées à Londres, et auxquelles il ne manque vraiment que la parole.

"You are four minutes too slow. No matter; it's enough to mention the error. Now from this moment, twenty-nine minutes after eleven, a.m., this Wednesday, 2nd October, you are in my service."

Phileas Fogg got up, took his hat in his left hand, put it on his head with an automatic motion, and went off without a word.

Passepartout heard the street door shut once; it was his new master going out. He heard it shut again; it was his predecessor, James Forster, departing in his turn.

Passepartout remained alone in the house in Saville Row.

Chapter II IN WHICH PASSEPARTOUT IS CONVINCED THAT HE HAS AT LAST FOUND HIS IDEAL

"Faith," muttered Passepartout, somewhat flurried, "I've seen people at Madame Tussaud's as lively as my new master!"

Madame Tussaud's "people," let it be said, are of wax, and are much visited in London; speech is all that is wanting to make them human.

Pendant les quelques instants qu'il venait d'entrevoir Phileas Fogg, Passepartout avait rapidement, mais soigneusement examiné son futur maître. C'était un homme qui pouvait avoir quarante ans, de figure noble et belle, haut de taille, que ne déparait pas un léger embonpoint, blond de cheveux et de favoris, front uni sans apparences de rides aux tempes, figure plutôt pâle que colorée, dents magnifiques. Il paraissait posséder au plus haut degré ce que les physionomistes appellent « le repos dans l'action », faculté commune à tous ceux qui font plus de besogne que de bruit. Calme, flegmatique, l'oeil pur, la paupière immobile, c'était le type achevé de ces Anglais à sang-froid qui se rencontrent assez fréquemment dans le Royaume-Uni, et dont Angelica Kauffmann a merveilleusement rendu sous son pinceau l'attitude un peu académique. Vu dans les divers actes de son existence, ce gentleman donnait l'idée d'un être bien équilibré dans toutes ses parties, justement pondéré, aussi parfait qu'un chronomètre de Leroy ou de Earnshaw. C'est qu'en effet, Phileas Fogg était l'exactitude personnifiée, ce qui se voyait clairement à « l'expression de ses pieds et de ses mains », car chez l'homme, aussi bien que chez les animaux, les membres eux-mêmes sont des organes expressifs des passions.

During his brief interview with Mr. Fogg, Passepartout had been carefully observing him. He appeared to be a man about forty years of age, with fine, handsome features, and a tall, well-shaped figure; his hair and whiskers were light, his forehead compact and unwrinkled, his face rather pale, his teeth magnificent. His countenance possessed in the highest degree what physiognomists call "repose in action," a quality of those who act rather than talk. Calm and phlegmatic, with a clear eye, Mr. Fogg seemed a perfect type of that English composure which Angelica Kauffmann has so skilfully represented on canvas. Seen in the various phases of his daily life, he gave the idea of being perfectly well-balanced, as exactly regulated as a Leroy chronometer. Phileas Fogg was, indeed, exactitude personified, and this was betrayed even in the expression of his very hands and feet; for in men, as well as in animals, the limbs themselves are expressive of the passions.

Jules Verne

Phileas Fogg était de ces gens mathématiquement exacts, qui, jamais pressés et toujours prêts, sont économes de leurs pas et de leurs mouvements. Il ne faisait pas une enjambée de trop, allant toujours par le plus court. Il ne perdait pas un regard au plafond. Il ne se permettait aucun geste superflu. On ne l'avait jamais vu ému ni troublé. C'était l'homme le moins hâté du monde, mais il arrivait toujours à temps. Toutefois, on comprendra qu'il vécût seul et pour ainsi dire en dehors de toute relation sociale. Il savait que dans la vie il faut faire la part des frottements, et comme les frottements retardent, il ne se frottait à personne.

He was so exact that he was never in a hurry, was always ready, and was economical alike of his steps and his motions. He never took one step too many, and always went to his destination by the shortest cut; he made no superfluous gestures, and was never seen to be moved or agitated. He was the most deliberate person in the world, yet always reached his destination at the exact moment. He lived alone, and, so to speak, outside of every social relation; and as he knew that in this world account must be taken of friction, and that friction retards, he never rubbed against anybody.

Quant à Jean, dit Passepartout, un vrai Parisien de Paris, depuis cinq ans qu'il habitait l'Angleterre et y faisait à Londres le métier de valet de chambre, il avait cherché vainement un maître auquel il pût s'attacher.

As for Passepartout, he was a true Parisian of Paris. Since he had abandoned his own country for England, taking service as a valet, he had in vain searched for a master after his own heart.

Passepartout n'était point un de ces Frontins ou Mascarilles qui, les épaules hautes, le nez au vent, le regard assuré, l'oeil sec, ne sont que d'impudents drôles. Non. Passepartout était un brave garçon, de physionomie aimable, aux lèvres un peu saillantes, toujours prêtes à goûter ou à caresser, un être doux et serviable, avec une de ces bonnes têtes rondes que l'on aime à voir sur les épaules d'un ami. Il avait les yeux bleus, le teint animé, la figure assez grasse pour qu'il pût lui-même voir les pommettes de ses joues, la poitrine large, la taille forte, une musculature vigoureuse, et il possédait une force herculéenne que les exercices de sa jeunesse avaient admirablement développée. Ses cheveux bruns étaient un peu rageurs. Si les sculpteurs de l'Antiquité connaissaient dix-huit façons d'arranger la chevelure de Minerve, Passepartout n'en connaissait qu'une pour disposer la sienne : trois coups de démêloir, et il était coiffé.

Passepartout was by no means one of those pert dunces depicted by Moliere with a bold gaze and a nose held high in the air; he was an honest fellow, with a pleasant face, lips a trifle protruding, soft-mannered and serviceable, with a good round head, such as one likes to see on the shoulders of a friend. His eyes were blue, his complexion rubicund, his figure almost portly and well-built, his body muscular, and his physical powers fully developed by the exercises of his younger days. His brown hair was somewhat tumbled; for, while the ancient sculptors are said to have known eighteen methods of arranging Minerva's tresses, Passepartout was familiar with but one of dressing his own: three strokes of a large-tooth comb completed his toilet.

Jules Verne

De dire si le caractère expansif de ce garçon s'accorderait avec celui de Phileas Fogg, c'est ce que la prudence la plus élémentaire ne permet pas. Passepartout serait-il ce domestique foncièrement exact qu'il fallait à son maître ? On ne le verrait qu'a l'user. Après avoir eu, on le sait, une jeunesse assez vagabonde, il aspirait au repos. Ayant entendu vanter le méthodisme anglais et la froideur proverbiale des gentlemen, il vint chercher fortune en Angleterre. Mais, jusqu'alors, le sort l'avait mal servi. Il n'avait pu prendre racine nulle part. Il avait fait dix maisons. Dans toutes, on était fantasque, inégal, coureur d'aventures ou coureur de pays, -- ce qui ne pouvait plus convenir à Passepartout. Son dernier maître, le jeune Lord Longsferry, membre du Parlement, après avoir passé ses nuits dans les « oysters-rooms » d'Hay-Market, rentrait trop souvent au logis sur les épaules des policemen. Passepartout, voulant avant tout pouvoir respecter son maître, risqua quelques respectueuses observations qui furent mal reçues, et il rompit. Il apprit, sur les entrefaites, que Phileas Fogg, esq., cherchait un domestique. Il prit des renseignements sur ce gentleman. Un personnage dont l'existence était si régulière, qui ne découchait pas, qui ne voyageait pas, qui ne s'absentait jamais, pas même un jour, ne pouvait que lui convenir. Il se présenta et fut admis dans les circonstances que l'on sait.

It would be rash to predict how Passepartout's lively nature would agree with Mr. Fogg. It was impossible to tell whether the new servant would turn out as absolutely methodical as his master required; experience alone could solve the question. Passepartout had been a sort of vagrant in his early years, and now yearned for repose; but so far he had failed to find it, though he had already served in ten English houses. But he could not take root in any of these; with chagrin, he found his masters invariably whimsical and irregular, constantly running about the country, or on the look-out for adventure. His last master, young Lord Longferry, Member of Parliament, after passing his nights in the Haymarket taverns, was too often brought home in the morning on policemen's shoulders. Passepartout, desirous of respecting the gentleman whom he served, ventured a mild remonstrance on such conduct; which, being ill-received, he took his leave. Hearing that Mr. Phileas Fogg was looking for a servant, and that his life was one of unbroken regularity, that he neither travelled nor stayed from home overnight, he felt sure that this would be the place he was after. He presented himself, and was accepted, as has been seen.

Passepartout -- onze heures et demie étant sonnées -- se trouvait donc seul dans la maison de Saville-row. Aussitôt il en commença l'inspection. Il la parcourut de la cave au grenier. Cette maison propre, rangée, sévère, puritaine, bien organisée pour le service, lui plut. Elle lui fit l'effet d'une belle coquille de colimaçon, mais d'une coquille éclairée et chauffée au gaz, car l'hydrogène carburé y suffisait à tous les besoins de lumière et de chaleur. Passepartout trouva sans peine, au second étage, la chambre qui lui était destinée. Elle lui convint. Des timbres électriques et des tuyaux acoustiques la mettaient en communication avec les appartements de l'entresol et du premier étage. Sur la cheminée, une pendule électrique correspondait avec la pendule de la chambre à coucher de Phileas Fogg, et les deux appareils battaient au même instant, la même seconde. « Cela me va, cela me va ! » se dit Passepartout.	*At half-past eleven, then, Passepartout found himself alone in the house in Saville Row. He began its inspection without delay, scouring it from cellar to garret. So clean, well-arranged, solemn a mansion pleased him; it seemed to him like a snail's shell, lighted and warmed by gas, which sufficed for both these purposes. When Passepartout reached the second story he recognised at once the room which he was to inhabit, and he was well satisfied with it. Electric bells and speaking-tubes afforded communication with the lower stories; while on the mantel stood an electric clock, precisely like that in Mr. Fogg's bedchamber, both beating the same second at the same instant. "That's good, that'll do," said Passepartout to himself.*
Il remarqua aussi, dans sa chambre, une notice affichée au-dessus de la pendule. C'était le programme du service quotidien. Il comprenait -- depuis huit heures du matin, heure réglementaire à laquelle se levait Phileas Fogg, jusqu'à onze heures et demie, heure à laquelle il quittait sa maison pour aller déjeuner au Reform-Club -- tous les détails du service, le thé et les rôties de huit heures vingt-trois, l'eau pour la barbe de neuf heures trente-sept, la coiffure de dix heures moins vingt, etc. Puis de onze heures et demie du matin à minuit -- heure à laquelle se couchait le méthodique gentleman --, tout était noté, prévu, régularisé. Passepartout se fit une joie de méditer ce programme et d'en graver les divers articles dans son esprit.	*He suddenly observed, hung over the clock, a card which, upon inspection, proved to be a programme of the daily routine of the house. It comprised all that was required of the servant, from eight in the morning, exactly at which hour Phileas Fogg rose, till half-past eleven, when he left the house for the Reform Club--all the details of service, the tea and toast at twenty-three minutes past eight, the shaving-water at thirty-seven minutes past nine, and the toilet at twenty minutes before ten. Everything was regulated and foreseen that was to be done from half-past eleven a.m. till midnight, the hour at which the methodical gentleman retired.*

Jules Verne

Quant à la garde-robe de monsieur, elle était fort bien montée et merveilleusement comprise. Chaque pantalon, habit ou gilet portait un numéro d'ordre reproduit sur un registre d'entrée et de sortie, indiquant la date à laquelle, suivant la saison, ces vêtements devaient être tour à tour portés. Même réglementation pour les chaussures.

Mr. Fogg's wardrobe was amply supplied and in the best taste. Each pair of trousers, coat, and vest bore a number, indicating the time of year and season at which they were in turn to be laid out for wearing; and the same system was applied to the master's shoes.

En somme, dans cette maison de Saville-row qui devait être le temple du désordre à l'époque de l'illustre mais dissipé Sheridan --, ameublement confortable, annonçant une belle aisance. Pas de bibliothèque, pas de livres, qui eussent été sans utilité pour Mr. Fogg, puisque le Reform-Club mettait à sa disposition deux bibliothèques, l'une consacrée aux lettres, l'autre au droit et à la politique. Dans la chambre à coucher, un coffre-fort de moyenne grandeur, que sa construction défendait aussi bien de l'incendie que du vol. Point d'armes dans la maison, aucun ustensile de chasse ou de guerre. Tout y dénotait les habitudes les plus pacifiques. Après avoir examiné cette demeure en détail, Passepartout se frotta les mains, sa large figure s'épanouit, et il répéta joyeusement :

In short, the house in Saville Row, which must have been a very temple of disorder and unrest under the illustrious but dissipated Sheridan, was cosiness, comfort, and method idealised. There was no study, nor were there books, which would have been quite useless to Mr. Fogg; for at the Reform two libraries, one of general literature and the other of law and politics, were at his service. A moderate-sized safe stood in his bedroom, constructed so as to defy fire as well as burglars; but Passepartout found neither arms nor hunting weapons anywhere; everything betrayed the most tranquil and peaceable habits.

«Cela me va ! voilà mon affaire ! Nous nous entendrons parfaitement, Mr. Fogg et moi ! Un homme casanier et régulier ! Une véritable mécanique ! Eh bien, je ne suis pas fâché de servir une mécanique ! »

Having scrutinised the house from top to bottom, he rubbed his hands, a broad smile overspread his features, and he said joyfully, "This is just what I wanted! Ah, we shall get on together, Mr. Fogg and I! What a domestic and regular gentleman! A real machine; well, I don't mind serving a machine."

III OU S'ENGAGE UNE CONVERSATION QUI POURRA COUTER CHER A PHILEAS FOGG

Chapter III IN WHICH A CONVERSATION TAKES PLACE WHICH SEEMS LIKELY TO COST PHILEAS FOGG DEAR

Around the World in Eighty Days

Phileas Fogg avait quitté sa maison de Saville-row à onze heures et demie, et, après avoir placé cinq cent soixante-quinze fois son pied droit devant son pied gauche et cinq cent soixante-seize fois son pied gauche devant son pied droit, il arriva au Reform-Club, vaste édifice, élevé dans Pall-Mall, qui n'a pas coûté moins de trois millions à bâtir. Phileas Fogg se rendit aussitôt à la salle à manger, dont les neuf fenêtres s'ouvraient sur un beau jardin aux arbres déjà dorés par l'automne. Là, il prit place à la table habituelle où son couvert l'attendait. Son déjeuner se composait d'un hors-d'oeuvre, d'un poisson bouilli relevé d'une « reading sauce » de premier choix, d'un roastbeef écarlate agrémenté de condiments « mushroom », d'un gâteau farci de tiges de rhubarbe et de groseilles vertes, d'un morceau de chester, -- le tout arrosé de quelques tasses de cet excellent thé, spécialement recueilli pour l'office du Reform-Club. A midi quarante-sept, ce gentleman se leva et se dirigea vers le grand salon, somptueuse pièce, ornée de peintures richement encadrées. Là, un domestique lui remit le Times non coupé, dont Phileas Fogg opéra le laborieux dépliage avec une sûreté de main qui dénotait une grande habitude de cette difficile opération. La lecture de ce journal occupa Phileas Fogg jusqu'à trois heures quarante-cinq, et celle du Standard -- qui lui succéda -- dura jusqu'au dîner. Ce repas s'accomplit dans les mêmes conditions que le déjeuner, avec adjonction de « royal british sauce ». A six heures moins vingt, le gentleman reparut dans le grand salon et s'absorba dans la lecture du Morning Chronicle. Une demi-heure plus tard, divers membres du Reform-Club faisaient leur entrée et s'approchaient de la cheminée, où brûlait un feu de houille. C'étaient les partenaires habituels de Mr. Phileas Fogg, comme lui enragés joueurs de whist : l'ingénieur Andrew Stuart, les banquiers John Sullivan et Samuel Fallentin, le brasseur Thomas Flanagan, Gauthier Ralph, un des administrateurs de la Banque d'Angleterre, -- personnages riches et considérés, même dans ce club qui compte parmi ses membres les sommités de l'industrie et de la finance.

Phileas Fogg, having shut the door of his house at half-past eleven, and having put his right foot before his left five hundred and seventy-five times, and his left foot before his right five hundred and seventy-six times, reached the Reform Club, an imposing edifice in Pall Mall, which could not have cost less than three millions. He repaired at once to the dining-room, the nine windows of which open upon a tasteful garden, where the trees were already gilded with an autumn colouring; and took his place at the habitual table, the cover of which had already been laid for him. His breakfast consisted of a side-dish, a broiled fish with Reading sauce, a scarlet slice of roast beef garnished with mushrooms, a rhubarb and gooseberry tart, and a morsel of Cheshire cheese, the whole being washed down with several cups of tea, for which the Reform is famous. He rose at thirteen minutes to one, and directed his steps towards the large hall, a sumptuous apartment adorned with lavishly-framed paintings. A flunkey handed him an uncut Times, which he proceeded to cut with a skill which betrayed familiarity with this delicate operation. The perusal of this paper absorbed Phileas Fogg until a quarter before four, whilst the Standard, his next task, occupied him till the dinner hour. Dinner passed as breakfast had done, and Mr. Fogg re-appeared in the reading-room and sat down to the Pall Mall at twenty minutes before six. Half an hour later several members of the Reform came in and drew up to the fireplace, where a coal fire was steadily burning. They were Mr. Fogg's usual partners at whist: Andrew Stuart, an engineer; John Sullivan and Samuel Fallentin, bankers; Thomas Flanagan, a brewer; and Gauthier Ralph, one of the Directors of the Bank of England--all

Jules Verne

rich and highly respectable personages, even in a club which comprises the princes of English trade and finance.

« Eh bien, Ralph, demanda Thomas Flanagan, où en est cette affaire de vol ?

-- Eh bien, répondit Andrew Stuart, la Banque en sera pour son argent.

"Well, Ralph," said Thomas Flanagan, "what about that robbery?"

"Oh," replied Stuart, "the Bank will lose the money."

-- J'espère, au contraire, dit Gauthier Ralph, que nous mettrons la main sur l'auteur du vol. Des inspecteurs de police, gens fort habiles, ont été envoyés en Amérique et en Europe, dans tous les principaux ports d'embarquement et de débarquement, et il sera difficile à ce monsieur de leur échapper.

-- Mais on a donc le signalement du voleur ? demanda Andrew Stuart.

-- D'abord, ce n'est pas un voleur, répondit sérieusement Gauthier Ralph.

-- Comment, ce n'est pas un voleur, cet individu qui a soustrait cinquante-cinq mille livres en bank-notes (1 million 375 000 francs) ?

-- Non, répondit Gauthier Ralph.

-- C'est donc un industriel ? dit John Sullivan.

-- Le Morning Chronicle assure que c'est un gentleman. »

Celui qui fit cette réponse n'était autre que Phileas Fogg, dont la tête émergeait alors du flot de papier amassé autour de lui. En même temps, Phileas Fogg salua ses collègues, qui lui rendirent son salut.

"On the contrary," broke in Ralph, "I hope we may put our hands on the robber. Skilful detectives have been sent to all the principal ports of America and the Continent, and he'll be a clever fellow if he slips through their fingers."

"But have you got the robber's description?" asked Stuart.

"In the first place, he is no robber at all," returned Ralph, positively.

"What! a fellow who makes off with fifty-five thousand pounds, no robber?"

"No."

"Perhaps he's a manufacturer, then."

"The Daily Telegraph says that he is a gentleman."

It was Phileas Fogg, whose head now emerged from behind his newspapers, who made this remark. He bowed to his friends, and entered into the conversation.

Jules Verne

Le fait dont il était question, que les divers journaux du Royaume-Uni discutaient avec ardeur, s'était accompli trois jours auparavant, le 29 septembre. Une liasse de bank-notes, formant l'énorme somme de cinquante-cinq mille livres, avait été prise sur la tablette du caissier principal de la Banque d'Angleterre. A qui s'étonnait qu'un tel vol eût pu s'accomplir aussi facilement, le sous-gouverneur Gauthier Ralph se bornait à répondre qu'à ce moment même, le caissier s'occupait d'enregistrer une recette de trois shillings six pence, et qu'on ne saurait avoir l'oeil à tout. Mais il convient de faire observer ici -- ce qui rend le fait plus explicable -- que cet admirable établissement de « Bank of England » paraît se soucier extrêmement de la dignité du public. Point de gardes, point d'invalides, point de grillages ! L'or, l'argent, les billets sont exposés librement et pour ainsi dire à la merci du premier venu. On ne saurait mettre en suspicion l'honorabilité d'un passant quelconque. Un des meilleurs observateurs des usages anglais raconte même ceci : Dans une des salles de la Banque où il se trouvait un jour, il eut la curiosité de voir de plus près un lingot d'or pesant sept à huit livres, qui se trouvait exposé sur la tablette du caissier ; il prit ce lingot, l'examina, le passa à son voisin, celui-ci à un autre, si bien que le lingot, de main en main, s'en alla jusqu'au fond d'un corridor obscur, et ne revint qu'une demi-heure après reprendre sa place, sans que le caissier eût seulement levé la tête. Mais, le 29 septembre, les choses ne se passèrent pas tout à fait ainsi. La liasse de bank-notes ne revint pas, et quand la magnifique horloge, posée au-dessus du « drawing-office », sonna à cinq heures la fermeture des bureaux, la Banque d'Angleterre n'avait plus qu'à passer cinquante-cinq mille livres par le compte de profits et pertes.

The affair which formed its subject, and which was town talk, had occurred three days before at the Bank of England. A package of banknotes, to the value of fifty-five thousand pounds, had been taken from the principal cashier's table, that functionary being at the moment engaged in registering the receipt of three shillings and sixpence. Of course, he could not have his eyes everywhere. Let it be observed that the Bank of England reposes a touching confidence in the honesty of the public. There are neither guards nor gratings to protect its treasures; gold, silver, banknotes are freely exposed, at the mercy of the first comer. A keen observer of English customs relates that, being in one of the rooms of the Bank one day, he had the curiosity to examine a gold ingot weighing some seven or eight pounds. He took it up, scrutinised it, passed it to his neighbour, he to the next man, and so on until the ingot, going from hand to hand, was transferred to the end of a dark entry; nor did it return to its place for half an hour. Meanwhile, the cashier had not so much as raised his head. But in the present instance things had not gone so smoothly. The package of notes not being found when five o'clock sounded from the ponderous clock in the "drawing office," the amount was passed to the account of profit and loss.

Le vol bien et dûment reconnu, des agents, des « détectives », choisis parmi les plus habiles, furent envoyés dans les principaux ports, à Liverpool, à Glasgow, au Havre, à Suez, à Brindisi, à New York, etc., avec promesse, en cas de succès, d'une prime de deux mille livres (50 000 F) et cinq pour cent de la somme qui serait retrouvée. En attendant les renseignements que devait fournir l'enquête immédiatement commencée, ces inspecteurs avaient pour mission d'observer scrupuleusement tous les voyageurs en arrivée ou en partance.	*As soon as the robbery was discovered, picked detectives hastened off to Liverpool, Glasgow, Havre, Suez, Brindisi, New York, and other ports, inspired by the proffered reward of two thousand pounds, and five per cent. on the sum that might be recovered. Detectives were also charged with narrowly watching those who arrived at or left London by rail, and a judicial examination was at once entered upon.*
Or, précisément, ainsi que le disait le Morning Chronicle, on avait lieu de supposer que l'auteur du vol ne faisait partie d'aucune des sociétés de voleurs d'Angleterre. Pendant cette journée du 29 septembre, un gentleman bien mis, de bonnes manières, l'air distingué, avait été remarqué, qui allait et venait dans la salle des paiements, théâtre du vol. L'enquête avait permis de refaire assez exactement le signalement de ce gentleman, signalement qui fut aussitôt adressé à tous les détectives du Royaume-Uni et du continent. quelques bons esprits -- et Gauthier Ralph était du nombre -- se croyaient donc fondés à espérer que le voleur n'échapperait pas.	*There were real grounds for supposing, as the Daily Telegraph said, that the thief did not belong to a professional band. On the day of the robbery a well-dressed gentleman of polished manners, and with a well-to-do air, had been observed going to and fro in the paying room where the crime was committed. A description of him was easily procured and sent to the detectives; and some hopeful spirits, of whom Ralph was one, did not despair of his apprehension.*
Comme on le pense, ce fait était à l'ordre du jour à Londres et dans toute l'Angleterre. On discutait, on se passionnait pour ou contre les probabilités du succès de la police métropolitaine. On ne s'étonnera donc pas d'entendre les membres du Reform-Club traiter la même question, d'autant plus que l'un des sous-gouverneurs de la Banque se trouvait parmi eux.	*The papers and clubs were full of the affair, and everywhere people were discussing the probabilities of a successful pursuit; and the Reform Club was especially agitated, several of its members being Bank officials.*

Jules Verne

L'honorable Gauthier Ralph ne voulait pas douter du résultat des recherches, estimant que la prime offerte devrait singulièrement aiguiser le zèle et l'intelligence des agents. Mais son collègue, Andrew Stuart, était loin de partager cette confiance. La discussion continua donc entre les gentlemen, qui s'étaient assis à une table de whist, Stuart devant Flanagan, Fallentin devant Phileas Fogg. Pendant le jeu, les joueurs ne parlaient pas, mais entre les robres, la conversation interrompue reprenait de plus belle.

« Je soutiens, dit Andrew Stuart, que les chances sont en faveur du voleur, qui ne peut manquer d'être un habile homme !

-- Allons donc ! répondit Ralph, il n'y a plus un seul pays dans lequel il puisse se réfugier.

-- Par exemple !

-- Où voulez-vous qu'il aille ?

-- Je n'en sais rien, répondit Andrew Stuart, mais, après tout, la terre est assez vaste.

-- Elle l'était autrefois... », dit à mi-voix Phileas Fogg. Puis : « A vous de couper, monsieur », ajouta-t-il en présentant les cartes à Thomas Flanagan.

La discussion fut suspendue pendant le robre. Mais bientôt Andrew Stuart la reprenait, disant :

« Comment, autrefois ! Est-ce que la terre a diminué, par hasard ?

-- Sans doute, répondit Gauthier Ralph. Je suis de l'avis de Mr. Fogg. La terre a diminué, puisqu'on la parcourt maintenant dix fois plus vite qu'il y a cent ans. Et c'est ce qui, dans le cas dont nous nous occupons, rendra les recherches plus rapides.

-- Et rendra plus facile aussi la fuite du voleur !

Ralph would not concede that the work of the detectives was likely to be in vain, for he thought that the prize offered would greatly stimulate their zeal and activity. But Stuart was far from sharing this confidence; and, as they placed themselves at the whist-table, they continued to argue the matter. Stuart and Flanagan played together, while Phileas Fogg had Fallentin for his partner. As the game proceeded the conversation ceased, excepting between the rubbers, when it revived again.

"I maintain," said Stuart, "that the chances are in favour of the thief, who must be a shrewd fellow."

"Well, but where can he fly to?" asked Ralph. "No country is safe for him."

"Pshaw!"

"Where could he go, then?"

"Oh, I don't know that. The world is big enough."

"It was once," said Phileas Fogg, in a low tone. "Cut, sir," he added, handing the cards to Thomas Flanagan.

The discussion fell during the rubber, after which Stuart took up its thread.

"What do you mean by `once'? Has the world grown smaller?"

"Certainly," returned Ralph. "I agree with Mr. Fogg. The world has grown smaller, since a man can now go round it ten times more quickly than a hundred years ago. And that is why the search for this thief will be more likely to succeed."

"And also why the thief can get away more easily."

-- A vous de jouer, monsieur Stuart ! » dit Phileas Fogg.

Mais l'incrédule Stuart n'était pas convaincu, et, la partie achevée : « Il faut avouer, monsieur Ralph, reprit-il, que vous avez trouvé là une manière plaisante de dire que la terre a diminué ! Ainsi parce qu'on en fait maintenant le tour en trois mois...

-- En quatre-vingts jours seulement, dit Phileas Fogg.

-- En effet, messieurs, ajouta John Sullivan, quatre-vingts jours, depuis que la section entre Rothal et Allahabad a été ouverte sur le « Great-Indian peninsular railway », et voici le calcul établi par le Morning Chronicle :

De Londres à Suez par le Mont-Cenis et Brindisi, railways et paquebots........... 7 jours De Suez à Bombay, paquebot................. 13 -- De Bombay à Calcutta, railway.............. 3 -- De Calcutta à Hong-Kong (Chine), paquebot.. 13 -- De Hong-Kong à Yokohama (Japon), paquebot................................ 6 -- De Yokohama à San Francisco, paquebot...... 22 -- De San Francisco New York, railroad........ 7 -- De New York à Londres, paquebot et railway................................ 9 -- . ---------
Total...................... 80 jours

-- Oui, quatre-vingts jours ! s'écria, Andrew Stuart, qui par inattention, coupa une carte maîtresse, mais non compris le mauvais temps, les vents contraires, les naufrages, les déraillements, etc.

-- Tout compris, répondit Phileas Fogg en continuant de jouer, car, cette fois, la discussion ne respectait plus le whist.

"Be so good as to play, Mr. Stuart," said Phileas Fogg.

But the incredulous Stuart was not convinced, and when the hand was finished, said eagerly: "You have a strange way, Ralph, of proving that the world has grown smaller. So, because you can go round it in three months--"

"In eighty days," interrupted Phileas Fogg.

"That is true, gentlemen," added John Sullivan. "Only eighty days, now that the section between Rothal and Allahabad, on the Great Indian Peninsula Railway, has been opened. Here is the estimate made by the Daily Telegraph:

*From London to Suez via Mont Cenis and Brindisi, by rail and steamboats .... 7 days From Suez to Bombay, by steamer .... 13 " From Bombay to Calcutta, by rail .... 3 " From Calcutta to Hong Kong, by steamer .... 13 " From Hong Kong to Yokohama (Japan), by steamer ..... 6 " From Yokohama to San Francisco, by steamer .... 22 " From San Francisco to New York, by rail .... 7 " From New York to London, by steamer and rail .... 9 "
------ Total .... 80 days."*

"Yes, in eighty days!" exclaimed Stuart, who in his excitement made a false deal. "But that doesn't take into account bad weather, contrary winds, shipwrecks, railway accidents, and so on."

"All included," returned Phileas Fogg, continuing to play despite the discussion.

Jules Verne

-- Même si les Indous ou les Indiens enlèvent les rails ! s'écria Andrew Stuart, s'ils arrêtent les trains, pillent les fourgons, scalpent les voyageurs !	"But suppose the Hindoos or Indians pull up the rails," replied Stuart; "suppose they stop the trains, pillage the luggage-vans, and scalp the passengers!"
-- Tout compris », répondit Phileas Fogg, qui, abattant son jeu, ajouta : « Deux atouts maîtres. »	"All included," calmly retorted Fogg; adding, as he threw down the cards, "Two trumps."
Andrew Stuart, à qui c'était le tour de « faire », ramassa les cartes en disant :	Stuart, whose turn it was to deal, gathered them up, and went on:
« Théoriquement, vous avez raison, monsieur Fogg, mais dans la pratique...	"You are right, theoretically, Mr. Fogg, but practically--"
-- Dans la pratique aussi, monsieur Stuart.	"Practically also, Mr. Stuart."
-- Je voudrais bien vous y voir.	"I'd like to see you do it in eighty days."
-- Il ne tient qu'à vous. Partons ensemble.	"It depends on you. Shall we go?"
-- Le Ciel m'en préserve ! s'écria Stuart, mais je parierais bien quatre mille livres (100 000 F) qu'un tel voyage, fait dans ces conditions, est impossible.	"Heaven preserve me! But I would wager four thousand pounds that such a journey, made under these conditions, is impossible."
-- Très possible, au contraire, répondit Mr. Fogg.	"Quite possible, on the contrary," returned Mr. Fogg.
-- Eh bien, faites-le donc !	"Well, make it, then!"
-- Le tour du monde en quatre-vingts jours ?	"The journey round the world in eighty days?"
-- Oui.	"Yes."
-- Je le veux bien.	"I should like nothing better."
-- Quand ?	"When?"
-- Tout de suite.	"At once. Only I warn you that I shall do it at your expense."
-- C'est de la folie ! s'écria Andrew Stuart, qui commençait à se vexer de l'insistance de son partenaire. Tenez ! jouons plutôt.	"It's absurd!" cried Stuart, who was beginning to be annoyed at the persistency of his friend. "Come, let's go on with the game."
-- Refaites alors, répondit Phileas Fogg, car il y a maldonne. »	"Deal over again, then," said Phileas Fogg. "There's a false deal."
Andrew Stuart reprit les cartes d'une main fébrile ; puis, tout à coup, les posant sur la table :	Stuart took up the pack with a feverish hand; then suddenly put them down again.

Around the World in Eighty Days

« Eh bien, oui, monsieur Fogg, dit-il, oui, je parie quatre mille livres !...

-- Mon cher Stuart, dit Fallentin, calmez-vous. Ce n'est pas sérieux.

-- Quand je dis : je parie, répondit Andrew Stuart, c'est toujours sérieux.

-- Soit ! » dit Mr. Fogg. Puis, se tournant vers ses collègues : « J'ai vingt mille livres (500 000 F) déposées chez Baring frères. Je les risquerai volontiers...

-- Vingt mille livres ! s'écria John Sullivan. Vingt mille livres qu'un retard imprévu peut vous faire perdre !

-- L'imprévu n'existe pas, répondit simplement Phileas Fogg.

-- Mais, monsieur Fogg, ce laps de quatre-vingts jours n'est calculé que comme un minimum de temps !

-- Un minimum bien employé suffit à tout.

-- Mais pour ne pas le dépasser, il faut sauter mathématiquement des railways dans les paquebots, et des paquebots dans les chemins de fer !

-- Je sauterai mathématiquement.
-- C'est une plaisanterie !

-- Un bon Anglais ne plaisante jamais, quand il s'agit d'une chose aussi sérieuse qu'un pari, répondit Phileas Fogg. Je parie vingt mille livres contre qui voudra que je ferai le tour de la terre en quatre-vingts jours ou moins, soit dix-neuf cent vingt heures ou cent quinze mille deux cents minutes. Acceptez-vous ?

"Well, Mr. Fogg," said he, "it shall be so: I will wager the four thousand on it."

"Calm yourself, my dear Stuart," said Fallentin. "It's only a joke."

"When I say I'll wager," returned Stuart, "I mean it."

"All right," said Mr. Fogg; and, turning to the others, he continued: "I have a deposit of twenty thousand at Baring's which I will willingly risk upon it."

"Twenty thousand pounds!" cried Sullivan. "Twenty thousand pounds, which you would lose by a single accidental delay!"

"The unforeseen does not exist," quietly replied Phileas Fogg.

"But, Mr. Fogg, eighty days are only the estimate of the least possible time in which the journey can be made."

"A well-used minimum suffices for everything."

"But, in order not to exceed it, you must jump mathematically from the trains upon the steamers, and from the steamers upon the trains again."

"I will jump--mathematically."

"You are joking."

"A true Englishman doesn't joke when he is talking about so serious a thing as a wager," replied Phileas Fogg, solemnly. "I will bet twenty thousand pounds against anyone who wishes that I will make the tour of the world in eighty days or less; in nineteen hundred and twenty hours, or a hundred and fifteen thousand two hundred minutes. Do you accept?"

-- Nous acceptons, répondirent MM. Stuart, Fallentin, Sullivan, Flanagan et Ralph, après s'être entendus.

-- Bien, dit Mr. Fogg. Le train de Douvres part à huit heures quarante-cinq. Je le prendrai.

-- Ce soir même ? demanda Stuart.

-- Ce soir même, répondit Phileas Fogg. Donc, ajouta-t-il en consultant un calendrier de poche, puisque c'est aujourd'hui mercredi 2 octobre, je devrai être de retour à Londres, dans ce salon même du Reform-Club, le samedi 21 décembre, à huit heures quarante-cinq du soir, faute de quoi les vingt mille livres déposées actuellement à mon crédit chez Baring frères vous appartiendront de fait et de droit, messieurs. -- Voici un chèque de pareille somme. »

Un procès-verbal du pari fut fait et signé sur-le-champ par les six co-intéressés. Phileas Fogg était demeuré froid. Il n'avait certainement pas parié pour gagner, et n'avait engagé ces vingt mille livres -- la moitié de sa fortune -- que parce qu'il prévoyait qu'il pourrait avoir à dépenser l'autre pour mener à bien ce difficile, pour ne pas dire inexécutable projet. Quant à ses adversaires, eux, ils paraissaient émus, non pas à cause de la valeur de l'enjeu, mais parce qu'ils se faisaient une sorte de scrupule de lutter dans ces conditions.

Sept heures sonnaient alors. On offrit à Mr. Fogg de suspendre le whist afin qu'il pût faire ses préparatifs de départ.

« Je suis toujours prêt ! » répondit cet impassible gentleman, et donnant les cartes : « Je retourne carreau, dit-il. A vous de jouer, monsieur Stuart. »

"We accept," replied Messrs. Stuart, Fallentin, Sullivan, Flanagan, and Ralph, after consulting each other.

"Good," said Mr. Fogg. "The train leaves for Dover at a quarter before nine. I will take it."

"This very evening?" asked Stuart.

"This very evening," returned Phileas Fogg. He took out and consulted a pocket almanac, and added, "As today is Wednesday, the 2nd of October, I shall be due in London in this very room of the Reform Club, on Saturday, the 21st of December, at a quarter before nine p.m.; or else the twenty thousand pounds, now deposited in my name at Baring's, will belong to you, in fact and in right, gentlemen. Here is a cheque for the amount."

A memorandum of the wager was at once drawn up and signed by the six parties, during which Phileas Fogg preserved a stoical composure. He certainly did not bet to win, and had only staked the twenty thousand pounds, half of his fortune, because he foresaw that he might have to expend the other half to carry out this difficult, not to say unattainable, project. As for his antagonists, they seemed much agitated; not so much by the value of their stake, as because they had some scruples about betting under conditions so difficult to their friend.

The clock struck seven, and the party offered to suspend the game so that Mr. Fogg might make his preparations for departure.

"I am quite ready now," was his tranquil response. "Diamonds are trumps: be so good as to play, gentlemen."

IV DANS LEQUEL PHILEAS FOGG STUPEFIE PASSEPARTOUT, SON DOMESTIQUE	*Chapter IV IN WHICH PHILEAS FOGG ASTOUNDS PASSEPARTOUT, HIS SERVANT*
A sept heures vingt-cinq, Phileas Fogg, après avoir gagné une vingtaine de guinées au whist, prit congé de ses honorables collègues, et quitta le Reform-Club. A sept heures cinquante, il ouvrait la porte de sa maison et rentrait chez lui.	*Having won twenty guineas at whist, and taken leave of his friends, Phileas Fogg, at twenty-five minutes past seven, left the Reform Club.*
Passepartout, qui avait consciencieusement étudié son programme, fut assez surpris en voyant Mr. Fogg, coupable d'inexactitude, apparaître à cette heure insolite. Suivant la notice, le locataire de Saville-row ne devait rentrer qu'à minuit précis.	*Passepartout, who had conscientiously studied the programme of his duties, was more than surprised to see his master guilty of the inexactness of appearing at this unaccustomed hour; for, according to rule, he was not due in Saville Row until precisely midnight.*
Phileas Fogg était tout d'abord monté à sa chambre, puis il appela :	*Mr. Fogg repaired to his bedroom, and called out, "Passepartout!"*
« Passepartout. » Passepartout ne répondit pas. Cet appel ne pouvait s'adresser à lui. Ce n'était pas l'heure.	*Passepartout did not reply. It could not be he who was called; it was not the right hour.*
« Passepartout », reprit Mr. Fogg sans élever la voix davantage.	*"Passepartout!" repeated Mr. Fogg, without raising his voice.*
Passepartout se montra.	*Passepartout made his appearance.*
« C'est la deuxième fois que je vous appelle, dit Mr. Fogg.	*"I've called you twice," observed his master.*
-- Mais il n'est pas minuit, répondit Passepartout, sa montre à la main.	*"But it is not midnight," responded the other, showing his watch.*
-- Je le sais, reprit Phileas Fogg, et je ne vous fais pas de reproche. Nous partons dans dix minutes pour Douvres et Calais. »	*"I know it; I don't blame you. We start for Dover and Calais in ten minutes."*
Une sorte de grimace s'ébaucha sur la ronde face du Français. Il était évident qu'il avait mal entendu.	*A puzzled grin overspread Passepartout's round face; clearly he had not comprehended his master.*
« Monsieur se déplace ? demanda-t-il.	*"Monsieur is going to leave home?"*
-- Oui, répondit Phileas Fogg. Nous allons faire le tour du monde. »	*"Yes," returned Phileas Fogg. "We are going round the world."*

Passepartout, l'oeil démesurément ouvert, la paupière et le sourcil surélevés, les bras détendus, le corps affaissé, présentait alors tous les symptômes de l'étonnement poussé jusqu'à la stupeur.

« Le tour du monde ! murmura-t-il.

-- En quatre-vingts jours, répondit Mr. Fogg. Ainsi, nous n'avons pas un instant à perdre.

-- Mais les malles ?... dit Passepartout, qui balançait inconsciemment sa tête de droite et de gauche

-- Pas de malles. Un sac de nuit seulement. Dedans, deux chemises de laine, trois paires de bas. Autant pour vous. Nous achèterons en route. Vous descendrez mon mackintosh et ma couverture de voyage. Ayez de bonnes chaussures. D'ailleurs, nous marcherons peu ou pas. Allez. »

Passepartout aurait voulu répondre. Il ne put. Il quitta la chambre de Mr. Fogg, monta dans la sienne, tomba sur une chaise, et employant une phrase assez vulgaire de son pays :

« Ah ! bien se dit-il, elle est forte, celle-là! Moi qui voulais rester tranquille !... » Et, machinalement, il fit ses préparatifs de départ. Le tour du monde en quatre-vingts jours ! Avait-il affaire à un fou ? Non... C'était une plaisanterie ? On allait à Douvres, bien. A Calais, soit. Après tout, cela ne pouvait notablement contrarier le brave garçon, qui, depuis cinq ans, n'avait pas foulé le sol de la patrie. Peut-être même irait-on jusqu'à Paris, et, ma foi, il reverrait avec plaisir la grande capitale. Mais, certainement, un gentleman aussi ménager de ses pas s'arrêterait là... Oui, sans doute, mais il n'en était pas moins vrai qu'il partait, qu'il se déplaçait, ce gentleman, si casanier jusqu'alors !

Passepartout opened wide his eyes, raised his eyebrows, held up his hands, and seemed about to collapse, so overcome was he with stupefied astonishment.

"Round the world!" he murmured.

"In eighty days," responded Mr. Fogg. "So we haven't a moment to lose."

"But the trunks?" gasped Passepartout, unconsciously swaying his head from right to left.

"We'll have no trunks; only a carpet-bag, with two shirts and three pairs of stockings for me, and the same for you. We'll buy our clothes on the way. Bring down my mackintosh and traveling-cloak, and some stout shoes, though we shall do little walking. Make haste!"

Passepartout tried to reply, but could not. He went out, mounted to his own room, fell into a chair, and muttered:

"That's good, that is! And I, who wanted to remain quiet!" He mechanically set about making the preparations for departure. Around the world in eighty days! Was his master a fool? No. Was this a joke, then? They were going to Dover; good! To Calais; good again! After all, Passepartout, who had been away from France five years, would not be sorry to set foot on his native soil again. Perhaps they would go as far as Paris, and it would do his eyes good to see Paris once more. But surely a gentleman so chary of his steps would stop there; no doubt-- but, then, it was none the less true that he was going away, this so domestic person hitherto!

Around the World in Eighty Days

A huit heures, Passepartout avait préparé le modeste sac qui contenait sa garde-robe et celle de son maître ; puis, l'esprit encore troublé, il quitta sa chambre, dont il ferma soigneusement la porte, et il rejoignit Mr. Fogg.	*By eight o'clock Passepartout had packed the modest carpet-bag, containing the wardrobes of his master and himself; then, still troubled in mind, he carefully shut the door of his room, and descended to Mr. Fogg.*
Mr. Fogg était prêt. Il portait sous son bras le Bradshaw's continental railway steam transit and general guide, qui devait lui fournir toutes les indications nécessaires à son voyage. Il prit le sac des mains de Passepartout, l'ouvrit et y glissa une forte liasse de ces belles bank-notes qui ont cours dans tous les pays.	*Mr. Fogg was quite ready. Under his arm might have been observed a red-bound copy of Bradshaw's Continental Railway Steam Transit and General Guide, with its timetables showing the arrival and departure of steamers and railways. He took the carpet-bag, opened it, and slipped into it a goodly roll of Bank of England notes, which would pass wherever he might go.*
« Vous n'avez rien oublié ? demanda-t-il.	*"You have forgotten nothing?" asked he.*
-- Rien, monsieur.	*"Nothing, monsieur."*
-- Mon mackintosh et ma couverture ?	*"My mackintosh and cloak?"*
-- Les voici.	*"Here they are."*
-- Bien, prenez ce sac. » Mr. Fogg remit le sac à Passepartout. « Et ayez-en soin, ajouta-t-il. Il y a vingt mille livres dedans (500 000 F). »	*"Good! Take this carpet-bag," handing it to Passepartout. "Take good care of it, for there are twenty thousand pounds in it."*
Le sac faillit s'échapper des mains de Passepartout, comme si les vingt mille livres eussent été en or et pesé considérablement.	*Passepartout nearly dropped the bag, as if the twenty thousand pounds were in gold, and weighed him down.*

Jules Verne

Le maître et le domestique descendirent alors, et la porte de la rue fut fermée à double tour. Une station de voitures se trouvait à l'extrémité de Saville-row. Phileas Fogg et son domestique montèrent dans un cab, qui se dirigea rapidement vers la gare de Charing-Cross, à laquelle aboutit un des embranchements du South-Eastern-railway. A huit heures vingt, le cab s'arrêta devant la grille de la gare. Passepartout sauta à terre. Son maître le suivit et paya le cocher. En ce moment, une pauvre mendiante, tenant un enfant à la main, pieds nus dans la boue, coiffée d'un chapeau dépenaillé auquel pendait une plume lamentable, un châle en loques sur ses haillons, s'approcha de Mr. Fogg et lui demanda l'aumône.	*Master and man then descended, the street-door was double-locked, and at the end of Saville Row they took a cab and drove rapidly to Charing Cross. The cab stopped before the railway station at twenty minutes past eight. Passepartout jumped off the box and followed his master, who, after paying the cabman, was about to enter the station, when a poor beggar-woman, with a child in her arms, her naked feet smeared with mud, her head covered with a wretched bonnet, from which hung a tattered feather, and her shoulders shrouded in a ragged shawl, approached, and mournfully asked for alms.*
Mr. Fogg tira de sa poche les vingt guinées qu'il venait de gagner au whist, et, les présentant à la mendiante : « Tenez, ma brave femme, dit-il, je suis content de vous avoir rencontrée ! » Puis il passa.	*Mr. Fogg took out the twenty guineas he had just won at whist, and handed them to the beggar, saying, "Here, my good woman. I'm glad that I met you;" and passed on.*
Passepartout eut comme une sensation d'humidité autour de la prunelle. Son maître avait fait un pas dans son coeur.	*Passepartout had a moist sensation about the eyes; his master's action touched his susceptible heart.*
Mr. Fogg et lui entrèrent aussitôt dans la grande salle de la gare. Là, Phileas Fogg donna à Passepartout l'ordre de prendre deux billets de première classe pour Paris. Puis, se retournant, il aperçut ses cinq collègues du Reform-Club.	*Two first-class tickets for Paris having been speedily purchased, Mr. Fogg was crossing the station to the train, when he perceived his five friends of the Reform.*
« Messieurs, je pars, dit-il, et les divers visas apposés sur un passeport que j'emporte à cet effet vous permettront, au retour, de contrôler mon itinéraire.	*"Well, gentlemen," said he, "I'm off, you see; and, if you will examine my passport when I get back, you will be able to judge whether I have accomplished the journey agreed upon."*

-- Oh ! monsieur Fogg, répondit poliment Gauthier Ralph, c'est inutile. Nous nous en rapporterons à votre honneur de gentleman !

-- Cela vaut mieux ainsi, dit Mr. Fogg.

-- Vous n'oubliez pas que vous devez être revenu ?... fit observer Andrew Stuart.

-- Dans quatre-vingts jours, répondit Mr. Fogg, le samedi 21 décembre 1872, à huit heures quarante-cinq minutes du soir. Au revoir, messieurs. »

A huit heures quarante, Phileas Fogg et son domestique prirent place dans le même compartiment. A huit heures quarante-cinq, un coup de sifflet retentit, et le train se mit en marche.

La nuit était noire. Il tombait une pluie fine. Phileas Fogg, accoté dans son coin, ne parlait pas. Passepartout, encore abasourdi, pressait machinalement contre lui le sac aux bank-notes.

Mais le train n'avait pas dépassé Sydenham, que Passepartout poussait un véritable cri de désespoir !

« Qu'avez-vous ? demanda Mr. Fogg.

-- Il y a... que... dans ma précipitation... mon trouble... j'ai oublié...

-- Quoi ?

-- D'éteindre le bec de gaz de ma chambre !

-- Eh bien, mon garçon, répondit froidement Mr. Fogg, il brûle à votre compte ! »

V DANS LEQUEL UNE NOUVELLE VALEUR APPARAÎT SUR LA PLACE DE LONDRES

"Oh, that would be quite unnecessary, Mr. Fogg," said Ralph politely. "We will trust your word, as a gentleman of honour."

"You do not forget when you are due in London again?" asked Stuart.

"In eighty days; on Saturday, the 21st of December, 1872, at a quarter before nine p.m. Good-bye, gentlemen."

Phileas Fogg and his servant seated themselves in a first-class carriage at twenty minutes before nine; five minutes later the whistle screamed, and the train slowly glided out of the station.

The night was dark, and a fine, steady rain was falling. Phileas Fogg, snugly ensconced in his corner, did not open his lips. Passepartout, not yet recovered from his stupefaction, clung mechanically to the carpet-bag, with its enormous treasure.

Just as the train was whirling through Sydenham, Passepartout suddenly uttered a cry of despair.

"What's the matter?" asked Mr. Fogg.

"Alas! In my hurry--I--I forgot--"

"What?"

"To turn off the gas in my room!"

"Very well, young man," returned Mr. Fogg, coolly; "it will burn--at your expense."

Chapter V IN WHICH A NEW SPECIES OF FUNDS, UNKNOWN TO THE MONEYED MEN, APPEARS ON 'CHANGE

Phileas Fogg, en quittant Londres, ne se doutait guère, sans doute, du grand retentissement qu'allait provoquer son départ. La nouvelle du pari se répandit d'abord dans le Reform-Club, et produisit une véritable émotion parmi les membres de l'honorable cercle. Puis, du club, cette émotion passa aux journaux par la voie des reporters, et des journaux au public de Londres et de tout le Royaume-Uni. Cette « question du tour du monde » fut commentée, discutée, disséquée, avec autant de passion et d'ardeur que s'il se fût agi d'une nouvelle affaire de l'Alabama. Les uns prirent parti pour Phileas Fogg, les autres -- et ils formèrent bientôt une majorité considérable -- se prononcèrent contre lui. Ce tour du monde à accomplir, autrement qu'en théorie et sur le papier, dans ce minimum de temps, avec les moyens de communication actuellement en usage, ce n'était pas seulement impossible, c'était insensé !

Phileas Fogg rightly suspected that his departure from London would create a lively sensation at the West End. The news of the bet spread through the Reform Club, and afforded an exciting topic of conversation to its members. From the club it soon got into the papers throughout England. The boasted "tour of the world" was talked about, disputed, argued with as much warmth as if the subject were another Alabama claim. Some took sides with Phileas Fogg, but the large majority shook their heads and declared against him; it was absurd, impossible, they declared, that the tour of the world could be made, except theoretically and on paper, in this minimum of time, and with the existing means of travelling.

Le Times, le Standard, l'Evening Star, le Morning Chronicle, et vingt autres journaux de grande publicité, se déclarèrent contre Mr. Fogg. Seul, le Daily Telegraph le soutint dans une certaine mesure. Phileas Fogg fut généralement traité de maniaque, de fou, et ses collègues du Reform-Club furent blâmés d'avoir tenu ce pari, qui accusait un affaiblissement dans les facultés mentales de son auteur.

The Times, Standard, Morning Post, and Daily News, and twenty other highly respectable newspapers scouted Mr. Fogg's project as madness; the Daily Telegraph alone hesitatingly supported him. People in general thought him a lunatic, and blamed his Reform Club friends for having accepted a wager which betrayed the mental aberration of its proposer.

Des articles extrêmement passionnés, mais logiques, parurent sur la question. On sait l'intérêt que l'on porte en Angleterre à tout ce qui touche à la géographie. Aussi n'était-il pas un lecteur, à quelque classe qu'il appartînt, qui ne dévorât les colonnes consacrées au cas de Phileas Fogg.

Articles no less passionate than logical appeared on the question, for geography is one of the pet subjects of the English; and the columns devoted to Phileas Fogg's venture were eagerly devoured by all classes of readers.

Pendant les premiers jours, quelques esprits audacieux -- les femmes principalement -- furent pour lui, surtout quand l'Illustrated London News eut publié son portrait d'après sa photographie déposée aux archives du Reform-Club. Certains gentlemen osaient dire : « Hé ! hé ! pourquoi pas, après tout ? On a vu des choses plus extraordinaires ! » C'étaient surtout les lecteurs du Daily Telegraph. Mais on sentit bientôt que ce journal lui-même commençait à faiblir.

At first some rash individuals, principally of the gentler sex, espoused his cause, which became still more popular when the Illustrated London News came out with his portrait, copied from a photograph in the Reform Club. A few readers of the Daily Telegraph even dared to say, "Why not, after all? Stranger things have come to pass."[2]

Jules Verne

En effet, un long article parut le 7 octobre dans le Bulletin de la Société royale de géographie. Il traita la question à tous les points de vue, et démontra clairement la folie de l'entreprise. D'après cet article, tout était contre le voyageur, obstacles de l'homme, obstacles de la nature. Pour réussir dans ce projet, il fallait admettre une concordance miraculeuse des heures de départ et d'arrivée, concordance qui n'existait pas, qui ne pouvait pas exister. A la rigueur, et en Europe, où il s'agit de parcours d'une longueur relativement médiocre, on peut compter sur l'arrivée des trains à heure fixe ; mais quand ils emploient trois jours à traverser l'Inde, sept jours à traverser les États-Unis, pouvait-on fonder sur leur exactitude les éléments d'un tel problème ? Et les accidents de machine, les déraillements, les rencontres, la mauvaise saison, l'accumulation des neiges, est-ce que tout n'était pas contre Phileas Fogg ? Sur les paquebots, ne se trouverait-il pas, pendant l'hiver, à la merci des coups de vent ou des brouillards ? Est-il donc si rare que les meilleurs marcheurs des lignes transocéaniennes éprouvent des retards de deux ou trois jours ? Or, il suffisait d'un retard, un seul, pour que la chaîne de communications fût irréparablement brisée. Si Phileas Fogg manquait, ne fût-ce que de quelques heures, le départ d'un paquebot, il serait forcé d'attendre le paquebot suivant, et par cela même son voyage était compromis irrévocablement.

L'article fit grand bruit. Presque tous les journaux le reproduisirent, et les actions de Phileas Fogg baissèrent singulièrement.

At last a long article appeared, on the 7th of October, in the bulletin of the Royal Geographical Society, which treated the question from every point of view, and demonstrated the utter folly of the enterprise. Everything, it said, was against the travellers, every obstacle imposed alike by man and by nature. A miraculous agreement of the times of departure and arrival, which was impossible, was absolutely necessary to his success. He might, perhaps, reckon on the arrival of trains at the designated hours, in Europe, where the distances were relatively moderate; but when he calculated upon crossing India in three days, and the United States in seven, could he rely beyond misgiving upon accomplishing his task? There were accidents to machinery, the liability of trains to run off the line, collisions, bad weather, the blocking up by snow--were not all these against Phileas Fogg? Would he not find himself, when travelling by steamer in winter, at the mercy of the winds and fogs? Is it uncommon for the best ocean steamers to be two or three days behind time? But a single delay would suffice to fatally break the chain of communication; should Phileas Fogg once miss, even by an hour; a steamer, he would have to wait for the next, and that would irrevocably render his attempt vain.

This article made a great deal of noise, and, being copied into all the papers, seriously depressed the advocates of the rash tourist.

Pendant les premiers jours qui suivirent le départ du gentleman, d'importantes affaires s'étaient engagées sur « l'aléa » de son entreprise. On sait ce qu'est le monde des parieurs en Angleterre, monde plus intelligent, plus relevé que celui des joueurs. Parier est dans le tempérament anglais. Aussi, non seulement les divers membres du Reform-Club établirent-ils des paris considérables pour ou contre Phileas Fogg, mais la masse du public entra dans le mouvement. Phileas Fogg fut inscrit comme un cheval de course, à une sorte de studbook. On en fit aussi une valeur de bourse, qui fut immédiatement cotée sur la place de Londres. On demandait, on offrait du « Phileas Fogg » ferme ou à prime, et il se fit des affaires énormes. Mais cinq jours après son départ, après l'article du Bulletin de la Société de géographie, les offres commencèrent à affluer. Le Phileas Fogg baissa. On l'offrit par paquets. Pris d'abord à cinq, puis à dix, on ne le prit plus qu'à vingt, à cinquante, à cent !

Un seul partisan lui resta. Ce fut le vieux paralytique, Lord Albermale. L'honorable gentleman, cloué sur son fauteuil, eût donné sa fortune pour pouvoir faire le tour du monde, même en dix ans ! et il paria cinq mille livres (100 000 F) en faveur de Phileas Fogg. Et quand, en même temps que la sottise du projet, on lui en démontrait l'inutilité, il se contentait de répondre : « Si la chose est faisable, il est bon que ce soit un Anglais qui le premier l'ait faite ! »

Everybody knows that England is the world of betting men, who are of a higher class than mere gamblers; to bet is in the English temperament. Not only the members of the Reform, but the general public, made heavy wagers for or against Phileas Fogg, who was set down in the betting books as if he were a race-horse. Bonds were issued, and made their appearance on 'Change; "Phileas Fogg bonds" were offered at par or at a premium, and a great business was done in them. But five days after the article in the bulletin of the Geographical Society appeared, the demand began to subside: "Phileas Fogg" declined. They were offered by packages, at first of five, then of ten, until at last nobody would take less than twenty, fifty, a hundred!

Lord Albemarle, an elderly paralytic gentleman, was now the only advocate of Phileas Fogg left. This noble lord, who was fastened to his chair, would have given his fortune to be able to make the tour of the world, if it took ten years; and he bet five thousand pounds on Phileas Fogg. When the folly as well as the uselessness of the adventure was pointed out to him, he contented himself with replying, "If the thing is feasible, the first to do it ought to be an Englishman."

Or, on en était là, les partisans de Phileas Fogg se raréfiaient de plus en plus ; tout le monde, et non sans raison, se mettait contre lui ; on ne le prenait plus qu'à cent cinquante, à deux cents contre un, quand, sept jours après son départ, un incident, complètement inattendu, fit qu'on ne le prit plus du tout.

En effet, pendant cette journée, à neuf heures du soir, le directeur de la police métropolitaine avait reçu une dépêche télégraphique ainsi conçue :

Suez à Londres.

Rowan, directeur police, administration centrale, Scotland place.

Je file voleur de Banque, Phileas Fogg. Envoyez sans retard mandat d'arrestation à Bombay (Inde anglaise).

Fix, détective.

L'effet de cette dépêche fut immédiat. L'honorable gentleman disparut pour faire place au voleur de bank-notes. Sa photographie, déposée au Reform-Club avec celles de tous ses collègues, fut examinée. Elle reproduisait trait pour trait l'homme dont le signalement avait été fourni par l'enquête. On rappela ce que l'existence de Phileas Fogg avait de mystérieux, son isolement, son départ subit, et il parut évident que ce personnage, prétextant un voyage autour du monde et l'appuyant sur un pari insensé, n'avait eu d'autre but que de dépister les agents de la police anglaise.

VI DANS LEQUEL L'AGENT FIX MONTRE UNE IMPATIENCE BIEN LEGITIME

The Fogg party dwindled more and more, everybody was going against him, and the bets stood a hundred and fifty and two hundred to one; and a week after his departure an incident occurred which deprived him of backers at any price.

The commissioner of police was sitting in his office at nine o'clock one evening, when the following telegraphic dispatch was put into his hands:

Suez to London.

Rowan, Commissioner of Police, Scotland Yard:

I've found the bank robber, Phileas Fogg. Send with out delay warrant of arrest to Bombay.

Fix, Detective.

The effect of this dispatch was instantaneous. The polished gentleman disappeared to give place to the bank robber. His photograph, which was hung with those of the rest of the members at the Reform Club, was minutely examined, and it betrayed, feature by feature, the description of the robber which had been provided to the police. The mysterious habits of Phileas Fogg were recalled; his solitary ways, his sudden departure; and it seemed clear that, in undertaking a tour round the world on the pretext of a wager, he had had no other end in view than to elude the detectives, and throw them off his track.

Chapter VI IN WHICH FIX, THE DETECTIVE, BETRAYS A VERY NATURAL IMPATIENCE

Voici dans quelles circonstances avait été lancée cette dépêche concernant le sieur Phileas Fogg.	*The circumstances under which this telegraphic dispatch about Phileas Fogg was sent were as follows:*
Le mercredi 9 octobre, on attendait pour onze heures du matin, à Suez, le paquebot Mongolia, de la Compagnie péninsulaire et orientale, steamer en fer à hélice et à spardeck, jaugeant deux mille huit cents tonnes et possédant une force nominale de cinq cents chevaux. Le Mongolia faisait régulièrement les voyages de Brindisi à Bombay par le canal de Suez. C'était un des plus rapides marcheurs de la Compagnie, et les vitesses réglementaires, soit dix milles à l'heure entre Brindisi et Suez, et neuf milles cinquante-trois centièmes entre Suez et Bombay, il les avait toujours dépassées.	*The steamer Mongolia, belonging to the Peninsular and Oriental Company, built of iron, of two thousand eight hundred tons burden, and five hundred horse-power, was due at eleven o'clock a.m. on Wednesday, the 9th of October, at Suez. The Mongolia plied regularly between Brindisi and Bombay via the Suez Canal, and was one of the fastest steamers belonging to the company, always making more than ten knots an hour between Brindisi and Suez, and nine and a half between Suez and Bombay.*

Jules Verne

En attendant l'arrivée du Mongolia, deux hommes se promenaient sur le quai au milieu de la foule d'indigènes et d'étrangers qui affluent dans cette ville, naguère une bourgade, à laquelle la grande oeuvre de M. de Lesseps assure un avenir considérable. De ces deux hommes, l'un était l'agent consulaire du Royaume-Uni, établi à Suez, qui -- en dépit des fâcheux pronostics du gouvernement britannique et des sinistres prédictions de l'ingénieur Stephenson -- voyait chaque jour des navires anglais traverser ce canal, abrégeant ainsi de moitié l'ancienne route de l'Angleterre aux Indes par le cap de Bonne-Espérance. L'autre était un petit homme maigre, de figure assez intelligente, nerveux, qui contractait avec une persistance remarquable ses muscles sourciliers. A travers ses longs cils brillait un oeil très vif, mais dont il savait à volonté éteindre l'ardeur. En ce moment, il donnait certaines marques d'impatience, allant, venant, ne pouvant tenir en place. Cet homme se nommait Fix, et c'était un de ces « détectives » ou agents de police anglais, qui avaient été envoyés dans les divers ports, après le vol commis à la Banque d'Angleterre. Ce Fix devait surveiller avec le plus grand soin tous les voyageurs prenant la route de Suez, et si l'un d'eux lui semblait suspect, le « filer » en attendant un mandat d'arrestation. Précisément, depuis deux jours, Fix avait reçu du directeur de la police métropolitaine le signalement de l'auteur présumé du vol. C'était celui de ce personnage distingué et bien mis que l'on avait observé dans la salle des paiements de la Banque. Le détective, très alléché évidemment par la forte prime promise en cas de succès, attendait donc avec une impatience facile à comprendre l'arrivée du Mongolia.

« Et vous dites, monsieur le consul, demanda-t-il pour la dixième fois, que ce bateau ne peut tarder ?

Two men were promenading up and down the wharves, among the crowd of natives and strangers who were sojourning at this once straggling village--now, thanks to the enterprise of M. Lesseps, a fast-growing town. One was the British consul at Suez, who, despite the prophecies of the English Government, and the unfavourable predictions of Stephenson, was in the habit of seeing, from his office window, English ships daily passing to and fro on the great canal, by which the old roundabout route from England to India by the Cape of Good Hope was abridged by at least a half. The other was a small, slight-built personage, with a nervous, intelligent face, and bright eyes peering out from under eyebrows which he was incessantly twitching. He was just now manifesting unmistakable signs of impatience, nervously pacing up and down, and unable to stand still for a moment. This was Fix, one of the detectives who had been dispatched from England in search of the bank robber; it was his task to narrowly watch every passenger who arrived at Suez, and to follow up all who seemed to be suspicious characters, or bore a resemblance to the description of the criminal, which he had received two days before from the police headquarters at London. The detective was evidently inspired by the hope of obtaining the splendid reward which would be the prize of success, and awaited with a feverish impatience, easy to understand, the arrival of the steamer Mongolia.

"So you say, consul," asked he for the twentieth time, "that this steamer is never behind time?"

-- Non, monsieur Fix, répondit le consul. Il a été signalé hier au large de Port-Saïd, et les cent soixante kilomètres du canal ne comptent pas pour un tel marcheur. Je vous répète que le Mongolia a toujours gagné la prime de vingt-cinq livres que le gouvernement accorde pour chaque avance de vingt-quatre heures sur les temps réglementaires.

-- Ce paquebot vient directement de Brindisi ? demanda Fix.

-- De Brindisi même, où il a pris la malle des Indes, de Brindisi qu'il a quitté samedi à cinq heures du soir. Ainsi ayez patience, il ne peut tarder à arriver. Mais je ne sais vraiment pas comment, avec le signalement que vous avez reçu, vous pourrez reconnaître votre homme, s'il est à bord du Mongolia.

-- Monsieur le consul, répondit Fix, ces gens-là, on les sent plutôt qu'on ne les reconnaît. C'est du flair qu'il faut avoir, et le flair est comme un sens spécial auquel concourent l'ouïe, la vue et l'odorat. J'ai arrêté dans ma vie plus d'un de ces gentlemen, et pourvu que mon voleur soit à bord, je vous réponds qu'il ne me glissera pas entre les mains.

-- Je le souhaite, monsieur Fix, car il s'agit d'un vol important.

-- Un vol magnifique, répondit l'agent enthousiasmé. Cinquante-cinq mille livres ! Nous n'avons pas souvent de pareilles aubaines ! Les voleurs deviennent mesquins ! La race des Sheppard s'étiole ! On se fait pendre maintenant pour quelques shillings !

"No, Mr. Fix," replied the consul. "She was bespoken yesterday at Port Said, and the rest of the way is of no account to such a craft. I repeat that the Mongolia has been in advance of the time required by the company's regulations, and gained the prize awarded for excess of speed."

"Does she come directly from Brindisi?"

"Directly from Brindisi; she takes on the Indian mails there, and she left there Saturday at five p.m. Have patience, Mr. Fix; she will not be late. But really, I don't see how, from the description you have, you will be able to recognise your man, even if he is on board the Mongolia."

"A man rather feels the presence of these fellows, consul, than recognises them. You must have a scent for them, and a scent is like a sixth sense which combines hearing, seeing, and smelling. I've arrested more than one of these gentlemen in my time, and, if my thief is on board, I'll answer for it; he'll not slip through my fingers."

"I hope so, Mr. Fix, for it was a heavy robbery."

"A magnificent robbery, consul; fifty-five thousand pounds! We don't often have such windfalls. Burglars are getting to be so contemptible nowadays! A fellow gets hung for a handful of shillings!"

-- Monsieur Fix, répondit le consul, vous parlez d'une telle façon que je vous souhaite vivement de réussir ; mais, je vous le répète, dans les conditions où vous êtes, je crains que ce ne soit difficile. Savez-vous bien que, d'après le signalement que vous avez reçu, ce voleur ressemble absolument à un honnête homme.

-- Monsieur le consul, répondit dogmatiquement l'inspecteur de police, les grands voleurs ressemblent toujours à d'honnêtes gens. Vous comprenez bien que ceux qui ont des figures de coquins n'ont qu'un parti à prendre, c'est de rester probes, sans cela ils se feraient arrêter. Les physionomies honnêtes, ce sont celles-là qu'il faut dévisager surtout. Travail difficile, j'en conviens, et qui n'est plus du métier, mais de l'art. » On voit que ledit Fix ne manquait pas d'une certaine dose d'amour-propre.

Cependant le quai s'animait peu à peu. Marins de diverses nationalités, commerçants, courtiers, portefaix, fellahs, y affluaient. L'arrivée du paquebot était évidemment prochaine. Le temps était assez beau, mais l'air froid, par ce vent d'est. Quelques minarets se dessinaient au-dessus de la ville sous les pâles rayons du soleil. Vers le sud, une jetée longue de deux mille mètres s'allongeait comme un bras sur la rade de Suez. A la surface de la mer Rouge roulaient plusieurs bateaux de pêche ou de cabotage, dont quelques-uns ont conservé dans leurs façons l'élégant gabarit de la galère antique.

Tout en circulant au milieu de ce populaire, Fix, par une habitude de sa profession, dévisageait les passants d'un rapide coup d'oeil.
Il était alors dix heures et demie.

"Mr. Fix," said the consul, "I like your way of talking, and hope you'll succeed; but I fear you will find it far from easy. Don't you see, the description which you have there has a singular resemblance to an honest man?"

"Consul," remarked the detective, dogmatically, "great robbers always resemble honest folks. Fellows who have rascally faces have only one course to take, and that is to remain honest; otherwise they would be arrested off-hand. The artistic thing is, to unmask honest countenances; it's no light task, I admit, but a real art." Mr. Fix evidently was not wanting in a tinge of self-conceit.

Little by little the scene on the quay became more animated; sailors of various nations, merchants, ship-brokers, porters, fellahs, bustled to and fro as if the steamer were immediately expected. The weather was clear, and slightly chilly. The minarets of the town loomed above the houses in the pale rays of the sun. A jetty pier, some two thousand yards along, extended into the roadstead. A number of fishing-smacks and coasting boats, some retaining the fantastic fashion of ancient galleys, were discernible on the Red Sea.

As he passed among the busy crowd, Fix, according to habit, scrutinised the passers-by with a keen, rapid glance.

It was now half-past ten.

« Mais il n'arrivera pas, ce paquebot ! s'écria-t-il en entendant sonner l'horloge du port.	"The steamer doesn't come!" he exclaimed, as the port clock struck.
-- Il ne peut être éloigné, répondit le consul.	"She can't be far off now," returned his companion.
-- Combien de temps stationnera-t-il à Suez ? demanda Fix.	"How long will she stop at Suez?"
-- Quatre heures. Le temps d'embarquer son charbon. De Suez à Aden, à l'extrémité de la mer Rouge, on compte treize cent dix milles, et il faut faire provision de combustible.	"Four hours; long enough to get in her coal. It is thirteen hundred and ten miles from Suez to Aden, at the other end of the Red Sea, and she has to take in a fresh coal supply."
-- Et de Suez, ce bateau va directement à Bombay ? demanda Fix.	"And does she go from Suez directly to Bombay?"
-- Directement, sans rompre charge.	"Without putting in anywhere."
-- Eh bien, dit Fix, si le voleur a pris cette route et ce bateau, il doit entrer dans son plan de débarquer à Suez, afin de gagner par une autre voie les possessions hollandaises ou françaises de l'Asie. Il doit bien savoir qu'il ne serait pas en sûreté dans l'Inde, qui est une terre anglaise.	"Good!" said Fix. "If the robber is on board he will no doubt get off at Suez, so as to reach the Dutch or French colonies in Asia by some other route. He ought to know that he would not be safe an hour in India, which is English soil."
-- A moins que ce ne soit un homme très fort, répondit le consul. Vous le savez, un criminel anglais est toujours mieux caché à Londres qu'il ne le serait à l'étranger. »	"Unless," objected the consul, "he is exceptionally shrewd. An English criminal, you know, is always better concealed in London than anywhere else."

Jules Verne

Sur cette réflexion, qui donna fort à réfléchir à l'agent, le consul regagna ses bureaux, situés à peu de distance. L'inspecteur de police demeura seul, pris d'une impatience nerveuse, avec ce pressentiment assez bizarre que son voleur devait se trouver à bord du Mongolia, -- et en vérité, si ce coquin avait quitté l'Angleterre avec l'intention de gagner le Nouveau Monde, la route des Indes, moins surveillée ou plus difficile à surveiller que celle de l'Atlantique, devait avoir obtenu sa préférence. Fix ne fut pas longtemps livré à ses réflexions. De vifs coups de sifflet annoncèrent l'arrivée du paquebot. Toute la horde des portefaix et des fellahs se précipita vers le quai dans un tumulte un peu inquiétant pour les membres et les vêtements des passagers. Une dizaine de canots se détachèrent de la rive et allèrent au-devant du Mongolia. Bientôt on aperçut la gigantesque coque du Mongolia, passant entre les rives du canal, et onze heures sonnaient quand le steamer vint mouiller en rade, pendant que sa vapeur fusait à grand bruit par les tuyaux d'échappement. Les passagers étaient assez nombreux à bord. Quelques-uns restèrent sur le spardeck à contempler le panorama pittoresque de la ville ; mais la plupart débarquèrent dans les canots qui étaient venus accoster le Mongolia.

This observation furnished the detective food for thought, and meanwhile the consul went away to his office. Fix, left alone, was more impatient than ever, having a presentiment that the robber was on board the Mongolia. If he had indeed left London intending to reach the New World, he would naturally take the route via India, which was less watched and more difficult to watch than that of the Atlantic. But Fix's reflections were soon interrupted by a succession of sharp whistles, which announced the arrival of the Mongolia. The porters and fellahs rushed down the quay, and a dozen boats pushed off from the shore to go and meet the steamer. Soon her gigantic hull appeared passing along between the banks, and eleven o'clock struck as she anchored in the road. She brought an unusual number of passengers, some of whom remained on deck to scan the picturesque panorama of the town, while the greater part disembarked in the boats, and landed on the quay.

Fix examinait scrupuleusement tous ceux qui mettaient pied à terre. En ce moment, l'un d'eux s'approcha de lui, après avoir vigoureusement repoussé les fellahs qui l'assaillaient de leurs offres de service, et il lui demanda fort poliment s'il pouvait lui indiquer les bureaux de l'agent consulaire anglais. Et en même temps ce passager présentait un passeport sur lequel il désirait sans doute faire apposer le visa britannique. Fix, instinctivement, prit le passeport, et, d'un rapide coup d'oeil, il en lut le signalement. Un mouvement involontaire faillit lui échapper. La feuille trembla dans sa main. Le signalement libellé sur le passeport était identique à celui qu'il avait reçu du directeur de la police métropolitaine.

« Ce passeport n'est pas le vôtre ? dit-il au passager.

-- Non, répondit celui-ci, c'est le passeport de mon maître.

-- Et votre maître ?

-- Il est resté à bord.

-- Mais, reprit l'agent, il faut qu'il se présente en personne aux bureaux du consulat afin d'établir son identité.

-- Quoi ! cela est nécessaire ?

-- Indispensable.

-- Et où sont ces bureaux ?

-- Là, au coin de la place, répondit l'inspecteur en indiquant une maison éloignée de deux cents pas.

-- Alors, je vais aller chercher mon maître, à qui pourtant cela ne plaira guère de se déranger ! »

Là-dessus, le passager salua Fix et retourna à bord du steamer.

VII QUI TÉMOIGNE UNE FOIS DE PLUS DE L'INUTILITÉ DES PASSEPORTS EN MATIÈRE DE POLICE

Fix took up a position, and carefully examined each face and figure which made its appearance. Presently one of the passengers, after vigorously pushing his way through the importunate crowd of porters, came up to him and politely asked if he could point out the English consulate, at the same time showing a passport which he wished to have visaed. Fix instinctively took the passport, and with a rapid glance read the description of its bearer. An involuntary motion of surprise nearly escaped him, for the description in the passport was identical with that of the bank robber which he had received from Scotland Yard.

"Is this your passport?" asked he.

"No, it's my master's."

"And your master is--"

"He stayed on board."

"But he must go to the consul's in person, so as to establish his identity."

"Oh, is that necessary?"

"Quite indispensable."

"And where is the consulate?"

"There, on the corner of the square," said Fix, pointing to a house two hundred steps off.

"I'll go and fetch my master, who won't be much pleased, however, to be disturbed."

The passenger bowed to Fix, and returned to the steamer.

Chapter VII WHICH ONCE MORE DEMONSTRATES THE USELESSNESS OF PASSPORTS AS AIDS TO DETECTIVES

L'inspecteur redescendit sur le quai et se dirigea rapidement vers les bureaux du consul. Aussitôt, et sur sa demande pressante, il fut introduit près de ce fonctionnaire.

« Monsieur le consul, lui dit-il sans autre préambule, j'ai de fortes présomptions de croire que notre homme a pris passage à bord du Mongolia. » Et Fix raconta ce qui s'était passé entre ce domestique et lui à propos du passeport.

« Bien, monsieur Fix, répondit le consul, je ne serais pas fâché de voir la figure de ce coquin. Mais peut-être ne se présentera-t-il pas à mon bureau, s'il est ce que vous supposez. Un voleur n'aime pas à laisser derrière lui des traces de son passage, et d'ailleurs la formalité des passeports n'est plus obligatoire.

-- Monsieur le consul, répondit l'agent, si c'est un homme fort comme on doit le penser, il viendra !

-- Faire viser son passeport ?

-- Oui. Les passeports ne servent jamais qu'à gêner les honnêtes gens et à favoriser la fuite des coquins. Je vous affirme que celui-ci sera en règle, mais j'espère bien que vous ne le viserez pas...

-- Et pourquoi pas ? Si ce passeport est régulier, répondit le consul, je n'ai pas le droit de refuser mon visa.

-- Cependant, monsieur le consul, il faut bien que je retienne ici cet homme jusqu'à ce que j'aie reçu de Londres un mandat d'arrestation.

-- Ah ! cela, monsieur Fix, c'est votre affaire, répondit le consul, mais moi, je ne puis... »

The detective passed down the quay, and rapidly made his way to the consul's office, where he was at once admitted to the presence of that official.

"Consul," said he, without preamble, "I have strong reasons for believing that my man is a passenger on the Mongolia." And he narrated what had just passed concerning the passport.

"Well, Mr. Fix," replied the consul, "I shall not be sorry to see the rascal's face; but perhaps he won't come here--that is, if he is the person you suppose him to be. A robber doesn't quite like to leave traces of his flight behind him; and, besides, he is not obliged to have his passport countersigned."

"If he is as shrewd as I think he is, consul, he will come."

"To have his passport visaed?"

"Yes. Passports are only good for annoying honest folks, and aiding in the flight of rogues. I assure you it will be quite the thing for him to do; but I hope you will not visa the passport."

"Why not? If the passport is genuine I have no right to refuse."

"Still, I must keep this man here until I can get a warrant to arrest him from London."

"Ah, that's your look-out. But I cannot--"

Le consul n'acheva pas sa phrase. En ce moment, on frappait à la porte de son cabinet, et le garçon de bureau introduisit deux étrangers, dont l'un était précisément ce domestique qui s'était entretenu avec le détective. C'étaient, en effet, le maître et le serviteur. Le maître présenta son passeport, en priant laconiquement le consul de vouloir bien y apposer son visa. Celui-ci prit le passeport et le lut attentivement, tandis que Fix, dans un coin du cabinet, observait ou plutôt dévorait l'étranger des yeux.	*The consul did not finish his sentence, for as he spoke a knock was heard at the door, and two strangers entered, one of whom was the servant whom Fix had met on the quay. The other, who was his master, held out his passport with the request that the consul would do him the favour to visa it. The consul took the document and carefully read it, whilst Fix observed, or rather devoured, the stranger with his eyes from a corner of the room.*
Quand le consul eut achevé sa lecture : « Vous êtes Phileas Fogg, esquire ? demanda-t-il.	*"You are Mr. Phileas Fogg?" said the consul, after reading the passport.*
-- Oui, monsieur, répondit le gentleman.	*"I am."*
-- Et cet homme est votre domestique ?	*"And this man is your servant?"*
-- Oui. Un Français nommé Passepartout.	*"He is: a Frenchman, named Passepartout."*
-- Vous venez de Londres ?	*"You are from London?"*
-- Oui.	*"Yes."*
-- Et vous allez ?	*"And you are going--"*
-- A Bombay.	*"To Bombay."*
-- Bien, monsieur. Vous savez que cette formalité du visa est inutile, et que nous n'exigeons plus la présentation du passeport ?	*"Very good, sir. You know that a visa is useless, and that no passport is required?"*
-- Je le sais, monsieur, répondit Phileas Fogg, mais je désire constater par votre visa mon passage à Suez.	*"I know it, sir," replied Phileas Fogg; "but I wish to prove, by your visa, that I came by Suez."*
-- Soit, monsieur. »	*"Very well, sir."*
Et le consul, ayant signé et daté le passeport, y apposa son cachet. Mr. Fogg acquitta les droits de visa, et, après avoir froidement salué, il sortit, suivi de son domestique.	*The consul proceeded to sign and date the passport, after which he added his official seal. Mr. Fogg paid the customary fee, coldly bowed, and went out, followed by his servant.*
« Eh bien ? demanda l'inspecteur.	*"Well?" queried the detective.*
-- Eh bien, répondit le consul, il a l'air d'un parfait honnête homme !	*"Well, he looks and acts like a perfectly honest man," replied the consul.*

-- Possible, répondit Fix, mais ce n'est point ce dont il s'agit. Trouvez-vous, monsieur le consul, que ce flegmatique gentleman ressemble trait pour trait au voleur dont j'ai reçu le signalement ?

-- J'en conviens, mais vous le savez, tous les signalements...

-- J'en aurai le coeur net, répondit Fix. Le domestique me paraît être moins indéchiffrable que le maître. De plus, c'est un Français, qui ne pourra se retenir de parler. A bientôt, monsieur le consul. »

Cela dit, l'agent sortit et se mit à la recherche de Passepartout.

Cependant Mr. Fogg, en quittant la maison consulaire, s'était dirigé vers le quai. Là, il donna quelques ordres à son domestique ; puis il s'embarqua dans un canot, revint à bord du Mongolia et rentra dans sa cabine. Il prit alors son carnet, qui portait les notes suivantes : « Quitté Londres, mercredi 2 octobre, 8 heures 45 soir. « Arrivé à Paris, jeudi 3 octobre, 7 heures 20 matin. « Quitté Paris, jeudi, 8 heures 40 matin. « Arrivé par le Mont-Cenis à Turin, vendredi 4 octobre, 6 heures 35 matin. « Quitté Turin, vendredi, 7 heures 20 matin. « Arrivé à Brindisi, samedi 5 octobre, 4 heures soir. « Embarqué sur le Mongolia, samedi, 5 heures soir. « Arrivé à Suez, mercredi 9 octobre, 11 heures matin. « Total des heures dépensées : 158 1/2, soit en jours : 6 jours 1/2. »

"Possibly; but that is not the question. Do you think, consul, that this phlegmatic gentleman resembles, feature by feature, the robber whose description I have received?"

"I concede that; but then, you know, all descriptions--"

"I'll make certain of it," interrupted Fix. "The servant seems to me less mysterious than the master; besides, he's a Frenchman, and can't help talking. Excuse me for a little while, consul."

Fix started off in search of Passepartout.

Meanwhile Mr. Fogg, after leaving the consulate, repaired to the quay, gave some orders to Passepartout, went off to the Mongolia in a boat, and descended to his cabin. He took up his note-book, which contained the following memoranda: "Left London, Wednesday, October 2nd, at 8.45 p.m. "Reached Paris, Thursday, October 3rd, at 7.20 a.m. "Left Paris, Thursday, at 8.40 a.m. "Reached Turin by Mont Cenis, Friday, October 4th, at 6.35 a.m. "Left Turin, Friday, at 7.20 a.m. "Arrived at Brindisi, Saturday, October 5th, at 4 p.m. "Sailed on the Mongolia, Saturday, at 5 p.m. "Reached Suez, Wednesday, October 9th, at 11 a.m. "Total of hours spent, 158+; or, in days, six days and a half."

Mr. Fogg inscrivit ces dates sur un itinéraire disposé par colonnes, qui indiquait -- depuis le 2 octobre jusqu'au 21 décembre -- le mois, le quantième, le jour, les arrivées réglementaires et les arrivées effectives en chaque point principal, Paris, Brindisi, Suez, Bombay, Calcutta, Singapore, Hong-Kong, Yokohama, San Francisco, New York, Liverpool, Londres, et qui permettait de chiffrer le gain obtenu où la perte éprouvée à chaque endroit du parcours. Ce méthodique itinéraire tenait ainsi compte de tout, et Mr. Fogg savait toujours s'il était en avance ou en retard. Il inscrivit donc, ce jour-là, mercredi 9 octobre, son arrivée à Suez, qui, concordant avec l'arrivée réglementaire, ne le constituait ni en gain ni en perte. Puis il se fit servir à déjeuner dans sa cabine. Quant à voir la ville, il n'y pensait même pas, étant de cette race d'Anglais qui font visiter par leur domestique les pays qu'ils traversent.

These dates were inscribed in an itinerary divided into columns, indicating the month, the day of the month, and the day for the stipulated and actual arrivals at each principal point Paris, Brindisi, Suez, Bombay, Calcutta, Singapore, Hong Kong, Yokohama, San Francisco, New York, and London--from the 2nd of October to the 21st of December; and giving a space for setting down the gain made or the loss suffered on arrival at each locality. This methodical record thus contained an account of everything needed, and Mr. Fogg always knew whether he was behind-hand or in advance of his time. On this Friday, October 9th, he noted his arrival at Suez, and observed that he had as yet neither gained nor lost. He sat down quietly to breakfast in his cabin, never once thinking of inspecting the town, being one of those Englishmen who are wont to see foreign countries through the eyes of their domestics.

VIII DANS LEQUEL PASSEPARTOUT PARLE UN PEU PLUS PEUT-ÊTRE QU'IL NE CONVIENDRAIT

Chapter VIII IN WHICH PASSEPARTOUT TALKS RATHER MORE, PERHAPS, THAN IS PRUDENT

Fix avait en peu d'instants rejoint sur le quai Passepartout, qui flânait et regardait, ne se croyant pas, lui, obligé à ne point voir.

Fix soon rejoined Passepartout, who was lounging and looking about on the quay, as if he did not feel that he, at least, was obliged not to see anything.

« Eh bien, mon ami, lui dit Fix en l'abordant, votre passeport est-il visé ?

"Well, my friend," said the detective, coming up with him, "is your passport visaed?"

-- Ah ! c'est vous, monsieur, répondit le Français. Bien obligé. Nous sommes parfaitement en règle.

"Ah, it's you, is it, monsieur?" responded Passepartout. "Thanks, yes, the passport is all right."

-- Et vous regardez le pays ?

"And you are looking about you?"

-- Oui, mais nous allons si vite qu'il me semble que je voyage en rêve. Et comme cela, nous sommes à Suez ?

"Yes; but we travel so fast that I seem to be journeying in a dream. So this is Suez?"

Jules Verne

-- A Suez.
-- En Égypte ?
-- En Égypte, parfaitement.
-- Et en Afrique ?
-- En Afrique.

-- En Afrique ! répéta Passepartout. Je ne peux y croire. Figurez-vous, monsieur, que je m'imaginais ne pas aller plus loin que Paris, et cette fameuse capitale, je l'ai revue tout juste de sept heures vingt du matin à huit heures quarante, entre la gare du Nord et la gare de Lyon, à travers les vitres d'un fiacre et par une pluie battante ! Je le regrette ! J'aurais aimé à revoir le Père-Lachaise et le Cirque des Champs-Élysées !

-- Vous êtes donc bien pressé ? demanda l'inspecteur de police.

-- Moi, non, mais c'est mon maître. A propos, il faut que j'achète des chaussettes et des chemises ! Nous sommes partis sans malles, avec un sac de nuit seulement.

-- Je vais vous conduire à un bazar où vous trouverez tout ce qu'il faut.

-- Monsieur, répondit Passepartout, vous êtes vraiment d'une complaisance !... »

Et tous deux se mirent en route. Passepartout causait toujours.

« Surtout, dit-il, que je prenne bien garde de ne pas manquer le bateau !

-- Vous avez le temps, répondit Fix, il n'est encore que midi ! »

Passepartout tira sa grosse montre. « Midi, dit-il. Allons donc ! il est neuf heures cinquante-deux minutes !

-- Votre montre retarde, répondit Fix.

"Yes."
"In Egypt?"
"Certainly, in Egypt."
"And in Africa?"
"In Africa."

"In Africa!" repeated Passepartout. "Just think, monsieur, I had no idea that we should go farther than Paris; and all that I saw of Paris was between twenty minutes past seven and twenty minutes before nine in the morning, between the Northern and the Lyons stations, through the windows of a car, and in a driving rain! How I regret not having seen once more Pere la Chaise and the circus in the Champs Elysees!"

"You are in a great hurry, then?"

"I am not, but my master is. By the way, I must buy some shoes and shirts. We came away without trunks, only with a carpet-bag."

"I will show you an excellent shop for getting what you want."

"Really, monsieur, you are very kind."

And they walked off together, Passepartout chatting volubly as they went along.

"Above all," said he; "don't let me lose the steamer."

"You have plenty of time; it's only twelve o'clock."

Passepartout pulled out his big watch. "Twelve!" he exclaimed; "why, it's only eight minutes before ten."

"Your watch is slow."

-- Ma montre ! Une montre de famille, qui vient de mon arrière-grand-père ! Elle ne varie pas de cinq minutes par an. C'est un vrai chronomètre !

-- Je vois ce que c'est, répondit Fix. Vous avez gardé l'heure de Londres, qui retarde de deux heures environ sur Suez. Il faut avoir soin de remettre votre montre au midi de chaque pays.

-- Moi ! toucher à ma montre ! s'écria Passepartout, jamais !

-- Eh bien, elle ne sera plus d'accord avec le soleil.

-- Tant pis pour le soleil, monsieur ! C'est lui qui aura tort ! »

Et le brave garçon remit sa montre dans sou gousset avec un geste superbe. Quelques instants après, Fix lui disait : « Vous avez donc quitté Londres précipitamment ?

-- Je le crois bien ! Mercredi dernier, à huit heures du soir, contre toutes ses habitudes, Mr. Fogg revint de son cercle, et trois quarts d'heure après nous étions partis.

-- Mais où va-t-il donc, votre maître ?

-- Toujours devant lui ! Il fait le tour du monde !

-- Le tour du monde ? s'écria Fix.

-- Oui, en quatre-vingts jours ! Un pari, dit-il, mais, entre nous, je n'en crois rien. Cela n'aurait pas le sens commun. Il y a autre chose.

-- Ah ! c'est un original, ce Mr. Fogg ?
-- Je le crois.
-- Il est donc riche ?

"My watch? A family watch, monsieur, which has come down from my great-grandfather! It doesn't vary five minutes in the year. It's a perfect chronometer, look you."

"I see how it is," said Fix. "You have kept London time, which is two hours behind that of Suez. You ought to regulate your watch at noon in each country."

"I regulate my watch? Never!"

"Well, then, it will not agree with the sun."

"So much the worse for the sun, monsieur. The sun will be wrong, then!"

And the worthy fellow returned the watch to its fob with a defiant gesture. After a few minutes silence, Fix resumed: "You left London hastily, then?"

"I rather think so! Last Friday at eight o'clock in the evening, Monsieur Fogg came home from his club, and three-quarters of an hour afterwards we were off."

"But where is your master going?"

"Always straight ahead. He is going round the world."

"Round the world?" cried Fix.

"Yes, and in eighty days! He says it is on a wager; but, between us, I don't believe a word of it. That wouldn't be common sense. There's something else in the wind."

"Ah! Mr. Fogg is a character, is he?"

"I should say he was."

"Is he rich?"

Jules Verne

-- Évidemment, et il emporte une jolie somme avec lui, en bank-notes toutes neuves ! Et il n'épargne pas l'argent en route ! Tenez ! il a promis une prime magnifique au mécanicien du Mongolia, si nous arrivons à Bombay avec une belle avance !

-- Et vous le connaissez depuis longtemps, votre maître ?

-- Moi ! répondit Passepartout, je suis entré à son service le jour même de notre départ. »

On s'imagine aisément l'effet que ces réponses devaient produire sur l'esprit déjà surexcité de l'inspecteur de police. Ce départ précipité de Londres, peu de temps après le vol, cette grosse somme emportée, cette hâte d'arriver en des pays lointains, ce prétexte d'un pari excentrique, tout confirmait et devait confirmer Fix dans ses idées. Il fit encore parler le Français et acquit la certitude que ce garçon ne connaissait aucunement son maître, que celui-ci vivait isolé à Londres, qu'on le disait riche sans savoir l'origine de sa fortune, que c'était un homme impénétrable, etc. Mais, en même temps, Fix put tenir pour certain que Phileas Fogg ne débarquait point à Suez, et qu'il allait réellement à Bombay.

« Est-ce loin Bombay ? demanda Passepartout.

-- Assez loin, répondit l'agent. Il vous faut encore une dizaine de jours de mer.

-- Et où prenez-vous Bombay ?
-- Dans l'Inde.
-- En Asie ?
-- Naturellement.

"No doubt, for he is carrying an enormous sum in brand new banknotes with him. And he doesn't spare the money on the way, either: he has offered a large reward to the engineer of the Mongolia if he gets us to Bombay well in advance of time."

"And you have known your master a long time?"

"Why, no; I entered his service the very day we left London."

The effect of these replies upon the already suspicious and excited detective may be imagined. The hasty departure from London soon after the robbery; the large sum carried by Mr. Fogg; his eagerness to reach distant countries; the pretext of an eccentric and foolhardy bet--all confirmed Fix in his theory. He continued to pump poor Passepartout, and learned that he really knew little or nothing of his master, who lived a solitary existence in London, was said to be rich, though no one knew whence came his riches, and was mysterious and impenetrable in his affairs and habits. Fix felt sure that Phileas Fogg would not land at Suez, but was really going on to Bombay.

"Is Bombay far from here?" asked Passepartout.

"Pretty far. It is a ten days' voyage by sea."

"And in what country is Bombay?"

"India."

"In Asia?"

"Certainly."

-- Diable ! C'est que je vais vous dire... il y a une chose qui me tracasse... c'est mon bec !

-- Quel bec ?

-- Mon bec de gaz que j'ai oublié d'éteindre et qui brûle à mon compte. Or, j'ai calculé que j'en avais pour deux shillings par vingt-quatre heures, juste six pence de plus que je ne gagne, et vous comprenez que pour peu que le voyage se prolonge... »

Fix comprit-il l'affaire du gaz ? C'est peu probable. Il n'écoutait plus et prenait un parti. Le Français et lui étaient arrivés au bazar. Fix laissa son compagnon y faire ses emplettes, il lui recommanda de ne pas manquer le départ du Mongolia, et il revint en toute hâte aux bureaux de l'agent consulaire. Fix, maintenant que sa conviction était faite, avait repris tout son sang-froid.

« Monsieur, dit-il au consul, je n'ai plus aucun doute. Je tiens mon homme. Il se fait passer pour un excentrique qui veut faire le tour du monde en quatre-vingts jours.

-- Alors c'est un malin, répondit le consul, et il compte revenir à Londres, après avoir dépisté toutes les polices des deux continents !

-- Nous verrons bien, répondit Fix.

-- Mais ne vous trompez-vous pas ? demanda encore une fois le consul.

-- Je ne me trompe pas.

-- Alors, pourquoi ce voleur a-t-il tenu à faire constater par un visa son passage à Suez ?

-- Pourquoi ?... je n'en sais rien, monsieur le consul, répondit le détective, mais écoutez-moi. »

"The deuce! I was going to tell you there's one thing that worries me--my burner!"

"What burner?"

"My gas-burner, which I forgot to turn off, and which is at this moment burning at my expense. I have calculated, monsieur, that I lose two shillings every four and twenty hours, exactly sixpence more than I earn; and you will understand that the longer our journey--"

Did Fix pay any attention to Passepartout's trouble about the gas? It is not probable. He was not listening, but was cogitating a project. Passepartout and he had now reached the shop, where Fix left his companion to make his purchases, after recommending him not to miss the steamer, and hurried back to the consulate. Now that he was fully convinced, Fix had quite recovered his equanimity.

"Consul," said he, "I have no longer any doubt. I have spotted my man. He passes himself off as an odd stick who is going round the world in eighty days."

"Then he's a sharp fellow," returned the consul, "and counts on returning to London after putting the police of the two countries off his track."

"We'll see about that," replied Fix.

"But are you not mistaken?"

"I am not mistaken."

"Why was this robber so anxious to prove, by the visa, that he had passed through Suez?"

"Why? I have no idea; but listen to me."

Jules Verne

Et, en quelques mots, il rapporta les points saillants de sa conversation avec le domestique dudit Fogg.	He reported in a few words the most important parts of his conversation with Passepartout.
« En effet, dit le consul, toutes les présomptions sont contre cet homme. Et qu'allez-vous faire ?	"In short," said the consul, "appearances are wholly against this man. And what are you going to do?"
-- Lancer une dépêche à Londres avec demande instante de m'adresser un mandat d'arrestation à Bombay, m'embarquer sur le Mongolia, filer mon voleur jusqu'aux Indes, et là, sur cette terre anglaise, l'accoster poliment, mon mandat à la main et la main sur l'épaule. »	"Send a dispatch to London for a warrant of arrest to be dispatched instantly to Bombay, take passage on board the Mongolia, follow my rogue to India, and there, on English ground, arrest him politely, with my warrant in my hand, and my hand on his shoulder."
Ces paroles prononcées froidement, l'agent prit congé du consul et se rendit au bureau télégraphique. De là, il lança au directeur de la police métropolitaine cette dépêche que l'on connaît. Un quart d'heure plus tard, Fix, son léger bagage à la main, bien muni d'argent, d'ailleurs, s'embarquait à bord du Mongolia, et bientôt le rapide steamer filait à toute vapeur sur les eaux de la mer Rouge.	Having uttered these words with a cool, careless air, the detective took leave of the consul, and repaired to the telegraph office, whence he sent the dispatch which we have seen to the London police office. A quarter of an hour later found Fix, with a small bag in his hand, proceeding on board the Mongolia; and, ere many moments longer, the noble steamer rode out at full steam upon the waters of the Red Sea.
IX OÙ LA MER ROUGE ET LA MER DES INDES SE MONTRENT PROPICES AUX DESSEINS DE PHILEAS FOGG	Chapter IX IN WHICH THE RED SEA AND THE INDIAN OCEAN PROVE PROPITIOUS TO THE DESIGNS OF PHILEAS FOGG
La distance entre Suez et Aden est exactement de treize cent dix milles, et le cahier des charges de la Compagnie alloue à ses paquebots un laps de temps de cent trente-huit heures pour la franchir. Le Mongolia, dont les feux étaient activement poussés, marchait de manière à devancer l'arrivée réglementaire.	The distance between Suez and Aden is precisely thirteen hundred and ten miles, and the regulations of the company allow the steamers one hundred and thirty-eight hours in which to traverse it. The Mongolia, thanks to the vigorous exertions of the engineer, seemed likely, so rapid was her speed, to reach her destination considerably within that time.

La plupart des passagers embarqués à Brindisi avaient presque tous l'Inde pour destination. Les uns se rendaient à Bombay, les autres à Calcutta, mais via Bombay, car depuis qu'un chemin de fer traverse dans toute sa largeur la péninsule indienne, il n'est plus nécessaire de doubler la pointe de Ceylan. Parmi ces passagers du Mongolia, on comptait divers fonctionnaires civils et des officiers de tout grade. De ceux-ci, les uns appartenaient à l'armée britannique proprement dite, les autres commandaient les troupes indigènes de cipayes, tous chèrement appointés, même à présent que le gouvernement s'est substitué aux droits et aux charges de l'ancienne Compagnie des Indes : sous-lieutenants à 7 000 F, brigadiers à 60 000, généraux à 100 000. [Le traitement des fonctionnaires civils est encore plus élevé. Les simples assistants, au premier degré de la hiérarchie, ont 12 000 francs ; les juges, 60 000 F; les présidents de cour, 250 000 F; les gouverneurs, 300 000 F, et le gouverneur général, plus de 600 000 F. (Note de l'auteur).] On vivait donc bien à bord du Mongolia, dans cette société de fonctionnaires, auxquels se mêlaient quelques jeunes Anglais, qui, le million en poche, allaient fonder au loin des comptoirs de commerce. Le « purser », l'homme de confiance de la Compagnie, l'égal du capitaine à bord, faisait somptueusement les choses. Au déjeuner du matin, au lunch de deux heures, au dîner de cinq heures et demie, au souper de huit heures, les tables pliaient sous les plats de viande fraîche et les entremets fournis par la boucherie et les offices du paquebot. Les passagères -- il y en avait quelques-unes -- changeaient de toilette deux fois par jour. On faisait de la musique, on dansait même, quand la mer le permettait.

The greater part of the passengers from Brindisi were bound for India some for Bombay, others for Calcutta by way of Bombay, the nearest route thither, now that a railway crosses the Indian peninsula. Among the passengers was a number of officials and military officers of various grades, the latter being either attached to the regular British forces or commanding the Sepoy troops, and receiving high salaries ever since the central government has assumed the powers of the East India Company: for the sub-lieutenants get 280 pounds, brigadiers, 2,400 pounds, and generals of divisions, 4,000 pounds. What with the military men, a number of rich young Englishmen on their travels, and the hospitable efforts of the purser, the time passed quickly on the Mongolia. The best of fare was spread upon the cabin tables at breakfast, lunch, dinner, and the eight o'clock supper, and the ladies scrupulously changed their toilets twice a day; and the hours were whirled away, when the sea was tranquil, with music, dancing, and games.

Jules Verne

Mais la mer Rouge est fort capricieuse et trop souvent mauvaise, comme tous ces golfes étroits et longs. Quand le vent soufflait soit de la côte d'Asie, soit de la côte d'Afrique, le Mongolia, long fuseau à hélice, pris par le travers, roulait épouvantablement. Les dames disparaissaient alors ; les pianos se taisaient ; chants et danses cessaient à la fois. Et pourtant, malgré la rafale, malgré la houle, le paquebot, poussé par sa puissante machine, courait sans retard vers le détroit de Bab-el-Mandeb. Que faisait Phileas Fogg pendant ce temps ? On pourrait croire que, toujours inquiet et anxieux, il se préoccupait des changements de vent nuisibles à la marche du navire, des mouvements désordonnés de la houle qui risquaient d'occasionner un accident à la machine, enfin de toutes les avaries possibles qui, en obligeant le Mongolia à relâcher dans quelque port, auraient compromis son voyage ?	*But the Red Sea is full of caprice, and often boisterous, like most long and narrow gulfs. When the wind came from the African or Asian coast the Mongolia, with her long hull, rolled fearfully. Then the ladies speedily disappeared below; the pianos were silent; singing and dancing suddenly ceased. Yet the good ship ploughed straight on, unretarded by wind or wave, towards the straits of Bab-el-Mandeb. What was Phileas Fogg doing all this time? It might be thought that, in his anxiety, he would be constantly watching the changes of the wind, the disorderly raging of the billows--every chance, in short, which might force the Mongolia to slacken her speed, and thus interrupt his journey.*

Aucunement, ou tout au moins, si ce gentleman songeait à ces éventualités, il n'en laissait rien paraître. C'était toujours l'homme impassible, le membre imperturbable du Reform-Club, qu'aucun incident ou accident ne pouvait surprendre. Il ne paraissait pas plus ému que les chronomètres du bord. On le voyait rarement sur le pont. Il s'inquiétait peu d'observer cette mer Rouge, si féconde en souvenirs, ce théâtre des premières scènes historiques de l'humanité. Il ne venait pas reconnaître les curieuses villes semées sur ses bords, et dont la pittoresque silhouette se découpait quelquefois à l'horizon. Il ne rêvait même pas aux dangers de ce golfe Arabique, dont les anciens historiens, Strabon, Arrien, Arthémidore, Edrisi, ont toujours parlé avec épouvante, et sur lequel les navigateurs ne se hasardaient jamais autrefois sans avoir consacré leur voyage par des sacrifices propitiatoires. Que faisait donc cet original, emprisonné dans le Mongolia ? D'abord il faisait ses quatre repas par jour, sans que jamais ni roulis ni tangage pussent détraquer une machine si merveilleusement organisée. Puis il jouait au whist.

But, if he thought of these possibilities, he did not betray the fact by any outward sign. Always the same impassible member of the Reform Club, whom no incident could surprise, as unvarying as the ship's chronometers, and seldom having the curiosity even to go upon the deck, he passed through the memorable scenes of the Red Sea with cold indifference; did not care to recognise the historic towns and villages which, along its borders, raised their picturesque outlines against the sky; and betrayed no fear of the dangers of the Arabic Gulf, which the old historians always spoke of with horror, and upon which the ancient navigators never ventured without propitiating the gods by ample sacrifices. How did this eccentric personage pass his time on the Mongolia? He made his four hearty meals every day, regardless of the most persistent rolling and pitching on the part of the steamer; and he played whist indefatigably, for he had found partners as enthusiastic in the game as himself.

Oui ! il avait rencontré des partenaires, aussi enragés que lui : un collecteur de taxes qui se rendait à son poste à Goa, un ministre, le révérend Décimus Smith, retournant à Bombay, et un brigadier général de l'armée anglaise, qui rejoignait son corps à Bénarès. Ces trois passagers avaient pour le whist la même passion que Mr. Fogg, et ils jouaient pendant des heures entières, non moins silencieusement que lui.

A tax-collector, on the way to his post at Goa; the Rev. Decimus Smith, returning to his parish at Bombay; and a brigadier-general of the English army, who was about to rejoin his brigade at Benares, made up the party, and, with Mr. Fogg, played whist by the hour together in absorbing silence.

Jules Verne

Quant à Passepartout, le mal de mer n'avait aucune prise sur lui. Il occupait une cabine à l'avant et mangeait, lui aussi, consciencieusement. Il faut dire que, décidément, ce voyage, fait dans ces conditions, ne lui déplaisait plus. Il en prenait son parti. Bien nourri, bien logé, il voyait du pays et d'ailleurs il s'affirmait à lui-même que toute cette fantaisie finirait à Bombay. Le lendemain du départ de Suez, le 10 octobre, ce ne fut pas sans un certain plaisir qu'il rencontra sur le pont l'obligeant personnage auquel il s'était adressé en débarquant en Égypte.

« Je ne me trompe pas, dit-il en l'abordant avec son plus aimable sourire, c'est bien vous, monsieur, qui m'avez si complaisamment servi de guide à Suez ?

-- En effet, répondit le détective, je vous reconnais ! Vous êtes le domestique de cet Anglais original...

-- Précisément, monsieur... ?

-- Fix.

-- Monsieur Fix, répondit Passepartout. Enchanté de vous retrouver à bord. Et où allez-vous donc ?

-- Mais, ainsi que vous, à Bombay.

-- C'est au mieux ! Est-ce que vous avez déjà fait ce voyage ?

-- Plusieurs fois, répondit Fix. Je suis un agent de la Compagnie péninsulaire.

-- Alors vous connaissez l'Inde ?

-- Mais... oui..., répondit Fix, qui ne voulait pas trop s'avancer.

-- Et c'est curieux, cette Inde-là ?

-- Très curieux ! Des mosquées, des minarets, des temples, des fakirs, des pagodes, des tigres, des serpents, des bayadères ! Mais il faut espérer que vous aurez le temps de visiter le pays ?

As for Passepartout, he, too, had escaped sea-sickness, and took his meals conscientiously in the forward cabin. He rather enjoyed the voyage, for he was well fed and well lodged, took a great interest in the scenes through which they were passing, and consoled himself with the delusion that his master's whim would end at Bombay. He was pleased, on the day after leaving Suez, to find on deck the obliging person with whom he had walked and chatted on the quays.

"If I am not mistaken," said he, approaching this person, with his most amiable smile, "you are the gentleman who so kindly volunteered to guide me at Suez?"

"Ah! I quite recognise you. You are the servant of the strange Englishman--"

"Just so, monsieur--"

"Fix."

"Monsieur Fix," resumed Passepartout, "I'm charmed to find you on board. Where are you bound?"

"Like you, to Bombay."

"That's capital! Have you made this trip before?"

"Several times. I am one of the agents of the Peninsular Company."

"Then you know India?"

"Why yes," replied Fix, who spoke cautiously.

"A curious place, this India?"

"Oh, very curious. Mosques, minarets, temples, fakirs, pagodas, tigers, snakes, elephants! I hope you will have ample time to see the sights."

-- Je l'espère, monsieur Fix. Vous comprenez bien qu'il n'est pas permis à un homme sain d'esprit de passer sa vie à sauter d'un paquebot dans un chemin de fer et d'un chemin de fer dans un paquebot, sous prétexte de faire le tour du monde en quatre-vingts jours ! Non. Toute cette gymnastique cessera à Bombay, n'en doutez pas.

-- Et il se porte bien, Mr. Fogg ? demanda Fix du ton le plus naturel.

-- Très bien, monsieur Fix. Moi aussi, d'ailleurs. Je mange comme un ogre qui serait à jeun. C'est l'air de la mer.

-- Et votre maître, je ne le vois jamais sur le pont.

-- Jamais. Il n'est pas curieux.

-- Savez-vous, monsieur Passepartout, que ce prétendu voyage en quatre-vingts jours pourrait bien cacher quelque mission secrète... une mission diplomatique, par exemple !

-- Ma foi, monsieur Fix, je n'en sais rien, je vous l'avoue, et, au fond, je ne donnerais pas une demi-couronne pour le savoir. »

Depuis cette rencontre, Passepartout et Fix causèrent souvent ensemble. L'inspecteur de police tenait à se lier avec le domestique du sieur Fogg. Cela pouvait le servir à l'occasion. Il lui offrait donc souvent, au bar-room du Mongolia, quelques verres de whisky ou de pale-ale, que le brave garçon acceptait sans cérémonie et rendait même pour ne pas être en reste, -- trouvant, d'ailleurs, ce Fix un gentleman bien honnête.

"I hope so, Monsieur Fix. You see, a man of sound sense ought not to spend his life jumping from a steamer upon a railway train, and from a railway train upon a steamer again, pretending to make the tour of the world in eighty days! No; all these gymnastics, you may be sure, will cease at Bombay."

"And Mr. Fogg is getting on well?" asked Fix, in the most natural tone in the world.

"Quite well, and I too. I eat like a famished ogre; it's the sea air."

"But I never see your master on deck."

"Never; he hasn't the least curiosity."

"Do you know, Mr. Passepartout, that this pretended tour in eighty days may conceal some secret errand-- perhaps a diplomatic mission?"

"Faith, Monsieur Fix, I assure you I know nothing about it, nor would I give half a crown to find out."

After this meeting, Passepartout and Fix got into the habit of chatting together, the latter making it a point to gain the worthy man's confidence. He frequently offered him a glass of whiskey or pale ale in the steamer bar-room, which Passepartout never failed to accept with graceful alacrity, mentally pronouncing Fix the best of good fellows.

Cependant le paquebot s'avançait rapidement. Le 13, on eut connaissance de Moka, qui apparut dans sa ceinture de murailles ruinées, au-dessus desquelles se détachaient quelques dattiers verdoyants. Au loin, dans les montagnes, se développaient de vastes champs de caféiers. Passepartout fut ravi de contempler cette ville célèbre, et il trouva même qu'avec ces murs circulaires et un fort démantelé qui se dessinait comme une anse, elle ressemblait à une énorme demi-tasse. Pendant la nuit suivante, le Mongolia franchit le détroit de Bab-el-Mandeb, dont le nom arabe signifie la Porte des Larmes, et le lendemain, 14, il faisait escale à Steamer-Point, au nord-ouest de la rade d'Aden. C'est là qu'il devait se réapprovisionner de combustible.

Meanwhile the Mongolia was pushing forward rapidly; on the 13th, Mocha, surrounded by its ruined walls whereon date-trees were growing, was sighted, and on the mountains beyond were espied vast coffee-fields. Passepartout was ravished to behold this celebrated place, and thought that, with its circular walls and dismantled fort, it looked like an immense coffee-cup and saucer. The following night they passed through the Strait of Bab-el-Mandeb, which means in Arabic The Bridge of Tears, and the next day they put in at Steamer Point, north-west of Aden harbour, to take in coal.

Grave et importante affaire que cette alimentation du foyer des paquebots à de telles distances des centres de production. Rien que pour la Compagnie péninsulaire, c'est une dépense annuelle qui se chiffre par huit cent mille livres (20 millions de francs). Il a fallu, en effet, établir des dépôts en plusieurs ports, et, dans ces mers éloignées, le charbon revient à quatre-vingts francs la tonne.

This matter of fuelling steamers is a serious one at such distances from the coal-mines; it costs the Peninsular Company some eight hundred thousand pounds a year. In these distant seas, coal is worth three or four pounds sterling a ton.

Le Mongolia avait encore seize cent cinquante milles à faire avant d'atteindre Bombay, et il devait rester quatre heures à Steamer-Point, afin de remplir ses soutes. Mais ce retard ne pouvait nuire en aucune façon au programme de Phileas Fogg. Il était prévu. D'ailleurs le Mongolia, au lieu d'arriver à Aden le 15 octobre seulement au matin, y entrait le 14 au soir. C'était un gain de quinze heures.

The Mongolia had still sixteen hundred and fifty miles to traverse before reaching Bombay, and was obliged to remain four hours at Steamer Point to coal up. But this delay, as it was foreseen, did not affect Phileas Fogg's programme; besides, the Mongolia, instead of reaching Aden on the morning of the 15th, when she was due, arrived there on the evening of the 14th, a gain of fifteen hours.

Mr. Fogg et son domestique descendirent à terre. Le gentleman voulait faire viser son passeport. Fix le suivit sans être remarqué. La formalité du visa accomplie, Phileas Fogg revint à bord reprendre sa partie interrompue. Passepartout, lui, flâna, suivant sa coutume, au milieu de cette population de Somanlis, de Banians, de Parsis, de Juifs, d'Arabes, d'Européens, composant les vingt-cinq mille habitants d'Aden. Il admira les fortifications qui font de cette ville le Gibraltar de la mer des Indes, et de magnifiques citernes auxquelles travaillaient encore les ingénieurs anglais, deux mille ans après les ingénieurs du roi Salomon. « Très curieux, très curieux ! se disait Passepartout en revenant à bord. Je m'aperçois qu'il n'est pas inutile de voyager, si l'on veut voir du nouveau. »

A six heures du soir, le Mongolia battait des branches de son hélice les eaux de la rade d'Aden et courait bientôt sur la mer des Indes. Il lui était accordé cent soixante-huit heures pour accomplir la traversée entre Aden et Bombay. Du reste, cette mer indienne lui fut favorable. Le vent tenait dans le nord-ouest. Les voiles vinrent en aide à la vapeur. Le navire, mieux appuyé, roula moins. Les passagères, en fraîches toilettes, reparurent sur le pont. Les chants et les danses recommencèrent.

Mr. Fogg and his servant went ashore at Aden to have the passport again visaed; Fix, unobserved, followed them. The visa procured, Mr. Fogg returned on board to resume his former habits; while Passepartout, according to custom, sauntered about among the mixed population of Somalis, Banyans, Parsees, Jews, Arabs, and Europeans who comprise the twenty-five thousand inhabitants of Aden. He gazed with wonder upon the fortifications which make this place the Gibraltar of the Indian Ocean, and the vast cisterns where the English engineers were still at work, two thousand years after the engineers of Solomon. "Very curious, very curious," said Passepartout to himself, on returning to the steamer. "I see that it is by no means useless to travel, if a man wants to see something new."

At six p.m. the Mongolia slowly moved out of the roadstead, and was soon once more on the Indian Ocean. She had a hundred and sixty-eight hours in which to reach Bombay, and the sea was favourable, the wind being in the north-west, and all sails aiding the engine. The steamer rolled but little, the ladies, in fresh toilets, reappeared on deck, and the singing and dancing were resumed.

Jules Verne

Le voyage s'accomplit donc dans les meilleures conditions. Passepartout était enchanté de l'aimable compagnon que le hasard lui avait procuré en la personne de Fix. Le dimanche 20 octobre, vers midi, on eut connaissance de la côte indienne. Deux heures plus tard, le pilote montait à bord du Mongolia. A l'horizon, un arrière-plan de collines se profilait harmonieusement sur le fond du ciel. Bientôt, les rangs de palmiers qui couvrent la ville se détachèrent vivement. Le paquebot pénétra dans cette rade formée par les îles Salcette, Colaba, Éléphanta, Butcher, et à quatre heures et demie il accostait les quais de Bombay.	*The trip was being accomplished most successfully, and Passepartout was enchanted with the congenial companion which chance had secured him in the person of the delightful Fix. On Sunday, October 20th, towards noon, they came in sight of the Indian coast: two hours later the pilot came on board. A range of hills lay against the sky in the horizon, and soon the rows of palms which adorn Bombay came distinctly into view. The steamer entered the road formed by the islands in the bay, and at half-past four she hauled up at the quays of Bombay.*
Phileas Fogg achevait alors le trente-troisième robre de la journée, et son partenaire et lui, grâce à une manoeuvre audacieuse, ayant fait les treize levées, terminèrent cette belle traversée par un chelem admirable.	*Phileas Fogg was in the act of finishing the thirty-third rubber of the voyage, and his partner and himself having, by a bold stroke, captured all thirteen of the tricks, concluded this fine campaign with a brilliant victory.*
Le Mongolia ne devait arriver que le 22 octobre à Bombay. Or, il y arrivait le 20. C'était donc, depuis son départ de Londres, un gain de deux jours, que Phileas Fogg inscrivit méthodiquement sur son itinéraire à la colonne des bénéfices.	*The Mongolia was due at Bombay on the 22nd; she arrived on the 20th. This was a gain to Phileas Fogg of two days since his departure from London, and he calmly entered the fact in the itinerary, in the column of gains.*
X OÙ PASSEPARTOUT EST TROP HEUREUX D'EN ÊTRE QUITTE EN PERDANT SA CHAUSSURE	*Chapter X IN WHICH PASSEPARTOUT IS ONLY TOO GLAD TO GET OFF WITH THE LOSS OF HIS SHOES*

Around the World in Eighty Days

Personne n'ignore que l'Inde -- ce grand triangle renversé dont la base est au nord et la pointe au sud -- comprend une superficie de quatorze cent mille milles carrés, sur laquelle est inégalement répandue une population de cent quatre-vingts millions d'habitants. Le gouvernement britannique exerce une domination réelle sur une certaine partie de cet immense pays. Il entretient un gouverneur général à Calcutta, des gouverneurs à Madras, à Bombay, au Bengale, et un lieutenant-gouverneur à Agra.	*Everybody knows that the great reversed triangle of land, with its base in the north and its apex in the south, which is called India, embraces fourteen hundred thousand square miles, upon which is spread unequally a population of one hundred and eighty millions of souls. The British Crown exercises a real and despotic dominion over the larger portion of this vast country, and has a governor-general stationed at Calcutta, governors at Madras, Bombay, and in Bengal, and a lieutenant-governor at Agra.*
Mais l'Inde anglaise proprement dite ne compte qu'une superficie de sept cent mille milles carrés et une population de cent à cent dix millions d'habitants. C'est assez dire qu'une notable partie du territoire échappe encore à l'autorité de la reine ; et, en effet, chez certains rajahs de l'intérieur, farouches et terribles, l'indépendance indoue est encore absolue. Depuis 1756 -- époque à laquelle fut fondé le premier établissement anglais sur l'emplacement aujourd'hui occupé par la ville de Madras -- jusqu'à cette année dans laquelle éclata la grande insurrection des cipayes, la célèbre Compagnie des Indes fut toute-puissante. Elle s'annexait peu à peu les diverses provinces, achetées aux rajahs au prix de rentes qu'elle payait peu ou point ; elle nommait son gouverneur général et tous ses employés civils ou militaires ; mais maintenant elle n'existe plus, et les possessions anglaises de l'Inde relèvent directement de la couronne.	*But British India, properly so called, only embraces seven hundred thousand square miles, and a population of from one hundred to one hundred and ten millions of inhabitants. A considerable portion of India is still free from British authority; and there are certain ferocious rajahs in the interior who are absolutely independent. The celebrated East India Company was all-powerful from 1756, when the English first gained a foothold on the spot where now stands the city of Madras, down to the time of the great Sepoy insurrection. It gradually annexed province after province, purchasing them of the native chiefs, whom it seldom paid, and appointed the governor-general and his subordinates, civil and military. But the East India Company has now passed away, leaving the British possessions in India directly under the control of the Crown.*

Aussi l'aspect, les moeurs, les divisions ethnographiques de la péninsule tendent à se modifier chaque jour. Autrefois, on y voyageait par tous les antiques moyens de transport, à pied, à cheval, en charrette, en brouette, en palanquin, à dos d'homme, en coach, etc. Maintenant, des steamboats parcourent à grande vitesse l'Indus, le Gange, et un chemin de fer, qui traverse l'Inde dans toute sa largeur en se ramifiant sur son parcours, met Bombay à trois jours seulement de Calcutta.	*The aspect of the country, as well as the manners and distinctions of race, is daily changing. Formerly one was obliged to travel in India by the old cumbrous methods of going on foot or on horseback, in palanquins or unwieldy coaches; now fast steamboats ply on the Indus and the Ganges, and a great railway, with branch lines joining the main line at many points on its route, traverses the peninsula from Bombay to Calcutta in three days.*
Le tracé de ce chemin de fer ne suit pas la ligne droite à travers l'Inde. La distance à vol d'oiseau n'est que de mille à onze cents milles, et des trains, animés d'une vitesse moyenne seulement, n'emploieraient pas trois jours à la franchir ; mais cette distance est accrue d'un tiers, au moins, par la corde que décrit le railway en s'élevant jusqu'à Allahabad dans le nord de la péninsule. Voici, en somme, le tracé à grands points du « Great Indian peninsular railway ». En quittant l'île de Bombay, il traverse Salcette, saute sur le continent en face de Tannah, franchit la chaîne des Ghâtes-Occidentales, court au nord-est jusqu'à Burhampour, sillonne le territoire à peu près indépendant du Bundelkund, s'élève jusqu'à Allahabad, s'infléchit vers l'est, rencontre le Gange à Bénarès, s'en écarte légèrement, et, redescendant au sud-est par Burdivan et la ville française de Chandernagor, il fait tête de ligne à Calcutta.	*This railway does not run in a direct line across India. The distance between Bombay and Calcutta, as the bird flies, is only from one thousand to eleven hundred miles; but the deflections of the road increase this distance by more than a third. The general route of the Great Indian Peninsula Railway is as follows: Leaving Bombay, it passes through Salcette, crossing to the continent opposite Tannah, goes over the chain of the Western Ghauts, runs thence north-east as far as Burhampoor, skirts the nearly independent territory of Bundelcund, ascends to Allahabad, turns thence eastwardly, meeting the Ganges at Benares, then departs from the river a little, and, descending south-eastward by Burdivan and the French town of Chandernagor, has its terminus at Calcutta.*
C'était à quatre heures et demie du soir que les passagers du Mongolia avaient débarqué à Bombay, et le train de Calcutta partait à huit heures précises.	*The passengers of the Mongolia went ashore at half-past four p.m.; at exactly eight the train would start for Calcutta.*

Around the World in Eighty Days

Mr. Fogg prit donc congé de ses partenaires, quitta le paquebot, donna à son domestique le détail de quelques emplettes à faire, lui recommanda expressément de se trouver avant huit heures à la gare, et, de son pas régulier qui battait la seconde comme le pendule d'une horloge astronomique, il se dirigea vers le bureau des passeports. Ainsi donc, des merveilles de Bombay, il ne songeait à rien voir, ni l'hôtel de ville, ni la magnifique bibliothèque, ni les forts, ni les docks, ni le marché au coton, ni les bazars, ni les mosquées, ni les synagogues, ni les églises arméniennes, ni la splendide pagode de Malebar-Hill, ornée de deux tours polygones. Il ne contemplerait ni les chefs-d'oeuvre d'Éléphanta, ni ses mystérieux hypogées, cachés au sud-est de la rade, ni les grottes Kanhérie de l'île Salcette, ces admirables restes de l'architecture bouddhiste !

Mr. Fogg, after bidding good-bye to his whist partners, left the steamer, gave his servant several errands to do, urged it upon him to be at the station promptly at eight, and, with his regular step, which beat to the second, like an astronomical clock, directed his steps to the passport office. As for the wonders of Bombay--its famous city hall, its splendid library, its forts and docks, its bazaars, mosques, synagogues, its Armenian churches, and the noble pagoda on Malabar Hill, with its two polygonal towers--he cared not a straw to see them. He would not deign to examine even the masterpieces of Elephanta, or the mysterious hypogea, concealed south-east from the docks, or those fine remains of Buddhist architecture, the Kanherian grottoes of the island of Salcette.

Non ! rien. En sortant du bureau des passeports, Phileas Fogg se rendit tranquillement à la gare, et là il se fit servir à dîner. Entre autres mets, le maître d'hôtel crut devoir lui recommander une certaine gibelotte de « lapin du pays », dont il lui dit merveille.

Having transacted his business at the passport office, Phileas Fogg repaired quietly to the railway station, where he ordered dinner. Among the dishes served up to him, the landlord especially recommended a certain giblet of "native rabbit," on which he prided himself.

Phileas Fogg accepta la gibelotte et la goûta consciencieusement ; mais, en dépit de sa sauce épicée, il la trouva détestable. Il sonna le maître d'hôtel.

Mr. Fogg accordingly tasted the dish, but, despite its spiced sauce, found it far from palatable. He rang for the landlord, and, on his appearance, said, fixing his clear eyes upon him,

« Monsieur, lui dit-il en le regardant fixement, c'est du lapin, cela ?
-- Oui, mylord, répondit effrontément le drôle, du lapin des jungles.

-- Et ce lapin-là n'a pas miaulé quand on l'a tué ?

"Is this rabbit, sir?"

"Yes, my lord," the rogue boldly replied, "rabbit from the jungles."

"And this rabbit did not mew when he was killed?"

Jules Verne

-- Miaulé ! Oh ! mylord ! un lapin ! Je vous jure...	*"Mew, my lord! What, a rabbit mew! I swear to you--"*
-- Monsieur le maître d'hôtel, reprit froidement Mr. Fogg, ne jurez pas et rappelez-vous ceci : autrefois, dans l'Inde, les chats étaient considérés comme des animaux sacrés. C'était le bon temps.	*"Be so good, landlord, as not to swear, but remember this: cats were formerly considered, in India, as sacred animals. That was a good time."*
-- Pour les chats, mylord ?	*"For the cats, my lord?"*
-- Et peut-être aussi pour les voyageurs ! »	*"Perhaps for the travellers as well!"*

Cette observation faite, Mr. Fogg continua tranquillement à dîner. Quelques instants après Mr. Fogg, l'agent Fix avait, lui aussi, débarqué du Mongolia et couru chez le directeur de la police de Bombay. Il fit reconnaître sa qualité de détective, la mission dont il était chargé, sa situation vis-à-vis de l'auteur présumé du vol. Avait-on reçu de Londres un mandat d'arrêt ?... On n'avait rien reçu. Et, en effet, le mandat, parti après Fogg, ne pouvait être encore arrivé. Fix resta fort décontenancé. Il voulut obtenir du directeur un ordre d'arrestation contre le sieur Fogg. Le directeur refusa. L'affaire regardait l'administration métropolitaine, et celle-ci seule pouvait légalement délivrer un mandat. Cette sévérité de principes, cette observance rigoureuse de la légalité est parfaitement explicable avec les moeurs anglaises, qui, en matière de liberté individuelle, n'admettent aucun arbitraire.

After which Mr. Fogg quietly continued his dinner. Fix had gone on shore shortly after Mr. Fogg, and his first destination was the headquarters of the Bombay police. He made himself known as a London detective, told his business at Bombay, and the position of affairs relative to the supposed robber, and nervously asked if a warrant had arrived from London. It had not reached the office; indeed, there had not yet been time for it to arrive. Fix was sorely disappointed, and tried to obtain an order of arrest from the director of the Bombay police. This the director refused, as the matter concerned the London office, which alone could legally deliver the warrant.

Fix n'insista pas et comprit qu'il devait se résigner à attendre son mandat. Mais il résolut de ne point perdre de vue son impénétrable coquin, pendant tout le temps que celui-ci demeurerait à Bombay. Il ne doutait pas que Phileas Fogg n'y séjournât, et, on le sait, c'était aussi la conviction de Passepartout, -- ce qui laisserait au mandat d'arrêt le temps d'arriver.	*Fix did not insist, and was fain to resign himself to await the arrival of the important document; but he was determined not to lose sight of the mysterious rogue as long as he stayed in Bombay. He did not doubt for a moment, any more than Passepartout, that Phileas Fogg would remain there, at least until it was time for the warrant to arrive.*
Mais depuis les derniers ordres que lui avait donnés son maître en quittant le Mongolia, Passepartout avait bien compris qu'il en serait de Bombay comme de Suez et de Paris, que le voyage ne finirait pas ici, qu'il se poursuivrait au moins jusqu'à Calcutta, et peut-être plus loin. Et il commença à se demander si ce pari de Mr. Fogg n'était pas absolument sérieux, et si la fatalité ne l'entraînait pas, lui qui voulait vivre en repos, à accomplir le tour du monde en quatre-vingts jours !	*Passepartout, however, had no sooner heard his master's orders on leaving the Mongolia than he saw at once that they were to leave Bombay as they had done Suez and Paris, and that the journey would be extended at least as far as Calcutta, and perhaps beyond that place. He began to ask himself if this bet that Mr. Fogg talked about was not really in good earnest, and whether his fate was not in truth forcing him, despite his love of repose, around the world in eighty days!*

Jules Verne

En attendant, et après avoir fait acquisition de quelques chemises et chaussettes, il se promenait dans les rues de Bombay. Il y avait grand concours de populaire, et, au milieu d'Européens de toutes nationalités, des Persans à bonnets pointus, des Bunhyas à turbans ronds, des Sindes à bonnets carrés, des Arméniens en longues robes, des Parsis à mitre noire. C'était précisément une fête célébrée par ces Parsis ou Guèbres, descendants directs des sectateurs de Zoroastre, qui sont les plus industrieux, les plus civilisés, les plus intelligents, les plus austères des Indous, -- race à laquelle appartiennent actuellement les riches négociants indigènes de Bombay. Ce jour-là, ils célébraient une sorte de carnaval religieux, avec processions et divertissements, dans lesquels figuraient des bayadères vêtues de gazes roses brochées d'or et d'argent, qui, au son des violes et au bruit des tam-tams, dansaient merveilleusement, et avec une décence parfaite, d'ailleurs.

Si Passepartout regardait ces curieuses cérémonies, si ses yeux et ses oreilles s'ouvraient démesurément pour voir et entendre, si son air, sa physionomie était bien celle du « booby » le plus neuf qu'on pût imaginer, il est superflu d'y insister ici.

Having purchased the usual quota of shirts and shoes, he took a leisurely promenade about the streets, where crowds of people of many nationalities--Europeans, Persians with pointed caps, Banyas with round turbans, Sindes with square bonnets, Parsees with black mitres, and long-robed Armenians--were collected. It happened to be the day of a Parsee festival. These descendants of the sect of Zoroaster--the most thrifty, civilised, intelligent, and austere of the East Indians, among whom are counted the richest native merchants of Bombay--were celebrating a sort of religious carnival, with processions and shows, in the midst of which Indian dancing-girls, clothed in rose-coloured gauze, looped up with gold and silver, danced airily, but with perfect modesty, to the sound of viols and the clanging of tambourines.

It is needless to say that Passepartout watched these curious ceremonies with staring eyes and gaping mouth, and that his countenance was that of the greenest booby imaginable.

Malheureusement pour lui et pour son maître, dont il risqua de compromettre le voyage, sa curiosité l'entraîna plus loin qu'il ne convenait. En effet, après avoir entrevu ce carnaval parsi, Passepartout se dirigeait vers la gare, quand, passant devant l'admirable pagode de Malebar-Hill, il eut la malencontreuse idée d'en visiter l'intérieur. Il ignorait deux choses : d'abord que l'entrée de certaines pagodes indoues est formellement interdite aux chrétiens, et ensuite que les croyants eux-mêmes ne peuvent y pénétrer sans avoir laissé leurs chaussures à la porte. Il faut remarquer ici que, par raison de saine politique, le gouvernement anglais, respectant et faisant respecter jusque dans ses plus insignifiants détails la religion du pays, punit sévèrement quiconque en viole les pratiques.	*Unhappily for his master, as well as himself, his curiosity drew him unconsciously farther off than he intended to go. At last, having seen the Parsee carnival wind away in the distance, he was turning his steps towards the station, when he happened to espy the splendid pagoda on Malabar Hill, and was seized with an irresistible desire to see its interior. He was quite ignorant that it is forbidden to Christians to enter certain Indian temples, and that even the faithful must not go in without first leaving their shoes outside the door. It may be said here that the wise policy of the British Government severely punishes a disregard of the practices of the native religions.*
Passepartout, entré là, sans penser à mal, comme un simple touriste, admirait, à l'intérieur de Malebar-Hill, ce clinquant éblouissant de l'ornementation brahmanique, quand soudain il fut renversé sur les dalles sacrées. Trois prêtres, le regard plein de fureur, se précipitèrent sur lui, arrachèrent ses souliers et ses chaussettes, et commencèrent à le rouer de coups, en proférant des cris sauvages. Le Français, vigoureux et agile, se releva vivement. D'un coup de poing et d'un coup de pied, il renversa deux de ses adversaires, fort empêtrés dans leurs longues robes, et, s'élançant hors de la pagode de toute la vitesse de ses jambes, il eut bientôt distancé le troisième Indou, qui s'était jeté sur ses traces, en ameutant la foule.	*Passepartout, however, thinking no harm, went in like a simple tourist, and was soon lost in admiration of the splendid Brahmin ornamentation which everywhere met his eyes, when of a sudden he found himself sprawling on the sacred flagging. He looked up to behold three enraged priests, who forthwith fell upon him; tore off his shoes, and began to beat him with loud, savage exclamations. The agile Frenchman was soon upon his feet again, and lost no time in knocking down two of his long-gowned adversaries with his fists and a vigorous application of his toes; then, rushing out of the pagoda as fast as his legs could carry him, he soon escaped the third priest by mingling with the crowd in the streets.*

A huit heures moins cinq, quelques minutes seulement avant le départ du train, sans chapeau, pieds nus, ayant perdu dans la bagarre le paquet contenant ses emplettes, Passepartout arrivait à la gare du chemin de fer.	*At five minutes before eight, Passepartout, hatless, shoeless, and having in the squabble lost his package of shirts and shoes, rushed breathlessly into the station.*
Fix était là, sur le quai d'embarquement. Ayant suivi le sieur Fogg à la gare, il avait compris que ce coquin allait quitter Bombay. Son parti fut aussitôt pris de l'accompagner jusqu'à Calcutta et plus loin s'il le fallait. Passepartout ne vit pas Fix, qui se tenait dans l'ombre, mais Fix entendit le récit de ses aventures, que Passepartout narra en peu de mots à son maître.	*Fix, who had followed Mr. Fogg to the station, and saw that he was really going to leave Bombay, was there, upon the platform. He had resolved to follow the supposed robber to Calcutta, and farther, if necessary. Passepartout did not observe the detective, who stood in an obscure corner; but Fix heard him relate his adventures in a few words to Mr. Fogg.*
« J'espère que cela ne vous arrivera plus », répondit simplement Phileas Fogg, en prenant place dans un des wagons du train. Le pauvre garçon, pieds nus et tout déconfit, suivit son maître sans mot dire. Fix allait monter dans un wagon séparé, quand une pensée le retint et modifia subitement son projet de départ.	*"I hope that this will not happen again," said Phileas Fogg coldly, as he got into the train. Poor Passepartout, quite crestfallen, followed his master without a word. Fix was on the point of entering another carriage, when an idea struck him which induced him to alter his plan.*
« Non, je reste, se dit-il. Un délit commis sur le territoire indien... Je tiens mon homme. »	*"No, I'll stay," muttered he. "An offence has been committed on Indian soil. I've got my man."*
En ce moment, la locomotive lança un vigoureux sifflet, et le train disparut dans la nuit.	*Just then the locomotive gave a sharp screech, and the train passed out into the darkness of the night.*

XI OÙ PHILEAS FOGG ACHÈTE UNE MONTURE A UN PRIX FABULEUX

Chapter XI IN WHICH PHILEAS FOGG SECURES A CURIOUS MEANS OF CONVEYANCE AT A FABULOUS PRICE

Le train était parti à l'heure réglementaire. Il emportait un certain nombre de voyageurs, quelques officiers, des fonctionnaires civils et des négociants en opium et en indigo, que leur commerce appelait dans la partie orientale de la péninsule.	*The train had started punctually. Among the passengers were a number of officers, Government officials, and opium and indigo merchants, whose business called them to the eastern coast.*

Passepartout occupait le même compartiment que son maître. Un troisième voyageur se trouvait placé dans le coin opposé.

C'était le brigadier général, Sir Francis Cromarty, l'un des partenaires de Mr. Fogg pendant la traversée de Suez à Bombay, qui rejoignait ses troupes cantonnées auprès de Bénarès. Sir Francis Cromarty, grand, blond, âgé de cinquante ans environ, qui s'était fort distingué pendant la dernière révolte des cipayes, eût véritablement mérité la qualification d'indigène. Depuis son jeune âge, il habitait l'Inde et n'avait fait que de rares apparitions dans son pays natal. C'était un homme instruit, qui aurait volontiers donné des renseignements sur les coutumes, l'histoire, l'organisation du pays indou, si Phileas Fogg eût été homme à les demander. Mais ce gentleman ne demandait rien. Il ne voyageait pas, il décrivait une circonférence. C'était un corps grave, parcourant une orbite autour du globe terrestre, suivant les lois de la mécanique rationnelle. En ce moment, il refaisait dans son esprit le calcul des heures dépensées depuis son départ de Londres, et il se fût frotté les mains, s'il eût été dans sa nature de faire un mouvement inutile. Sir Francis Cromarty n'était pas sans avoir reconnu l'originalité de son compagnon de route, bien qu'il ne l'eût étudié que les cartes à la main et entre deux robres. Il était donc fondé à se demander si un coeur humain battait sous cette froide enveloppe, si Phileas Fogg avait une âme sensible aux beautés de la nature, aux aspirations morales. Pour lui, cela faisait question. De tous les originaux que le brigadier général avait rencontrés, aucun n'était comparable à ce produit des sciences exactes.

Passepartout rode in the same carriage with his master, and a third passenger occupied a seat opposite to them.

This was Sir Francis Cromarty, one of Mr. Fogg's whist partners on the Mongolia, now on his way to join his corps at Benares. Sir Francis was a tall, fair man of fifty, who had greatly distinguished himself in the last Sepoy revolt. He made India his home, only paying brief visits to England at rare intervals; and was almost as familiar as a native with the customs, history, and character of India and its people. But Phileas Fogg, who was not travelling, but only describing a circumference, took no pains to inquire into these subjects; he was a solid body, traversing an orbit around the terrestrial globe, according to the laws of rational mechanics. He was at this moment calculating in his mind the number of hours spent since his departure from London, and, had it been in his nature to make a useless demonstration, would have rubbed his hands for satisfaction. Sir Francis Cromarty had observed the oddity of his travelling companion--although the only opportunity he had for studying him had been while he was dealing the cards, and between two rubbers--and questioned himself whether a human heart really beat beneath this cold exterior, and whether Phileas Fogg had any sense of the beauties of nature. The brigadier-general was free to mentally confess that, of all the eccentric persons he had ever met, none was comparable to this product of the exact sciences.

Phileas Fogg n'avait point caché à Sir Francis Cromarty son projet de voyage autour du monde, ni dans quelles conditions il l'opérait. Le brigadier général ne vit dans ce pari qu'une excentricité sans but utile et à laquelle manquerait nécessairement le transire benefaciendo qui doit guider tout homme raisonnable. Au train dont marchait le bizarre gentleman, il passerait évidemment sans « rien faire », ni pour lui, ni pour les autres.

Une heure après avoir quitté Bombay, le train, franchissant les viaducs, avait traversé l'île Salcette et courait sur le continent. A la station de Callyan, il laissa sur la droite l'embranchement qui, par Kandallah et Pounah, descend vers le sud-est de l'Inde, et il gagna la station de Pauwell. A ce point, il s'engagea dans les montagnes très ramifiées des Ghâtes-Occidentales, chaînes à base de trapp et de basalte, dont les plus hauts sommets sont couverts de bois épais. De temps à autre, Sir Francis Cromarty et Phileas Fogg échangeaient quelques paroles, et, à ce moment, le brigadier général, relevant une conversation qui tombait souvent, dit : « Il y a quelques années, monsieur Fogg, vous auriez éprouvé en cet endroit un retard qui eût probablement compromis votre itinéraire.

-- Pourquoi cela, Sir Francis ?

-- Parce que le chemin de fer s'arrêtait à la base de ces montagnes, qu'il fallait traverser en palanquin ou à dos de poney jusqu'à la station de Kandallah, située sur le versant opposé.

-- Ce retard n'eût aucunement dérangé l'économie de mon programme, répondit Mr. Fogg. Je ne suis pas sans avoir prévu l'éventualité de certains obstacles.

Phileas Fogg had not concealed from Sir Francis his design of going round the world, nor the circumstances under which he set out; and the general only saw in the wager a useless eccentricity and a lack of sound common sense. In the way this strange gentleman was going on, he would leave the world without having done any good to himself or anybody else.

An hour after leaving Bombay the train had passed the viaducts and the Island of Salcette, and had got into the open country. At Callyan they reached the junction of the branch line which descends towards south-eastern India by Kandallah and Pounah; and, passing Pauwell, they entered the defiles of the mountains, with their basalt bases, and their summits crowned with thick and verdant forests. Phileas Fogg and Sir Francis Cromarty exchanged a few words from time to time, and now Sir Francis, reviving the conversation, observed, "Some years ago, Mr. Fogg, you would have met with a delay at this point which would probably have lost you your wager."

"How so, Sir Francis?"

"Because the railway stopped at the base of these mountains, which the passengers were obliged to cross in palanquins or on ponies to Kandallah, on the other side."

"Such a delay would not have deranged my plans in the least," said Mr. Fogg. "I have constantly foreseen the likelihood of certain obstacles."

-- Cependant, monsieur Fogg, reprit le brigadier général, vous risquez d'avoir une fort mauvaise affaire sur les bras avec l'aventure de ce garçon. » Passepartout, les pieds entortillés dans sa couverture de voyage, dormait profondément et ne rêvait guère que l'on parlât de lui. « Le gouvernement anglais est extrêmement sévère et avec raison pour ce genre de délit, reprit Sir Francis Cromarty. Il tient par-dessus tout à ce que l'on respecte les coutumes religieuses des Indous, et si votre domestique eût été pris...

-- Eh bien, s'il eût été pris, Sir Francis, répondit Mr. Fogg, il aurait été condamné, il aurait subi sa peine, et puis il serait revenu tranquillement en Europe. Je ne vois pas en quoi cette affaire eût pu retarder son maître ! »

Et, là-dessus, la conversation retomba. Pendant la nuit, le train franchit les Ghâtes, passa à Nassik, et le lendemain, 21 octobre, il s'élançait à travers un pays relativement plat, formé par le territoire du Khandeish. La campagne, bien cultivée, était semée de bourgades, au-dessus desquelles le minaret de la pagode remplaçait le clocher de l'église européenne. De nombreux petits cours d'eau, la plupart affluents ou sous-affluents du Godavery, irriguaient cette contrée fertile.

"But, Mr. Fogg," pursued Sir Francis, "you run the risk of having some difficulty about this worthy fellow's adventure at the pagoda." Passepartout, his feet comfortably wrapped in his travelling-blanket, was sound asleep and did not dream that anybody was talking about him. "The Government is very severe upon that kind of offence. It takes particular care that the religious customs of the Indians should be respected, and if your servant were caught--"

"Very well, Sir Francis," replied Mr. Fogg; "if he had been caught he would have been condemned and punished, and then would have quietly returned to Europe. I don't see how this affair could have delayed his master."

The conversation fell again. During the night the train left the mountains behind, and passed Nassik, and the next day proceeded over the flat, well-cultivated country of the Khandeish, with its straggling villages, above which rose the minarets of the pagodas. This fertile territory is watered by numerous small rivers and limpid streams, mostly tributaries of the Godavery.

Jules Verne

Passepartout, réveillé, regardait, et ne pouvait croire qu'il traversait le pays des Indous dans un train du « Great peninsular railway ». Cela lui paraissait invraisemblable. Et cependant rien de plus réel ! La locomotive, dirigée par le bras d'un mécanicien anglais et chauffée de houille anglaise, lançait sa fumée sur les plantations de caféiers, de muscadiers, de girofliers, de poivriers rouges. La vapeur se contournait en spirales autour des groupes de palmiers, entre lesquels apparaissaient de pittoresques bungalows, quelques viharis, sortes de monastères abandonnés, et des temples merveilleux qu'enrichissait l'inépuisable ornementation de l'architecture indienne. Puis, d'immenses étendues de terrain se dessinaient à perte de vue, des jungles où ne manquaient ni les serpents ni les tigres qu'épouvantaient les hennissements du train, et enfin des forêts, fendues par le tracé de la voie, encore hantées d'éléphants, qui, d'un oeil pensif, regardaient passer le convoi échevelé. Pendant cette matinée, au-delà de la station de Malligaum, les voyageurs traversèrent ce territoire funeste, qui fut si souvent ensanglanté par les sectateurs de la déesse Kâli. Non loin s'élevaient Ellora et ses pagodes admirables, non loin la célèbre Aurungabad, la capitale du farouche Aureng-Zeb, maintenant simple chef-lieu de l'une des provinces détachées du royaume du Nizam. C'était sur cette contrée que Feringhea, le chef des Thugs, le roi des Étrangleurs, exerçait sa domination. Ces assassins, unis dans une association insaisissable, étranglaient, en l'honneur de la déesse de la Mort, des victimes de tout âge, sans jamais verser de sang, et il fut un temps où l'on ne pouvait fouiller un endroit quelconque de ce sol sans y trouver un cadavre. Le gouvernement anglais a bien pu empêcher ces meurtres dans une notable proportion, mais l'épouvantable association existe toujours et fonctionne encore.

Passepartout, on waking and looking out, could not realise that he was actually crossing India in a railway train. The locomotive, guided by an English engineer and fed with English coal, threw out its smoke upon cotton, coffee, nutmeg, clove, and pepper plantations, while the steam curled in spirals around groups of palm-trees, in the midst of which were seen picturesque bungalows, viharis (sort of abandoned monasteries), and marvellous temples enriched by the exhaustless ornamentation of Indian architecture. Then they came upon vast tracts extending to the horizon, with jungles inhabited by snakes and tigers, which fled at the noise of the train; succeeded by forests penetrated by the railway, and still haunted by elephants which, with pensive eyes, gazed at the train as it passed. The travellers crossed, beyond Milligaum, the fatal country so often stained with blood by the sectaries of the goddess Kali. Not far off rose Ellora, with its graceful pagodas, and the famous Aurungabad, capital of the ferocious Aureng-Zeb, now the chief town of one of the detached provinces of the kingdom of the Nizam. It was thereabouts that Feringhea, the Thuggee chief, king of the stranglers, held his sway. These ruffians, united by a secret bond, strangled victims of every age in honour of the goddess Death, without ever shedding blood; there was a period when this part of the country could scarcely be travelled over without corpses being found in every direction. The English Government has succeeded in greatly diminishing these murders, though the Thuggees still exist, and pursue the exercise of their horrible rites.

A midi et demi, le train s'arrêta à la station de Burhampour, et Passepartout put s'y procurer à prix d'or une paire de babouches, agrémentées de perles fausses, qu'il chaussa avec un sentiment d'évidente vanité. Les voyageurs déjeunèrent rapidement, et repartirent pour la station d'Assurghur, après avoir un instant côtoyé la rive du Tapty, petit fleuve qui va se jeter dans le golfe de Cambaye, près de Surate.	*At half-past twelve the train stopped at Burhampoor where Passepartout was able to purchase some Indian slippers, ornamented with false pearls, in which, with evident vanity, he proceeded to encase his feet. The travellers made a hasty breakfast and started off for Assurghur, after skirting for a little the banks of the small river Tapty, which empties into the Gulf of Cambray, near Surat.*
Il est opportun de faire connaître quelles pensées occupaient alors l'esprit de Passepartout. Jusqu'à son arrivée à Bombay, il avait cru et pu croire que ces choses en resteraient là. Mais maintenant, depuis qu'il filait à toute vapeur à travers l'Inde, un revirement s'était fait dans son esprit. Son naturel lui revenait au galop. Il retrouvait les idées fantaisistes de sa jeunesse, il prenait au sérieux les projets de son maître, il croyait à la réalité du pari, conséquemment à ce tour du monde et à ce maximum de temps, qu'il ne fallait pas dépasser. Déjà même, il s'inquiétait des retards possibles, des accidents qui pouvaient survenir en route. Il se sentait comme intéressé dans cette gageure, et tremblait à la pensée qu'il avait pu la compromettre la veille par son impardonnable badauderie. Aussi, beaucoup moins flegmatique que Mr. Fogg, il était beaucoup plus inquiet. Il comptait et recomptait les jours écoulés, maudissait les haltes du train, l'accusait de lenteur et blâmait in petto Mr. Fogg de n'avoir pas promis une prime au mécanicien. Il ne savait pas, le brave garçon, que ce qui était possible sur un paquebot ne l'était plus sur un chemin de fer, dont la vitesse est réglementée. Vers le soir, on s'engagea dans les défilés des montagnes de Sutpour, qui séparent le territoire du Khandeish de celui du Bundelkund.	*Passepartout was now plunged into absorbing reverie. Up to his arrival at Bombay, he had entertained hopes that their journey would end there; but, now that they were plainly whirling across India at full speed, a sudden change had come over the spirit of his dreams. His old vagabond nature returned to him; the fantastic ideas of his youth once more took possession of him. He came to regard his master's project as intended in good earnest, believed in the reality of the bet, and therefore in the tour of the world and the necessity of making it without fail within the designated period. Already he began to worry about possible delays, and accidents which might happen on the way. He recognised himself as being personally interested in the wager, and trembled at the thought that he might have been the means of losing it by his unpardonable folly of the night before. Being much less cool-headed than Mr. Fogg, he was much more restless, counting and recounting the days passed over, uttering maledictions when the train stopped, and accusing it of sluggishness, and mentally blaming Mr. Fogg for not having bribed the engineer. The worthy fellow was ignorant that, while it was possible by such means to hasten the rate of a steamer, it could not be done on the railway.*

Jules Verne

Le lendemain, 22 octobre, sur une question de Sir Francis Cromarty, Passepartout, ayant consulté sa montre, répondit qu'il était trois heures du matin. Et, en effet, cette fameuse montre, toujours réglée sur le méridien de Greenwich, qui se trouvait à près de soixante-dix-sept degrés dans l'ouest, devait retarder et retardait en effet de quatre heures. Sir Francis rectifia donc l'heure donnée par Passepartout, auquel il fit la même observation que celui-ci avait déjà reçue de la part de Fix. Il essaya de lui faire comprendre qu'il devait se régler sur chaque nouveau méridien, et que, puisqu'il marchait constamment vers l'est, c'est-à-dire au-devant du soleil, les jours étaient plus courts d'autant de fois quatre minutes qu'il y avait de degrés parcourus. Ce fut inutile. Que l'entêté garçon eût compris ou non l'observation du brigadier général, il s'obstina à ne pas avancer sa montre, qu'il maintint invariablement à l'heure de Londres. Innocente manie, d'ailleurs, et qui ne pouvait nuire à personne.

A huit heures du matin et à quinze milles en avant de la station de Rothal, le train s'arrêta au milieu d'une vaste clairière, bordée de quelques bungalows et de cabanes d'ouvriers. Le conducteur du train passa devant la ligne des wagons en disant :

« Les voyageurs descendent ici. » Phileas Fogg regarda Sir Francis Cromarty, qui parut ne rien comprendre à cette halte au milieu d'une forêt de tamarins et de khajours.

Passepartout, non moins surpris, s'élança sur la voie et revint presque aussitôt, s'écriant : « Monsieur, plus de chemin de fer !

The train entered the defiles of the Sutpour Mountains, which separate the Khandeish from Bundelcund, towards evening. The next day Sir Francis Cromarty asked Passepartout what time it was; to which, on consulting his watch, he replied that it was three in the morning. This famous timepiece, always regulated on the Greenwich meridian, which was now some seventy-seven degrees westward, was at least four hours slow. Sir Francis corrected Passepartout's time, whereupon the latter made the same remark that he had done to Fix; and upon the general insisting that the watch should be regulated in each new meridian, since he was constantly going eastward, that is in the face of the sun, and therefore the days were shorter by four minutes for each degree gone over, Passepartout obstinately refused to alter his watch, which he kept at London time. It was an innocent delusion which could harm no one.

The train stopped, at eight o'clock, in the midst of a glade some fifteen miles beyond Rothal, where there were several bungalows, and workmen's cabins. The conductor, passing along the carriages, shouted, "Passengers will get out here!"

Phileas Fogg looked at Sir Francis Cromarty for an explanation; but the general could not tell what meant a halt in the midst of this forest of dates and acacias.

Passepartout, not less surprised, rushed out and speedily returned, crying: "Monsieur, no more railway!"

-- Que voulez-vous dire ? demanda Sir Francis Cromarty.	"What do you mean?" asked Sir Francis.
-- Je veux dire que le train ne continue pas ! »	"I mean to say that the train isn't going on."
Le brigadier général descendit aussitôt de wagon. Phileas Fogg le suivit, sans se presser. Tous deux s'adressèrent au conducteur :	The general at once stepped out, while Phileas Fogg calmly followed him, and they proceeded together to the conductor.
« Où sommes-nous ? demanda Sir Francis Cromarty.	"Where are we?" asked Sir Francis.
-- Au hameau de Kholby, répondit le conducteur.	"At the hamlet of Kholby."
-- Nous nous arrêtons ici ?	"Do we stop here?"
-- Sans doute. Le chemin de fer n'est point achevé...	"Certainly. The railway isn't finished."
-- Comment ! il n'est point achevé ?	"What! not finished?"
-- Non ! il y a encore un tronçon d'une cinquantaine de milles à établir entre ce point et Allahabad, où la voie reprend.	"No. There's still a matter of fifty miles to be laid from here to Allahabad, where the line begins again."
-- Les journaux ont pourtant annoncé l'ouverture complète du railway !	"But the papers announced the opening of the railway throughout."
-- Que voulez-vous, mon officier, les journaux se sont trompés.	"What would you have, officer? The papers were mistaken."
-- Et vous donnez des billets de Bombay à Calcutta ! reprit Sir Francis Cromarty, qui commençait à s'échauffer.	"Yet you sell tickets from Bombay to Calcutta," retorted Sir Francis, who was growing warm.
-- Sans doute, répondit le conducteur, mais les voyageurs savent bien qu'ils doivent se faire transporter de Kholby jusqu'à Allahabad. »	"No doubt," replied the conductor; "but the passengers know that they must provide means of transportation for themselves from Kholby to Allahabad."
Sir Francis Cromarty était furieux. Passepartout eût volontiers assommé le conducteur, qui n'en pouvait mais. Il n'osait regarder son maître.	Sir Francis was furious. Passepartout would willingly have knocked the conductor down, and did not dare to look at his master.
« Sir Francis, dit simplement Mr. Fogg, nous allons, si vous le voulez bien, aviser au moyen de gagner Allahabad.	"Sir Francis," said Mr. Fogg quietly, "we will, if you please, look about for some means of conveyance to Allahabad."
-- Monsieur Fogg, il s'agit ici d'un retard absolument préjudiciable à vos intérêts ?	"Mr. Fogg, this is a delay greatly to your disadvantage."

-- Non, Sir Francis, cela était prévu. -- Quoi ! vous saviez que la voie...	*"No, Sir Francis; it was foreseen."* *"What! You knew that the way--"*
-- En aucune façon, mais je savais qu'un obstacle quelconque surgirait tôt ou tard sur ma route. Or, rien n'est compromis. J'ai deux jours d'avance à sacrifier. Il y a un steamer qui part de Calcutta pour Hong-Kong le 25 à midi. Nous ne sommes qu'au 22, et nous arriverons à temps à Calcutta. »	*"Not at all; but I knew that some obstacle or other would sooner or later arise on my route. Nothing, therefore, is lost. I have two days, which I have already gained, to sacrifice. A steamer leaves Calcutta for Hong Kong at noon, on the 25th. This is the 22nd, and we shall reach Calcutta in time."*
Il n'y avait rien à dire à une réponse faite avec une si complète assurance.	*There was nothing to say to so confident a response.*
Il n'était que trop vrai que les travaux du chemin de fer s'arrêtaient à ce point. Les journaux sont comme certaines montres qui ont la manie d'avancer, et ils avaient prématurément annoncé l'achèvement de la ligne. La plupart des voyageurs connaissaient cette interruption de la voie, et, en descendant du train, ils s'étaient emparés des véhicules de toutes sortes que possédait la bourgade, palkigharis à quatre roues, charrettes traînées par des zébus, sortes de boeufs à bosses, chars de voyage ressemblant à des pagodes ambulantes, palanquins, poneys, etc. Aussi Mr. Fogg et Sir Francis Cromarty, après avoir cherché dans toute la bourgade, revinrent-ils sans avoir rien trouvé.	*It was but too true that the railway came to a termination at this point. The papers were like some watches, which have a way of getting too fast, and had been premature in their announcement of the completion of the line. The greater part of the travellers were aware of this interruption, and, leaving the train, they began to engage such vehicles as the village could provide four-wheeled palkigharis, waggons drawn by zebus, carriages that looked like perambulating pagodas, palanquins, ponies, and what not. Mr. Fogg and Sir Francis Cromarty, after searching the village from end to end, came back without having found anything.*
« J'irai à pied », dit Phileas Fogg.	*"I shall go afoot," said Phileas Fogg.*
Passepartout qui rejoignait alors son maître, fit une grimace significative, en considérant ses magnifiques mais insuffisantes babouches. Fort heureusement il avait été de son côté à la découverte, et en hésitant un peu : « Monsieur, dit-il, je crois que j'ai trouvé un moyen de transport.	*Passepartout, who had now rejoined his master, made a wry grimace, as he thought of his magnificent, but too frail Indian shoes. Happily he too had been looking about him, and, after a moment's hesitation, said, "Monsieur, I think I have found a means of conveyance."*
-- Lequel ?	*"What?"*

-- Un éléphant ! Un éléphant qui appartient à un Indien logé à cent pas d'ici.

-- Allons voir l'éléphant », répondit Mr. Fogg.

Cinq minutes plus tard, Phileas Fogg, Sir Francis Cromarty et Passepartout arrivaient près d'une hutte qui attenait à un enclos fermé de hautes palissades. Dans la hutte, il y avait un Indien, et dans l'enclos, un éléphant. Sur leur demande, l'Indien introduisit Mr. Fogg et ses deux compagnons dans l'enclos. Là, ils se trouvèrent en présence d'un animal, à demi domestiqué, que son propriétaire élevait, non pour en faire une bête de somme, mais une bête de combat. Dans ce but, il avait commencé à modifier le caractère naturellement doux de l'animal, de façon à le conduire graduellement à ce paroxysme de rage appelé « mutsh » dans la langue indoue, et cela, en le nourrissant pendant trois mois de sucre et de beurre. Ce traitement peut paraître impropre à donner un tel résultat, mais il n'en est pas moins employé avec succès par les éleveurs. Très heureusement pour Mr. Fogg, l'éléphant en question venait à peine d'être mis à ce régime, et le « mutsh » ne s'était point encore déclaré. Kiouni -- c'était le nom de la bête -- pouvait, comme tous ses congénères, fournir pendant longtemps une marche rapide, et, à défaut d'autre monture, Phileas Fogg résolut de l'employer. Mais les éléphants sont chers dans l'Inde, où ils commencent à devenir rares. Les mâles, qui seuls conviennent aux luttes des cirques, sont extrêmement recherchés. Ces animaux ne se reproduisent que rarement, quand ils sont réduits à l'état de domesticité, de telle sorte qu'on ne peut s'en procurer que par la chasse. Aussi sont-ils l'objet de soins extrêmes, et lorsque Mr. Fogg demanda à l'Indien s'il voulait lui louer son éléphant, l'Indien refusa net. Fogg insista et offrit de la bête un prix excessif, dix livres (250 F) l'heure. Refus. Vingt livres ? Refus encore. Quarante livres ? Refus toujours. Passepartout bondissait à chaque surenchère. Mais l'Indien ne se laissait pas tenter.

"An elephant! An elephant that belongs to an Indian who lives but a hundred steps from here."

"Let's go and see the elephant," replied Mr. Fogg.

They soon reached a small hut, near which, enclosed within some high palings, was the animal in question. An Indian came out of the hut, and, at their request, conducted them within the enclosure. The elephant, which its owner had reared, not for a beast of burden, but for warlike purposes, was half domesticated. The Indian had begun already, by often irritating him, and feeding him every three months on sugar and butter, to impart to him a ferocity not in his nature, this method being often employed by those who train the Indian elephants for battle. Happily, however, for Mr. Fogg, the animal's instruction in this direction had not gone far, and the elephant still preserved his natural gentleness. Kiouni--this was the name of the beast--could doubtless travel rapidly for a long time, and, in default of any other means of conveyance, Mr. Fogg resolved to hire him. But elephants are far from cheap in India, where they are becoming scarce, the males, which alone are suitable for circus shows, are much sought, especially as but few of them are domesticated. When therefore Mr. Fogg proposed to the Indian to hire Kiouni, he refused point-blank. Mr. Fogg persisted, offering the excessive sum of ten pounds an hour for the loan of the beast to Allahabad. Refused. Twenty pounds? Refused also. Forty pounds? Still refused. Passepartout jumped at each advance; but the Indian declined to be tempted. Yet the offer was an alluring one, for, supposing it took the elephant fifteen hours to reach Allahabad, his owner

Jules Verne

would receive no less than six hundred pounds sterling.

La somme était belle, cependant. En admettant que l'éléphant employât quinze heures à se rendre à Allahabad, c'était six cents livres (15 000 F) qu'il rapporterait à son propriétaire. Phileas Fogg, sans s'animer en aucune façon, proposa alors à l'Indien de lui acheter sa bête et lui en offrit tout d'abord mille livres (25 000 F).

Phileas Fogg, without getting in the least flurried, then proposed to purchase the animal outright, and at first offered a thousand pounds for him. The Indian, perhaps thinking he was going to make a great bargain, still refused.

Around the World in Eighty Days

L'Indien ne voulait pas vendre ! Peut-être le drôle flairait-il une magnifique affaire. Sir Francis Cromarty prit Mr. Fogg à part et l'engagea à réfléchir avant d'aller plus loin. Phileas Fogg répondit à son compagnon qu'il n'avait pas l'habitude d'agir sans réflexion, qu'il s'agissait en fin de compte d'un pari de vingt mille livres, que cet éléphant lui était nécessaire, et que, dût-il le payer vingt fois sa valeur, il aurait cet éléphant. Mr. Fogg revint trouver l'Indien, dont les petits yeux, allumés par la convoitise, laissaient bien voir que pour lui ce n'était qu'une question de prix. Phileas Fogg offrit successivement douze cents livres, puis quinze cents, puis dix-huit cents, enfin deux mille (50 000 F). Passepartout, si rouge d'ordinaire, était pâle d'émotion.

A deux mille livres, l'Indien se rendit.

« Par mes babouches, s'écria Passepartout, voilà qui met à un beau prix la viande d'éléphant ! »

L'affaire conclue, il ne s'agissait plus que de trouver un guide. Ce fut plus facile. Un jeune Parsi, à la figure intelligente, offrit ses services. Mr. Fogg accepta et lui promit une forte rémunération, qui ne pouvait que doubler son intelligence.

Sir Francis Cromarty took Mr. Fogg aside, and begged him to reflect before he went any further; to which that gentleman replied that he was not in the habit of acting rashly, that a bet of twenty thousand pounds was at stake, that the elephant was absolutely necessary to him, and that he would secure him if he had to pay twenty times his value. Returning to the Indian, whose small, sharp eyes, glistening with avarice, betrayed that with him it was only a question of how great a price he could obtain. Mr. Fogg offered first twelve hundred, then fifteen hundred, eighteen hundred, two thousand pounds. Passepartout, usually so rubicund, was fairly white with suspense.

At two thousand pounds the Indian yielded.

"What a price, good heavens!" cried Passepartout, "for an elephant."

It only remained now to find a guide, which was comparatively easy. A young Parsee, with an intelligent face, offered his services, which Mr. Fogg accepted, promising so generous a reward as to materially stimulate his zeal.

L'éléphant fut amené et équipé sans retard. Le Parsi connaissait parfaitement le métier de « mahout » ou cornac. Il couvrit d'une sorte de housse le dos de l'éléphant et disposa, de chaque côté sur ses flancs, deux espèces de cacolets assez peu confortables. Phileas Fogg paya l'Indien en bank-notes qui furent extraites du fameux sac. Il semblait vraiment qu'on les tirât des entrailles de Passepartout. Puis Mr. Fogg offrit à Sir Francis Cromarty de le transporter à la station d'Allahabad. Le brigadier général accepta. Un voyageur de plus n'était pas pour fatiguer le gigantesque animal. Des vivres furent achetées à Kholby. Sir Francis Cromarty prit place dans l'un des cacolets, Phileas Fogg dans l'autre. Passepartout se mit à califourchon sur la housse entre son maître et le brigadier général. Le Parsi se jucha sur le cou de l'éléphant, et à neuf heures l'animal, quittant la bourgade, s'enfonçait par le plus court dans l'épaisse forêt de lataniers.

XII OÙ PHILEAS FOGG ET SES COMPAGNONS S'AVENTURENT A TRAVERS LES FORÊTS DE L'INDE ET CE QUI S'ENSUIT

Le guide, afin d'abréger la distance à parcourir, laissa sur sa droite le tracé de la voie dont les travaux étaient en cours d'exécution. Ce tracé, très contrarié par les capricieuses ramifications des monts Vindhias, ne suivait pas le plus court chemin, que Phileas Fogg avait intérêt à prendre. Le Parsi, très familiarisé avec les routes et sentiers du pays, prétendait gagner une vingtaine de milles en coupant à travers la forêt, et on s'en rapporta à lui.

The elephant was led out and equipped. The Parsee, who was an accomplished elephant driver, covered his back with a sort of saddle-cloth, and attached to each of his flanks some curiously uncomfortable howdahs. Phileas Fogg paid the Indian with some banknotes which he extracted from the famous carpet-bag, a proceeding that seemed to deprive poor Passepartout of his vitals. Then he offered to carry Sir Francis to Allahabad, which the brigadier gratefully accepted, as one traveller the more would not be likely to fatigue the gigantic beast. Provisions were purchased at Kholby, and, while Sir Francis and Mr. Fogg took the howdahs on either side, Passepartout got astride the saddle-cloth between them. The Parsee perched himself on the elephant's neck, and at nine o'clock they set out from the village, the animal marching off through the dense forest of palms by the shortest cut.

Chapter XII IN WHICH PHILEAS FOGG AND HIS COMPANIONS VENTURE ACROSS THE INDIAN FORESTS, AND WHAT ENSUED

In order to shorten the journey, the guide passed to the left of the line where the railway was still in process of being built. This line, owing to the capricious turnings of the Vindhia Mountains, did not pursue a straight course. The Parsee, who was quite familiar with the roads and paths in the district, declared that they would gain twenty miles by striking directly through the forest.

Phileas Fogg et Sir Francis Cromarty, enfouis jusqu'au cou dans leurs cacolets, étaient fort secoués par le trot raide de l'éléphant, auquel son mahout imprimait une allure rapide. Mais ils enduraient la situation avec le flegme le plus britannique, causant peu d'ailleurs, et se voyant à peine l'un l'autre. Quant à Passepartout, posté sur le dos de la bête et directement soumis aux coups et aux contrecoups, il se gardait bien, sur une recommandation de son maître, de tenir sa langue entre ses dents, car elle eût été coupée net. Le brave garçon, tantôt lancé sur le cou de l'éléphant, tantôt rejeté sur la croupe, faisait de la voltige, comme un clown sur un tremplin. Mais il plaisantait, il riait au milieu de ses sauts de carpe, et, de temps en temps, il tirait de son sac un morceau de sucre, que l'intelligent Kiouni prenait du bout de sa trompe, sans interrompre un instant son trot régulier.	*Phileas Fogg and Sir Francis Cromarty, plunged to the neck in the peculiar howdahs provided for them, were horribly jostled by the swift trotting of the elephant, spurred on as he was by the skilful Parsee; but they endured the discomfort with true British phlegm, talking little, and scarcely able to catch a glimpse of each other. As for Passepartout, who was mounted on the beast's back, and received the direct force of each concussion as he trod along, he was very careful, in accordance with his master's advice, to keep his tongue from between his teeth, as it would otherwise have been bitten off short. The worthy fellow bounced from the elephant's neck to his rump, and vaulted like a clown on a spring-board; yet he laughed in the midst of his bouncing, and from time to time took a piece of sugar out of his pocket, and inserted it in Kiouni's trunk, who received it without in the least slackening his regular trot.*
Après deux heures de marche, le guide arrêta l'éléphant et lui donna une heure de repos. L'animal dévora des branchages et des arbrisseaux, après s'être d'abord désaltéré à une mare voisine. Sir Francis Cromarty ne se plaignit pas de cette halte. Il était brisé. Mr. Fogg paraissait être aussi dispos que s'il fût sorti de son lit. « Mais il est donc de fer ! dit le brigadier général en le regardant avec admiration.	*After two hours the guide stopped the elephant, and gave him an hour for rest, during which Kiouni, after quenching his thirst at a neighbouring spring, set to devouring the branches and shrubs round about him. Neither Sir Francis nor Mr. Fogg regretted the delay, and both descended with a feeling of relief. "Why, he's made of iron!" exclaimed the general, gazing admiringly on Kiouni.*
-- De fer forgé », répondit Passepartout, qui s'occupa de préparer un déjeuner sommaire.	*"Of forged iron," replied Passepartout, as he set about preparing a hasty breakfast.*

Jules Verne

A midi, le guide donna le signal du départ. Le pays prit bientôt un aspect très sauvage. Aux grandes forêts succédèrent des taillis de tamarins et de palmiers nains, puis de vastes plaines arides, hérissées de maigres arbrisseaux et semées de gros blocs de syénites. Toute cette partie du haut Bundelkund, peu fréquentée des voyageurs, est habitée par une population fanatique, endurcie dans les pratiques les plus terribles de la religion indoue. La domination des Anglais n'a pu s'établir régulièrement sur un territoire soumis à l'influence des rajahs, qu'il eût été difficile d'atteindre dans leurs inaccessibles retraites des Vindhias. Plusieurs fois, on aperçut des bandes d'Indiens farouches, qui faisaient un geste de colère en voyant passer le rapide quadrupède. D'ailleurs, le Parsi les évitait autant que possible, les tenant pour des gens de mauvaise rencontre. On vit peu d'animaux pendant cette journée, à peine quelques singes, qui fuyaient avec mille contorsions et grimaces dont s'amusait fort Passepartout.

Une pensée au milieu de bien d'autres inquiétait ce garçon. Qu'est-ce que Mr. Fogg ferait de l'éléphant, quand il serait arrivé à la station d'Allahabad ? L'emmènerait-il ? Impossible ! Le prix du transport ajouté au prix d'acquisition en ferait un animal ruineux. Le vendrait-on, le rendrait-on à la liberté ? Cette estimable bête méritait bien qu'on eût des égards pour elle. Si, par hasard, Mr. Fogg lui en faisait cadeau, à lui, Passepartout, il en serait très embarrassé. Cela ne laissait pas de le préoccuper.

At noon the Parsee gave the signal of departure. The country soon presented a very savage aspect. Copses of dates and dwarf-palms succeeded the dense forests; then vast, dry plains, dotted with scanty shrubs, and sown with great blocks of syenite. All this portion of Bundelcund, which is little frequented by travellers, is inhabited by a fanatical population, hardened in the most horrible practices of the Hindoo faith. The English have not been able to secure complete dominion over this territory, which is subjected to the influence of rajahs, whom it is almost impossible to reach in their inaccessible mountain fastnesses. The travellers several times saw bands of ferocious Indians, who, when they perceived the elephant striding across-country, made angry and threatening motions. The Parsee avoided them as much as possible. Few animals were observed on the route; even the monkeys hurried from their path with contortions and grimaces which convulsed Passepartout with laughter.

In the midst of his gaiety, however, one thought troubled the worthy servant. What would Mr. Fogg do with the elephant when he got to Allahabad? Would he carry him on with him? Impossible! The cost of transporting him would make him ruinously expensive. Would he sell him, or set him free? The estimable beast certainly deserved some consideration. Should Mr. Fogg choose to make him, Passepartout, a present of Kiouni, he would be very much embarrassed; and these thoughts did not cease worrying him for a long time.

A huit heures du soir, la principale chaîne des Vindhias avait été franchie, et les voyageurs firent halte au pied du versant septentrional, dans un bungalow en ruine. La distance parcourue pendant cette journée était d'environ vingt-cinq milles, et il en restait autant à faire pour atteindre la station d'Allahabad.	*The principal chain of the Vindhias was crossed by eight in the evening, and another halt was made on the northern slope, in a ruined bungalow. They had gone nearly twenty-five miles that day, and an equal distance still separated them from the station of Allahabad.*
La nuit était froide. A l'intérieur du bungalow, le Parsi alluma un feu de branches sèches, dont la chaleur fut très appréciée. Le souper se composa des provisions achetées à Kholby. Les voyageurs mangèrent en gens harassés et moulus. La conversation, qui commença par quelques phrases entrecoupées, se termina bientôt par des ronflements sonores. Le guide veilla près de Kiouni, qui s'endormit debout, appuyé au tronc d'un gros arbre. Nul incident ne signala cette nuit. Quelques rugissements de guépards et de panthères troublèrent parfois le silence, mêlés à des ricanement aigus de singes. Mais les carnassiers s'en tinrent à des cris et ne firent aucune démonstration hostile contre les hôtes du bungalow. Sir Francis Cromarty dormit lourdement comme un brave militaire rompu de fatigues. Passepartout, dans un sommeil agité, recommença en rêve la culbute de la veille. quant à Mr. Fogg, il reposa aussi paisiblement que s'il eût été dans sa tranquille maison de Saville-row.	*The night was cold. The Parsee lit a fire in the bungalow with a few dry branches, and the warmth was very grateful, provisions purchased at Kholby sufficed for supper, and the travellers ate ravenously. The conversation, beginning with a few disconnected phrases, soon gave place to loud and steady snores. The guide watched Kiouni, who slept standing, bolstering himself against the trunk of a large tree. Nothing occurred during the night to disturb the slumberers, although occasional growls from panthers and chatterings of monkeys broke the silence; the more formidable beasts made no cries or hostile demonstration against the occupants of the bungalow. Sir Francis slept heavily, like an honest soldier overcome with fatigue. Passepartout was wrapped in uneasy dreams of the bouncing of the day before. As for Mr. Fogg, he slumbered as peacefully as if he had been in his serene mansion in Saville Row.*

A six heures du matin, on se remit en marche. Le guide espérait arriver à la station d'Allahabad le soir même. De cette façon, Mr. Fogg ne perdrait qu'une partie des quarante-huit heures économisées depuis le commencement du voyage. On descendit les dernières rampes des Vindhias. Kiouni avait repris son allure rapide. Vers midi, le guide tourna la bourgade de Kallenger, située sur le Cani, un des sous-affluents du Gange. Il évitait toujours les lieux habités, se sentant plus en sûreté dans ces campagnes désertes, qui marquent les premières dépressions du bassin du grand fleuve. La station d'Allahabad n'était pas à douze milles dans le nord-est. On fit halte sous un bouquet de bananiers, dont les fruits, aussi sains que le pain, « aussi succulents que la crème », disent les voyageurs, furent extrêmement appréciés.	*The journey was resumed at six in the morning; the guide hoped to reach Allahabad by evening. In that case, Mr. Fogg would only lose a part of the forty-eight hours saved since the beginning of the tour. Kiouni, resuming his rapid gait, soon descended the lower spurs of the Vindhias, and towards noon they passed by the village of Kallenger, on the Cani, one of the branches of the Ganges. The guide avoided inhabited places, thinking it safer to keep the open country, which lies along the first depressions of the basin of the great river. Allahabad was now only twelve miles to the north-east. They stopped under a clump of bananas, the fruit of which, as healthy as bread and as succulent as cream, was amply partaken of and appreciated.*
A deux heures, le guide entra sous le couvert d'une épaisse forêt, qu'il devait traverser sur un espace de plusieurs milles. Il préférait voyager ainsi à l'abri des bois. En tout cas, il n'avait fait jusqu'alors aucune rencontre fâcheuse, et le voyage semblait devoir s'accomplir sans accident, quand l'éléphant, donnant quelques signes d'inquiétude, s'arrêta soudain.	*At two o'clock the guide entered a thick forest which extended several miles; he preferred to travel under cover of the woods. They had not as yet had any unpleasant encounters, and the journey seemed on the point of being successfully accomplished, when the elephant, becoming restless, suddenly stopped.*
Il était quatre heures alors.	*It was then four o'clock.*
« Qu'y a-t-il ? demanda Sir Francis Cromarty, qui releva la tête au-dessus de son cacolet.	*"What's the matter?" asked Sir Francis, putting out his head.*
-- Je ne sais, mon officier », répondit le Parsi, en prêtant l'oreille à un murmure confus qui passais sous l'épaisse ramure.	*"I don't know, officer," replied the Parsee, listening attentively to a confused murmur which came through the thick branches.*

Quelques instants après, ce murmure devint plus définissable. On eût dit un concert, encore fort éloigné, de voix humaines et d'instruments de cuivre. Passepartout était tout yeux, tout oreilles. Mr. Fogg attendait patiemment, sans prononcer une parole. Le Parsi sauta à terre, attacha l'éléphant à un arbre et s'enfonça au plus épais du taillis. Quelques minutes plus tard, il revint, disant :

« Une procession de brahmanes qui se dirige de ce côté. S'il est possible, évitons d'être vus. »

Le guide détacha l'éléphant et le conduisit dans un fourré, en recommandant aux voyageurs de ne point mettre pied à terre. Lui-même se tint prêt à enfourcher rapidement sa monture, si la fuite devenait nécessaire. Mais il pensa que la troupe des fidèles passerait sans l'apercevoir, car l'épaisseur du feuillage le dissimulait entièrement.

The murmur soon became more distinct; it now seemed like a distant concert of human voices accompanied by brass instruments. Passepartout was all eyes and ears. Mr. Fogg patiently waited without a word. The Parsee jumped to the ground, fastened the elephant to a tree, and plunged into the thicket. He soon returned, saying:

"A procession of Brahmins is coming this way. We must prevent their seeing us, if possible."

The guide unloosed the elephant and led him into a thicket, at the same time asking the travellers not to stir. He held himself ready to bestride the animal at a moment's notice, should flight become necessary; but he evidently thought that the procession of the faithful would pass without perceiving them amid the thick foliage, in which they were wholly concealed.

Jules Verne

Le bruit discordant des voix et des instruments se rapprochait. Des chants monotones se mêlaient au son des tambours et des cymbales. Bientôt la tête de la procession apparut sous les arbres, à une cinquantaine de pas du poste occupé par Mr. Fogg et ses compagnons. Ils distinguaient aisément à travers les branches le curieux personnel de cette cérémonie religieuse. En première ligne s'avançaient des prêtres, coiffés de mitres et vêtus de longues robes chamarrées. Ils étaient entourés d'hommes, de femmes, d'enfants, qui faisaient entendre une sorte de psalmodie funèbre, interrompue à intervalles égaux par des coups de tam-tams et de cymbales. Derrière eux, sur un char aux larges roues dont les rayons et la jante figuraient un entrelacement de serpents, apparut une statue hideuse, traînée par deux couples de zébus richement caparaçonnés. Cette statue avait quatre bras ; le corps colorié d'un rouge sombre, les yeux hagards, les cheveux emmêlés, la langue pendante, les lèvres teintes de henné et de bétel. A son cou s'enroulait un collier de têtes de mort, à ses flancs une ceinture de mains coupées. Elle se tenait debout sur un géant terrassé auquel le chef manquait.

Sir Francis Cromarty reconnut cette statue. « La déesse Kâli, murmura-t-il, la déesse de l'amour et de la mort. »

-- De la mort, j'y consens, mais de l'amour, jamais ! dit Passepartout. La vilaine bonne femme ! »

Le Parsi lui fit signe de se taire.

The discordant tones of the voices and instruments drew nearer, and now droning songs mingled with the sound of the tambourines and cymbals. The head of the procession soon appeared beneath the trees, a hundred paces away; and the strange figures who performed the religious ceremony were easily distinguished through the branches. First came the priests, with mitres on their heads, and clothed in long lace robes. They were surrounded by men, women, and children, who sang a kind of lugubrious psalm, interrupted at regular intervals by the tambourines and cymbals; while behind them was drawn a car with large wheels, the spokes of which represented serpents entwined with each other. Upon the car, which was drawn by four richly caparisoned zebus, stood a hideous statue with four arms, the body coloured a dull red, with haggard eyes, dishevelled hair, protruding tongue, and lips tinted with betel. It stood upright upon the figure of a prostrate and headless giant.

Sir Francis, recognising the statue, whispered, "The goddess Kali; the goddess of love and death."

"Of death, perhaps," muttered back Passepartout, "but of love--that ugly old hag? Never!"

The Parsee made a motion to keep silence.

Autour de la statue s'agitait, se démenait, se convulsionnait un groupe de vieux fakirs, zébrés de bandes d'ocre, couverts d'incisions cruciales qui laissaient échapper leur sang goutte à goutte, énergumènes stupides qui, dans les grandes cérémonies indoues, se précipitent encore sous les roues du char de Jaggernaut. Derrière eux, quelques brahmanes, dans toute la somptuosité de leur costume oriental, traînaient une femme qui se soutenait à peine. Cette femme était jeune, blanche comme une Européenne. Sa tête, son cou, ses épaules, ses oreilles, ses bras, ses mains, ses orteils étaient surchargés de bijoux, colliers, bracelets, boucles et bagues. Une tunique lamée d'or, recouverte d'une mousseline légère, dessinait les contours de sa taille.	*A group of old fakirs were capering and making a wild ado round the statue; these were striped with ochre, and covered with cuts whence their blood issued drop by drop--stupid fanatics, who, in the great Indian ceremonies, still throw themselves under the wheels of Juggernaut. Some Brahmins, clad in all the sumptuousness of Oriental apparel, and leading a woman who faltered at every step, followed. This woman was young, and as fair as a European. Her head and neck, shoulders, ears, arms, hands, and toes were loaded down with jewels and gems with bracelets, earrings, and rings; while a tunic bordered with gold, and covered with a light muslin robe, betrayed the outline of her form.*
Derrière cette jeune femme -- contraste violent pour les yeux --, des gardes armés de sabres nus passés à leur ceinture et de longs pistolets damasquinés, portaient un cadavre sur un palanquin. C'était le corps d'un vieillard, revêtu de ses opulents habits de rajah, ayant, comme en sa vie, le turban brodé de perles, la robe tissue de soie et d'or, la ceinture de cachemire diamanté, et ses magnifiques armes de prince indien. Puis des musiciens et une arrière-garde de fanatiques, dont les cris couvraient parfois l'assourdissant fracas des instruments, fermaient le cortège.	*The guards who followed the young woman presented a violent contrast to her, armed as they were with naked sabres hung at their waists, and long damascened pistols, and bearing a corpse on a palanquin. It was the body of an old man, gorgeously arrayed in the habiliments of a rajah, wearing, as in life, a turban embroidered with pearls, a robe of tissue of silk and gold, a scarf of cashmere sewed with diamonds, and the magnificent weapons of a Hindoo prince. Next came the musicians and a rearguard of capering fakirs, whose cries sometimes drowned the noise of the instruments; these closed the procession.*
Sir Francis Cromarty regardait toute cette pompe d'un air singulièrement attristé, et se tournant vers le guide :	*Sir Francis watched the procession with a sad countenance, and, turning to the guide said, "A suttee."*

« Un sutty ! » dit-il. Le Parsi fit un signe affirmatif et mit un doigt sur ses lèvres. La longue procession se déroula lentement sous les arbres, et bientôt ses derniers rangs disparurent dans la profondeur de la forêt. Peu à peu, les chants s'éteignirent. Il y eut encore quelques éclats de cris lointains, et enfin à tout ce tumulte succéda un profond silence.

Phileas Fogg avait entendu ce mot, prononcé par Sir Francis Cromarty, et aussitôt que la procession eut disparu :

« Qu'est-ce qu'un sutty ? demanda-t-il. -- Un sutty, monsieur Fogg, répondit le brigadier général, c'est un sacrifice humain, mais un sacrifice volontaire. Cette femme que vous venez de voir sera brûlée demain aux premières heures du jour.

-- Ah ! les gueux ! s'écria Passepartout, qui ne put retenir ce cri d'indignation.
-- Et ce cadavre ? demanda Mr. Fogg.
-- C'est celui du prince, son mari, répondit le guide, un rajah indépendant du Bundelkund.

-- Comment ! reprit Phileas Fogg, sans que sa voix trahît la moindre émotion, ces barbares coutumes subsistent encore dans l'Inde, et les Anglais n'ont pu les détruire ?

-- Dans la plus grande partie de l'Inde, répondit Sir Francis Cromarty, ces sacrifices ne s'accomplissent plus, mais nous n'avons aucune influence sur ces contrées sauvages, et principalement sur ce territoire du Bundelkund. Tout le revers septentrional des Vindhias est le théâtre de meurtres et de pillages incessants.

The Parsee nodded, and put his finger to his lips. The procession slowly wound under the trees, and soon its last ranks disappeared in the depths of the wood. The songs gradually died away; occasionally cries were heard in the distance, until at last all was silence again.

Phileas Fogg had heard what Sir Francis said, and, as soon as the procession had disappeared, asked: "What is a suttee?"

"A suttee," returned the general, "is a human sacrifice, but a voluntary one. The woman you have just seen will be burned to-morrow at the dawn of day."

"Oh, the scoundrels!" cried Passepartout, who could not repress his indignation.
"And the corpse?" asked Mr. Fogg.
"Is that of the prince, her husband," said the guide; "an independent rajah of Bundelcund."

"Is it possible," resumed Phileas Fogg, his voice betraying not the least emotion, "that these barbarous customs still exist in India, and that the English have been unable to put a stop to them?"

"These sacrifices do not occur in the larger portion of India," replied Sir Francis; "but we have no power over these savage territories, and especially here in Bundelcund. The whole district north of the Vindhias is the theatre of incessant murders and pillage."

-- La malheureuse ! murmurait Passepartout, brûlée vive !

-- Oui, reprit le brigadier général, brûlée, et si elle ne l'était pas, vous ne sauriez croire à quelle misérable condition elle se verrait réduite par ses proches. On lui raserait les cheveux, on la nourrirait à peine de quelques poignées de riz, on la repousserait, elle serait considérée comme une créature immonde et mourrait dans quelque coin comme un chien galeux. Aussi la perspective de cette affreuse existence pousse-t-elle souvent ces malheureuses au supplice, bien plus que l'amour ou le fanatisme religieux. Quelquefois, cependant, le sacrifice est réellement volontaire, et il faut l'intervention énergique du gouvernement pour l'empêcher. Ainsi, il y a quelques années, je résidais à Bombay, quand une jeune veuve vint demander au gouverneur l'autorisation de se brûler avec le corps de son mari. Comme vous le pensez bien, le gouverneur refusa. Alors la veuve quitta la ville, se réfugia chez un rajah indépendant, et là elle consomma son sacrifice. »

Pendant le récit du brigadier général, le guide secouait la tête, et, quand le récit fut achevé : « Le sacrifice qui aura lieu demain au lever du jour n'est pas volontaire, dit-il.

-- Comment le savez-vous ?

-- C'est une histoire que tout le monde connaît dans le Bundelkund, répondit le guide.

-- Cependant cette infortunée ne paraissait faire aucune résistance, fit observer Sir Francis Cromarty.

-- Cela tient à ce qu'on l'a enivrée de la fumée du chanvre et de l'opium.

-- Mais où la conduit-on ?

"The poor wretch!" exclaimed Passepartout, "to be burned alive!"

"Yes," returned Sir Francis, "burned alive. And, if she were not, you cannot conceive what treatment she would be obliged to submit to from her relatives. They would shave off her hair, feed her on a scanty allowance of rice, treat her with contempt; she would be looked upon as an unclean creature, and would die in some corner, like a scurvy dog. The prospect of so frightful an existence drives these poor creatures to the sacrifice much more than love or religious fanaticism. Sometimes, however, the sacrifice is really voluntary, and it requires the active interference of the Government to prevent it. Several years ago, when I was living at Bombay, a young widow asked permission of the governor to be burned along with her husband's body; but, as you may imagine, he refused. The woman left the town, took refuge with an independent rajah, and there carried out her self-devoted purpose."

While Sir Francis was speaking, the guide shook his head several times, and now said: "The sacrifice which will take place to-morrow at dawn is not a voluntary one."

"How do you know?"

"Everybody knows about this affair in Bundelcund."

"But the wretched creature did not seem to be making any resistance," observed Sir Francis.

"That was because they had intoxicated her with fumes of hemp and opium."

"But where are they taking her?"

91

-- A la pagode de Pillaji, à deux milles d'ici. Là, elle passera la nuit en attendant l'heure du sacrifice.

-- Et ce sacrifice aura lieu ?...

-- Demain, dès la première apparition du jour. »

Après cette réponse, le guide fit sortir l'éléphant de l'épais fourré et se hissa sur le cou de l'animal. Mais au moment où il allait l'exciter par un sifflement particulier, Mr. Fogg l'arrêta, et, s'adressant à Sir Francis Cromarty : « Si nous sauvions cette femme ? dit-il.

-- Sauver cette femme, monsieur Fogg !... s'écria le brigadier général.

-- J'ai encore douze heures d'avance. Je puis les consacrer à cela.

-- Tiens ! Mais vous êtes un homme de coeur ! dit Sir Francis Cromarty.

-- Quelquefois, répondit simplement Phileas Fogg. quand j'ai le temps. »

XIII DANS LEQUEL PASSEPARTOUT PROUVE UNE FOIS DE PLUS QUE LA FORTUNE SOURIT AUX AUDACIEUX

Le dessein était hardi, hérissé de difficultés, impraticable peut-être Mr. Fogg allait risquer sa vie, ou tout au moins sa liberté, et par conséquent la réussite de ses projets, mais il n'hésita pas. Il trouva, d'ailleurs, dans Sir Francis Cromarty, un auxiliaire décidé.

Quant à Passepartout, il était prêt, on pouvait disposer de lui. L'idée de son maître l'exaltait. Il sentait un coeur, une âme sous cette enveloppe de glace. Il se prenait à aimer Phileas Fogg.

"To the pagoda of Pillaji, two miles from here; she will pass the night there."

"And the sacrifice will take place--"

"To-morrow, at the first light of dawn."

The guide now led the elephant out of the thicket, and leaped upon his neck. Just at the moment that he was about to urge Kiouni forward with a peculiar whistle, Mr. Fogg stopped him, and, turning to Sir Francis Cromarty, said, "Suppose we save this woman."

"Save the woman, Mr. Fogg!"

"I have yet twelve hours to spare; I can devote them to that."

"Why, you are a man of heart!"

"Sometimes," replied Phileas Fogg, quietly; "when I have the time."

Chapter XIII IN WHICH PASSEPARTOUT RECEIVES A NEW PROOF THAT FORTUNE FAVORS THE BRAVE

The project was a bold one, full of difficulty, perhaps impracticable. Mr. Fogg was going to risk life, or at least liberty, and therefore the success of his tour. But he did not hesitate, and he found in Sir Francis Cromarty an enthusiastic ally.

As for Passepartout, he was ready for anything that might be proposed. His master's idea charmed him; he perceived a heart, a soul, under that icy exterior. He began to love Phileas Fogg.

Restait le guide. Quel parti prendrait-il dans l'affaire ? Ne serait-il pas porté pour les hindous ? A défaut de son concours, il fallait au moins s'assurer sa neutralité.	*There remained the guide: what course would he adopt? Would he not take part with the Indians? In default of his assistance, it was necessary to be assured of his neutrality.*
Sir Francis Cromarty lui posa franchement la question.	*Sir Francis frankly put the question to him.*
« Mon officier, répondit le guide, je suis Parsi, et cette femme est Parsie. Disposez de moi.	*"Officers," replied the guide, "I am a Parsee, and this woman is a Parsee. Command me as you will."*
-- Bien, guide, répondit Mr. Fogg.	*"Excellent!" said Mr. Fogg.*
-- Toutefois, sachez-le bien, reprit le Parsi, non seulement nous risquons notre vie, mais des supplices horribles, si nous sommes pris. Ainsi, voyez.	*"However," resumed the guide, "it is certain, not only that we shall risk our lives, but horrible tortures, if we are taken."*
-- C'est vu, répondit Mr. Fogg. Je pense que nous devrons attendre la nuit pour agir ?	*"That is foreseen," replied Mr. Fogg. "I think we must wait till night before acting."*
-- Je le pense aussi », répondit le guide.	*"I think so," said the guide.*
Ce brave Indou donna alors quelques détails sur la victime. C'était une Indienne d'une beauté célèbre, de race parsie, fille de riches négociants de Bombay. Elle avait reçu dans cette ville une éducation absolument anglaise, et à ses manières, à son instruction, on l'eût crue Européenne. Elle se nommait Aouda. Orpheline, elle fut mariée malgré elle à ce vieux rajah du Bundelkund. Trois mois après, elle devint veuve. Sachant le sort qui l'attendait, elle s'échappa, fut reprise aussitôt, et les parents du rajah, qui avaient intérêt à sa mort, la vouèrent à ce supplice auquel il ne semblait pas qu'elle pût échapper.	*The worthy Indian then gave some account of the victim, who, he said, was a celebrated beauty of the Parsee race, and the daughter of a wealthy Bombay merchant. She had received a thoroughly English education in that city, and, from her manners and intelligence, would be thought an European. Her name was Aouda. Left an orphan, she was married against her will to the old rajah of Bundelcund; and, knowing the fate that awaited her, she escaped, was retaken, and devoted by the rajah's relatives, who had an interest in her death, to the sacrifice from which it seemed she could not escape.*

Jules Verne

Ce récit ne pouvait qu'enraciner Mr. Fogg et ses compagnons dans leur généreuse résolution. Il fut décidé que le guide dirigerait l'éléphant vers la pagode de Pillaji, dont il se rapprocherait autant que possible. Une demi-heure après, halte fut faite sous un taillis, à cinq cents pas de la pagode, que l'on ne pouvait apercevoir ; mais les hurlements des fanatiques se laissaient entendre distinctement.	*The Parsee's narrative only confirmed Mr. Fogg and his companions in their generous design. It was decided that the guide should direct the elephant towards the pagoda of Pillaji, which he accordingly approached as quickly as possible. They halted, half an hour afterwards, in a copse, some five hundred feet from the pagoda, where they were well concealed; but they could hear the groans and cries of the fakirs distinctly.*
Les moyens de parvenir jusqu'à la victime furent alors discutés. Le guide connaissait cette pagode de Pillaji, dans laquelle il affirmait que la jeune femme était emprisonnée. Pourrait-on y pénétrer par une des portes, quand toute la bande serait plongée dans le sommeil de l'ivresse, ou faudrait-il pratiquer un trou dans une muraille ? C'est ce qui ne pourrait être décidé qu'au moment et au lieu mêmes. Mais ce qui ne fit aucun doute, c'est que l'enlèvement devait s'opérer cette nuit même, et non quand, le jour venu, la victime serait conduite au supplice. A cet instant, aucune intervention humaine n'eût pu la sauver.	*They then discussed the means of getting at the victim. The guide was familiar with the pagoda of Pillaji, in which, as he declared, the young woman was imprisoned. Could they enter any of its doors while the whole party of Indians was plunged in a drunken sleep, or was it safer to attempt to make a hole in the walls? This could only be determined at the moment and the place themselves; but it was certain that the abduction must be made that night, and not when, at break of day, the victim was led to her funeral pyre. Then no human intervention could save her.*
Mr. Fogg et ses compagnons attendirent la nuit. Dès que l'ombre se fit, vers six heures du soir, ils résolurent d'opérer une reconnaissance autour de la pagode. Les derniers cris des fakirs s'éteignaient alors. Suivant leur habitude, ces Indiens devaient être plongés dans l'épaisse ivresse du « hang » -- opium liquide, mélangé d'une infusion de chanvre --, et il serait peut-être possible de se glisser entre eux jusqu'au temple.	*As soon as night fell, about six o'clock, they decided to make a reconnaissance around the pagoda. The cries of the fakirs were just ceasing; the Indians were in the act of plunging themselves into the drunkenness caused by liquid opium mingled with hemp, and it might be possible to slip between them to the temple itself.*

Le Parsi, guidant Mr. Fogg, Sir Francis Cromarty et Passepartout, s'avança sans bruit à travers la forêt. Après dix minutes de reptation sous les ramures, ils arrivèrent au bord d'une petite rivière, et là, à la lueur de torches de fer à la pointe desquelles brûlaient des résines, ils aperçurent un monceau de bois empilé. C'était le bûcher, fait de précieux santal, et déjà imprégné d'une huile parfumée. A sa partie supérieure reposait le corps embaumé du rajah, qui devait être brûlé en même temps que sa veuve. A cent pas de ce bûcher s'élevait la pagode, dont les minarets perçaient dans l'ombre la cime des arbres.	*The Parsee, leading the others, noiselessly crept through the wood, and in ten minutes they found themselves on the banks of a small stream, whence, by the light of the rosin torches, they perceived a pyre of wood, on the top of which lay the embalmed body of the rajah, which was to be burned with his wife. The pagoda, whose minarets loomed above the trees in the deepening dusk, stood a hundred steps away.*
« Venez ! » dit le guide à voix basse.	*"Come!" whispered the guide.*
Et, redoublant de précaution, suivi de ses compagnons, il se glissa silencieusement à travers les grandes herbes. Le silence n'était plus interrompu que par le murmure du vent dans les branches.	*He slipped more cautiously than ever through the brush, followed by his companions; the silence around was only broken by the low murmuring of the wind among the branches.*
Bientôt le guide s'arrêta à l'extrémité d'une clairière. Quelques résines éclairaient la place. Le sol était jonché de groupes de dormeurs, appesantis par l'ivresse. On eût dit un champ de bataille couvert de morts. Hommes, femmes, enfants, tout était confondu. Quelques ivrognes râlaient encore çà et là.	*Soon the Parsee stopped on the borders of the glade, which was lit up by the torches. The ground was covered by groups of the Indians, motionless in their drunken sleep; it seemed a battlefield strewn with the dead. Men, women, and children lay together.*
A l'arrière-plan, entre la masse des arbres, le temple de Pillaji se dressait confusément. Mais au grand désappointement du guide, les gardes des rajahs, éclairés par des torches fuligineuses, veillaient aux portes et se promenaient, le sabre nu. On pouvait supposer qu'à l'intérieur les prêtres veillaient aussi.	*In the background, among the trees, the pagoda of Pillaji loomed distinctly. Much to the guide's disappointment, the guards of the rajah, lighted by torches, were watching at the doors and marching to and fro with naked sabres; probably the priests, too, were watching within.*

Jules Verne

Le Parsi ne s'avança pas plus loin. Il avait reconnu l'impossibilité de forcer l'entrée du temple, et il ramena ses compagnons en arrière. Phileas Fogg et Sir Francis Cromarty avaient compris comme lui qu'ils ne pouvaient rien tenter de ce côté.	*The Parsee, now convinced that it was impossible to force an entrance to the temple, advanced no farther, but led his companions back again. Phileas Fogg and Sir Francis Cromarty also saw that nothing could be attempted in that direction.*
Ils s'arrêtèrent et s'entretinrent à voix basse.	*They stopped, and engaged in a whispered colloquy.*
« Attendons, dit le brigadier général, il n'est que huit heures encore, et il est possible que ces gardes succombent aussi au sommeil.	*"It is only eight now," said the brigadier, "and these guards may also go to sleep."*
-- Cela est possible, en effet », répondit le Parsi.	*"It is not impossible," returned the Parsee.*
Phileas Fogg et ses compagnons s'étendirent donc au pied d'un arbre et attendirent.	*They lay down at the foot of a tree, and waited.*
Le temps leur parut long ! Le guide les quittait parfois et allait observer la lisière du bois. Les gardes du rajah veillaient toujours à la lueur des torches, et une vague lumière filtrait à travers les fenêtres de la pagode.	*The time seemed long; the guide ever and anon left them to take an observation on the edge of the wood, but the guards watched steadily by the glare of the torches, and a dim light crept through the windows of the pagoda.*
On attendit ainsi jusqu'à minuit. La situation ne changea pas. Même surveillance au-dehors. Il était évident qu'on ne pouvait compter sur l'assoupissement des gardes. L'ivresse du « hang » leur avait été probablement épargnée. Il fallait donc agir autrement et pénétrer par une ouverture pratiquée aux murailles de la pagode. Restait la question de savoir si les prêtres veillaient auprès de leur victime avec autant de soin que les soldats à la porte du temple.	*They waited till midnight; but no change took place among the guards, and it became apparent that their yielding to sleep could not be counted on. The other plan must be carried out; an opening in the walls of the pagoda must be made. It remained to ascertain whether the priests were watching by the side of their victim as assiduously as were the soldiers at the door.*

Après une dernière conversation, le guide se dit prêt à partir. Mr. Fogg, Sir Francis et Passepartout le suivirent. Ils firent un détour assez long, afin d'atteindre la pagode par son chevet. Vers minuit et demi, ils arrivèrent au pied des murs sans avoir rencontré personne. Aucune surveillance n'avait été établie de ce côté, mais il est vrai de dire que fenêtres et portes manquaient absolument.	*After a last consultation, the guide announced that he was ready for the attempt, and advanced, followed by the others. They took a roundabout way, so as to get at the pagoda on the rear. They reached the walls about half-past twelve, without having met anyone; here there was no guard, nor were there either windows or doors.*
Là nuit était sombre. La lune, alors dans son dernier quartier, quittait à peine l'horizon, encombré de gros nuages. La hauteur des arbres accroissait encore l'obscurité.	*The night was dark. The moon, on the wane, scarcely left the horizon, and was covered with heavy clouds; the height of the trees deepened the darkness.*
Mais il ne suffisait pas d'avoir atteint le pied des murailles, il fallait encore y pratiquer une ouverture. Pour cette opération, Phileas Fogg et ses compagnons n'avaient absolument que leurs couteaux de poche. Très heureusement, les parois du temple se composaient d'un mélange de briques et de bois qui ne pouvait être difficile à percer. La première brique une fois enlevée, les autres viendraient facilement.	*It was not enough to reach the walls; an opening in them must be accomplished, and to attain this purpose the party only had their pocket-knives. Happily the temple walls were built of brick and wood, which could be penetrated with little difficulty; after one brick had been taken out, the rest would yield easily.*

On se mit à la besogne, en faisant le moins de bruit possible. Le Parsi d'un côté, Passepartout, de l'autre, travaillaient à desceller les briques, de manière à obtenir une ouverture large de deux pieds. Le travail avançait, quand un cri se fit entendre à l'intérieur du temple, et presque aussitôt d'autres cris lui répondirent du dehors. Passepartout et le guide interrompirent leur travail. Les avait-on surpris ? L'éveil était-il donné ? La plus vulgaire prudence leur commandait de s'éloigner, -- ce qu'ils firent en même temps que Phileas Fogg et sir Francis Cromarty. Ils se blottirent de nouveau sous le couvert du bois, attendant que l'alerte, si c'en était une, se fût dissipée, et prêts, dans ce cas, à reprendre leur opération. Mais -- contretemps funeste -- des gardes se montrèrent au chevet de la pagode, et s'y installèrent de manière à empêcher toute approche.

Il serait difficile de décrire le désappointement de ces quatre hommes, arrêtés dans leur oeuvre. Maintenant qu'ils ne pouvaient plus parvenir jusqu'à la victime, comment la sauveraient-ils ? Sir Francis Cromarty se rongeait les poings. Passepartout était hors de lui, et le guide avait quelque peine à le contenir. L'impassible Fogg attendait sans manifester ses sentiments.

« N'avons-nous plus qu'à partir ? demanda le brigadier général à voix basse.

-- Nous n'avons plus qu'à partir, répondit le guide.

-- Attendez, dit Fogg. Il suffit que je sois demain à Allahabad avant midi.

They set noiselessly to work, and the Parsee on one side and Passepartout on the other began to loosen the bricks so as to make an aperture two feet wide. They were getting on rapidly, when suddenly a cry was heard in the interior of the temple, followed almost instantly by other cries replying from the outside. Passepartout and the guide stopped. Had they been heard? Was the alarm being given? Common prudence urged them to retire, and they did so, followed by Phileas Fogg and Sir Francis. They again hid themselves in the wood, and waited till the disturbance, whatever it might be, ceased, holding themselves ready to resume their attempt without delay. But, awkwardly enough, the guards now appeared at the rear of the temple, and there installed themselves, in readiness to prevent a surprise.

It would be difficult to describe the disappointment of the party, thus interrupted in their work. They could not now reach the victim; how, then, could they save her? Sir Francis shook his fists, Passepartout was beside himself, and the guide gnashed his teeth with rage. The tranquil Fogg waited, without betraying any emotion.

"We have nothing to do but to go away," whispered Sir Francis.

"Nothing but to go away," echoed the guide.

"Stop," said Fogg. "I am only due at Allahabad tomorrow before noon."

-- Mais qu'espérez-vous ? répondit Sir Francis Cromarty. Dans quelques heures le jour va paraître, et...

-- La chance qui nous échappe peut se représenter au moment suprême. »

Le brigadier général aurait voulu pouvoir lire dans les yeux de Phileas Fogg. Sur quoi comptait donc ce froid Anglais ? Voulait-il, au moment du supplice, se précipiter vers la jeune femme et l'arracher ouvertement à ses bourreaux ?

C'eût été une folie, et comment admettre que cet homme fût fou à ce point ? Néanmoins, Sir Francis Cromarty consentit à attendre jusqu'au dénouement de cette terrible scène. Toutefois, le guide ne laissa pas ses compagnons à l'endroit où ils s'étaient réfugiés, et il les ramena vers la partie antérieure de la clairière. Là, abrités par un bouquet d'arbres, ils pouvaient observer les groupes endormis.

Cependant Passepartout, juché sur les premières branches d'un arbre, ruminait une idée qui avait d'abord traversé son esprit comme un éclair, et qui finit par s'incruster dans son cerveau.

Il avait commencé par se dire : « Quelle folie ! » et maintenant il répétait : « Pourquoi pas, après tout ? C'est une chance, peut-être la seule, et avec de tels abrutis !... »

En tout cas, Passepartout ne formula pas autrement sa pensée, mais il ne tarda pas à se glisser avec la souplesse d'un serpent sur les basses branches de l'arbre dont l'extrémité se courbait vers le sol.

"But what can you hope to do?" asked Sir Francis. "In a few hours it will be daylight, and--"

"The chance which now seems lost may present itself at the last moment."

Sir Francis would have liked to read Phileas Fogg's eyes. What was this cool Englishman thinking of? Was he planning to make a rush for the young woman at the very moment of the sacrifice, and boldly snatch her from her executioners?

This would be utter folly, and it was hard to admit that Fogg was such a fool. Sir Francis consented, however, to remain to the end of this terrible drama. The guide led them to the rear of the glade, where they were able to observe the sleeping groups.

Meanwhile Passepartout, who had perched himself on the lower branches of a tree, was resolving an idea which had at first struck him like a flash, and which was now firmly lodged in his brain.

He had commenced by saying to himself, "What folly!" and then he repeated, "Why not, after all? It's a chance,--perhaps the only one; and with such sots!"

Thinking thus, he slipped, with the suppleness of a serpent, to the lowest branches, the ends of which bent almost to the ground.

Jules Verne

Les heures s'écoulaient, et bientôt quelques nuances moins sombres annoncèrent l'approche du jour. Cependant l'obscurité était profonde encore.	*The hours passed, and the lighter shades now announced the approach of day, though it was not yet light.*
C'était le moment. Il se fit comme une résurrection dans cette foule assoupie. Les groupes s'animèrent. Des coups de tam-tam retentirent. Chants et cris éclatèrent de nouveau. L'heure était venue à laquelle l'infortunée allait mourir.	*This was the moment. The slumbering multitude became animated, the tambourines sounded, songs and cries arose; the hour of the sacrifice had come.*
En effet, les portes de la pagode s'ouvrirent. Une lumière plus vive s'échappa de l'intérieur. Mr. Fogg et Sir Francis Cromarty purent apercevoir la victime, vivement éclairée, que deux prêtres traînaient au-dehors. Il leur sembla même que, secouant l'engourdissement de l'ivresse par un suprême instinct de conservation, la malheureuse tentait d'échapper à ses bourreaux. Le coeur de Sir Francis Cromarty bondit, et par un mouvement convulsif, saisissant la main de Phileas Fogg, il sentit que cette main tenait un couteau ouvert. En ce moment, la foule s'ébranla. La jeune femme était retombée dans cette torpeur provoquée par les fumées du chanvre. Elle passa à travers les fakirs, qui l'escortaient de leurs vociférations religieuses.	*The doors of the pagoda swung open, and a bright light escaped from its interior, in the midst of which Mr. Fogg and Sir Francis espied the victim. She seemed, having shaken off the stupor of intoxication, to be striving to escape from her executioner. Sir Francis's heart throbbed; and, convulsively seizing Mr. Fogg's hand, found in it an open knife. Just at this moment the crowd began to move. The young woman had again fallen into a stupor caused by the fumes of hemp, and passed among the fakirs, who escorted her with their wild, religious cries.*
Phileas Fogg et ses compagnons, se mêlant aux derniers rangs de la foule, la suivirent. Deux minutes après, ils arrivaient sur le bord de la rivière et s'arrêtaient à moins de cinquante pas du bûcher, sur lequel était couché le corps du rajah. Dans la demi-obscurité, ils virent la victime absolument inerte, étendue auprès du cadavre de son époux.	*Phileas Fogg and his companions, mingling in the rear ranks of the crowd, followed; and in two minutes they reached the banks of the stream, and stopped fifty paces from the pyre, upon which still lay the rajah's corpse. In the semi-obscurity they saw the victim, quite senseless, stretched out beside her husband's body. Then a torch was brought, and the wood, heavily soaked with oil, instantly took fire.*

Puis une torche fut approchée et le bois imprégné d'huile, s'enflamma aussitôt. A ce moment, Sir Francis Cromarty et le guide retinrent Phileas Fogg, qui dans un moment de folie généreuse, s'élançait vers le bûcher... Mais Phileas Fogg les avait déjà repoussés, quand la scène changea soudain. Un cri de terreur s'éleva. Toute cette foule se précipita à terre, épouvantée.	At this moment Sir Francis and the guide seized Phileas Fogg, who, in an instant of mad generosity, was about to rush upon the pyre. But he had quickly pushed them aside, when the whole scene suddenly changed. A cry of terror arose. The whole multitude prostrated themselves, terror-stricken, on the ground.
Le vieux rajah n'était donc pas mort, qu'on le vît se redresser tout à coup, comme un fantôme, soulever la jeune femme dans ses bras, descendre du bûcher au milieu des tourbillons de vapeurs qui lui donnaient une apparence spectrale ?	The old rajah was not dead, then, since he rose of a sudden, like a spectre, took up his wife in his arms, and descended from the pyre in the midst of the clouds of smoke, which only heightened his ghostly appearance.
Les fakirs, les gardes, les prêtres, pris d'une terreur subite, étaient là, face à terre, n'osant lever les yeux et regarder un tel prodige !	Fakirs and soldiers and priests, seized with instant terror, lay there, with their faces on the ground, not daring to lift their eyes and behold such a prodigy.
La victime inanimée passa entre les bras vigoureux qui la portaient, et sans qu'elle parût leur peser. Mr. Fogg et Sir Francis Cromarty étaient demeurés debout. Le Parsi avait courbé la tête, et Passepartout, sans doute, n'était pas moins stupéfié !...	The inanimate victim was borne along by the vigorous arms which supported her, and which she did not seem in the least to burden. Mr. Fogg and Sir Francis stood erect, the Parsee bowed his head, and Passepartout was, no doubt, scarcely less stupefied.
Ce ressuscité arriva ainsi près de l'endroit où se tenaient Mr. Fogg et Sir Francis Cromarty, et là, d'une voix brève :	The resuscitated rajah approached Sir Francis and Mr. Fogg, and, in an abrupt tone, said, "Let us be off!"
« Filons !... » dit-il. C'était Passepartout lui-même qui s'était glissé vers le bûcher au milieu de la fumée épaisse ! C'était Passepartout qui, profitant de l'obscurité profonde encore, avait arraché la jeune femme à la mort ! C'était Passepartout qui, jouant son rôle avec un audacieux bonheur, passait au milieu de l'épouvante générale !	It was Passepartout himself, who had slipped upon the pyre in the midst of the smoke and, profiting by the still overhanging darkness, had delivered the young woman from death! It was Passepartout who, playing his part with a happy audacity, had passed through the crowd amid the general terror.

Un instant après, tous quatre disparaissaient dans le bois, et l'éléphant les emportait d'un trot rapide. Mais des cris, des clameurs et même une balle, perçant le chapeau de Phileas Fogg, leur apprirent que la ruse était découverte.

En effet, sur le bûcher enflammé se détachait alors le corps du vieux rajah. Les prêtres, revenus de leur frayeur, avaient compris qu'un enlèvement venait de s'accomplir. Aussitôt ils s'étaient précipités dans la forêt. Les gardes les avaient suivis. Une décharge avait eu lieu, mais les ravisseurs fuyaient rapidement, et, en quelques instants, ils se trouvaient hors de la portée des balles et des flèches.

XIV DANS LEQUEL PHILEAS FOGG DESCEND TOUTE L'ADMIRABLE VALLÉE DU GANGE SANS MÊME SONGER A LA VOIR

Le hardi enlèvement avait réussi. Une heure après, Passepartout riait encore de son succès. Sir Francis Cromarty avait serré la main de l'intrépide garçon. Son maître lui avait dit : « Bien », ce qui, dans la bouche de ce gentleman, équivalait à une haute approbation. A quoi Passepartout avait répondu que tout l'honneur de l'affaire appartenait à son maître. Pour lui, il n'avait eu qu'une idée « drôle », et il riait en songeant que, pendant quelques instants, lui, Passepartout, ancien gymnaste, ex-sergent de pompiers, avait été le veuf d'une charmante femme, un vieux rajah embaumé ! Quant à la jeune Indienne, elle n'avait pas eu conscience de ce qui s'était passé. Enveloppée dans les couvertures de voyage, elle reposait sur l'un des cacolets.

A moment after all four of the party had disappeared in the woods, and the elephant was bearing them away at a rapid pace. But the cries and noise, and a ball which whizzed through Phileas Fogg's hat, apprised them that the trick had been discovered.

The old rajah's body, indeed, now appeared upon the burning pyre; and the priests, recovered from their terror, perceived that an abduction had taken place. They hastened into the forest, followed by the soldiers, who fired a volley after the fugitives; but the latter rapidly increased the distance between them, and ere long found themselves beyond the reach of the bullets and arrows.

Chapter XIV IN WHICH PHILEAS FOGG DESCENDS THE WHOLE LENGTH OF THE BEAUTIFUL VALLEY OF THE GANGES WITHOUT EVER THINKING OF SEEING IT

The rash exploit had been accomplished; and for an hour Passepartout laughed gaily at his success. Sir Francis pressed the worthy fellow's hand, and his master said, "Well done!" which, from him, was high commendation; to which Passepartout replied that all the credit of the affair belonged to Mr. Fogg. As for him, he had only been struck with a "queer" idea; and he laughed to think that for a few moments he, Passepartout, the ex-gymnast, ex-sergeant fireman, had been the spouse of a charming woman, a venerable, embalmed rajah! As for the young Indian woman, she had been unconscious throughout of what was passing, and now, wrapped up in a travelling-blanket, was reposing in one of the howdahs.

Cependant l'éléphant, guidé avec une extrême sûreté par le Parsi, courait rapidement dans la forêt encore obscure. Une heure après avoir quitté la pagode de Pillaji, il se lançait à travers une immense plaine. A sept heures, on fit halte. La jeune femme était toujours dans une prostration complète. Le guide lui fit boire quelques gorgées d'eau et de brandy, mais cette influence stupéfiante qui l'accablait devait se prolonger quelque temps encore.	*The elephant, thanks to the skilful guidance of the Parsee, was advancing rapidly through the still darksome forest, and, an hour after leaving the pagoda, had crossed a vast plain. They made a halt at seven o'clock, the young woman being still in a state of complete prostration. The guide made her drink a little brandy and water, but the drowsiness which stupefied her could not yet be shaken off.*
Sir Francis Cromarty, qui connaissait les effets de l'ivresse produite par l'inhalation des vapeurs du chanvre, n'avait aucune inquiétude sur son compte. Mais si le rétablissement de la jeune Indienne ne fit pas question dans l'esprit du brigadier général, celui-ci se montrait moins rassuré pour l'avenir. Il n'hésita pas à dire à Phileas Fogg que si Mrs. Aouda restait dans l'Inde, elle retomberait inévitablement entre les mains de ses bourreaux. Ces énergumènes se tenaient dans toute la péninsule, et certainement, malgré la police anglaise, ils sauraient reprendre leur victime, fût-ce à Madras, à Bombay, à Calcutta. Et Sir Francis Cromarty citait, à l'appui de ce dire, un fait de même nature qui s'était passé récemment. A son avis, la jeune femme ne serait véritablement en sûreté qu'après avoir quitté l'Inde.	*Sir Francis, who was familiar with the effects of the intoxication produced by the fumes of hemp, reassured his companions on her account. But he was more disturbed at the prospect of her future fate. He told Phileas Fogg that, should Aouda remain in India, she would inevitably fall again into the hands of her executioners. These fanatics were scattered throughout the county, and would, despite the English police, recover their victim at Madras, Bombay, or Calcutta. She would only be safe by quitting India for ever.*
Phileas Fogg répondit qu'il tiendrait compte de ces observations et qu'il aviserait.	*Phileas Fogg replied that he would reflect upon the matter.*

Vers dix heures, le guide annonçait la station d'Allahabad. Là reprenait la voie interrompue du chemin de fer, dont les trains franchissent, en moins d'un jour et d'une nuit, la distance qui sépare Allahabad de Calcutta. Phileas Fogg devait donc arriver à temps pour prendre un paquebot qui ne partait que le lendemain seulement, 25 octobre, à midi, pour Hong-Kong.

La jeune femme fut déposée dans une chambre de la gare. Passepartout fut chargé d'aller acheter pour elle divers objets de toilette, robe, châle, fourrures, etc., ce qu'il trouverait. Son maître lui ouvrait un crédit illimité. Passepartout partit aussitôt et courut les rues de la ville. Allahabad, c'est la cité de Dieu, l'une des plus vénérées de l'Inde, en raison de ce qu'elle est bâtie au confluent de deux fleuves sacrés, le Gange et la Jumna, dont les eaux attirent les pèlerins de toute la péninsule. On sait d'ailleurs que, suivant les légendes du Ramayana, le Gange prend sa source dans le ciel, d'où, grâce à Brahma, il descend sur la terre.

The station at Allahabad was reached about ten o'clock, and, the interrupted line of railway being resumed, would enable them to reach Calcutta in less than twenty-four hours. Phileas Fogg would thus be able to arrive in time to take the steamer which left Calcutta the next day, October 25th, at noon, for Hong Kong.

The young woman was placed in one of the waiting-rooms of the station, whilst Passepartout was charged with purchasing for her various articles of toilet, a dress, shawl, and some furs; for which his master gave him unlimited credit. Passepartout started off forthwith, and found himself in the streets of Allahabad, that is, the City of God, one of the most venerated in India, being built at the junction of the two sacred rivers, Ganges and Jumna, the waters of which attract pilgrims from every part of the peninsula. The Ganges, according to the legends of the Ramayana, rises in heaven, whence, owing to Brahma's agency, it descends to the earth.

Tout en faisant ses emplettes, Passepartout eut bientôt vu la ville, autrefois défendue par un fort magnifique qui est devenu une prison d'État. Plus de commerce, plus d'industrie dans cette cité, jadis industrielle et commerçante. Passepartout, qui cherchait vainement un magasin de nouveautés, comme s'il eût été dans Regent-street à quelques pas de Farmer et Co., ne trouva que chez un revendeur, vieux juif difficultueux, les objets dont il avait besoin, une robe en étoffe écossaise, un vaste manteau, et une magnifique pelisse en peau de loutre qu'il n'hésita pas à payer soixante-quinze livres (1 875 F). Puis, tout triomphant, il retourna à la gare.	*Passepartout made it a point, as he made his purchases, to take a good look at the city. It was formerly defended by a noble fort, which has since become a state prison; its commerce has dwindled away, and Passepartout in vain looked about him for such a bazaar as he used to frequent in Regent Street. At last he came upon an elderly, crusty Jew, who sold second-hand articles, and from whom he purchased a dress of Scotch stuff, a large mantle, and a fine otter-skin pelisse, for which he did not hesitate to pay seventy-five pounds. He then returned triumphantly to the station.*
Mrs. Aouda commençait à revenir à elle. Cette influence à laquelle les prêtres de Pillaji l'avaient soumise se dissipait peu à peu, et ses beaux yeux reprenaient toute leur douceur indienne.	*The influence to which the priests of Pillaji had subjected Aouda began gradually to yield, and she became more herself, so that her fine eyes resumed all their soft Indian expression.*
Lorsque le roi-poète, Uçaf Uddaul, célèbre les charmes de la reine d'Ahméhnagara, il s'exprime ainsi :	*When the poet-king, Ucaf Uddaul, celebrates the charms of the queen of Ahmehnagara, he speaks thus:*

Jules Verne

« Sa luisante chevelure, régulièrement divisée en deux parts, encadre les contours harmonieux de ses joues délicates et blanches, brillantes de poli et de fraîcheur. Ses sourcils d'ébène ont la forme et la puissance de l'arc de Kama, dieu d'amour, et sous ses longs cils soyeux, dans la pupille noire de ses grands yeux limpides, nagent comme dans les lacs sacrés de l'Himalaya les reflets les plus purs de la lumière céleste. Fines, égales et blanches, ses dents resplendissent entre ses lèvres souriantes, comme des gouttes de rosée dans le sein mi-clos d'une fleur de grenadier. Ses oreilles mignonnes aux courbes symétriques, ses mains vermeilles, ses petits pieds bombés et tendres comme les bourgeons du lotus, brillent de l'éclat des plus belles perles de Ceylan, des plus beaux diamants de Golconde. Sa mince et souple ceinture, qu'une main suffit à enserrer, rehausse l'élégante cambrure de ses reins arrondis et la richesse de son buste où la jeunesse en fleur étale ses plus parfaits trésors, et, sous les plis soyeux de sa tunique, elle semble avoir été modelée en argent pur de la main divine de Vicvacarma, l'éternel statuaire. »

Mais, sans toute cette amplification, il suffit de dire que Mrs. Aouda, la veuve du rajah du Bundelkund, était une charmante femme dans toute l'acception européenne du mot. Elle parlait l'anglais avec une grande pureté, et le guide n'avait point exagéré en affirmant que cette jeune Parsie avait été transformée par l'éducation.

"Her shining tresses, divided in two parts, encircle the harmonious contour of her white and delicate cheeks, brilliant in their glow and freshness. Her ebony brows have the form and charm of the bow of Kama, the god of love, and beneath her long silken lashes the purest reflections and a celestial light swim, as in the sacred lakes of Himalaya, in the black pupils of her great clear eyes. Her teeth, fine, equal, and white, glitter between her smiling lips like dewdrops in a passion-flower's half-enveloped breast. Her delicately formed ears, her vermilion hands, her little feet, curved and tender as the lotus-bud, glitter with the brilliancy of the loveliest pearls of Ceylon, the most dazzling diamonds of Golconda. Her narrow and supple waist, which a hand may clasp around, sets forth the outline of her rounded figure and the beauty of her bosom, where youth in its flower displays the wealth of its treasures; and beneath the silken folds of her tunic she seems to have been modelled in pure silver by the godlike hand of Vicvarcarma, the immortal sculptor."

It is enough to say, without applying this poetical rhapsody to Aouda, that she was a charming woman, in all the European acceptation of the phrase. She spoke English with great purity, and the guide had not exaggerated in saying that the young Parsee had been transformed by her bringing up.

Cependant le train allait quitter la station d'Allahabad. Le Parsi attendait. Mr. Fogg lui régla son salaire au prix convenu, sans le dépasser d'un farthing. Ceci étonna un peu Passepartout, qui savait tout ce que son maître devait au dévouement du guide. Le Parsi avait, en effet, risqué volontairement sa vie dans l'affaire de Pillaji, et si, plus tard, les Indous l'apprenaient, il échapperait difficilement à leur vengeance. Restait aussi la question de Kiouni. Que ferait-on d'un éléphant acheté si cher ? Mais Phileas Fogg avait déjà pris une résolution à cet égard.

« Parsi, dit-il au guide, tu as été serviable et dévoué. J'ai payé ton service, mais non ton dévouement. Veux-tu cet éléphant ? Il est à toi. »

Les yeux du guide brillèrent.
« C'est une fortune que Votre Honneur me donne ! s'écria-t-il.
-- Accepte, guide, répondit Mr. Fogg, et c'est moi qui serai encore ton débiteur.

-- A la bonne heure ! s'écria Passepartout. Prends, ami ! Kiouni est un brave et courageux animal ! » Et, allant à la bête, il lui présenta quelques morceaux de sucre, disant : « Tiens, Kiouni, tiens, tiens ! »

L'éléphant fit entendre quelques grognement de satisfaction. Puis, prenant Passepartout par la ceinture et l'enroulant de sa trompe, il l'enleva jusqu'à la hauteur de sa tête. Passepartout, nullement effrayé, fit une bonne caresse à l'animal, qui le replaça doucement à terre, et, à la poignée de trompe de l'honnête Kiouni, répondit une vigoureuse poignée de main de l'honnête garçon.

The train was about to start from Allahabad, and Mr. Fogg proceeded to pay the guide the price agreed upon for his service, and not a farthing more; which astonished Passepartout, who remembered all that his master owed to the guide's devotion. He had, indeed, risked his life in the adventure at Pillaji, and, if he should be caught afterwards by the Indians, he would with difficulty escape their vengeance. Kiouni, also, must be disposed of. What should be done with the elephant, which had been so dearly purchased? Phileas Fogg had already determined this question.

"Parsee," said he to the guide, "you have been serviceable and devoted. I have paid for your service, but not for your devotion. Would you like to have this elephant? He is yours."

The guide's eyes glistened.

"Your honour is giving me a fortune!" cried he.

"Take him, guide," returned Mr. Fogg, "and I shall still be your debtor."

"Good!" exclaimed Passepartout. "Take him, friend. Kiouni is a brave and faithful beast." And, going up to the elephant, he gave him several lumps of sugar, saying, "Here, Kiouni, here, here."

The elephant grunted out his satisfaction, and, clasping Passepartout around the waist with his trunk, lifted him as high as his head. Passepartout, not in the least alarmed, caressed the animal, which replaced him gently on the ground.

Jules Verne

Quelques instants après, Phileas Fogg, Sir Francis Cromarty et Passepartout, installés dans un confortable wagon dont Mrs. Aouda occupait la meilleure place, couraient à toute vapeur vers Bénarès. Quatre-vingts milles au plus séparent cette ville d'Allahabad, et ils furent franchis en deux heures.	*Soon after, Phileas Fogg, Sir Francis Cromarty, and Passepartout, installed in a carriage with Aouda, who had the best seat, were whirling at full speed towards Benares. It was a run of eighty miles, and was accomplished in two hours. During the journey, the young woman fully recovered her senses.*
Pendant ce trajet, la jeune femme revint complètement à elle ; les vapeurs assoupissantes du hang se dissipèrent. Quel fut son étonnement de se trouver sur le railway, dans ce compartiment, recouverte de vêtements européens, au milieu de voyageurs qui lui étaient absolument inconnus ! Tout d'abord, ses compagnons lui prodiguèrent leurs soins et la ranimèrent avec quelques gouttes de liqueur ; puis le brigadier général lui raconta son histoire. Il insista sur le dévouement de Phileas Fogg, qui n'avait pas hésité à jouer sa vie pour la sauver, et sur le dénouement de l'aventure, dû à l'audacieuse imagination de Passepartout. Mr. Fogg laissa dire sans prononcer une parole. Passepartout, tout honteux, répétait que « ça n'en valait pas la peine » !	*What was her astonishment to find herself in this carriage, on the railway, dressed in European habiliments, and with travellers who were quite strangers to her! Her companions first set about fully reviving her with a little liquor, and then Sir Francis narrated to her what had passed, dwelling upon the courage with which Phileas Fogg had not hesitated to risk his life to save her, and recounting the happy sequel of the venture, the result of Passepartout's rash idea. Mr. Fogg said nothing; while Passepartout, abashed, kept repeating that "it wasn't worth telling."*
Mrs. Aouda remercia ses sauveurs avec effusion, par ses larmes plus que par ses paroles. Ses beaux yeux, mieux que ses lèvres, furent les interprètes de sa reconnaissance. Puis, sa pensée la reportant aux scènes du sutty, ses regards revoyant cette terre indienne où tant de dangers l'attendaient encore, elle fut prise d'un frisson de terreur.	*Aouda pathetically thanked her deliverers, rather with tears than words; her fine eyes interpreted her gratitude better than her lips. Then, as her thoughts strayed back to the scene of the sacrifice, and recalled the dangers which still menaced her, she shuddered with terror.*

Phileas Fogg comprit ce qui se passait dans l'esprit de Mrs. Aouda, et, pour la rassurer, il lui offrit, très froidement d'ailleurs, de la conduire à Hong-Kong, où elle demeurerait jusqu'à ce que cette affaire fût assoupie. Mrs. Aouda accepta l'offre avec reconnaissance. Précisément, à Hong-Kong, résidait un de ses parents, Parsi comme elle, et l'un des principaux négociants de cette ville, qui est absolument anglaise, tout en occupant un point de la côte chinoise.	*Phileas Fogg understood what was passing in Aouda's mind, and offered, in order to reassure her, to escort her to Hong Kong, where she might remain safely until the affair was hushed up--an offer which she eagerly and gratefully accepted. She had, it seems, a Parsee relation, who was one of the principal merchants of Hong Kong, which is wholly an English city, though on an island on the Chinese coast.*
A midi et demi, le train s'arrêtait à la station de Bénarès. Les légendes brahmaniques affirment que cette ville occupe l'emplacement de l'ancienne Casi, qui était autrefois suspendue dans l'espace, entre le zénith et le nadir, comme la tombe de Mahomet. Mais, à cette époque plus réaliste, Bénarès, Athènes de l'Inde au dire des orientalistes, reposait tout prosaïquement sur le sol, et Passepartout put un instant entrevoir ses maisons de briques, ses huttes en clayonnage, qui lui donnaient un aspect absolument désolé, sans aucune couleur locale.	*At half-past twelve the train stopped at Benares. The Brahmin legends assert that this city is built on the site of the ancient Casi, which, like Mahomet's tomb, was once suspended between heaven and earth; though the Benares of to-day, which the Orientalists call the Athens of India, stands quite unpoetically on the solid earth, Passepartout caught glimpses of its brick houses and clay huts, giving an aspect of desolation to the place, as the train entered it.*

Jules Verne

C'était là que devait s'arrêter Sir Francis Cromarty. Les troupes qu'il rejoignait campaient à quelques milles au nord de la ville. Le brigadier général fit donc ses adieux à Phileas Fogg, lui souhaitant tout le succès possible, et exprimant le voeu qu'il recommençât ce voyage d'une façon moins originale, mais plus profitable. Mr. Fogg pressa légèrement les doigts de son compagnon. Les compliments de Mrs. Aouda furent plus affectueux. Jamais elle n'oublierait ce qu'elle devait à Sir Francis Cromarty. Quant à Passepartout, il fut honoré d'une vraie poignée de main de la part du brigadier général. Tout ému, il se demanda où et quand il pourrait bien se dévouer pour lui. Puis on se sépara.

Benares was Sir Francis Cromarty's destination, the troops he was rejoining being encamped some miles northward of the city. He bade adieu to Phileas Fogg, wishing him all success, and expressing the hope that he would come that way again in a less original but more profitable fashion. Mr. Fogg lightly pressed him by the hand. The parting of Aouda, who did not forget what she owed to Sir Francis, betrayed more warmth; and, as for Passepartout, he received a hearty shake of the hand from the gallant general.

A partir de Bénarès, la voie ferrée suivait en partie la vallée du Gange. A travers les vitres du wagon, par un temps assez clair, apparaissait le paysage varié du Béhar, puis des montagnes couvertes de verdure, les champs d'orge, de maïs et de froment, des rios et des étangs peuplés d'alligators verdâtres, des villages bien entretenus, des forêts encore verdoyantes. Quelques éléphants, des zébus à grosse bosse venaient se baigner dans les eaux du fleuve sacré, et aussi, malgré la saison avancée et la température déjà froide, des bandes d'Indous des deux sexes, qui accomplissaient pieusement leurs saintes ablutions. Ces fidèles, ennemis acharnés du bouddhisme, sont sectateurs fervents de la religion brahmanique, qui s'incarne en ces trois personnes : Whisnou, la divinité solaire, Shiva, la personnification divine des forces naturelles, et Brahma, le maître suprême des prêtres et des législateurs. Mais de quel oeil Brahma, Shiva et Whisnou devaient-ils considérer cette Inde, maintenant « britannisée », lorsque quelque steam-boat passait en hennissant et troublait les eaux consacrées du Gange, effarouchant les mouettes qui volaient à sa surface, les tortues qui pullulaient sur ses bords, et les dévots étendus au long de ses rives !

The railway, on leaving Benares, passed for a while along the valley of the Ganges. Through the windows of their carriage the travellers had glimpses of the diversified landscape of Behar, with its mountains clothed in verdure, its fields of barley, wheat, and corn, its jungles peopled with green alligators, its neat villages, and its still thickly-leaved forests. Elephants were bathing in the waters of the sacred river, and groups of Indians, despite the advanced season and chilly air, were performing solemnly their pious ablutions. These were fervent Brahmins, the bitterest foes of Buddhism, their deities being Vishnu, the solar god, Shiva, the divine impersonation of natural forces, and Brahma, the supreme ruler of priests and legislators. What would these divinities think of India, anglicised as it is to-day, with steamers whistling and scudding along the Ganges, frightening the gulls which float upon its surface, the turtles swarming along its banks, and the faithful dwelling upon its borders?

Jules Verne

Tout ce panorama défila comme un éclair, et souvent un nuage de vapeur blanche en cacha les détails. A peine les voyageurs purent-ils entrevoir le fort de Chunar, à vingt milles au sud-est de Bénarès, ancienne forteresse des rajahs du Béhar, Ghazepour et ses importantes fabriques d'eau de rose, le tombeau de Lord Cornwallis qui s'élève sur la rive gauche du Gange, la ville fortifiée de Buxar, Patna, grande cité industrielle et commerçante, où se tient le principal marché d'opium de l'Inde, Monghir, ville plus qu'européenne, anglaise comme Manchester ou Birmingham, renommée pour ses fonderies de fer, ses fabriques de taillanderie et d'armes blanches, et dont les hautes cheminées encrassaient d'une fumée noire le ciel de Brahma, -- un véritable coup de poing dans le pays du rêve !	*The panorama passed before their eyes like a flash, save when the steam concealed it fitfully from the view; the travellers could scarcely discern the fort of Chupenie, twenty miles south-westward from Benares, the ancient stronghold of the rajahs of Behar; or Ghazipur and its famous rose-water factories; or the tomb of Lord Cornwallis, rising on the left bank of the Ganges; the fortified town of Buxar, or Patna, a large manufacturing and trading-place, where is held the principal opium market of India; or Monghir, a more than European town, for it is as English as Manchester or Birmingham, with its iron foundries, edgetool factories, and high chimneys puffing clouds of black smoke heavenward.*
Puis la nuit vint et, au milieu des hurlements des tigres, des ours, des loups qui fuyaient devant la locomotive, le train passa à toute vitesse, et on n'aperçut plus rien des merveilles du Bengale, ni Golgonde, ni Gour en ruine, ni Mourshedabad, qui fut autrefois capitale, ni Burdwan, ni Hougly, ni Chandernagor, ce point français du territoire indien sur lequel Passepartout eût été fier de voir flotter le drapeau de sa patrie !	*Night came on; the train passed on at full speed, in the midst of the roaring of the tigers, bears, and wolves which fled before the locomotive; and the marvels of Bengal, Golconda ruined Gour, Murshedabad, the ancient capital, Burdwan, Hugly, and the French town of Chandernagor, where Passepartout would have been proud to see his country's flag flying, were hidden from their view in the darkness.*
Enfin, à sept heures du matin, Calcutta était atteint. Le paquebot, en partance pour Hong-Kong, ne levait l'ancre qu'à midi. Phileas Fogg avait donc cinq heures devant lui.	*Calcutta was reached at seven in the morning, and the packet left for Hong Kong at noon; so that Phileas Fogg had five hours before him.*

D'après son itinéraire, ce gentleman devait arriver dans la capitale des Indes le 25 octobre, vingt-trois jours après avoir quitté Londres, et il y arrivait au jour fixé. Il n'avait donc ni retard ni avance. Malheureusement, les deux jours gagnés par lui entre Londres et Bombay avaient été perdus, on sait comment, dans cette traversée de la péninsule indienne, -- mais il est à supposer que Phileas Fogg ne les regrettait pas.

XV OÙ LE SAC AUX BANK-NOTES S'ALLÈGE ENCORE DE QUELQUES MILLIERS DE LIVRES

Le train s'était arrêté en gare. Passepartout descendit le premier du wagon, et fut suivi de Mr. Fogg, qui aida sa jeune compagne à mettre pied sur le quai. Phileas Fogg comptait se rendre directement au paquebot de Hong-Kong, afin d'y installer confortablement Mrs. Aouda, qu'il ne voulait pas quitter, tant qu'elle serait en ce pays si dangereux pour elle.

Au moment où Mr. Fogg allait sortir de la gare, un policeman s'approcha de lui et dit : « Monsieur Phileas Fogg ?

-- C'est moi.

-- Cet homme est votre domestique ? ajouta le policeman en désignant Passepartout.

-- Oui.

-- Veuillez me suivre tous les deux. »

Mr. Fogg ne fit pas un mouvement qui pût marquer en lui une surprise quelconque. Cet agent était un représentant de la loi, et, pour tout Anglais, la loi est sacrée. Passepartout, avec ses habitudes françaises, voulut raisonner, mais le policeman le toucha de sa baguette, et Phileas Fogg lui fit signe d'obéir.

According to his journal, he was due at Calcutta on the 25th of October, and that was the exact date of his actual arrival. He was therefore neither behind-hand nor ahead of time. The two days gained between London and Bombay had been lost, as has been seen, in the journey across India. But it is not to be supposed that Phileas Fogg regretted them.

Chapter XV IN WHICH THE BAG OF BANKNOTES DISGORGES SOME THOUSANDS OF POUNDS MORE

The train entered the station, and Passepartout jumping out first, was followed by Mr. Fogg, who assisted his fair companion to descend. Phileas Fogg intended to proceed at once to the Hong Kong steamer, in order to get Aouda comfortably settled for the voyage. He was unwilling to leave her while they were still on dangerous ground.

Just as he was leaving the station a policeman came up to him, and said, "Mr. Phileas Fogg?"

"I am he."

"Is this man your servant?" added the policeman, pointing to Passepartout.

"Yes."

"Be so good, both of you, as to follow me."

Mr. Fogg betrayed no surprise whatever. The policeman was a representative of the law, and law is sacred to an Englishman. Passepartout tried to reason about the matter, but the policeman tapped him with his stick, and Mr. Fogg made him a signal to obey.

« Cette jeune dame peut nous accompagner ? demanda Mr. Fogg.

-- Elle le peut », répondit le policeman.

Le policeman conduisit Mr. Fogg, Mrs. Aouda et Passepartout vers un palki-ghari, sorte de voiture à quatre roues et à quatre places, attelée de deux chevaux. On partit. Personne ne parla pendant le trajet, qui dura vingt minutes environ. La voiture traversa d'abord la « ville noire », aux rues étroites, bordées de cahutes dans lesquelles grouillait une population cosmopolite, sale et déguenillée ; puis elle passa à travers la ville européenne, égayée de maisons de briques, ombragée de cocotiers, hérissée de mâtures, que parcouraient déjà, malgré l'heure matinale, des cavaliers élégants et de magnifiques attelages.

Le palki-ghari s'arrêta devant une habitation d'apparence simple, mais qui ne devait pas être affectée aux usages domestiques. Le policeman fit descendre ses prisonniers -- on pouvait vraiment leur donner ce nom --, et il les conduisit dans une chambre aux fenêtres grillées, en leur disant : « C'est à huit heures et demie que vous comparaîtrez devant le juge Obadiah. »

Puis il se retira et ferma la porte.

« Allons ! nous sommes pris ! » s'écria Passepartout, en se laissant aller sur une chaise.

Mrs. Aouda, s'adressant aussitôt à Mr. Fogg, lui dit d'une voix dont elle cherchait en vain à déguiser l'émotion : « Monsieur, il faut m'abandonner ! C'est pour moi que vous êtes poursuivi ! C'est pour m'avoir sauvée ! »

"May this young lady go with us?" asked he.

"She may," replied the policeman.

Mr. Fogg, Aouda, and Passepartout were conducted to a palkigahri, a sort of four-wheeled carriage, drawn by two horses, in which they took their places and were driven away. No one spoke during the twenty minutes which elapsed before they reached their destination. They first passed through the "black town," with its narrow streets, its miserable, dirty huts, and squalid population; then through the "European town," which presented a relief in its bright brick mansions, shaded by coconut-trees and bristling with masts, where, although it was early morning, elegantly dressed horsemen and handsome equipages were passing back and forth.

The carriage stopped before a modest-looking house, which, however, did not have the appearance of a private mansion. The policeman having requested his prisoners--for so, truly, they might be called--to descend, conducted them into a room with barred windows, and said: "You will appear before Judge Obadiah at half-past eight."

He then retired, and closed the door.

"Why, we are prisoners!" exclaimed Passepartout, falling into a chair.

Aouda, with an emotion she tried to conceal, said to Mr. Fogg: "Sir, you must leave me to my fate! It is on my account that you receive this treatment, it is for having saved me!"

Phileas Fogg se contenta de répondre que cela n'était pas possible. Poursuivi pour cette affaire du sutty ! Inadmissible ! Comment les plaignants oseraient-ils se présenter ? Il y avait méprise. Mr. Fogg ajouta que, dans tous les cas, il n'abandonnerait pas la jeune femme, et qu'il la conduirait à Hong-Kong.	Phileas Fogg contented himself with saying that it was impossible. It was quite unlikely that he should be arrested for preventing a suttee. The complainants would not dare present themselves with such a charge. There was some mistake. Moreover, he would not, in any event, abandon Aouda, but would escort her to Hong Kong.
« Mais le bateau part à midi ! fit observer Passepartout.	"But the steamer leaves at noon!" observed Passepartout, nervously.
-- Avant midi nous serons à bord », répondit simplement l'impassible gentleman.	"We shall be on board by noon," replied his master, placidly.
Cela fut affirmé si nettement, que Passepartout ne put s'empêcher de se dire à lui-même : « Parbleu ! cela est certain ! avant midi nous serons à bord ! » Mais il n'était pas rassuré du tout.	It was said so positively that Passepartout could not help muttering to himself, "Parbleu that's certain! Before noon we shall be on board." But he was by no means reassured.
A huit heures et demie, la porte de la chambre s'ouvrit. Le policeman reparut, et il introduisit les prisonniers dans la salle voisine. C'était une salle d'audience, et un public assez nombreux, composé d'Européens et d'indigènes, en occupait déjà le prétoire.	At half-past eight the door opened, the policeman appeared, and, requesting them to follow him, led the way to an adjoining hall. It was evidently a court-room, and a crowd of Europeans and natives already occupied the rear of the apartment.
Mr. Fogg, Mrs. Aouda et Passepartout s'assirent sur un banc en face des sièges réservés au magistrat et au greffier. Ce magistrat, le juge Obadiah, entra presque aussitôt, suivi du greffier. C'était un gros homme tout rond. Il décrocha une perruque pendue à un clou et s'en coiffa lestement.	Mr. Fogg and his two companions took their places on a bench opposite the desks of the magistrate and his clerk. Immediately after, Judge Obadiah, a fat, round man, followed by the clerk, entered. He proceeded to take down a wig which was hanging on a nail, and put it hurriedly on his head.
« La première cause », dit-il. Mais, portant la main à sa tête : « Hé ! ce n'est pas ma perruque !	"The first case," said he. Then, putting his hand to his head, he exclaimed, "Heh! This is not my wig!"
-- En effet, monsieur Obadiah, c'est la mienne, répondit le greffier.	"No, your worship," returned the clerk, "it is mine."

-- Cher monsieur Oysterpuf, comment voulez-vous qu'un juge puisse rendre une bonne sentence avec la perruque d'un greffier ! » L'échange des perruques fut fait.	"My dear Mr. Oysterpuff, how can a judge give a wise sentence in a clerk's wig?" The wigs were exchanged.
Pendant ces préliminaires, Passepartout bouillait d'impatience, car l'aiguille lui paraissait marcher terriblement vite sur le cadran de la grosse horloge du prétoire.	Passepartout was getting nervous, for the hands on the face of the big clock over the judge seemed to go around with terrible rapidity.
« La première cause, reprit alors le juge Obadiah.	"The first case," repeated Judge Obadiah.
-- Phileas Fogg ? dit le greffier Oysterpuf.	"Phileas Fogg?" demanded Oysterpuff.
-- Me voici, répondit Mr. Fogg.	"I am here," replied Mr. Fogg.
-- Passepartout ?	"Passepartout?"
-- Présent ! répondit Passepartout.	"Present," responded Passepartout.
-- Bien ! dit le juge Obadiah. Voilà deux jours, accusés, que l'on vous guette à tous les trains de Bombay.	"Good," said the judge. "You have been looked for, prisoners, for two days on the trains from Bombay."
-- Mais de quoi nous accuse-t-on ? s'écria Passepartout, impatienté.	"But of what are we accused?" asked Passepartout, impatiently.
-- Vous allez le savoir, répondit le juge.	"You are about to be informed."
-- Monsieur, dit alors Mr. Fogg, je suis citoyen anglais, et j'ai droit...	"I am an English subject, sir," said Mr. Fogg, "and I have the right--"
-- Vous a-t-on manqué d'égards ? demanda Mr. Obadiah.	"Have you been ill-treated?"
-- Aucunement.	"Not at all."
-- Bien ! faites entrer les plaignants. »	"Very well; let the complainants come in."
Sur l'ordre du juge, une porte s'ouvrit, et trois prêtres indous furent introduits par un huissier.	A door was swung open by order of the judge, and three Indian priests entered.
« C'est bien cela ! murmura Passepartout, ce sont ces coquins qui voulaient brûler notre jeune dame ! »	"That's it," muttered Passepartout; "these are the rogues who were going to burn our young lady."

Les prêtres se tinrent debout devant le juge, et le greffier lut à haute voix une plainte en sacrilège, formulée contre le sieur Phileas Fogg et son domestique, accusés d'avoir violé un lieu consacré par la religion brahmanique.	*The priests took their places in front of the judge, and the clerk proceeded to read in a loud voice a complaint of sacrilege against Phileas Fogg and his servant, who were accused of having violated a place held consecrated by the Brahmin religion.*
« Vous avez entendu ? demanda le juge à Phileas Fogg.	*"You hear the charge?" asked the judge.*
-- Oui, monsieur, répondit Mr. Fogg en consultant sa montre, et j'avoue.	*"Yes, sir," replied Mr. Fogg, consulting his watch, "and I admit it."*
-- Ah ! vous avouez ?...	*"You admit it?"*
-- J'avoue et j'attends que ces trois prêtres avouent à leur tour ce qu'ils voulaient faire à la pagode de Pillaji. »	*"I admit it, and I wish to hear these priests admit, in their turn, what they were going to do at the pagoda of Pillaji."*
Les prêtres se regardèrent. Ils semblaient ne rien comprendre aux paroles de l'accusé.	*The priests looked at each other; they did not seem to understand what was said.*
« Sans doute ! s'écria impétueusement Passepartout, à cette pagode de Pillaji, devant laquelle ils allaient brûler leur victime ! »	*"Yes," cried Passepartout, warmly; "at the pagoda of Pillaji, where they were on the point of burning their victim."*
Nouvelle stupéfaction des prêtres, et profond étonnement du juge Obadiah.	*The judge stared with astonishment, and the priests were stupefied.*
« Quelle victime ? demanda-t-il. Brûler qui ! En pleine ville de Bombay ?	*"What victim?" said Judge Obadiah. "Burn whom? In Bombay itself?"*
-- Bombay ? s'écria Passepartout.	*"Bombay?" cried Passepartout.*
-- Sans doute. Il ne s'agit pas de la pagode de Pillaji, mais de la pagode de Malebar-Hill, à Bombay.	*"Certainly. We are not talking of the pagoda of Pillaji, but of the pagoda of Malabar Hill, at Bombay."*
-- Et comme pièce de conviction, voici les souliers du profanateur, ajouta le greffier, en posant une paire de chaussures sur son bureau.	*"And as a proof," added the clerk, "here are the desecrator's very shoes, which he left behind him." Whereupon he placed a pair of shoes on his desk.*
-- Mes souliers ! » s'écria Passepartout, qui, surpris au dernier chef, ne put retenir cette involontaire exclamation.	*"My shoes!" cried Passepartout, in his surprise permitting this imprudent exclamation to escape him.*

Jules Verne

On devine la confusion qui s'était opérée dans l'esprit du maître et du domestique. Cet incident de la pagode de Bombay, ils l'avaient oublié, et c'était celui-là même qui les amenait devant le magistrat de Calcutta.

En effet, l'agent Fix avait compris tout le parti qu'il pouvait tirer de cette malencontreuse affaire. Retardant son départ de douze heures, il s'était fait le conseil des prêtres de Malebar-Hill ; il leur avait promis des dommages-intérêts considérables, sachant bien que le gouvernement anglais se montrait très sévère pour ce genre de délit ; puis, par le train suivant, il les avait lancés sur les traces du sacrilège. Mais, par suite du temps employé à la délivrance de la jeune veuve, Fix et les Indous arrivèrent à Calcutta avant Phileas Fogg et son domestique, que les magistrats, prévenus par dépêche, devaient arrêter à leur descente du train. Que l'on juge du désappointement de Fix, quand il apprit que Phileas Fogg n'était point encore arrivé dans la capitale de l'Inde. Il dut croire que son voleur, s'arrêtant à une des stations du Peninsular-railway, s'était réfugié dans les provinces septentrionales. Pendant vingt-quatre heures, au milieu de mortelles inquiétudes, Fix le guetta à la gare. Quelle fut donc sa joie quand, ce matin même, il le vit descendre du wagon, en compagnie, il est vrai, d'une jeune femme dont il ne pouvait s'expliquer la présence. Aussitôt il lança sur lui un policeman, et voilà comment Mr. Fogg, Passepartout et la veuve du rajah du Bundelkund furent conduits devant le juge Obadiah.

The confusion of master and man, who had quite forgotten the affair at Bombay, for which they were now detained at Calcutta, may be imagined.

Fix the detective, had foreseen the advantage which Passepartout's escapade gave him, and, delaying his departure for twelve hours, had consulted the priests of Malabar Hill. Knowing that the English authorities dealt very severely with this kind of misdemeanour, he promised them a goodly sum in damages, and sent them forward to Calcutta by the next train. Owing to the delay caused by the rescue of the young widow, Fix and the priests reached the Indian capital before Mr. Fogg and his servant, the magistrates having been already warned by a dispatch to arrest them should they arrive. Fix's disappointment when he learned that Phileas Fogg had not made his appearance in Calcutta may be imagined. He made up his mind that the robber had stopped somewhere on the route and taken refuge in the southern provinces. For twenty-four hours Fix watched the station with feverish anxiety; at last he was rewarded by seeing Mr. Fogg and Passepartout arrive, accompanied by a young woman, whose presence he was wholly at a loss to explain. He hastened for a policeman; and this was how the party came to be arrested and brought before Judge Obadiah.

Et si Passepartout eût été moins préoccupé de son affaire, il aurait aperçu, dans un coin du prétoire, le détective, qui suivait le débat avec un intérêt facile à comprendre, -- car à Calcutta, comme à Bombay, comme à Suez, le mandat d'arrestation lui manquait encore !	Had Passepartout been a little less preoccupied, he would have espied the detective ensconced in a corner of the court-room, watching the proceedings with an interest easily understood; for the warrant had failed to reach him at Calcutta, as it had done at Bombay and Suez.
Cependant le juge Obadiah avait pris acte de l'aveu échappé à Passepartout, qui aurait donné tout ce qu'il possédait pour reprendre ses imprudentes paroles.	Judge Obadiah had unfortunately caught Passepartout's rash exclamation, which the poor fellow would have given the world to recall.
« Les faits sont avoués ? dit le juge.	"The facts are admitted?" asked the judge.
-- Avoués, répondit froidement Mr. Fogg.	"Admitted," replied Mr. Fogg, coldly.
-- Attendu, reprit le juge, attendu que la loi anglaise entend protéger également et rigoureusement toutes les religions des populations de l'Inde, le délit étant avoué par le sieur Passepartout, convaincu d'avoir violé d'un pied sacrilège le pavé de la pagode de Malebar-Hill, à Bombay, dans la journée du 20 octobre, condamne ledit Passepartout à quinze jours de prison et à une amende de trois cents livres (7 500 F).	"Inasmuch," resumed the judge, "as the English law protects equally and sternly the religions of the Indian people, and as the man Passepartout has admitted that he violated the sacred pagoda of Malabar Hill, at Bombay, on the 20th of October, I condemn the said Passepartout to imprisonment for fifteen days and a fine of three hundred pounds."
-- Trois cents livres ? s'écria Passepartout, qui n'était véritablement sensible qu'à l'amende.	"Three hundred pounds!" cried Passepartout, startled at the largeness of the sum.
-- Silence ! fit l'huissier d'une voix glapissante.	"Silence!" shouted the constable.
-- Et, ajouta le juge Obadiah, attendu qu'il n'est pas matériellement prouvé qu'il n'y ait pas connivence entre le domestique et le maître, qu'en tout cas celui-ci doit être tenu responsable des gestes d'un serviteur à ses gages, retient ledit Phileas Fogg et le condamne à huit jours de prison et cent cinquante livres d'amende. Greffier, appelez une autre cause ! »	"And inasmuch," continued the judge, "as it is not proved that the act was not done by the connivance of the master with the servant, and as the master in any case must be held responsible for the acts of his paid servant, I condemn Phileas Fogg to a week's imprisonment and a fine of one hundred and fifty pounds."

Jules Verne

Fix, dans son coin, éprouvait une indicible satisfaction. Phileas Fogg retenu huit jours à Calcutta, c'était plus qu'il n'en fallait pour donner au mandat le temps de lui arriver. Passepartout était abasourdi. Cette condamnation ruinait son maître. Un pari de vingt mille livres perdu, et tout cela parce que, en vrai badaud, il était entré dans cette maudite pagode !

Phileas Fogg, aussi maître de lui que si cette condamnation ne l'eût pas concerné, n'avait pas même froncé le sourcil. Mais au moment où le greffier appelait une autre cause, il se leva et dit : « J'offre caution.

-- C'est votre droit », répondit le juge.

Fix se sentit froid dans le dos, mais il reprit son assurance, quand il entendit le juge, « attendu la qualité d'étrangers de Phileas Fogg et de son domestique », fixer la caution pour chacun d'eux à la somme énorme de mille livres (25 000 F). C'était deux mille livres qu'il en coûterait à Mr. Fogg, s'il ne purgeait pas sa condamnation. « Je paie », dit ce gentleman. Et du sac que portait Passepartout, il retira un paquet de bank-notes qu'il déposa sur le bureau du greffier.

« Cette somme vous sera restituée à votre sortie de prison, dit le juge. En attendant, vous êtes libres sous caution.

-- Venez, dit Phileas Fogg à son domestique.

-- Mais, au moins, qu'ils rendent les souliers ! » s'écria Passepartout avec un mouvement de rage.

Fix rubbed his hands softly with satisfaction; if Phileas Fogg could be detained in Calcutta a week, it would be more than time for the warrant to arrive. Passepartout was stupefied. This sentence ruined his master. A wager of twenty thousand pounds lost, because he, like a precious fool, had gone into that abominable pagoda!

Phileas Fogg, as self-composed as if the judgment did not in the least concern him, did not even lift his eyebrows while it was being pronounced. Just as the clerk was calling the next case, he rose, and said, "I offer bail."

"You have that right," returned the judge.

Fix's blood ran cold, but he resumed his composure when he heard the judge announce that the bail required for each prisoner would be one thousand pounds. "I will pay it at once," said Mr. Fogg, taking a roll of bank-bills from the carpet-bag, which Passepartout had by him, and placing them on the clerk's desk.

"This sum will be restored to you upon your release from prison," said the judge. "Meanwhile, you are liberated on bail."

"Come!" said Phileas Fogg to his servant.

"But let them at least give me back my shoes!" cried Passepartout angrily.

On lui rendit ses souliers. « En voilà qui coûtent cher ! murmura-t-il. Plus de mille livres chacun ! Sans compter qu'ils me gênent ! »	"Ah, these are pretty dear shoes!" he muttered, as they were handed to him. "More than a thousand pounds apiece; besides, they pinch my feet."
Passepartout, absolument piteux, suivit Mr. Fogg, qui avait offert son bras à la jeune femme. Fix espérait encore que son voleur ne se déciderait jamais à abandonner cette somme de deux mille livres et qu'il ferait ses huit jours de prison. Il se jeta donc sur les traces de Fogg. Mr. Fogg prit une voiture, dans laquelle Mrs. Aouda, Passepartout et lui montèrent aussitôt. Fix courut derrière la voiture, qui s'arrêta bientôt sur l'un des quais de la ville.	Mr. Fogg, offering his arm to Aouda, then departed, followed by the crestfallen Passepartout. Fix still nourished hopes that the robber would not, after all, leave the two thousand pounds behind him, but would decide to serve out his week in jail, and issued forth on Mr. Fogg's traces. That gentleman took a carriage, and the party were soon landed on one of the quays.
A un demi-mille en rade, le Rangoon était mouillé, son pavillon de partance hissé en tête de mât. Onze heures sonnaient. Mr. Fogg était en avance d'une heure. Fix le vit descendre de voiture et s'embarquer dans un canot avec Mrs. Aouda et son domestique. Le détective frappa la terre du pied.	The Rangoon was moored half a mile off in the harbour, its signal of departure hoisted at the mast-head. Eleven o'clock was striking; Mr. Fogg was an hour in advance of time. Fix saw them leave the carriage and push off in a boat for the steamer, and stamped his feet with disappointment.
« Le gueux ! s'écria-t-il, il part ! Deux mille livres sacrifiées ! Prodigue comme un voleur ! Ah ! je le filerai jusqu'au bout du monde s'il le faut ; mais du train dont il va, tout l'argent du vol y aura passé! »	"The rascal is off, after all!" he exclaimed. "Two thousand pounds sacrificed! He's as prodigal as a thief! I'll follow him to the end of the world if necessary; but, at the rate he is going on, the stolen money will soon be exhausted."
L'inspecteur de police était fondé à faire cette réflexion. En effet, depuis qu'il avait quitté Londres, tant en frais de voyage qu'en primes, en achat d'éléphant, en cautions et en amendes, Phileas Fogg avait déjà semé plus de cinq mille livres (125 000 F) sur sa route, et le tant pour cent de la somme recouvrée, attribué aux détectives, allait diminuant toujours.	The detective was not far wrong in making this conjecture. Since leaving London, what with travelling expenses, bribes, the purchase of the elephant, bails, and fines, Mr. Fogg had already spent more than five thousand pounds on the way, and the percentage of the sum recovered from the bank robber promised to the detectives, was rapidly diminishing.

Jules Verne

XVI OÙ FIX N'A PAS L'AIR DE CONNAÎTRE DU TOUT LES CHOSES DONT ON LUI PARLE

Le Rangoon, l'un des paquebots que la Compagnie péninsulaire et orientale emploie au service des mers de la Chine et du Japon, était un steamer en fer, à hélice, jaugeant brut dix-sept cent soixante-dix tonnes, et d'une force nominale de quatre cents chevaux. Il égalait le Mongolia en vitesse, mais non en confortable. Aussi Mrs. Aouda ne fut-elle point aussi bien installée que l'eût désiré Phileas Fogg. Après tout, il ne s'agissait que d'une traversée de trois mille cinq cents milles, soit de onze à douze jours, et la jeune femme ne se montra pas une difficile passagère.

Chapter XVI IN WHICH FIX DOES NOT SEEM TO UNDERSTAND IN THE LEAST WHAT IS SAID TO HIM

The Rangoon--one of the Peninsular and Oriental Company's boats plying in the Chinese and Japanese seas-- was a screw steamer, built of iron, weighing about seventeen hundred and seventy tons, and with engines of four hundred horse-power. She was as fast, but not as well fitted up, as the Mongolia, and Aouda was not as comfortably provided for on board of her as Phileas Fogg could have wished. However, the trip from Calcutta to Hong Kong only comprised some three thousand five hundred miles, occupying from ten to twelve days, and the young woman was not difficult to please.

Pendant les premiers jours de cette traversée, Mrs. Aouda fit plus ample connaissance avec Phileas Fogg. En toute occasion, elle lui témoignait la plus vive reconnaissance. Le flegmatique gentleman l'écoutait, en apparence au moins, avec la plus extrême froideur, sans qu'une intonation, un geste décelât en lui la plus légère émotion. Il veillait à ce que rien ne manquât à la jeune femme. A de certaines heures il venait régulièrement, sinon causer, du moins l'écouter. Il accomplissait envers elle les devoirs de la politesse la plus stricte, mais avec la grâce et l'imprévu d'un automate dont les mouvements auraient été combinés pour cet usage. Mrs. Aouda ne savait trop que penser, mais Passepartout lui avait un peu expliqué l'excentrique personnalité de son maître. Il lui avait appris quelle gageure entraînait ce gentleman autour du monde. Mrs. Aouda avait souri ; mais après tout, elle lui devait la vie, et son sauveur ne pouvait perdre à ce qu'elle le vît à travers sa reconnaissance.

During the first days of the journey Aouda became better acquainted with her protector, and constantly gave evidence of her deep gratitude for what he had done. The phlegmatic gentleman listened to her, apparently at least, with coldness, neither his voice nor his manner betraying the slightest emotion; but he seemed to be always on the watch that nothing should be wanting to Aouda's comfort. He visited her regularly each day at certain hours, not so much to talk himself, as to sit and hear her talk. He treated her with the strictest politeness, but with the precision of an automaton, the movements of which had been arranged for this purpose. Aouda did not quite know what to make of him, though Passepartout had given her some hints of his master's eccentricity, and made her smile by telling her of the wager which was sending him round the world. After all, she owed Phileas Fogg her life, and she always regarded him through the exalting medium of her gratitude.

Jules Verne

Mrs. Aouda confirma le récit que le guide indou avait fait de sa touchante histoire. Elle était, en effet, de cette race qui tient le premier rang parmi les races indigènes. Plusieurs négociants parsis ont fait de grandes fortunes aux Indes, dans le commerce des cotons. L'un d'eux, Sir James Jejeebhoy, a été anobli par le gouvernement anglais, et Mrs. Aouda était parente de ce riche personnage qui habitait Bombay. C'était même un cousin de Sir Jejeebhoy, l'honorable Jejeeh, qu'elle comptait rejoindre à Hong-Kong. Trouverait-elle près de lui refuge et assistance ? Elle ne pouvait l'affirmer. A quoi Mr. Fogg répondait qu'elle n'eût pas à s'inquiéter, et que tout s'arrangerait mathématiquement ! Ce fut son mot. La jeune femme comprenait-elle cet horrible adverbe ? On ne sait. Toutefois, ses grands yeux se fixaient sur ceux de Mr. Fogg, ses grands yeux « limpides comme les lacs sacrés de l'Himalaya » ! Mais l'intraitable Fogg, aussi boutonné que jamais, ne semblait point homme à se jeter dans ce lac.	*Aouda confirmed the Parsee guide's narrative of her touching history. She did, indeed, belong to the highest of the native races of India. Many of the Parsee merchants have made great fortunes there by dealing in cotton; and one of them, Sir Jametsee Jeejeebhoy, was made a baronet by the English government. Aouda was a relative of this great man, and it was his cousin, Jeejeeh, whom she hoped to join at Hong Kong. Whether she would find a protector in him she could not tell; but Mr. Fogg essayed to calm her anxieties, and to assure her that everything would be mathematically--he used the very word--arranged. Aouda fastened her great eyes, "clear as the sacred lakes of the Himalaya," upon him; but the intractable Fogg, as reserved as ever, did not seem at all inclined to throw himself into this lake.*
Cette première partie de la traversée du Rangoon s'accomplit dans des conditions excellentes. Le temps était maniable. Toute cette portion de l'immense baie que les marins appellent les « brasses du Bengale » se montra favorable à la marche du paquebot. Le Rangoon eut bientôt connaissance du Grand-Andaman, la principale du groupe, que sa pittoresque montagne de Saddle-Peak, haute de deux mille quatre cents pieds, signale de fort loin aux navigateurs.	*The first few days of the voyage passed prosperously, amid favourable weather and propitious winds, and they soon came in sight of the great Andaman, the principal of the islands in the Bay of Bengal, with its picturesque Saddle Peak, two thousand four hundred feet high, looming above the waters.*

La côte fut prolongée d'assez près. Les sauvages Papouas de l'île ne se montrèrent point. Ce sont des êtres placés au dernier degré de l'échelle humaine, mais dont on fait à tort des anthropophages.	*The steamer passed along near the shores, but the savage Papuans, who are in the lowest scale of humanity, but are not, as has been asserted, cannibals, did not make their appearance.*
Le développement panoramique de ces îles était superbe. D'immenses forêts de lataniers, d'arecs, de bambousiers, de muscadiers, de tecks, de gigantesques mimosées, de fougères arborescentes, couvraient le pays en premier plan, et en arrière se profilait l'élégante silhouette des montagnes. Sur la côte pullulaient par milliers ces précieuses salanganes, dont les nids comestibles forment un mets recherché dans le Céleste Empire. Mais tout ce spectacle varié, offert aux regards par le groupe des Andaman, passa vite, et le Rangoon s'achemina rapidement vers le détroit de Malacca, qui devait lui donner accès dans les mers de la Chine.	*The panorama of the islands, as they steamed by them, was superb. Vast forests of palms, arecs, bamboo, teakwood, of the gigantic mimosa, and tree-like ferns covered the foreground, while behind, the graceful outlines of the mountains were traced against the sky; and along the coasts swarmed by thousands the precious swallows whose nests furnish a luxurious dish to the tables of the Celestial Empire. The varied landscape afforded by the Andaman Islands was soon passed, however, and the Rangoon rapidly approached the Straits of Malacca, which gave access to the China seas.*
Que faisait pendant cette traversée l'inspecteur Fix, si malencontreusement entraîné dans un voyage de circumnavigation ? Au départ de Calcutta, après avoir laissé des instructions pour que le mandat, s'il arrivait enfin, lui fût adressé à Hong-Kong, il avait pu s'embarquer à bord du Rangoon sans avoir été aperçu de Passepartout, et il espérait bien dissimuler sa présence jusqu'à l'arrivée du paquebot. En effet, il lui eût été difficile d'expliquer pourquoi il se trouvait à bord, sans éveiller les soupçons de Passepartout, qui devait le croire à Bombay. Mais il fut amené à renouer connaissance avec l'honnête garçon par la logique même des circonstances. Comment ? On va le voir.	*What was detective Fix, so unluckily drawn on from country to country, doing all this while? He had managed to embark on the Rangoon at Calcutta without being seen by Passepartout, after leaving orders that, if the warrant should arrive, it should be forwarded to him at Hong Kong; and he hoped to conceal his presence to the end of the voyage. It would have been difficult to explain why he was on board without awakening Passepartout's suspicions, who thought him still at Bombay. But necessity impelled him, nevertheless, to renew his acquaintance with the worthy servant, as will be seen.*

Toutes les espérances, tous les désirs de l'inspecteur de police, étaient maintenant concentrés sur un unique point du monde, Hong-Kong, car le paquebot s'arrêtait trop peu de temps à Singapore pour qu'il pût opérer en cette ville. C'était donc à Hong-Kong que l'arrestation du voleur devait se faire, ou le voleur lui échappait, pour ainsi dire, sans retour.

All the detective's hopes and wishes were now centred on Hong Kong; for the steamer's stay at Singapore would be too brief to enable him to take any steps there. The arrest must be made at Hong Kong, or the robber would probably escape him for ever.

En effet, Hong-Kong était encore une terre anglaise, mais la dernière qui se rencontrât sur le parcours. Au-delà, la Chine, le Japon, l'Amérique offraient un refuge à peu près assuré au sieur Fogg. A Hong-Kong, s'il y trouvait enfin le mandat d'arrestation qui courait évidemment après lui, Fix arrêtait Fogg et le remettait entre les mains de la police locale. Nulle difficulté. Mais après Hong-Kong, un simple mandat d'arrestation ne suffirait plus. Il faudrait un acte d'extradition. De là retards, lenteurs, obstacles de toute nature, dont le coquin profiterait pour échapper définitivement. Si l'opération manquait à Hong-Kong, il serait, sinon impossible, du moins bien difficile, de la reprendre avec quelque chance de succès.

Hong Kong was the last English ground on which he would set foot; beyond, China, Japan, America offered to Fogg an almost certain refuge. If the warrant should at last make its appearance at Hong Kong, Fix could arrest him and give him into the hands of the local police, and there would be no further trouble. But beyond Hong Kong, a simple warrant would be of no avail; an extradition warrant would be necessary, and that would result in delays and obstacles, of which the rascal would take advantage to elude justice.

« Donc, se répétait Fix pendant ces longues heures qu'il passait dans sa cabine, donc, ou le mandat sera à Hong-Kong, et j'arrête mon homme, ou il n'y sera pas, et cette fois il faut à tout prix que je retarde son départ ! J'ai échoué à Bombay, j'ai échoué à Calcutta ! Si je manque mon coup à Hong-Kong, je suis perdu de réputation ! Coûte que coûte, il faut réussir. Mais quel moyen employer pour retarder, si cela est nécessaire, le départ de ce maudit Fogg ? »

Fix thought over these probabilities during the long hours which he spent in his cabin, and kept repeating to himself, "Now, either the warrant will be at Hong Kong, in which case I shall arrest my man, or it will not be there; and this time it is absolutely necessary that I should delay his departure. I have failed at Bombay, and I have failed at Calcutta; if I fail at Hong Kong, my reputation is lost: Cost what it may, I must succeed! But how shall I prevent his departure, if that should turn out to be my last resource?"

En dernier ressort, Fix était bien décidé à tout avouer à Passepartout, à lui faire connaître ce maître qu'il servait et dont il n'était certainement pas le complice. Passepartout, éclairé par cette révélation, devant craindre d'être compromis, se rangerait sans doute à lui, Fix. Mais enfin c'était un moyen hasardeux, qui ne pouvait être employé qu'à défaut de tout autre. Un mot de Passepartout à son maître eût suffi à compromettre irrévocablement l'affaire. L'inspecteur de police était donc extrêmement embarrassé, quand la présence de Mrs. Aouda à bord du Rangoon, en compagnie de Phileas Fogg, lui ouvrit de nouvelles perspectives.	*Fix made up his mind that, if worst came to worst, he would make a confidant of Passepartout, and tell him what kind of a fellow his master really was. That Passepartout was not Fogg's accomplice, he was very certain. The servant, enlightened by his disclosure, and afraid of being himself implicated in the crime, would doubtless become an ally of the detective. But this method was a dangerous one, only to be employed when everything else had failed. A word from Passepartout to his master would ruin all. The detective was therefore in a sore strait. But suddenly a new idea struck him. The presence of Aouda on the Rangoon, in company with Phileas Fogg, gave him new material for reflection.*
Quelle était cette femme ? Quel concours de circonstances en avait fait la compagne de Fogg ? C'était évidemment entre Bombay et Calcutta que la rencontre avait eu lieu. Mais en quel point de la péninsule ? Était-ce le hasard qui avait réuni Phileas Fogg et la jeune voyageuse ? Ce voyage à travers l'Inde, au contraire, n'avait-il pas été entrepris par ce gentleman dans le but de rejoindre cette charmante personne ? car elle était charmante ! Fix l'avait bien vu dans la salle d'audience du tribunal de Calcutta.	*Who was this woman? What combination of events had made her Fogg's travelling companion? They had evidently met somewhere between Bombay and Calcutta; but where? Had they met accidentally, or had Fogg gone into the interior purposely in quest of this charming damsel?*

On comprend à quel point l'agent devait être intrigué. Il se demanda s'il n'y avait pas dans cette affaire quelque criminel enlèvement. Oui ! cela devait être ! Cette idée s'incrusta dans le cerveau de Fix, et il reconnut tout le parti qu'il pouvait tirer de cette circonstance. Que cette jeune femme fût mariée ou non, il y avait enlèvement, et il était possible, à Hong-Kong, de susciter au ravisseur des embarras tels, qu'il ne pût s'en tirer à prix d'argent.

Mais il ne fallait pas attendre l'arrivée du Rangoon à Hong-Kong. Ce Fogg avait la détestable habitude de sauter d'un bateau dans un autre, et, avant que l'affaire fût entamée, il pouvait être déjà loin.

L'important était donc de prévenir les autorités anglaises et de signaler le passage du Rangoon avant son débarquement. Or, rien n'était plus facile, puisque le paquebot faisait escale à Singapore, et que Singapore est reliée à la côte chinoise par un fil télégraphique.

Toutefois, avant d'agir et pour opérer plus sûrement, Fix résolut d'interroger Passepartout. Il savait qu'il n'était pas très difficile de faire parler ce garçon, et il se décida à rompre l'incognito qu'il avait gardé jusqu'alors. Or, il n'y avait pas de temps à perdre. On était au 30 octobre, et le lendemain même le Rangoon devait relâcher à Singapore.

Donc, ce jour-là, Fix, sortant de sa cabine, monta sur le pont, dans l'intention d'aborder Passepartout « le premier » avec les marques de la plus extrême surprise. Passepartout se promenait à l'avant, quand l'inspecteur se précipita vers lui, s'écriant : « Vous, sur le Rangoon !

Fix was fairly puzzled. He asked himself whether there had not been a wicked elopement; and this idea so impressed itself upon his mind that he determined to make use of the supposed intrigue. Whether the young woman were married or not, he would be able to create such difficulties for Mr. Fogg at Hong Kong that he could not escape by paying any amount of money.

But could he even wait till they reached Hong Kong? Fogg had an abominable way of jumping from one boat to another, and, before anything could be effected, might get full under way again for Yokohama.

Fix decided that he must warn the English authorities, and signal the Rangoon before her arrival. This was easy to do, since the steamer stopped at Singapore, whence there is a telegraphic wire to Hong Kong.

He finally resolved, moreover, before acting more positively, to question Passepartout. It would not be difficult to make him talk; and, as there was no time to lose, Fix prepared to make himself known. It was now the 30th of October, and on the following day the Rangoon was due at Singapore.

Fix emerged from his cabin and went on deck. Passepartout was promenading up and down in the forward part of the steamer. The detective rushed forward with every appearance of extreme surprise, and exclaimed, "You here, on the Rangoon?"

-- Monsieur Fix à bord ! répondit Passepartout, absolument surpris, en reconnaissant son compagnon de traversée du Mongolia. Quoi ! je vous laisse à Bombay, et je vous retrouve sur la route de Hong-Kong ! Mais vous faites donc, vous aussi, le tour du monde ?

-- Non, non, répondit Fix, et je compte m'arrêter à Hong-Kong, -- au moins quelques jours.

-- Ah ! dit Passepartout, qui parut un instant étonné. Mais comment ne vous ai-je pas aperçu à bord depuis notre départ de Calcutta ?

-- Ma foi, un malaise... un peu de mal de mer... Je suis resté couché dans ma cabine... Le golfe du Bengale ne me réussit pas aussi bien que l'océan Indien. Et votre maître, Mr. Phileas Fogg ?

-- En parfaite santé, et aussi ponctuel que son itinéraire ! Pas un jour de retard ! Ah ! monsieur Fix, vous ne savez pas cela, vous, mais nous avons aussi une jeune dame avec nous.

-- Une jeune dame ? » répondit l'agent, qui avait parfaitement l'air de ne pas comprendre ce que son interlocuteur voulait dire.

Mais Passepartout l'eut bientôt mis au courant de son histoire. Il raconta l'incident de la pagode de Bombay, l'acquisition de l'éléphant au prix de deux mille livres, l'affaire du sutty, l'enlèvement d'Aouda, la condamnation du tribunal de Calcutta, la liberté sous caution. Fix, qui connaissait la dernière partie de ces incidents, semblait les ignorer tous, et Passepartout se laissait aller au charme de narrer ses aventures devant un auditeur qui lui marquait tant d'intérêt.

"What, Monsieur Fix, are you on board?" returned the really astonished Passepartout, recognising his crony of the Mongolia. "Why, I left you at Bombay, and here you are, on the way to Hong Kong! Are you going round the world too?"

"No, no," replied Fix; "I shall stop at Hong Kong--at least for some days."

"Hum!" said Passepartout, who seemed for an instant perplexed. "But how is it I have not seen you on board since we left Calcutta?"

"Oh, a trifle of sea-sickness--I've been staying in my berth. The Gulf of Bengal does not agree with me as well as the Indian Ocean. And how is Mr. Fogg?"

"As well and as punctual as ever, not a day behind time! But, Monsieur Fix, you don't know that we have a young lady with us."

"A young lady?" replied the detective, not seeming to comprehend what was said.

Passepartout thereupon recounted Aouda's history, the affair at the Bombay pagoda, the purchase of the elephant for two thousand pounds, the rescue, the arrest, and sentence of the Calcutta court, and the restoration of Mr. Fogg and himself to liberty on bail. Fix, who was familiar with the last events, seemed to be equally ignorant of all that Passepartout related; and the later was charmed to find so interested a listener.

« Mais, en fin de compte, demanda Fix, est-ce que votre maître a l'intention d'emmener cette jeune femme en Europe ?	"But does your master propose to carry this young woman to Europe?"
-- Non pas, monsieur Fix, non pas ! Nous allons tout simplement la remettre aux soins de l'un de ses parents, riche négociant de Hong-Kong. »	"Not at all. We are simply going to place her under the protection of one of her relatives, a rich merchant at Hong Kong."
« Rien à faire ! » se dit le détective en dissimulant son désappointement. « Un verre de gin, monsieur Passepartout ?	"Nothing to be done there," said Fix to himself, concealing his disappointment. "A glass of gin, Mr. Passepartout?"
-- Volontiers, monsieur Fix. C'est bien le moins que nous buvions à notre rencontre à bord du Rangoon ! »	"Willingly, Monsieur Fix. We must at least have a friendly glass on board the Rangoon."
XVII OÙ IL EST QUESTION DE CHOSES ET D'AUTRES PENDANT LA TRAVERSÉE DE SINGAPORE A HONG-KONG	Chapter XVII SHOWING WHAT HAPPENED ON THE VOYAGE FROM SINGAPORE TO HONG KONG
Depuis ce jour, Passepartout et le détective se rencontrèrent fréquemment, mais l'agent se tint dans une extrême réserve vis-à-vis de son compagnon, et il n'essaya point de le faire parler. Une ou deux fois seulement, il entrevit Mr. Fogg, qui restait volontiers dans le grand salon du Rangoon, soit qu'il tînt compagnie à Mrs. Aouda, soit qu'il jouât au whist, suivant son invariable habitude.	The detective and Passepartout met often on deck after this interview, though Fix was reserved, and did not attempt to induce his companion to divulge any more facts concerning Mr. Fogg. He caught a glimpse of that mysterious gentleman once or twice; but Mr. Fogg usually confined himself to the cabin, where he kept Aouda company, or, according to his inveterate habit, took a hand at whist.

Quant à Passepartout, il s'était pris très sérieusement à méditer sur le singulier hasard qui avait mis, encore une fois, Fix sur la route de son maître. Et, en effet, on eût été étonné à moins. Ce gentleman, très aimable, très complaisant à coup sûr, que l'on rencontre d'abord à Suez, qui s'embarque sur le Mongolia, qui débarque à Bombay, où il dit devoir séjourner, que l'on retrouve sur le Rangoon, faisant route pour Hong-Kong, en un mot, suivant pas à pas l'itinéraire de Mr. Fogg, cela valait la peine qu'on y réfléchît. Il y avait là une concordance au moins bizarre. A qui en avait ce Fix ? Passepartout était prêt a parier ses babouches -- il les avait précieusement conservées -- que le Fix quitterait Hong-Kong en même temps qu'eux, et probablement sur le même paquebot.	*Passepartout began very seriously to conjecture what strange chance kept Fix still on the route that his master was pursuing. It was really worth considering why this certainly very amiable and complacent person, whom he had first met at Suez, had then encountered on board the Mongolia, who disembarked at Bombay, which he announced as his destination, and now turned up so unexpectedly on the Rangoon, was following Mr. Fogg's tracks step by step. What was Fix's object? Passepartout was ready to wager his Indian shoes--which he religiously preserved--that Fix would also leave Hong Kong at the same time with them, and probably on the same steamer.*
Passepartout eût réfléchi pendant un siècle, qu'il n'aurait jamais deviné de quelle mission l'agent avait été chargé. Jamais il n'eût imaginé que Phileas Fogg fût « filé », à la façon d'un voleur, autour du globe terrestre. Mais comme il est dans la nature humaine de donner une explication à toute chose, voici comment Passepartout, soudainement illuminé, interpréta la présence permanente de Fix, et, vraiment, son interprétation était fort plausible. En effet, suivant lui, Fix n'était et ne pouvait être qu'un agent lancé sur les traces de Mr. Fogg par ses collègues du Reform-Club, afin de constater que ce voyage s'accomplissait régulièrement autour du monde, suivant l'itinéraire convenu.	*Passepartout might have cudgelled his brain for a century without hitting upon the real object which the detective had in view. He never could have imagined that Phileas Fogg was being tracked as a robber around the globe. But, as it is in human nature to attempt the solution of every mystery, Passepartout suddenly discovered an explanation of Fix's movements, which was in truth far from unreasonable. Fix, he thought, could only be an agent of Mr. Fogg's friends at the Reform Club, sent to follow him up, and to ascertain that he really went round the world as had been agreed upon.*

Jules Verne

« C'est évident ! c'est évident ! se répétait l'honnête garçon, tout fier de sa perspicacité. C'est un espion que ces gentlemen ont mis à nos trousses ! Voilà qui n'est pas digne ! Mr. Fogg si probe, si honorable ! Le faire épier par un agent ! Ah ! messieurs du Reform-Club, cela vous coûtera cher ! »

Passepartout, enchanté de sa découverte, résolut cependant de n'en rien dire à son maître, craignant que celui-ci ne fût justement blessé de cette défiance que lui montraient ses adversaires. Mais il se promit bien de gouailler Fix à l'occasion, à mots couverts et sans se compromettre.

Le mercredi 30 octobre, dans l'après-midi, le Rangoon embouquait le détroit de Malacca, qui sépare la presqu'île de ce nom des terres de Sumatra. Des îlots montagneux très escarpés, très pittoresques dérobaient aux passagers la vue de la grande île. Le lendemain, à quatre heures du matin, le Rangoon, ayant gagné une demi-journée sur sa traversée réglementaire, relâchait à Singapore, afin d'y renouveler sa provision de charbon. Phileas Fogg inscrivit cette avance à la colonne des gains, et, cette fois, il descendit à terre, accompagnant Mrs. Aouda, qui avait manifesté le désir de se promener pendant quelques heures.

Fix, à qui toute action de Fogg paraissait suspecte, le suivit sans se laisser apercevoir. Quant à Passepartout, qui riait in petto à voir la manoeuvre de Fix, il alla faire ses emplettes ordinaires.

"It's clear!" repeated the worthy servant to himself, proud of his shrewdness. "He's a spy sent to keep us in view! That isn't quite the thing, either, to be spying Mr. Fogg, who is so honourable a man! Ah, gentlemen of the Reform, this shall cost you dear!"

Passepartout, enchanted with his discovery, resolved to say nothing to his master, lest he should be justly offended at this mistrust on the part of his adversaries. But he determined to chaff Fix, when he had the chance, with mysterious allusions, which, however, need not betray his real suspicions.

During the afternoon of Wednesday, 30th October, the Rangoon entered the Strait of Malacca, which separates the peninsula of that name from Sumatra. The mountainous and craggy islets intercepted the beauties of this noble island from the view of the travellers. The Rangoon weighed anchor at Singapore the next day at four a.m., to receive coal, having gained half a day on the prescribed time of her arrival. Phileas Fogg noted this gain in his journal, and then, accompanied by Aouda, who betrayed a desire for a walk on shore, disembarked.

Fix, who suspected Mr. Fogg's every movement, followed them cautiously, without being himself perceived; while Passepartout, laughing in his sleeve at Fix's manoeuvres, went about his usual errands.

L'île de Singapore n'est ni grande ni imposante l'aspect. Les montagnes, c'est-à-dire les profils, lui manquent. Toutefois, elle est charmante dans sa maigreur. C'est un parc coupé de belles routes. Un joli équipage, attelé de ces chevaux élégants qui ont été importés de la Nouvelle-Hollande, transporta Mrs. Aouda et Phileas Fogg au milieu des massifs de palmiers à l'éclatant feuillage, et de girofliers dont les clous sont formés du bouton même de la fleur entrouverte. Là, les buissons de poivriers remplaçaient les haies épineuses des campagnes européennes ; des sagoutiers, de grandes fougères avec leur ramure superbe, variaient l'aspect de cette région tropicale ; des muscadiers au feuillage verni saturaient l'air d'un parfum pénétrant. Les singes, bandes alertes et grimaçantes, ne manquaient pas dans les bois, ni peut-être les tigres dans les jungles. A qui s'étonnerait d'apprendre que dans cette île, si petite relativement, ces terribles carnassiers ne fussent pas détruits jusqu'au dernier, on répondra qu'ils viennent de Malacca, en traversant le détroit à la nage.	*The island of Singapore is not imposing in aspect, for there are no mountains; yet its appearance is not without attractions. It is a park checkered by pleasant highways and avenues. A handsome carriage, drawn by a sleek pair of New Holland horses, carried Phileas Fogg and Aouda into the midst of rows of palms with brilliant foliage, and of clove-trees, whereof the cloves form the heart of a half-open flower. Pepper plants replaced the prickly hedges of European fields; sago-bushes, large ferns with gorgeous branches, varied the aspect of this tropical clime; while nutmeg-trees in full foliage filled the air with a penetrating perfume. Agile and grinning bands of monkeys skipped about in the trees, nor were tigers wanting in the jungles.*
Après avoir parcouru la campagne pendant deux heures, Mrs. Aouda et son compagnon -- qui regardait un peu sans voir -- rentrèrent dans la ville, vaste agglomération de maisons lourdes et écrasées, qu'entourent de charmants jardins où poussent des mangoustes, des ananas et tous les meilleurs fruits du monde. A dix heures, ils revenaient au paquebot, après avoir été suivis, sans s'en douter, par l'inspecteur, qui avait dû lui aussi se mettre en frais d'équipage.	*After a drive of two hours through the country, Aouda and Mr. Fogg returned to the town, which is a vast collection of heavy-looking, irregular houses, surrounded by charming gardens rich in tropical fruits and plants; and at ten o'clock they re-embarked, closely followed by the detective, who had kept them constantly in sight.*

Passepartout les attendait sur le pont du Rangoon. Le brave garçon avait acheté quelques douzaines de mangoustes, grosses comme des pommes moyennes, d'un brun foncé au-dehors, d'un rouge éclatant au-dedans, et dont le fruit blanc, en fondant entre les lèvres, procure aux vrais gourmets une jouissance sans pareille. Passepartout fut trop heureux de les offrir à Mrs. Aouda, qui le remercia avec beaucoup de grâce.

A onze heures, le Rangoon, ayant son plein de charbon, larguait ses amarres, et, quelques heures plus tard, les passagers perdaient de vue ces hautes montagnes de Malacca, dont les forêts abritent les plus beaux tigres de la terre. Treize cents milles environ séparent Singapore de l'île de Hong-Kong, petit territoire anglais détaché de la côte chinoise. Phileas Fogg avait intérêt à les franchir en six jours au plus, afin de prendre à Hong-Kong le bateau qui devait partir le 6 novembre pour Yokohama, l'un des principaux ports du Japon.

Le Rangoon était fort chargé. De nombreux passagers s'étaient embarqués à Singapore, des Indous, des Ceylandais, des Chinois, des Malais, des Portugais, qui, pour la plupart, occupaient les secondes places.

Passepartout, who had been purchasing several dozen mangoes--a fruit as large as good-sized apples, of a dark-brown colour outside and a bright red within, and whose white pulp, melting in the mouth, affords gourmands a delicious sensation--was waiting for them on deck. He was only too glad to offer some mangoes to Aouda, who thanked him very gracefully for them.

At eleven o'clock the Rangoon rode out of Singapore harbour, and in a few hours the high mountains of Malacca, with their forests, inhabited by the most beautifully-furred tigers in the world, were lost to view. Singapore is distant some thirteen hundred miles from the island of Hong Kong, which is a little English colony near the Chinese coast. Phileas Fogg hoped to accomplish the journey in six days, so as to be in time for the steamer which would leave on the 6th of November for Yokohama, the principal Japanese port.

The Rangoon had a large quota of passengers, many of whom disembarked at Singapore, among them a number of Indians, Ceylonese, Chinamen, Malays, and Portuguese, mostly second-class travellers.

Le temps, assez beau jusqu'alors, changea avec le dernier quartier de la lune. Il y eut grosse mer. Le vent souffla quelquefois en grande brise, mais très heureusement de la partie du sud-est, ce qui favorisait la marche du steamer. Quand il était maniable, le capitaine faisait établir la voilure. Le Rangoon, gréé en brick, navigua souvent avec ses deux huniers et sa misaine, et sa rapidité s'accrut sous la double action de la vapeur et du vent. C'est ainsi que l'on prolongea, sur une lame courte et parfois très fatigante, les côtes d'Annam et de Cochinchine.	*The weather, which had hitherto been fine, changed with the last quarter of the moon. The sea rolled heavily, and the wind at intervals rose almost to a storm, but happily blew from the south-west, and thus aided the steamer's progress. The captain as often as possible put up his sails, and under the double action of steam and sail the vessel made rapid progress along the coasts of Anam and Cochin China.*

Mais la faute en était plutôt au Rangoon qu'à la mer, et c'est à ce paquebot que les passagers, dont la plupart furent malades, durent s'en prendre de cette fatigue. En effet, les navires de la Compagnie péninsulaire, qui font le service des mers de Chine, ont un sérieux défaut de construction. Le rapport de leur tirant d'eau en charge avec leur creux a été mal calculé, et, par suite, ils n'offrent qu'une faible résistance à la mer. Leur volume, clos, impénétrable à l'eau, est insuffisant. Ils sont « noyés », pour employer l'expression maritime, et, en conséquence de cette disposition, il ne faut que quelques paquets de mer, jetés à bord, pour modifier leur allure. Ces navires sont donc très inférieurs -- sinon par le moteur et l'appareil évaporatoire, du moins par la construction, -- aux types des Messageries françaises, tels que l'Impératrice et le Cambodge. Tandis que, suivant les calculs des ingénieurs, ceux-ci peuvent embarquer un poids d'eau égal à leur propre poids avant de sombrer, les bateaux de la Compagnie péninsulaire, le Golgonda, le Corea, et enfin le Rangoon, ne pourraient pas embarquer le sixième de leur poids sans couler par le fond.

Owing to the defective construction of the Rangoon, however, unusual precautions became necessary in unfavourable weather; but the loss of time which resulted from this cause, while it nearly drove Passepartout out of his senses, did not seem to affect his master in the least. Passepartout blamed the captain, the engineer, and the crew, and consigned all who were connected with the ship to the land where the pepper grows. Perhaps the thought of the gas, which was remorselessly burning at his expense in Saville Row, had something to do with his hot impatience.

Donc, par le mauvais temps, il convenait de prendre de grandes précautions. Il fallait quelquefois mettre à la cape sous petite vapeur. C'était une perte de temps qui ne paraissait affecter Phileas Fogg en aucune façon, mais dont Passepartout se montrait extrêmement irrité. Il accusait alors le capitaine, le mécanicien, la Compagnie, et envoyait au diable tous ceux qui se mêlent de transporter des voyageurs. Peut-être aussi la pensée de ce bec de gaz qui continuait de brûler à son compte dans la maison de Saville-row entrait-elle pour beaucoup dans son impatience.

« Mais vous êtes donc bien pressé d'arriver à Hong-Kong ? lui demanda un jour le détective.

-- Très pressé! répondit Passepartout.

-- Vous pensez que Mr. Fogg a hâte de prendre le paquebot de Yokohama ?

-- Une hâte effroyable.

-- Vous croyez donc maintenant à ce singulier voyage autour du monde ?

-- Absolument. Et vous, monsieur Fix ?

-- Moi ? je n'y crois pas !

-- Farceur ! » répondit Passepartout en clignant de l'oeil.

Ce mot laissa l'agent rêveur. Ce qualificatif l'inquiéta, sans qu'il sût trop pourquoi. Le Français l'avait-il deviné ? Il ne savait trop que penser. Mais sa qualité de détective, dont seul il avait le secret, comment Passepartout aurait-il pu la reconnaître ? Et cependant, en lui parlant ainsi, Passepartout avait certainement eu une arrière-pensée.

Il arriva même que le brave garçon alla plus loin, un autre jour, mais c'était plus fort que lui. Il ne pouvait tenir sa langue.

"You are in a great hurry, then," said Fix to him one day, "to reach Hong Kong?"

"A very great hurry!"

"Mr. Fogg, I suppose, is anxious to catch the steamer for Yokohama?"

"Terribly anxious."

"You believe in this journey around the world, then?"

"Absolutely. Don't you, Mr. Fix?"

"I? I don't believe a word of it."

"You're a sly dog!" said Passepartout, winking at him.

This expression rather disturbed Fix, without his knowing why. Had the Frenchman guessed his real purpose? He knew not what to think. But how could Passepartout have discovered that he was a detective? Yet, in speaking as he did, the man evidently meant more than he expressed.

Passepartout went still further the next day; he could not hold his tongue.

Jules Verne

« Voyons, monsieur Fix, demanda-t-il à son compagnon d'un ton malicieux, est-ce que, une fois arrivés à Hong-Kong, nous aurons le malheur de vous y laisser ?	"Mr. Fix," said he, in a bantering tone, "shall we be so unfortunate as to lose you when we get to Hong Kong?"
-- Mais, répondit Fix assez embarrassé, je ne sais !... Peut-être que...	"Why," responded Fix, a little embarrassed, "I don't know; perhaps--"
-- Ah ! dit Passepartout, si vous nous accompagniez, ce serait un bonheur pour moi ! Voyons ! un agent de la Compagnie péninsulaire ne saurait s'arrêter en route ! Vous n'alliez qu'à Bombay, et vous voici bientôt en Chine ! L'Amérique n'est pas loin, et de l'Amérique à l'Europe il n'y a qu'un pas ! »	"Ah, if you would only go on with us! An agent of the Peninsular Company, you know, can't stop on the way! You were only going to Bombay, and here you are in China. America is not far off, and from America to Europe is only a step."
Fix regardait attentivement son interlocuteur, qui lui montrait la figure la plus aimable du monde, et il prit le parti de rire avec lui. Mais celui-ci, qui était en veine, lui demanda si « ça lui rapportait beaucoup, ce métier-là ? »	Fix looked intently at his companion, whose countenance was as serene as possible, and laughed with him. But Passepartout persisted in chaffing him by asking him if he made much by his present occupation.
« Oui et non, répondit Fix sans sourciller. Il y a de bonnes et de mauvaises affaires. Mais vous comprenez bien que je ne voyage pas à mes frais !	"Yes, and no," returned Fix; "there is good and bad luck in such things. But you must understand that I don't travel at my own expense."
-- Oh ! pour cela, j'en suis sûr ! » s'écria Passepartout, riant de plus belle.	"Oh, I am quite sure of that!" cried Passepartout, laughing heartily.

La conversation finie, Fix rentra dans sa cabine et se mit à réfléchir. Il était évidemment deviné. D'une façon ou d'une autre, le Français avait reconnu sa qualité de détective. Mais avait-il prévenu son maître ? Quel rôle jouait-il dans tout ceci ? Était-il complice ou non ? L'affaire était-elle éventée, et par conséquent manquée ? L'agent passa là quelques heures difficiles, tantôt croyant tout perdu, tantôt espérant que Fogg ignorait la situation, enfin ne sachant quel parti prendre.

Fix, fairly puzzled, descended to his cabin and gave himself up to his reflections. He was evidently suspected; somehow or other the Frenchman had found out that he was a detective. But had he told his master? What part was he playing in all this: was he an accomplice or not? Was the game, then, up? Fix spent several hours turning these things over in his mind, sometimes thinking that all was lost, then persuading himself that Fogg was ignorant of his presence, and then undecided what course it was best to take.

Cependant le calme se rétablit dans son cerveau, et il résolut d'agir franchement avec Passepartout. S'il ne se trouvait pas dans les conditions voulues pour arrêter Fogg à Hong-Kong, et si Fogg se préparait à quitter définitivement cette fois le territoire anglais, lui, Fix, dirait tout à Passepartout. Ou le domestique était le complice de son maître -- et celui-ci savait tout, et dans ce cas l'affaire était définitivement compromise -- ou le domestique n'était pour rien dans le vol, et alors son intérêt serait d'abandonner le voleur.

Nevertheless, he preserved his coolness of mind, and at last resolved to deal plainly with Passepartout. If he did not find it practicable to arrest Fogg at Hong Kong, and if Fogg made preparations to leave that last foothold of English territory, he, Fix, would tell Passepartout all. Either the servant was the accomplice of his master, and in this case the master knew of his operations, and he should fail; or else the servant knew nothing about the robbery, and then his interest would be to abandon the robber.

Telle était donc la situation respective de ces deux hommes, et au-dessus d'eux Phileas Fogg planait dans sa majestueuse indifférence. Il accomplissait rationnellement son orbite autour du monde, sans s'inquiéter des astéroïdes qui gravitaient autour de lui.

Such was the situation between Fix and Passepartout. Meanwhile Phileas Fogg moved about above them in the most majestic and unconscious indifference. He was passing methodically in his orbit around the world, regardless of the lesser stars which gravitated around him. Yet

Et cependant, dans le voisinage, il y avait -- suivant l'expression des astronomes -- un astre troublant qui aurait dû produire certaines perturbations sur le coeur de ce gentleman. Mais non ! Le charme de Mrs. Aouda n'agissait point, à la grande surprise de Passepartout, et les perturbations, si elles existaient, eussent été plus difficiles à calculer que celles d'Uranus qui l'ont amené la découverte de Neptune.

there was near by what the astronomers would call a disturbing star, which might have produced an agitation in this gentleman's heart. But no! the charms of Aouda failed to act, to Passepartout's great surprise; and the disturbances, if they existed, would have been more difficult to calculate than those of Uranus which led to the discovery of Neptune.

Oui ! c'était un étonnement de tous les jours pour Passepartout, qui lisait tant de reconnaissance envers son maître dans les yeux de la jeune femme ! Décidément Phileas Fogg n'avait de coeur que ce qu'il en fallait pour se conduire héroïquement, mais amoureusement, non ! Quant aux préoccupations que les chances de ce voyage pouvaient faire naître en lui, il n'y en avait pas trace. Mais Passepartout, lui, vivait dans des transes continuelles. Un jour, appuyé sur la rambarde de l'« engine-room », il regardait la puissante machine qui s'emportait parfois, quand dans un violent mouvement de tangage, l'hélice s'affolait hors des flots. La vapeur fusait alors par les soupapes, ce qui provoqua la colère du digne garçon.

It was every day an increasing wonder to Passepartout, who read in Aouda's eyes the depths of her gratitude to his master. Phileas Fogg, though brave and gallant, must be, he thought, quite heartless. As to the sentiment which this journey might have awakened in him, there was clearly no trace of such a thing; while poor Passepartout existed in perpetual reveries. One day he was leaning on the railing of the engine-room, and was observing the engine, when a sudden pitch of the steamer threw the screw out of the water. The steam came hissing out of the valves; and this made Passepartout indignant.

« Elles ne sont pas assez chargées, ces soupapes ! s'écria-t-il. On ne marche pas ! Voilà bien ces Anglais ! Ah ! si c'était un navire américain, on sauterait peut-être, mais on irait plus vite ! »

"The valves are not sufficiently charged!" he exclaimed. "We are not going. Oh, these English! If this was an American craft, we should blow up, perhaps, but we should at all events go faster!"

XVIII DANS LEQUEL PHILEAS FOGG, PASSEPARTOUT, FIX, CHACUN DE SON CÔTÉ, VA A SES AFFAIRES

Chapter XVIII IN WHICH PHILEAS FOGG, PASSEPARTOUT, AND FIX GO EACH ABOUT HIS BUSINESS

Pendant les derniers jours de la traversée, le temps fut assez mauvais. Le vent devint très fort. Fixé dans la partie du nord-ouest, il contraria la marche du paquebot. Le Rangoon, trop instable, roula considérablement, et les passagers furent en droit de garder rancune à ces longues lames affadissantes que le vent soulevait du large.	*The weather was bad during the latter days of the voyage. The wind, obstinately remaining in the northwest, blew a gale, and retarded the steamer. The Rangoon rolled heavily and the passengers became impatient of the long, monstrous waves which the wind raised before their path.*
Pendant les journées du 3 et du 4 novembre, ce fut une sorte de tempête. La bourrasque battit la mer avec véhémence. Le Rangoon dut mettre à la cape pendant un demi-jour, se maintenant avec dix tours d'hélice seulement, de manière à biaiser avec les lames. Toutes les voiles avaient été serrées, et c'était encore trop de ces agrès qui sifflaient au milieu des rafales. La vitesse du paquebot, on le conçoit, fut notablement diminuée, et l'on put estimer qu'il arriverait à Hong-Kong avec vingt heures de retard sur l'heure réglementaire, et plus même, si la tempête ne cessait pas.	*A sort of tempest arose on the 3rd of November, the squall knocking the vessel about with fury, and the waves running high. The Rangoon reefed all her sails, and even the rigging proved too much, whistling and shaking amid the squall. The steamer was forced to proceed slowly, and the captain estimated that she would reach Hong Kong twenty hours behind time, and more if the storm lasted.*
Phileas Fogg assistait à ce spectacle d'une mer furieuse, qui semblait lutter directement contre lui, avec son habituelle impassibilité. Son front ne s'assombrit pas un instant, et, cependant, un retard de vingt heures pouvait compromettre son voyage en lui faisant manquer le départ du paquebot de Yokohama. Mais cet homme sans nerfs ne ressentait ni impatience ni ennui. Il semblait vraiment que cette tempête rentrât dans son programme, qu'elle fût prévue. Mrs. Aouda, qui s'entretint avec son compagnon de ce contretemps, le trouva aussi calme que par le passé.	*Phileas Fogg gazed at the tempestuous sea, which seemed to be struggling especially to delay him, with his habitual tranquillity. He never changed countenance for an instant, though a delay of twenty hours, by making him too late for the Yokohama boat, would almost inevitably cause the loss of the wager. But this man of nerve manifested neither impatience nor annoyance; it seemed as if the storm were a part of his programme, and had been foreseen. Aouda was amazed to find him as calm as he had been from the first time she saw him.*

Fix, lui, ne voyait pas ces choses du même oeil. Bien au contraire. Cette tempête lui plaisait. Sa satisfaction aurait même été sans bornes, si le Rangoon eût été obligé de fuir devant la tourmente. Tous ces retards lui allaient, car ils obligeraient le sieur Fogg à rester quelques jours à Hong-Kong. Enfin, le ciel, avec ses rafales et ses bourrasques, entrait dans son jeu. Il était bien un peu malade, mais qu'importe ! Il ne comptait pas ses nausées, et, quand son corps se tordait sous le mal de mer, son esprit s'ébaudissait d'une immense satisfaction.

Fix did not look at the state of things in the same light. The storm greatly pleased him. His satisfaction would have been complete had the Rangoon been forced to retreat before the violence of wind and waves. Each delay filled him with hope, for it became more and more probable that Fogg would be obliged to remain some days at Hong Kong; and now the heavens themselves became his allies, with the gusts and squalls. It mattered not that they made him sea-sick--he made no account of this inconvenience; and, whilst his body was writhing under their effects, his spirit bounded with hopeful exultation.

Quant à Passepartout, on devine dans quelle colère peu dissimulée il passa ce temps d'épreuve. Jusqu'alors tout avait si bien marché ! La terre et l'eau semblaient être à la dévotion de son maître. Steamers et railways lui obéissaient. Le vent et la vapeur s'unissaient pour favoriser son voyage. L'heure des mécomptes avait-elle donc enfin sonné ? Passepartout, comme si les vingt mille livres du pari eussent dû sortir de sa bourse, ne vivait plus. Cette tempête l'exaspérait, cette rafale le mettait en fureur, et il eût volontiers fouetté cette mer désobéissante ! Pauvre garçon ! Fix lui cacha soigneusement sa satisfaction personnelle, et il fit bien, car si Passepartout eût deviné le secret contentement de Fix, Fix eût passé un mauvais quart d'heure.

Passepartout was enraged beyond expression by the unpropitious weather. Everything had gone so well till now! Earth and sea had seemed to be at his master's service; steamers and railways obeyed him; wind and steam united to speed his journey. Had the hour of adversity come? Passepartout was as much excited as if the twenty thousand pounds were to come from his own pocket. The storm exasperated him, the gale made him furious, and he longed to lash the obstinate sea into obedience. Poor fellow! Fix carefully concealed from him his own satisfaction, for, had he betrayed it, Passepartout could scarcely have restrained himself from personal violence.

Passepartout, pendant toute la durée de la bourrasque, demeura sur le pont du Rangoon. Il n'aurait pu rester en bas ; il grimpait dans la mâture ; il étonnait l'équipage et aidait à tout avec une adresse de singe. Cent fois il interrogea le capitaine, les officiers, les matelots, qui ne pouvaient s'empêcher de rire en voyant un garçon si décontenancé. Passepartout voulait absolument savoir combien de temps durerait la tempête. On le renvoyait alors au baromètre, qui ne se décidait pas à remonter. Passepartout secouait le baromètre, mais rien n'y faisait, ni les secousses, ni les injures dont il accablait l'irresponsable instrument. Enfin la tourmente s'apaisa. L'état de la mer se modifia dans la journée du 4 novembre. Le vent sauta de deux quarts dans le sud et redevint favorable.

Passepartout remained on deck as long as the tempest lasted, being unable to remain quiet below, and taking it into his head to aid the progress of the ship by lending a hand with the crew. He overwhelmed the captain, officers, and sailors, who could not help laughing at his impatience, with all sorts of questions. He wanted to know exactly how long the storm was going to last; whereupon he was referred to the barometer, which seemed to have no intention of rising. Passepartout shook it, but with no perceptible effect; for neither shaking nor maledictions could prevail upon it to change its mind.

Passepartout se rasséréna avec le temps. Les huniers et les basses voiles purent être établis, et le Rangoon reprit sa route avec une merveilleuse vitesse. Mais on ne pouvait regagner tout le temps perdu. Il fallait bien en prendre son parti, et la terre ne fut signalée que le 6, à cinq heures du matin. L'itinéraire de Phileas Fogg portait l'arrivée du paquebot au 5. Or, il n'arrivait que le 6. C'était donc vingt-quatre heures de retard, et le départ pour Yokohama serait nécessairement manqué.

On the 4th, however, the sea became more calm, and the storm lessened its violence; the wind veered southward, and was once more favourable. Passepartout cleared up with the weather. Some of the sails were unfurled, and the Rangoon resumed its most rapid speed. The time lost could not, however, be regained. Land was not signalled until five o'clock on the morning of the 6th; the steamer was due on the 5th. Phileas Fogg was twenty-four hours behind-hand, and the Yokohama steamer would, of course, be missed.

Jules Verne

A six heures, le pilote monta à bord du Rangoon et prit place sur la passerelle, afin de diriger le navire à travers les passes jusqu'au port de Hong-Kong. Passepartout mourait du désir d'interroger cet homme, de lui demander si le paquebot de Yokohama avait quitté Hong-Kong. Mais il n'osait pas, aimant mieux conserver un peu d'espoir jusqu'au dernier instant. Il avait confié ses inquiétudes à Fix, qui -- le fin renard -- essayait de le consoler, en lui disant que Mr. Fogg en serait quitte pour prendre le prochain paquebot. Ce qui mettait Passepartout dans une colère bleue.

Mais si Passepartout ne se hasarda pas à interroger le pilote, Mr. Fogg, après avoir consulté son Bradshaw, demanda de son air tranquille audit pilote s'il savait quand il partirait un bateau de Hong-Kong pour Yokohama.

« Demain, à la marée du matin, répondit le pilote.

-- Ah ! » fit Mr. Fogg, sans manifester aucun étonnement.

Passepartout, qui était présent, eût volontiers embrassé le pilote, auquel Fix aurait voulu tordre le cou.

« Quel est le nom de ce steamer ? demanda Mr. Fogg.

-- Le Carnatic, répondit le pilote.

-- N'était-ce pas hier qu'il devait partir ?

-- Oui, monsieur, mais on a dû réparer une de ses chaudières, et son départ a été remis à demain.

-- Je vous remercie », répondit Mr. Fogg, qui de son pas automatique redescendit dans le salon du Rangoon.

The pilot went on board at six, and took his place on the bridge, to guide the Rangoon through the channels to the port of Hong Kong. Passepartout longed to ask him if the steamer had left for Yokohama; but he dared not, for he wished to preserve the spark of hope, which still remained till the last moment. He had confided his anxiety to Fix who--the sly rascal!--tried to console him by saying that Mr. Fogg would be in time if he took the next boat; but this only put Passepartout in a passion.

Mr. Fogg, bolder than his servant, did not hesitate to approach the pilot, and tranquilly ask him if he knew when a steamer would leave Hong Kong for Yokohama.

"At high tide to-morrow morning," answered the pilot.

"Ah!" said Mr. Fogg, without betraying any astonishment.

Passepartout, who heard what passed, would willingly have embraced the pilot, while Fix would have been glad to twist his neck.

"What is the steamer's name?" asked Mr. Fogg.

"The Carnatic."

"Ought she not to have gone yesterday?"

"Yes, sir; but they had to repair one of her boilers, and so her departure was postponed till to-morrow."

"Thank you," returned Mr. Fogg, descending mathematically to the saloon.

Quant à Passepartout, il saisit la main du pilote et l'étreignit vigoureusement en disant : « Vous, pilote, vous êtes un brave homme ! »

Le pilote ne sut jamais, sans doute, pourquoi ses réponses lui valurent cette amicale expansion. A un coup de sifflet, il remonta sur la passerelle et dirigea le paquebot au milieu de cette flottille de jonques, de tankas, de bateaux-pêcheurs, de navires de toutes sortes, qui encombraient les pertuis de Hong-Kong.

A une heure, le Rangoon était à quai, et les passagers débarquaient.

En cette circonstance, le hasard avait singulièrement servi Phileas Fogg, il faut en convenir. Sans cette nécessité de réparer ses chaudières, le Carnatic fût parti à la date du 5 novembre, et les voyageurs pour le Japon auraient dû attendre pendant huit jours le départ du paquebot suivant. Mr. Fogg, il est vrai, était en retard de vingt-quatre heures, mais ce retard ne pouvait avoir de conséquences fâcheuses pour le reste du voyage.

En effet, le steamer qui fait de Yokohama à San Francisco la traversée du Pacifique était en correspondance directe avec le paquebot de Hong-Kong, et il ne pouvait partir avant que celui-ci fût arrivé. Évidemment il y aurait vingt-quatre heures de retard à Yokohama, mais, pendant les vingt-deux jours que dure la traversée du Pacifique, il serait facile de les regagner. Phileas Fogg se trouvait donc, à vingt-quatre heures près, dans les conditions de son programme, trente-cinq jours après avoir quitté Londres.

Passepartout clasped the pilot's hand and shook it heartily in his delight, exclaiming, "Pilot, you are the best of good fellows!"

The pilot probably does not know to this day why his responses won him this enthusiastic greeting. He remounted the bridge, and guided the steamer through the flotilla of junks, tankas, and fishing boats which crowd the harbour of Hong Kong.

At one o'clock the Rangoon was at the quay, and the passengers were going ashore.

Chance had strangely favoured Phileas Fogg, for had not the Carnatic been forced to lie over for repairing her boilers, she would have left on the 6th of November, and the passengers for Japan would have been obliged to await for a week the sailing of the next steamer. Mr. Fogg was, it is true, twenty-four hours behind his time; but this could not seriously imperil the remainder of his tour.

The steamer which crossed the Pacific from Yokohama to San Francisco made a direct connection with that from Hong Kong, and it could not sail until the latter reached Yokohama; and if Mr. Fogg was twenty-four hours late on reaching Yokohama, this time would no doubt be easily regained in the voyage of twenty-two days across the Pacific. He found himself, then, about twenty-four hours behind-hand, thirty-five days after leaving London.

Jules Verne

Le Carnatic ne devant partir que le lendemain matin à cinq heures, Mr. Fogg avait devant lui seize heures pour s'occuper de ses affaires, c'est-à-dire de celles qui concernaient Mrs. Aouda. Au débarqué du bateau, il offrit son bras à la jeune femme et la conduisit vers un palanquin. Il demanda aux porteurs de lui indiquer un hôtel, et ceux-ci lui désignèrent l'Hôtel du Club. Le palanquin se mit en route, suivi de Passepartout, et vingt minutes après il arrivait à destination.	*The Carnatic was announced to leave Hong Kong at five the next morning. Mr. Fogg had sixteen hours in which to attend to his business there, which was to deposit Aouda safely with her wealthy relative. On landing, he conducted her to a palanquin, in which they repaired to the Club Hotel.*
Un appartement fut retenu pour la jeune femme et Phileas Fogg veilla à ce qu'elle ne manquât de rien. Puis il dit à Mrs. Aouda qu'il allait immédiatement se mettre à la recherche de ce parent aux soins duquel il devait la laisser à Hong-Kong. En même temps il donnait à Passepartout l'ordre de demeurer à l'hôtel jusqu'à son retour, afin que la jeune femme n'y restât pas seule.	*A room was engaged for the young woman, and Mr. Fogg, after seeing that she wanted for nothing, set out in search of her cousin Jeejeeh. He instructed Passepartout to remain at the hotel until his return, that Aouda might not be left entirely alone.*
Le gentleman se fit conduire à la Bourse. Là, on connaîtrait immanquablement un personnage tel que l'honorable Jejeeh, qui comptait parmi les plus riches commerçants de la ville.	*Mr. Fogg repaired to the Exchange, where, he did not doubt, every one would know so wealthy and considerable a personage as the Parsee merchant.*

Le courtier auquel s'adressa Mr. Fogg connaissait en effet le négociant parsi. Mais, depuis deux ans, celui-ci n'habitait plus la Chine. Sa fortune faite, il s'était établi en Europe -- en Hollande, croyait-on --, ce qui s'expliquait par suite de nombreuses relations qu'il avait eues avec ce pays pendant son existence commerciale. Phileas Fogg revint à l'Hôtel du Club. Aussitôt il fit demander à Mrs. Aouda la permission de se présenter devant elle, et, sans autre préambule, il lui apprit que l'honorable Jejeeh ne résidait plus à Hong-Kong, et qu'il habitait vraisemblablement la Hollande.	*Meeting a broker, he made the inquiry, to learn that Jeejeeh had left China two years before, and, retiring from business with an immense fortune, had taken up his residence in Europe--in Holland the broker thought, with the merchants of which country he had principally traded. Phileas Fogg returned to the hotel, begged a moment's conversation with Aouda, and without more ado, apprised her that Jeejeeh was no longer at Hong Kong, but probably in Holland.*
A cela, Mrs. Aouda ne répondit rien d'abord. Elle passa sa main sur son front, et resta quelques instants à réfléchir. Puis, de sa douce voix : « Que dois-je faire, monsieur Fogg ? dit-elle.	*Aouda at first said nothing. She passed her hand across her forehead, and reflected a few moments. Then, in her sweet, soft voice, she said: "What ought I to do, Mr. Fogg?"*
-- C'est très simple, répondit le gentleman. Revenir en Europe.	*"It is very simple," responded the gentleman. "Go on to Europe."*
-- Mais je ne puis abuser...	*"But I cannot intrude--"*
-- Vous n'abusez pas, et votre présence ne gêne en rien mon programme... Passepartout ?	*"You do not intrude, nor do you in the least embarrass my project. Passepartout!"*
-- Monsieur ? répondit Passepartout.	*"Monsieur."*
-- Allez au Carnatic, et retenez trois cabines. »	*"Go to the Carnatic, and engage three cabins."*
Passepartout, enchanté de continuer son voyage dans la compagnie de la jeune femme, qui était fort gracieuse pour lui, quitta aussitôt l'Hôtel du Club.	*Passepartout, delighted that the young woman, who was very gracious to him, was going to continue the journey with them, went off at a brisk gait to obey his master's order.*
XIX OÙ PASSEPARTOUT PREND UN TROP VIF INTÉRÊT A SON MAÎTRE, ET CE QUI S'ENSUIT	*Chapter XIX IN WHICH PASSEPARTOUT TAKES A TOO GREAT INTEREST IN HIS MASTER, AND WHAT COMES OF IT*

Jules Verne

Hong-Kong n'est qu'un îlot, dont le traité de Nanking, après la guerre de 1842, assura la possession à l'Angleterre. En quelques années, le génie colonisateur de la Grande-Bretagne y avait fondé une ville importante et créé un port, le port Victoria. Cette île est située à l'embouchure de la rivière de Canton, et soixante milles seulement la séparent de la cité portugaise de Macao, bâtie sur l'autre rive. Hong-Kong devait nécessairement vaincre Macao dans une lutte commerciale, et maintenant la plus grande partie du transit chinois s'opère par la ville anglaise. Des docks, des hôpitaux, des wharfs, des entrepôts, une cathédrale gothique, un « government-house », des rues macadamisées, tout ferait croire qu'une des cités commerçantes des comtés de Kent ou de Surrey, traversant le sphéroïde terrestre, est venue ressortir en ce point de la Chine, presque à ses antipodes.

Hong Kong is an island which came into the possession of the English by the Treaty of Nankin, after the war of 1842; and the colonising genius of the English has created upon it an important city and an excellent port. The island is situated at the mouth of the Canton River, and is separated by about sixty miles from the Portuguese town of Macao, on the opposite coast. Hong Kong has beaten Macao in the struggle for the Chinese trade, and now the greater part of the transportation of Chinese goods finds its depot at the former place. Docks, hospitals, wharves, a Gothic cathedral, a government house, macadamised streets, give to Hong Kong the appearance of a town in Kent or Surrey transferred by some strange magic to the antipodes.

Passepartout, les mains dans les poches, se rendit donc vers le port Victoria, regardant les palanquins, les brouettes à voile, encore en faveur dans le Céleste Empire, et toute cette foule de Chinois, de Japonais et d'Européens, qui se pressait dans les rues. A peu de choses près, c'était encore Bombay, Calcutta ou Singapore, que le digne garçon retrouvait sur son parcours. Il y a ainsi comme une traînée de villes anglaises tout autour du monde.

Passepartout wandered, with his hands in his pockets, towards the Victoria port, gazing as he went at the curious palanquins and other modes of conveyance, and the groups of Chinese, Japanese, and Europeans who passed to and fro in the streets. Hong Kong seemed to him not unlike Bombay, Calcutta, and Singapore, since, like them, it betrayed everywhere the evidence of English supremacy.

Passepartout arriva au port Victoria. Là, à l'embouchure de la rivière de Canton, c'était un fourmillement de navires de toutes nations, des anglais, des français, des américains, des hollandais, bâtiments de guerre et de commerce, des embarcations japonaises ou chinoises, des jonques, des sempans, des tankas, et même des bateaux-fleurs qui formaient autant de parterres flottants sur les eaux. En se promenant, Passepartout remarqua un certain nombre d'indigènes vêtus de jaune, tous très avancés en âge. Étant entré chez un barbier chinois pour se faire raser « à la chinoise », il apprit par le Figaro de l'endroit, qui parlait un assez bon anglais, que ces vieillards avaient tous quatre-vingts ans au moins, et qu'à cet âge ils avaient le privilège de porter la couleur jaune, qui est la couleur impériale. Passepartout trouva cela fort drôle, sans trop savoir pourquoi.

At the Victoria port he found a confused mass of ships of all nations: English, French, American, and Dutch, men-of-war and trading vessels, Japanese and Chinese junks, sempas, tankas, and flower-boats, which formed so many floating parterres. Passepartout noticed in the crowd a number of the natives who seemed very old and were dressed in yellow. On going into a barber's to get shaved he learned that these ancient men were all at least eighty years old, at which age they are permitted to wear yellow, which is the Imperial colour. Passepartout, without exactly knowing why, thought this very funny.

Sa barbe faite, il se rendit au quai d'embarquement du Carnatic, et là il aperçut Fix qui se promenait de long en large, ce dont il ne fut point étonné. Mais l'inspecteur de police laissait voir sur son visage les marques d'un vif désappointement.

On reaching the quay where they were to embark on the Carnatic, he was not astonished to find Fix walking up and down. The detective seemed very much disturbed and disappointed.

Jules Verne

« Bon ! se dit Passepartout, cela va mal pour les gentlemen du Reform-Club ! » Et il accosta Fix avec son joyeux sourire, sans vouloir remarquer l'air vexé de son compagnon. Or, l'agent avait de bonnes raisons pour pester contre l'infernale chance qui le poursuivait. Pas de mandat ! Il était évident que le mandat courait après lui, et ne pourrait l'atteindre que s'il séjournait quelques jours en cette ville. Or, Hong-Kong étant la dernière terre anglaise du parcours, le sieur Fogg allait lui échapper définitivement, s'il ne parvenait pas à l'y retenir.

« Eh bien, monsieur Fix, êtes-vous décidé à venir avec nous jusqu'en Amérique ? demanda Passepartout.

-- Oui, répondit Fix les dents serrées.

-- Allons donc ! s'écria Passepartout en faisant entendre un retentissant éclat de rire ! Je savais bien que vous ne pourriez pas vous séparer de nous. Venez retenir votre place, venez ! »

Et tous deux entrèrent au bureau des transports maritimes et arrêtèrent des cabines pour quatre personnes. Mais l'employé leur fit observer que les réparations du Carnatic étant terminées, le paquebot partirait le soir même à huit heures, et non le lendemain matin, comme il avait été annoncé.

« Très bien ! répondit Passepartout, cela arrangera mon maître. Je vais le prévenir. »

A ce moment, Fix prit un parti extrême. Il résolut de tout dire à Passepartout. C'était le seul moyen peut-être qu'il eût de retenir Phileas Fogg pendant quelques jours à Hong-Kong.

"This is bad," muttered Passepartout, "for the gentlemen of the Reform Club!" He accosted Fix with a merry smile, as if he had not perceived that gentleman's chagrin. The detective had, indeed, good reasons to inveigh against the bad luck which pursued him. The warrant had not come! It was certainly on the way, but as certainly it could not now reach Hong Kong for several days; and, this being the last English territory on Mr. Fogg's route, the robber would escape, unless he could manage to detain him.

"Well, Monsieur Fix," said Passepartout, "have you decided to go with us so far as America?"

"Yes," returned Fix, through his set teeth.

"Good!" exclaimed Passepartout, laughing heartily. "I knew you could not persuade yourself to separate from us. Come and engage your berth."

They entered the steamer office and secured cabins for four persons. The clerk, as he gave them the tickets, informed them that, the repairs on the Carnatic having been completed, the steamer would leave that very evening, and not next morning, as had been announced.

"That will suit my master all the better," said Passepartout. "I will go and let him know."

Fix now decided to make a bold move; he resolved to tell Passepartout all. It seemed to be the only possible means of keeping Phileas Fogg several days longer at Hong Kong.

En quittant le bureau, Fix offrit à son compagnon de se rafraîchir dans une taverne. Passepartout avait le temps. Il accepta l'invitation de Fix.

He accordingly invited his companion into a tavern which caught his eye on the quay.

Une taverne s'ouvrait sur le quai. Elle avait un aspect engageant. Tous deux y entrèrent. C'était une vaste salle bien décorée, au fond de laquelle s'étendait un lit de camp, garni de coussins. Sur ce lit étaient rangés un certain nombre de dormeurs. Une trentaine de consommateurs occupaient dans la grande salle de petites tables en jonc tressé. Quelques uns vidaient des pintes de bière anglaise, ale ou porter, d'autres, des brocs de liqueurs alcooliques, gin ou brandy. En outre, la plupart fumaient de longues pipes de terre rouge, bourrées de petites boulettes d'opium mélangé d'essence de rose. Puis, de temps en temps, quelque fumeur énervé glissait sous la table, et les garçons de l'établissement, le prenant par les pieds et par la tête, le portaient sur le lit de camp près d'un confrère. Une vingtaine de ces ivrognes étaient ainsi rangés côte à côte, dans le dernier degré d'abrutissement.

On entering, they found themselves in a large room handsomely decorated, at the end of which was a large camp-bed furnished with cushions. Several persons lay upon this bed in a deep sleep. At the small tables which were arranged about the room some thirty customers were drinking English beer, porter, gin, and brandy; smoking, the while, long red clay pipes stuffed with little balls of opium mingled with essence of rose. From time to time one of the smokers, overcome with the narcotic, would slip under the table, whereupon the waiters, taking him by the head and feet, carried and laid him upon the bed. The bed already supported twenty of these stupefied sots.

Jules Verne

Fix et Passepartout comprirent qu'ils étaient entrés dans une tabagie hantée de ces misérables, hébétés, amaigris, idiots, auxquels la mercantile Angleterre vend annuellement pour deux cent soixante millions de francs de cette funeste drogue qui s'appelle l'opium ! Tristes millions que ceux-là, prélevés sur un des plus funestes vices de la nature humaine. Le gouvernement chinois a bien essayé de remédier à un tel abus par des lois sévères, mais en vain. De la classe riche, à laquelle l'usage de l'opium était d'abord formellement réservé, cet usage descendit jusqu'aux classes inférieures, et les ravages ne purent plus être arrêtés. On fume l'opium partout et toujours dans l'empire du Milieu. Hommes et femmes s'adonnent à cette passion déplorable, et lorsqu'ils sont accoutumés à cette inhalation, ils ne peuvent plus s'en passer, à moins d'éprouver d'horribles contractions de l'estomac. Un grand fumeur peut fumer jusqu'à huit pipes par jour mais il meurt en cinq ans.

Or, c'était dans une des nombreuses tabagies de ce genre, qui pullulent, même à Hong-Kong, que Fix et Passepartout étaient entrés avec l'intention de se rafraîchir. Passepartout n'avait pas d'argent, mais il accepta volontiers la « politesse » de son compagnon, quitte à la lui rendre en temps et lieu.

Fix and Passepartout saw that they were in a smoking-house haunted by those wretched, cadaverous, idiotic creatures to whom the English merchants sell every year the miserable drug called opium, to the amount of one million four hundred thousand pounds--thousands devoted to one of the most despicable vices which afflict humanity! The Chinese government has in vain attempted to deal with the evil by stringent laws. It passed gradually from the rich, to whom it was at first exclusively reserved, to the lower classes, and then its ravages could not be arrested. Opium is smoked everywhere, at all times, by men and women, in the Celestial Empire; and, once accustomed to it, the victims cannot dispense with it, except by suffering horrible bodily contortions and agonies. A great smoker can smoke as many as eight pipes a day; but he dies in five years.

It was in one of these dens that Fix and Passepartout, in search of a friendly glass, found themselves. Passepartout had no money, but willingly accepted Fix's invitation in the hope of returning the obligation at some future time.

On demanda deux bouteilles de porto, auxquelles le Français fit largement honneur, tandis que Fix, plus réservé, observait son compagnon avec une extrême attention. On causa de choses et d'autres, et surtout de cette excellente idée qu'avait eue Fix de prendre passage sur le Carnatic. Et à propos de ce steamer, dont le départ se trouvait avancé de quelques heures, Passepartout, les bouteilles étant vides, se leva, afin d'aller prévenir son maître.	*They ordered two bottles of port, to which the Frenchman did ample justice, whilst Fix observed him with close attention. They chatted about the journey, and Passepartout was especially merry at the idea that Fix was going to continue it with them. When the bottles were empty, however, he rose to go and tell his master of the change in the time of the sailing of the Carnatic.*
Fix le retint. « Un instant, dit-il.	*Fix caught him by the arm, and said, "Wait a moment."*
-- Que voulez-vous, monsieur Fix ?	*"What for, Mr. Fix?"*
-- J'ai à vous parler de choses sérieuses.	*"I want to have a serious talk with you."*
-- De choses sérieuses ! s'écria Passepartout en vidant quelques gouttes de vin restées au fond au son verre. Eh bien, nous en parlerons demain. Je n'ai pas le temps aujourd'hui.	*"A serious talk!" cried Passepartout, drinking up the little wine that was left in the bottom of his glass. "Well, we'll talk about it to-morrow; I haven't time now."*
-- Restez, répondit Fix. Il s'agit de votre maître ! »	*"Stay! What I have to say concerns your master."*
Passepartout, à ce mot, regarda attentivement son interlocuteur. L'expression du visage de Fix lui parut singulière. Il se rassit.	*Passepartout, at this, looked attentively at his companion. Fix's face seemed to have a singular expression. He resumed his seat.*
« Qu'est-ce donc que vous avez à me dire » demanda-t-il.	*"What is it that you have to say?"*
Fix appuya sa main sur le bras de son compagnon et, baissant la voix : « Vous avez deviné qui j'étais ? lui demanda-t-il.	*Fix placed his hand upon Passepartout's arm, and, lowering his voice, said, "You have guessed who I am?"*
-- Parbleu ! dit Passepartout en souriant.	*"Parbleu!" said Passepartout, smiling.*
-- Alors je vais tout vous avouer...	*"Then I'm going to tell you everything--"*

-- Maintenant que je sais tout, mon compère ! Ah ! voilà qui n'est pas fort ! Enfin, allez toujours. Mais auparavant, laissez-moi vous dire que ces gentlemen se sont mis en frais bien inutilement !

-- Inutilement ! dit Fix. Vous en parlez à votre aise ! On voit bien que vous ne connaissez pas l'importance de la somme !

-- Mais si, je la connais, répondit Passepartout. Vingt mille livres !

-- Cinquante-cinq mille ! reprit Fix, en serrant la main du Français.

-- Quoi ! s'écria Passepartout, Mr. Fogg aurait osé !... Cinquante-cinq mille livres !... Eh bien ! raison de plus pour ne pas perdre un instant, ajouta-t-il en se levant de nouveau.

-- Cinquante-cinq mille livres ! reprit Fix, qui força Passepartout à se rasseoir, après avoir fait apporter un flacon de brandy, -- et si je réussis, je gagne une prime de deux mille livres. En voulez-vous cinq cents (12 500 F) à la condition de m'aider ?

-- Vous aider ? s'écria Passepartout, dont les yeux étaient démesurément ouverts.

-- Oui, m'aider à retenir le sieur Fogg pendant quelques jours à Hong-Kong !

-- Hein ! fit Passepartout, que dites-vous là ? Comment ! non content de faire suivre mon maître, de suspecter sa loyauté, ces gentlemen veulent encore lui susciter des obstacles ! J'en suis honteux pour eux !

-- Ah çà ! que voulez-vous dire ? demanda Fix.

-- Je veux dire que c'est de la pure indélicatesse. Autant dépouiller Mr. Fogg, et lui prendre l'argent dans la poche !

"Now that I know everything, my friend! Ah! that's very good. But go on, go on. First, though, let me tell you that those gentlemen have put themselves to a useless expense."

"Useless!" said Fix. "You speak confidently. It's clear that you don't know how large the sum is."

"Of course I do," returned Passepartout. "Twenty thousand pounds."

"Fifty-five thousand!" answered Fix, pressing his companion's hand.

"What!" cried the Frenchman. "Has Monsieur Fogg dared--fifty-five thousand pounds! Well, there's all the more reason for not losing an instant," he continued, getting up hastily.

Fix pushed Passepartout back in his chair, and resumed: "Fifty-five thousand pounds; and if I succeed, I get two thousand pounds. If you'll help me, I'll let you have five hundred of them."

"Help you?" cried Passepartout, whose eyes were standing wide open.

"Yes; help me keep Mr. Fogg here for two or three days."

"Why, what are you saying? Those gentlemen are not satisfied with following my master and suspecting his honour, but they must try to put obstacles in his way! I blush for them!"

"What do you mean?"

"I mean that it is a piece of shameful trickery. They might as well waylay Mr. Fogg and put his money in their pockets!"

-- Eh ! c'est bien à cela que nous comptons arriver !	"That's just what we count on doing."
-- Mais c'est un guet-apens ! s'écria Passepartout, -- qui s'animait alors sous l'influence du brandy que lui servait Fix, et qu'il buvait sans s'en apercevoir, -- un guet-apens véritable ! Des gentlemen ! des collègues ! »	"It's a conspiracy, then," cried Passepartout, who became more and more excited as the liquor mounted in his head, for he drank without perceiving it. "A real conspiracy! And gentlemen, too. Bah!"
Fix commençait à ne plus comprendre.	Fix began to be puzzled.
« Des collègues ! s'écria Passepartout, des membres du Reform-Club ! Sachez, monsieur Fix, que mon maître est un honnête homme, et que, quand il a fait un pari, c'est loyalement qu'il prétend le gagner.	"Members of the Reform Club!" continued Passepartout. "You must know, Monsieur Fix, that my master is an honest man, and that, when he makes a wager, he tries to win it fairly!"
-- Mais qui croyez-vous donc que je sois ? demanda Fix, en fixant son regard sur Passepartout.	"But who do you think I am?" asked Fix, looking at him intently.
-- Parbleu ! un agent des membres du Reform-Club, qui a mission de contrôler l'itinéraire de mon maître, ce qui est singulièrement humiliant ! Aussi, bien que, depuis quelque temps déjà, j'aie deviné votre qualité, je me suis bien gardé de la révéler à Mr. Fogg !	"Parbleu! An agent of the members of the Reform Club, sent out here to interrupt my master's journey. But, though I found you out some time ago, I've taken good care to say nothing about it to Mr. Fogg."
-- Il ne sait rien ?... demanda vivement Fix.	"He knows nothing, then?"
-- Rien », répondit Passepartout en vidant encore une fois son verre.	"Nothing," replied Passepartout, again emptying his glass.
L'inspecteur de police passa sa main sur son front. Il hésitait avant de reprendre la parole. Que devait-il faire ? L'erreur de Passepartout semblait sincère, mais elle rendait son projet plus difficile. Il était évident que ce garçon parlait avec une absolue bonne foi, et qu'il n'était point le complice de son maître, -- ce que Fix aurait pu craindre.	The detective passed his hand across his forehead, hesitating before he spoke again. What should he do? Passepartout's mistake seemed sincere, but it made his design more difficult. It was evident that the servant was not the master's accomplice, as Fix had been inclined to suspect.
« Eh bien, se dit-il, puisqu'il n'est pas son complice, il m'aidera. »	"Well," said the detective to himself, "as he is not an accomplice, he will help me."

Le détective avait une seconde fois pris son parti. D'ailleurs, il n'avait plus le temps d'attendre. A tout prix, il fallait arrêter Fogg à Hong-Kong.

« Ecoutez, dit Fix d'une voix brève, écoutez-moi bien. Je ne suis pas ce que vous croyez, c'est-à-dire un agent des membres du Reform-Club...

-- Bah ! dit Passepartout en le regardant d'un air goguenard.

-- Je suis un inspecteur de police, chargé d'une mission par l'administration métropolitaine...

-- Vous... inspecteur de police !...

-- Oui, et je le prouve, reprit Fix. Voici ma commission. »

Et l'agent, tirant un papier de son portefeuille, montra à son compagnon une commission signée du directeur de la police centrale. Passepartout, abasourdi, regardait Fix, sans pouvoir articuler une parole.

« Le pari du sieur Fogg, reprit Fix, n'est qu'un prétexte dont vous êtes dupes, vous et ses collègues du Reform-Club, car il avait intérêt à s'assurer votre inconsciente complicité.

-- Mais pourquoi ?... s'écria Passepartout.

-- Ecoutez. Le 28 septembre dernier, un vol de cinquante-cinq mille livres a été commis à la Banque d'Angleterre par un individu dont le signalement a pu être relevé. Or, voici ce signalement, et c'est trait pour trait celui du sieur Fogg.

-- Allons donc ! s'écria Passepartout en frappant la table de son robuste poing. Mon maître est le plus honnête homme du monde !

He had no time to lose: Fogg must be detained at Hong Kong, so he resolved to make a clean breast of it.

"Listen to me," said Fix abruptly. "I am not, as you think, an agent of the members of the Reform Club--"

"Bah!" retorted Passepartout, with an air of raillery.

"I am a police detective, sent out here by the London office."

"You, a detective?"

"I will prove it. Here is my commission."

Passepartout was speechless with astonishment when Fix displayed this document, the genuineness of which could not be doubted.

"Mr. Fogg's wager," resumed Fix, "is only a pretext, of which you and the gentlemen of the Reform are dupes. He had a motive for securing your innocent complicity."

"But why?"

"Listen. On the 28th of last September a robbery of fifty-five thousand pounds was committed at the Bank of England by a person whose description was fortunately secured. Here is his description; it answers exactly to that of Mr. Phileas Fogg."

"What nonsense!" cried Passepartout, striking the table with his fist. "My master is the most honourable of men!"

-- Qu'en savez-vous ? répondit Fix. Vous ne le connaissez même pas ! Vous êtes entré à son service le jour de son départ, et il est parti précipitamment sous un prétexte insensé, sans malles, emportant une grosse somme en bank-notes ! Et vous osez soutenir que c'est un honnête homme !	"How can you tell? You know scarcely anything about him. You went into his service the day he came away; and he came away on a foolish pretext, without trunks, and carrying a large amount in banknotes. And yet you are bold enough to assert that he is an honest man!"
-- Oui ! oui ! répétait machinalement le pauvre garçon.	"Yes, yes," repeated the poor fellow, mechanically.
-- Voulez-vous donc être arrêté comme son complice ? »	"Would you like to be arrested as his accomplice?"
Passepartout avait pris sa tête à deux mains. Il n'était plus reconnaissable. Il n'osait regarder l'inspecteur de police. Philéas Fogg un voleur, lui, le sauveur d'Aouda, l'homme généreux et brave ! Et pourtant que de présomptions relevées contre lui ! Passepartout essayait de repousser les soupçons qui se glissaient dans son esprit. Il ne voulait pas croire à la culpabilité de son maître.	Passepartout, overcome by what he had heard, held his head between his hands, and did not dare to look at the detective. Phileas Fogg, the saviour of Aouda, that brave and generous man, a robber! And yet how many presumptions there were against him! Passepartout essayed to reject the suspicions which forced themselves upon his mind; he did not wish to believe that his master was guilty.
« Enfin, que voulez-vous de moi ? dit-il à l'agent de police, en se contenant par un suprême effort.	"Well, what do you want of me?" said he, at last, with an effort.
-- Voici, répondit Fix. J'ai filé le sieur Fogg jusqu'ici, mais je n'ai pas encore reçu le mandat d'arrestation, que j'ai demandé à Londres. Il faut donc que vous m'aidiez à retenir à Hong-Kong...	"See here," replied Fix; "I have tracked Mr. Fogg to this place, but as yet I have failed to receive the warrant of arrest for which I sent to London. You must help me to keep him here in Hong Kong--"
-- Moi ! que je...	"I! But I--"
-- Et je partage avec vous la prime de deux mille livres promise par la Banque d'Angleterre !	"I will share with you the two thousand pounds reward offered by the Bank of England."
-- Jamais ! » répondit Passepartout, qui voulut se lever et retomba, sentant sa raison et ses forces lui échapper à la fois.	"Never!" replied Passepartout, who tried to rise, but fell back, exhausted in mind and body.

Jules Verne

« Monsieur Fix, dit-il en balbutiant, quand bien même tout ce que vous m'avez dit serait vrai... quand mon maître serait le voleur que vous cherchez... ce que je nie... j'ai été... je suis à son service... je l'ai vu bon et généreux... Le trahir... jamais... non, pour tout l'or du monde... Je suis d'un village où l'on ne mange pas de ce pain-là!...	*"Mr. Fix," he stammered, "even should what you say be true--if my master is really the robber you are seeking for--which I deny--I have been, am, in his service; I have seen his generosity and goodness; and I will never betray him--not for all the gold in the world. I come from a village where they don't eat that kind of bread!"*
-- Vous refusez ?	*"You refuse?"*
-- Je refuse.	*"I refuse."*
-- Mettons que je n'ai rien dit, répondit Fix, et buvons.	*"Consider that I've said nothing," said Fix; "and let us drink."*
-- Oui, buvons ! »	*"Yes; let us drink!"*
Passepartout se sentait de plus en plus envahir par l'ivresse. Fix, comprenant qu'il fallait à tout prix le séparer de son maître, voulut l'achever. Sur la table se trouvaient quelques pipes chargées d'opium. Fix en glissa une dans la main de Passepartout, qui la prit, la porta à ses lèvres, l'alluma, respira quelques bouffées, et retomba, la tête alourdie sous l'influence du narcotique.	*Passepartout felt himself yielding more and more to the effects of the liquor. Fix, seeing that he must, at all hazards, be separated from his master, wished to entirely overcome him. Some pipes full of opium lay upon the table. Fix slipped one into Passepartout's hand. He took it, put it between his lips, lit it, drew several puffs, and his head, becoming heavy under the influence of the narcotic, fell upon the table.*
« Enfin, dit Fix en voyant Passepartout anéanti, le sieur Fogg ne sera pas prévenu à temps du départ du Carnatic, et s'il part, du moins partira-t-il sans ce maudit Français ! »	*"At last!" said Fix, seeing Passepartout unconscious. "Mr. Fogg will not be informed of the Carnatic's departure; and, if he is, he will have to go without this cursed Frenchman!"*
Puis il sortit, après avoir payé la dépense.	*And, after paying his bill, Fix left the tavern.*
XX DANS LEQUEL FIX ENTRE DIRECTEMENT EN RELATION AVEC PHILEAS FOGG	*Chapter XX IN WHICH FIX COMES FACE TO FACE WITH PHILEAS FOGG*

Pendant cette scène qui allait peut-être compromettre si gravement son avenir, Mr. Fogg, accompagnant Mrs. Aouda, se promenait dans les rues de la ville anglaise. Depuis que Mrs. Aouda avait accepté son offre de la conduire jusqu'en Europe, il avait dû songer à tous les détails que comporte un aussi long voyage. Qu'un Anglais comme lui fît le tour du monde un sac à la main, passe encore ; mais une femme ne pouvait entreprendre une pareille traversée dans ces conditions. De là, nécessité d'acheter les vêtements et objets nécessaires au voyage. Mr. Fogg s'acquitta de sa tâche avec le calme qui le caractérisait, et à toutes les excuses ou objections de la jeune veuve, confuse de tant de complaisance :

« C'est dans l'intérêt de mon voyage, c'est dans mon programme », répondait-il invariablement.

Les acquisitions faites, Mr. Fogg et la jeune femme rentrèrent à l'hôtel et dînèrent à la table d'hôte, qui était somptueusement servie. Puis Mrs. Aouda, un peu fatiguée, remonta dans son appartement, après avoir « à l'anglaise » serré la main de son imperturbable sauveur. L'honorable gentleman, lui, s'absorba pendant toute la soirée dans la lecture du Times et de l'Illustrated London News.

While these events were passing at the opium-house, Mr. Fogg, unconscious of the danger he was in of losing the steamer, was quietly escorting Aouda about the streets of the English quarter, making the necessary purchases for the long voyage before them. It was all very well for an Englishman like Mr. Fogg to make the tour of the world with a carpet-bag; a lady could not be expected to travel comfortably under such conditions. He acquitted his task with characteristic serenity, and invariably replied to the remonstrances of his fair companion, who was confused by his patience and generosity:

"It is in the interest of my journey--a part of my programme."

The purchases made, they returned to the hotel, where they dined at a sumptuously served table-d'hote; after which Aouda, shaking hands with her protector after the English fashion, retired to her room for rest. Mr. Fogg absorbed himself throughout the evening in the perusal of The Times and Illustrated London News.

Jules Verne

S'il avait été homme à s'étonner de quelque chose, c'eût été de ne point voir apparaître son domestique à l'heure du coucher. Mais, sachant que le paquebot de Yokohama ne devait pas quitter Hong-Kong avant le lendemain matin, il ne s'en préoccupa pas autrement. Le lendemain, Passepartout ne vint point au coup de sonnette de Mr. Fogg. Ce que pensa l'honorable gentleman en apprenant que son domestique n'était pas rentré à l'hôtel nul n'aurait pu le dire. Mr. Fogg se contenta de prendre son sac, fit prévenir Mrs. Aouda, et envoya chercher un palanquin.

Had he been capable of being astonished at anything, it would have been not to see his servant return at bedtime. But, knowing that the steamer was not to leave for Yokohama until the next morning, he did not disturb himself about the matter. When Passepartout did not appear the next morning to answer his master's bell, Mr. Fogg, not betraying the least vexation, contented himself with taking his carpet-bag, calling Aouda, and sending for a palanquin.

Il était alors huit heures, et la pleine mer, dont le Carnatic devait profiter pour sortir des passes, était indiquée pour neuf heures et demie. Lorsque le palanquin fut arrivé à la porte de l'hôtel, Mr. Fogg et Mrs. Aouda montèrent dans ce confortable véhicule, et les bagages suivirent derrière sur une brouette. Une demi-heure plus tard, les voyageurs descendaient sur le quai d'embarquement, et là Mr. Fogg apprenait que le Carnatic était parti depuis la veille. Mr. Fogg, qui comptait trouver, à la fois, et le paquebot et son domestique, en était réduit à se passer de l'un et de l'autre. Mais aucune marque de désappointement ne parut sur son visage, et comme Mrs. Aouda le regardait avec inquiétude, il se contenta de répondre :

It was then eight o'clock; at half-past nine, it being then high tide, the Carnatic would leave the harbour. Mr. Fogg and Aouda got into the palanquin, their luggage being brought after on a wheelbarrow, and half an hour later stepped upon the quay whence they were to embark. Mr. Fogg then learned that the Carnatic had sailed the evening before. He had expected to find not only the steamer, but his domestic, and was forced to give up both; but no sign of disappointment appeared on his face, and he merely remarked to Aouda, "It is an accident, madam; nothing more."

« C'est un incident, madame, rien de plus. » En ce moment, un personnage qui l'observait avec attention s'approcha de lui. C'était l'inspecteur Fix, qui le salua et lui dit : « N'êtes-vous pas comme moi, monsieur, un des passagers du Rangoon, arrivé hier ?

At this moment a man who had been observing him attentively approached. It was Fix, who, bowing, addressed Mr. Fogg: "Were you not, like me, sir, a passenger by the Rangoon, which arrived yesterday?"

-- Oui, monsieur, répondit froidement Mr. Fogg, mais je n'ai pas l'honneur...

-- Pardonnez-moi, mais je croyais trouver ici votre domestique.

-- Savez-vous où il est, monsieur ? demanda vivement la jeune femme.

-- Quoi ! répondit Fix, feignant la surprise, n'est-il pas avec vous ?

-- Non, répondit Mrs. Aouda. Depuis hier, il n'a pas reparu. Se serait-il embarqué sans nous à bord du Carnatic ?

-- Sans vous, madame ?... répondit l'agent. Mais, excusez ma question, vous comptiez donc partir sur ce paquebot ?

-- Oui, monsieur.

-- Moi aussi, madame, et vous me voyez très désappointé. Le Carnatic, ayant terminé ses réparations, a quitté Hong-Kong douze heures plus tôt sans prévenir personne, et maintenant il faudra attendre huit jours le prochain départ ! »

En prononçant ces mots : « huit jours », Fix sentait son coeur bondir de joie. Huit jours ! Fogg retenu huit jours à Hong-Kong ! On aurait le temps de recevoir le mandat d'arrêt. Enfin, la chance se déclarait pour le représentant de la loi. Que l'on juge donc du coup d'assommoir qu'il reçut, quand il entendit Phileas Fogg dire de sa voix calme : « Mais il y a d'autres navires que le Carnatic, il me semble, dans le port de Hong-Kong. »

"I was, sir," replied Mr. Fogg coldly. "But I have not the honour--"

"Pardon me; I thought I should find your servant here."

"Do you know where he is, sir?" asked Aouda anxiously.

"What!" responded Fix, feigning surprise. "Is he not with you?"

"No," said Aouda. "He has not made his appearance since yesterday. Could he have gone on board the Carnatic without us?"

"Without you, madam?" answered the detective. "Excuse me, did you intend to sail in the Carnatic?"

"Yes, sir."

"So did I, madam, and I am excessively disappointed. The Carnatic, its repairs being completed, left Hong Kong twelve hours before the stated time, without any notice being given; and we must now wait a week for another steamer."

As he said "a week" Fix felt his heart leap for joy. Fogg detained at Hong Kong for a week! There would be time for the warrant to arrive, and fortune at last favoured the representative of the law. His horror may be imagined when he heard Mr. Fogg say, in his placid voice, "But there are other vessels besides the Carnatic, it seems to me, in the harbour of Hong Kong."

Et Mr. Fogg, offrant son bras à Mrs. Aouda, se dirigea vers les docks à la recherche d'un navire en partance. Fix, abasourdi, suivait. On eût dit qu'un fil le rattachait à cet homme. Toutefois, la chance sembla véritablement abandonner celui qu'elle avait si bien servi jusqu'alors. Phileas Fogg, pendant trois heures, parcourut le port en tous sens, décidé, s'il le fallait, à fréter un bâtiment pour le transporter à Yokohama ; mais il ne vit que des navires en chargement ou en déchargement, et qui, par conséquent, ne pouvaient appareiller. Fix se reprit à espérer.	And, offering his arm to Aouda, he directed his steps toward the docks in search of some craft about to start. Fix, stupefied, followed; it seemed as if he were attached to Mr. Fogg by an invisible thread. Chance, however, appeared really to have abandoned the man it had hitherto served so well. For three hours Phileas Fogg wandered about the docks, with the determination, if necessary, to charter a vessel to carry him to Yokohama; but he could only find vessels which were loading or unloading, and which could not therefore set sail. Fix began to hope again.
Cependant Mr. Fogg ne se déconcertait pas, et il allait continuer ses recherches, dût-il pousser jusqu'à Macao, quand il fut accosté par un marin sur l'avant-port.	But Mr. Fogg, far from being discouraged, was continuing his search, resolved not to stop if he had to resort to Macao, when he was accosted by a sailor on one of the wharves.
« Votre Honneur cherche un bateau ? lui dit le marin en se découvrant.	"Is your honour looking for a boat?"
-- Vous avez un bateau prêt à partir demanda Mr. Fogg.	"Have you a boat ready to sail?"
-- Oui, Votre Honneur, un bateau-pilote n° 43, le meilleur de la flottille.	"Yes, your honour; a pilot-boat--No. 43--the best in the harbour."
-- Il marche bien ?	"Does she go fast?"
-- Entre huit et neuf milles, au plus près. Voulez-vous le voir ?	"Between eight and nine knots the hour. Will you look at her?"
-- Oui.	"Yes."
-- Votre Honneur sera satisfait. Il s'agit d'une promenade en mer ?	"Your honour will be satisfied with her. Is it for a sea excursion?"
-- Non. D'un voyage.	"No; for a voyage."
-- Un voyage ?	"A voyage?"
-- Vous chargez-vous de me conduire à Yokohama ? »	"Yes, will you agree to take me to Yokohama?"
Le marin, à ces mots, demeura les bras ballants, les yeux écarquillés. « Votre Honneur veut rire ? dit-il.	The sailor leaned on the railing, opened his eyes wide, and said, "Is your honour joking?"

-- Non ! j'ai manqué le départ du Carnatic, et il faut que je sois le 14, au plus tard, à Yokohama, pour prendre le paquebot de San Francisco.	"No. I have missed the Carnatic, and I must get to Yokohama by the 14th at the latest, to take the boat for San Francisco."
-- Je le regrette, répondit le pilote, mais c'est impossible.	"I am sorry," said the sailor; "but it is impossible."
-- Je vous offre cent livres (2 500 F) par jour, et une prime de deux cents livres si j'arrive à temps.	"I offer you a hundred pounds per day, and an additional reward of two hundred pounds if I reach Yokohama in time."
-- C'est sérieux ? demanda le pilote.	"Are you in earnest?"
-- Très sérieux », répondit Mr. Fogg.	"Very much so."
Le pilote s'était retiré à l'écart. Il regardait la mer, évidemment combattu entre le désir de gagner une somme énorme et la crainte de s'aventurer si loin. Fix était dans des transes mortelles.	The pilot walked away a little distance, and gazed out to sea, evidently struggling between the anxiety to gain a large sum and the fear of venturing so far. Fix was in mortal suspense.
Pendant ce temps, Mr. Fogg s'était retourné vers Mrs. Aouda.	Mr. Fogg turned to Aouda and asked her,
« Vous n'aurez pas peur, madame ? lui demanda-t-il.	"You would not be afraid, would you, madam?"
-- Avec vous, non, monsieur Fogg », répondit la jeune femme.	"Not with you, Mr. Fogg," was her answer.
Le pilote s'était de nouveau avancé vers le gentleman, et tournait son chapeau entre ses mains.	The pilot now returned, shuffling his hat in his hands.
« Eh bien, pilote ? dit Mr. Fogg.	"Well, pilot?" said Mr. Fogg.
-- Eh bien, Votre Honneur, répondit le pilote, je ne puis risquer ni mes hommes, ni moi, ni vous-même, dans une si longue traversée sur un bateau de vingt tonneaux à peine, et à cette époque de l'année. D'ailleurs, nous n'arriverions pas à temps, car il y a seize cent cinquante milles de Hong-Kong à Yokohama.	"Well, your honour," replied he, "I could not risk myself, my men, or my little boat of scarcely twenty tons on so long a voyage at this time of year. Besides, we could not reach Yokohama in time, for it is sixteen hundred and sixty miles from Hong Kong."
-- Seize cents seulement, dit Mr. Fogg.	"Only sixteen hundred," said Mr. Fogg.
-- C'est la même chose. »	"It's the same thing."
Fix respira un bon coup d'air.	Fix breathed more freely.
« Mais, ajouta le pilote, il y aurait peut-être moyen de s'arranger autrement. »	"But," added the pilot, "it might be arranged another way."

Jules Verne

Fix ne respira plus.

« Comment ? demanda Phileas Fogg.

-- En allant à Nagasaki, l'extrémité sud du Japon, onze cents milles, ou seulement à Shangaï, à huit cents milles de Hong-Kong. Dans cette dernière traversée, on ne s'éloignerait pas de la côte chinoise, ce qui serait un grand avantage, d'autant plus que les courants y portent au nord.

-- Pilote, répondit Phileas Fogg, c'est à Yokohama que je dois prendre la malle américaine, et non à Shangaï ou à Nagasaki.

-- Pourquoi pas ? répondit le pilote. Le paquebot de San Francisco ne part pas de Yokohama. Il fait escale à Yokohama et à Nagasaki, mais son port de départ est Shangaï.

-- Vous êtes certain de ce vous dites ?
-- Certain.
-- Et quand le paquebot quitte-t-il Shangaï ?

-- Le 11, à sept heures du soir. Nous avons donc quatre jours devant nous. Quatre jours, c'est quatre-vingt-seize heures, et avec une moyenne de huit milles à l'heure, si nous sommes bien servis, si le vent tient au sud-est, si la mer est calme, nous pouvons enlever les huit cents milles qui nous séparent de Shangaï.

-- Et vous pourriez partir ?...
-- Dans une heure. Le temps d'acheter des vivres et d'appareiller.

-- Affaire convenue... Vous êtes le patron du bateau ?

-- Oui, John Bunsby, patron de la Tankadère.

-- Voulez-vous des arrhes ?

Fix ceased to breathe at all.

"How?" asked Mr. Fogg.

"By going to Nagasaki, at the extreme south of Japan, or even to Shanghai, which is only eight hundred miles from here. In going to Shanghai we should not be forced to sail wide of the Chinese coast, which would be a great advantage, as the currents run northward, and would aid us."

"Pilot," said Mr. Fogg, "I must take the American steamer at Yokohama, and not at Shanghai or Nagasaki."

"Why not?" returned the pilot. "The San Francisco steamer does not start from Yokohama. It puts in at Yokohama and Nagasaki, but it starts from Shanghai."

"You are sure of that?"

"Perfectly."

"And when does the boat leave Shanghai?"

"On the 11th, at seven in the evening. We have, therefore, four days before us, that is ninety-six hours; and in that time, if we had good luck and a south-west wind, and the sea was calm, we could make those eight hundred miles to Shanghai."

"And you could go--"

"In an hour; as soon as provisions could be got aboard and the sails put up."

"It is a bargain. Are you the master of the boat?"

"Yes; John Bunsby, master of the Tankadere."

"Would you like some earnest-money?"

-- Si cela ne désoblige pas Votre Honneur.	"If it would not put your honour out--"
-- Voici deux cents livres à compte... Monsieur, ajouta Phileas Fogg en se retournant vers Fix, si vous voulez profiter...	"Here are two hundred pounds on account sir," added Phileas Fogg, turning to Fix, "if you would like to take advantage--"
-- Monsieur, répondit résolument Fix, j'allais vous demander cette faveur.	"Thanks, sir; I was about to ask the favour."
-- Bien. Dans une demi-heure nous serons à bord.	"Very well. In half an hour we shall go on board."
-- Mais ce pauvre garçon... dit Mrs. Aouda, que la disparition de Passepartout préoccupait extrêmement.	"But poor Passepartout?" urged Aouda, who was much disturbed by the servant's disappearance.
-- Je vais faire pour lui tout ce que je puis faire », répondit Phileas Fogg.	"I shall do all I can to find him," replied Phileas Fogg.
Et, tandis que Fix, nerveux, fiévreux, rageant, se rendait au bateau-pilote, tous deux se dirigèrent vers les bureaux de la police de Hong-Kong. Là, Phileas Fogg donna le signalement de Passepartout, et laissa une somme suffisante pour le rapatrier. Même formalité fut remplie chez l'agent consulaire français, et le palanquin, après avoir touché à l'hôtel, où les bagages furent pris, ramena les voyageurs à l'avant-port.	While Fix, in a feverish, nervous state, repaired to the pilot-boat, the others directed their course to the police-station at Hong Kong. Phileas Fogg there gave Passepartout's description, and left a sum of money to be spent in the search for him. The same formalities having been gone through at the French consulate, and the palanquin having stopped at the hotel for the luggage, which had been sent back there, they returned to the wharf.
Trois heures sonnaient. Le bateau-pilote n° 43, son équipage à bord, ses vivres embarqués, était prêt à appareiller.	It was now three o'clock; and pilot-boat No. 43, with its crew on board, and its provisions stored away, was ready for departure.

Jules Verne

C'était une charmante petite goélette de vingt tonneaux que la Tankadère, bien pincée de l'avant, très dégagée dans ses façons, très allongée dans ses lignes d'eau. On eût dit un yacht de course. Ses cuivres brillants, ses ferrures galvanisées, son pont blanc comme de l'ivoire, indiquaient que le patron John Bunsby s'entendait à la tenir en bon état. Ses deux mâts s'inclinaient un peu sur l'arrière. Elle portait brigantine, misaine, trinquette, focs, flèches, et pouvait gréer une fortune pour le vent arrière. Elle devait merveilleusement marcher, et, de fait, elle avait déjà gagné plusieurs prix dans les « matches » de bateaux-pilotes. L'équipage de la Tankadère se composait du patron John Bunsby et de quatre hommes. C'étaient de ces hardis marins qui, par tous les temps, s'aventurent à la recherche des navires, et connaissent admirablement ces mers. John Bunsby, un homme de quarante-cinq ans environ, vigoureux, noir de hâle, le regard vif, la figure énergique, bien d'aplomb, bien à son affaire, eût inspiré confiance aux plus craintifs.	*The Tankadere was a neat little craft of twenty tons, as gracefully built as if she were a racing yacht. Her shining copper sheathing, her galvanised iron-work, her deck, white as ivory, betrayed the pride taken by John Bunsby in making her presentable. Her two masts leaned a trifle backward; she carried brigantine, foresail, storm-jib, and standing-jib, and was well rigged for running before the wind; and she seemed capable of brisk speed, which, indeed, she had already proved by gaining several prizes in pilot-boat races. The crew of the Tankadere was composed of John Bunsby, the master, and four hardy mariners, who were familiar with the Chinese seas. John Bunsby, himself, a man of forty-five or thereabouts, vigorous, sunburnt, with a sprightly expression of the eye, and energetic and self-reliant countenance, would have inspired confidence in the most timid.*
Phileas Fogg et Mrs. Aouda passèrent à bord. Fix s'y trouvait déjà. Par le capot d'arrière de la goélette, on descendait dans une chambre carrée, dont les parois s'évidaient en forme de cadres, au dessus d'un divan circulaire. Au milieu, une table éclairée par une lampe de roulis. C'était petit, mais propre.	*Phileas Fogg and Aouda went on board, where they found Fix already installed. Below deck was a square cabin, of which the walls bulged out in the form of cots, above a circular divan; in the centre was a table provided with a swinging lamp. The accommodation was confined, but neat.*
« Je regrette de n'avoir pas mieux à vous offrir », dit Mr. Fogg à Fix, qui s'inclina sans répondre.	*"I am sorry to have nothing better to offer you," said Mr. Fogg to Fix, who bowed without responding.*
L'inspecteur de police éprouvait comme une sorte d'humiliation à profiter ainsi des obligeances du sieur Fogg.	*The detective had a feeling akin to humiliation in profiting by the kindness of Mr. Fogg.*

« A coup sûr, pensait-il, c'est un coquin fort poli, mais c'est un coquin ! »

A trois heures dix minutes, les voiles furent hissées. Le pavillon d'Angleterre battait à la corne de la goélette. Les passagers étaient assis sur le pont. Mr. Fogg et Mrs. Aouda jetèrent un dernier regard sur le quai, afin de voir si Passepartout n'apparaîtrait pas. Fix n'était pas sans appréhension, car le hasard aurait pu conduire en cet endroit même le malheureux garçon qu'il avait si indignement traité, et alors une explication eût éclaté, dont le détective ne se fût pas tiré à son avantage. Mais le Français ne se montra pas, et, sans doute, l'abrutissant narcotique le tenait encore sous son influence.

Enfin, le patron John Bunsby passa au large, et la Tankadère, prenant le vent sous sa brigantine, sa misaine et ses focs, s'élança en bondissant sur les flots.

XXI OÙ LE PATRON DE LA « TANKARDÈRE » RISQUE FORT DE PERDRE UNE PRIME DE DEUX CENTS LIVRES

C'était une aventureuse expédition que cette navigation de huit cents milles, sur une embarcation de vingt tonneaux, et surtout à cette époque de l'année. Elles sont généralement mauvaises, ces mers de la Chine, exposées à des coups de vent terribles, principalement pendant les équinoxes, et on était encore aux premiers jours de novembre.

"It's certain," thought he, "though rascal as he is, he is a polite one!"

The sails and the English flag were hoisted at ten minutes past three. Mr. Fogg and Aouda, who were seated on deck, cast a last glance at the quay, in the hope of espying Passepartout. Fix was not without his fears lest chance should direct the steps of the unfortunate servant, whom he had so badly treated, in this direction; in which case an explanation the reverse of satisfactory to the detective must have ensued. But the Frenchman did not appear, and, without doubt, was still lying under the stupefying influence of the opium.

John Bunsby, master, at length gave the order to start, and the Tankadere, taking the wind under her brigantine, foresail, and standing-jib, bounded briskly forward over the waves.

Chapter XXI IN WHICH THE MASTER OF THE "TANKADERE" RUNS GREAT RISK OF LOSING A REWARD OF TWO HUNDRED POUNDS

This voyage of eight hundred miles was a perilous venture on a craft of twenty tons, and at that season of the year. The Chinese seas are usually boisterous, subject to terrible gales of wind, and especially during the equinoxes; and it was now early November.

C'eût été, bien évidemment, l'avantage du pilote de conduire ses passagers jusqu'à Yokohama, puisqu'il était payé tant par jour. Mais son imprudence aurait été grande de tenter une telle traversée dans ces conditions, et c'était déjà faire acte d'audace, sinon de témérité, que de remonter jusqu'à Shangaï. Mais John Bunsby avait confiance en sa Tankadère, qui s'élevait à la lame comme une mauve, et peut-être n'avait-il pas tort.	It would clearly have been to the master's advantage to carry his passengers to Yokohama, since he was paid a certain sum per day; but he would have been rash to attempt such a voyage, and it was imprudent even to attempt to reach Shanghai. But John Bunsby believed in the Tankadere, which rode on the waves like a seagull; and perhaps he was not wrong.
Pendant les dernières heures de cette journée, la Tankadère naviguа dans les passes capricieuses de Hong-Kong, et sous toutes les allures, au plus près ou vent arrière, elle se comporta admirablement.	Late in the day they passed through the capricious channels of Hong Kong, and the Tankadere, impelled by favourable winds, conducted herself admirably.
« Je n'ai pas besoin, pilote, dit Phileas Fogg au moment où la goélette donnait en pleine mer, de vous recommander toute la diligence possible.	"I do not need, pilot," said Phileas Fogg, when they got into the open sea, "to advise you to use all possible speed."
-- Que Votre Honneur s'en rapporte à moi, répondit John Bunsby. En fait de voiles, nous portons tout ce que le vent permet de porter. Nos flèches n'y ajouteraient rien, et ne serviraient qu'à assommer l'embarcation en nuisant à sa marche.	"Trust me, your honour. We are carrying all the sail the wind will let us. The poles would add nothing, and are only used when we are going into port."
-- C'est votre métier, et non le mien, pilote, et je me fie à vous. »	"It's your trade, not mine, pilot, and I confide in you."
Phileas Fogg, le corps droit, les jambes écartées, d'aplomb comme un marin, regardait sans broncher la mer houleuse. La jeune femme, assise à l'arrière, se sentait émue en contemplant cet océan, assombri déjà par le crépuscule, qu'elle bravait sur une frêle embarcation. Au-dessus de sa tête se déployaient les voiles blanches, qui l'emportaient dans l'espace comme de grandes ailes. La goélette, soulevée par le vent, semblait voler dans l'air.	Phileas Fogg, with body erect and legs wide apart, standing like a sailor, gazed without staggering at the swelling waters. The young woman, who was seated aft, was profoundly affected as she looked out upon the ocean, darkening now with the twilight, on which she had ventured in so frail a vessel. Above her head rustled the white sails, which seemed like great white wings. The boat, carried forward by the wind, seemed to be flying in the air.

La nuit vint. La lune entrait dans son premier quartier, et son insuffisante lumière devait s'éteindre bientôt dans les brumes de l'horizon. Des nuages chassaient de l'est et envahissaient déjà une partie du ciel.

Le pilote avait disposé ses feux de position, -- précaution indispensable à prendre dans ces mers très fréquentées aux approches des atterrages. Les rencontres de navires n'y étaient pas rares, et, avec la vitesse dont elle était animée, la goélette se fût brisée au moindre choc.

Night came. The moon was entering her first quarter, and her insufficient light would soon die out in the mist on the horizon. Clouds were rising from the east, and already overcast a part of the heavens.

The pilot had hung out his lights, which was very necessary in these seas crowded with vessels bound landward; for collisions are not uncommon occurrences, and, at the speed she was going, the least shock would shatter the gallant little craft.

Fix rêvait à l'avant de l'embarcation. Il se tenait à l'écart, sachant Fogg d'un naturel peu causeur. D'ailleurs, il lui répugnait de parler à cet homme, dont il acceptait les services. Il songeait aussi à l'avenir. Cela lui paraissait certain que le sieur Fogg ne s'arrêterait pas à Yokohama, qu'il prendrait immédiatement le paquebot de San Francisco afin d'atteindre l'Amérique, dont la vaste étendue lui assurerait l'impunité avec la sécurité. Le plan de Phileas Fogg lui semblait on ne peut plus simple. Au lieu de s'embarquer en Angleterre pour les États-Unis, comme un coquin vulgaire, ce Fogg avait fait le grand tour et traversé les trois quarts du globe, afin de gagner plus sûrement le continent américain, où il mangerait tranquillement le million de la Banque, après avoir dépisté la police. Mais une fois sur la terre de l'Union, que ferait Fix ? Abandonnerait-il cet homme ? Non, cent fois non ! et jusqu'à ce qu'il eût obtenu un acte d'extradition, il ne le quitterait pas d'une semelle. C'était son devoir, et il l'accomplirait jusqu'au bout. En tout cas, une circonstance heureuse s'était produite : Passepartout n'était plus auprès de son maître, et surtout, après les confidences de Fix, il était important que le maître et le serviteur ne se revissent jamais.

Fix, seated in the bow, gave himself up to meditation. He kept apart from his fellow-travellers, knowing Mr. Fogg's taciturn tastes; besides, he did not quite like to talk to the man whose favours he had accepted. He was thinking, too, of the future. It seemed certain that Fogg would not stop at Yokohama, but would at once take the boat for San Francisco; and the vast extent of America would ensure him impunity and safety. Fogg's plan appeared to him the simplest in the world. Instead of sailing directly from England to the United States, like a common villain, he had traversed three quarters of the globe, so as to gain the American continent more surely; and there, after throwing the police off his track, he would quietly enjoy himself with the fortune stolen from the bank. But, once in the United States, what should he, Fix, do? Should he abandon this man? No, a hundred times no! Until he had secured his extradition, he would not lose sight of him for an hour. It was his duty, and he would fulfil it to the end. At all events, there was one thing to be thankful for; Passepartout was not with his master; and it was above all important, after the confidences Fix had imparted to him, that the servant should never have speech with his master.

Phileas Fogg, lui, n'était pas non plus sans songer à son domestique, si singulièrement disparu. Toutes réflexions faites, il ne lui sembla pas impossible que, par suite d'un malentendu, le pauvre garçon ne se fût embarqué sur le Carnatic, au dernier moment. C'était aussi l'opinion de Mrs. Aouda, qui regrettait profondément cet honnête serviteur, auquel elle devait tant. Il pouvait donc se faire qu'on le retrouvât à Yokohama, et, si le Carnatic l'y avait transporté, il serait aisé de le savoir.

Vers dix heures, la brise vint à fraîchir. Peut-être eût-il été prudent de prendre un ris, mais le pilote, après avoir soigneusement observé l'état du ciel, laissa la voilure telle qu'elle était établie. D'ailleurs, la Tankadère portait admirablement la toile, ayant un grand tirant d'eau, et tout était paré à amener rapidement, en cas de grain.

A minuit, Phileas Fogg et Mrs. Aouda descendirent dans la cabine. Fix les y avait précédés, et s'était étendu sur l'un des cadres. Quant au pilote et à ses hommes, ils demeurèrent toute la nuit sur le pont.

Phileas Fogg was also thinking of Passepartout, who had so strangely disappeared. Looking at the matter from every point of view, it did not seem to him impossible that, by some mistake, the man might have embarked on the Carnatic at the last moment; and this was also Aouda's opinion, who regretted very much the loss of the worthy fellow to whom she owed so much. They might then find him at Yokohama; for, if the Carnatic was carrying him thither, it would be easy to ascertain if he had been on board.

A brisk breeze arose about ten o'clock; but, though it might have been prudent to take in a reef, the pilot, after carefully examining the heavens, let the craft remain rigged as before. The Tankadere bore sail admirably, as she drew a great deal of water, and everything was prepared for high speed in case of a gale.

Mr. Fogg and Aouda descended into the cabin at midnight, having been already preceded by Fix, who had lain down on one of the cots. The pilot and crew remained on deck all night.

Jules Verne

Le lendemain, 8 novembre, au lever du soleil, la goélette avait fait plus de cent milles. Le loch, souvent jeté, indiquait que la moyenne de sa vitesse était entre huit et neuf milles. La Tankadère avait du largue dans ses voiles qui portaient toutes et elle obtenait, sous cette allure, son maximum de rapidité. Si le vent tenait dans ces conditions, les chances étaient pour elle. La Tankadère, pendant toute cette journée, ne s'éloigna pas sensiblement de la côte, dont les courants lui étaient favorables. Elle l'avait à cinq milles au plus par sa hanche de bâbord, et cette côte, irrégulièrement profilée, apparaissait parfois à travers quelques éclaircies. Le vent venant de terre, la mer était moins forte par là même : circonstance heureuse pour la goélette, car les embarcations d'un petit tonnage souffrent surtout de la houle qui rompt leur vitesse, qui « les tue », pour employer l'expression maritime.

Vers midi, la brise mollit un peu et hâla le sud-est. Le pilote fit établir les flèches ; mais au bout de deux heures, il fallut les amener, car le vent fraîchissait à nouveau.

At sunrise the next day, which was 8th November, the boat had made more than one hundred miles. The log indicated a mean speed of between eight and nine miles. The Tankadere still carried all sail, and was accomplishing her greatest capacity of speed. If the wind held as it was, the chances would be in her favour. During the day she kept along the coast, where the currents were favourable; the coast, irregular in profile, and visible sometimes across the clearings, was at most five miles distant. The sea was less boisterous, since the wind came off land--a fortunate circumstance for the boat, which would suffer, owing to its small tonnage, by a heavy surge on the sea.

The breeze subsided a little towards noon, and set in from the south-west. The pilot put up his poles, but took them down again within two hours, as the wind freshened up anew.

Mr. Fogg et la jeune femme, fort heureusement réfractaires au mal de mer, mangèrent avec appétit les conserves et le biscuit du bord. Fix fut invité à partager leur repas et dut accepter, sachant bien qu'il est aussi nécessaire de lester les estomacs que les bateaux, mais cela le vexait ! Voyager aux frais de cet homme, se nourrir de ses propres vivres, il trouvait à cela quelque chose de peu loyal. Il mangea cependant, -- sur le pouce, il est vrai, -- mais enfin il mangea. Toutefois, ce repas terminé, il crut devoir prendre le sieur Fogg à part, et il lui dit : « Monsieur... » Ce « monsieur » lui écorchait les lèvres, et il se retenait pour ne pas mettre la main au collet de ce « monsieur »! « Monsieur, vous avez été fort obligeant en m'offrant passage à votre bord. Mais, bien que mes ressources ne me permettent pas d'agir aussi largement que vous, j'entends payer ma part...	*Mr. Fogg and Aouda, happily unaffected by the roughness of the sea, ate with a good appetite, Fix being invited to share their repast, which he accepted with secret chagrin. To travel at this man's expense and live upon his provisions was not palatable to him. Still, he was obliged to eat, and so he ate. When the meal was over, he took Mr. Fogg apart, and said, "sir"--this "sir" scorched his lips, and he had to control himself to avoid collaring this "gentleman"--"sir, you have been very kind to give me a passage on this boat. But, though my means will not admit of my expending them as freely as you, I must ask to pay my share--"*
-- Ne parlons pas de cela, monsieur, répondit Mr. Fogg. -- Mais si, je tiens... -- Non, monsieur, répéta Fogg d'un ton qui n'admettait pas de réplique. Cela entre dans les frais généraux ! » Fix s'inclina, il étouffait, et, allant s'étendre sur l'avant de la goélette, il ne dit plus un mot de la journée.	*"Let us not speak of that, sir," replied Mr. Fogg.* *"But, if I insist--"* *"No, sir," repeated Mr. Fogg, in a tone which did not admit of a reply. "This enters into my general expenses."* *Fix, as he bowed, had a stifled feeling, and, going forward, where he ensconced himself, did not open his mouth for the rest of the day.*

Cependant on filait rapidement. John Bunsby avait bon espoir. Plusieurs fois il dit à Mr. Fogg qu'on arriverait en temps voulu à Shangaï. Mr. Fogg répondit simplement qu'il y comptait. D'ailleurs, tout l'équipage de la petite goélette y mettait du zèle. La prime affriolait ces braves gens. Aussi, pas une écoute qui ne fût consciencieusement raidie ! Pas une voile qui ne fût vigoureusement étarquée ! Pas une embardée que l'on pût reprocher à l'homme de barre ! On n'eût pas manoeuvré plus sévèrement dans une régate du Royal-Yacht-Club.	*Meanwhile they were progressing famously, and John Bunsby was in high hope. He several times assured Mr. Fogg that they would reach Shanghai in time; to which that gentleman responded that he counted upon it. The crew set to work in good earnest, inspired by the reward to be gained. There was not a sheet which was not tightened, not a sail which was not vigorously hoisted; not a lurch could be charged to the man at the helm. They worked as desperately as if they were contesting in a Royal yacht regatta.*
Le soir, le pilote avait relevé au loch un parcours de deux cent vingt milles depuis Hong-Kong, et Phileas Fogg pouvait espérer qu'en arrivant à Yokohama, il n'aurait aucun retard à inscrire à son programme. Ainsi donc, le premier contretemps sérieux qu'il eût éprouvé depuis son départ de Londres ne lui causerait probablement aucun préjudice.	*By evening, the log showed that two hundred and twenty miles had been accomplished from Hong Kong, and Mr. Fogg might hope that he would be able to reach Yokohama without recording any delay in his journal; in which case, the many misadventures which had overtaken him since he left London would not seriously affect his journey.*
Pendant la nuit, vers les premières heures du matin, la Tankadère entrait franchement dans le détroit de Fo-Kien, qui sépare la grande île Formose de la côte chinoise, et elle coupait le tropique du Cancer. La mer était très dure dans ce détroit, plein de remous formés par les contre-courants. La goélette fatigua beaucoup. Les lames courtes brisaient sa marche. Il devint très difficile de se tenir debout sur le pont.	*The Tankadere entered the Straits of Fo-Kien, which separate the island of Formosa from the Chinese coast, in the small hours of the night, and crossed the Tropic of Cancer. The sea was very rough in the straits, full of eddies formed by the counter-currents, and the chopping waves broke her course, whilst it became very difficult to stand on deck.*

Avec le lever du jour, le vent fraîchit encore. Il y avait dans le ciel l'apparence d'un coup de vent. Du reste, le baromètre annonçait un changement prochain de l'atmosphère ; sa marche diurne était irrégulière, et le mercure oscillait capricieusement. On voyait aussi la mer se soulever vers le sud-est en longues houles « qui sentaient la tempête ». La veille, le soleil s'était couché dans une brume rouge, au milieu des scintillations phosphorescentes de l'océan.	At daybreak the wind began to blow hard again, and the heavens seemed to predict a gale. The barometer announced a speedy change, the mercury rising and falling capriciously; the sea also, in the south-east, raised long surges which indicated a tempest. The sun had set the evening before in a red mist, in the midst of the phosphorescent scintillations of the ocean.
Le pilote examina longtemps ce mauvais aspect du ciel et murmura entre ses dents des choses peu intelligibles. A un certain moment, se trouvant près de son passager : « On peut tout dire à Votre Honneur ? dit-il à voix basse.	John Bunsby long examined the threatening aspect of the heavens, muttering indistinctly between his teeth. At last he said in a low voice to Mr. Fogg, "Shall I speak out to your honour?"
-- Tout, répondit Phileas Fogg.	"Of course."
-- Eh bien, nous allons avoir un coup de vent.	"Well, we are going to have a squall."
-- Viendra-t-il du nord ou du sud ? demanda simplement Mr. Fogg.	"Is the wind north or south?" asked Mr. Fogg quietly.
-- Du sud. Voyez. C'est un typhon qui se prépare !	"South. Look! a typhoon is coming up."
-- Va pour le typhon du sud, puisqu'il nous poussera du bon côté, répondit Mr. Fogg.	"Glad it's a typhoon from the south, for it will carry us forward."
-- Si vous le prenez comme cela, répliqua le pilote, je n'ai plus rien à dire ! »	"Oh, if you take it that way," said John Bunsby, "I've nothing more to say."
Les pressentiments de John Bunsby ne le trompaient pas. A une époque moins avancée de l'année, le typhon, suivant l'expression d'un célèbre météorologiste, se fût écoulé comme une cascade lumineuse de flammes électriques, mais en équinoxe hiver il était à craindre qu'il ne se déchaînât avec violence.	John Bunsby's suspicions were confirmed. At a less advanced season of the year the typhoon, according to a famous meteorologist, would have passed away like a luminous cascade of electric flame; but in the winter equinox it was to be feared that it would burst upon them with great violence.

Le pilote prit ses précautions par avance. Il fit serrer toutes les voiles de la goélette et amener les vergues sur le pont. Les mots de flèche furent dépassés. On rentra le bout-dehors. Les panneaux furent condamnés avec soin. Pas une goutte d'eau ne pouvait, dès lors, pénétrer dans la coque de l'embarcation. Une seule voile triangulaire, un tourmentin de forte toile, fut hissé en guise de trinquette, de manière à maintenir la goélette vent arrière. Et on attendit.

John Bunsby avait engagé ses passagers à descendre dans la cabine ; mais, dans un étroit espace, à peu près privé d'air, et par les secousses de la houle, cet emprisonnement n'avait rien d'agréable. Ni Mr. Fogg, ni Mrs. Aouda, ni Fix lui-même ne consentirent à quitter le pont.

Vers huit heures, la bourrasque de pluie et de rafale tomba à bord. Rien qu'avec son petit morceau de toile, la Tankadère fut enlevée comme une plume par ce vent dont on ne saurait donner une idée exacte, quand il souffle en tempête. Comparer sa vitesse à la quadruple vitesse d'une locomotive lancée à toute vapeur, ce serait rester au-dessous de la vérité.

The pilot took his precautions in advance. He reefed all sail, the pole-masts were dispensed with; all hands went forward to the bows. A single triangular sail, of strong canvas, was hoisted as a storm-jib, so as to hold the wind from behind. Then they waited.

John Bunsby had requested his passengers to go below; but this imprisonment in so narrow a space, with little air, and the boat bouncing in the gale, was far from pleasant. Neither Mr. Fogg, Fix, nor Aouda consented to leave the deck.

The storm of rain and wind descended upon them towards eight o'clock. With but its bit of sail, the Tankadere was lifted like a feather by a wind, an idea of whose violence can scarcely be given. To compare her speed to four times that of a locomotive going on full steam would be below the truth.

Pendant toute la journée, l'embarcation courut ainsi vers le nord, emportée par les lames monstrueuses, en conservant heureusement une rapidité égale à la leur. Vingt fois elle faillit être coiffée par une de ces montagnes d'eau qui se dressaient à l'arrière ; mais un adroit coup de barre, donné par le pilote, parait la catastrophe. Les passagers étaient quelquefois couverts en grand par les embruns qu'ils recevaient philosophiquement. Fix maugréait sans doute, mais l'intrépide Aouda, les yeux fixés sur son compagnon, dont elle ne pouvait qu'admirer le sang-froid, se montrait digne de lui et bravait la tourmente à ses côtés. Quant à Phileas Fogg, il semblait que ce typhon fût partie de son programme.

The boat scudded thus northward during the whole day, borne on by monstrous waves, preserving always, fortunately, a speed equal to theirs. Twenty times she seemed almost to be submerged by these mountains of water which rose behind her; but the adroit management of the pilot saved her. The passengers were often bathed in spray, but they submitted to it philosophically. Fix cursed it, no doubt; but Aouda, with her eyes fastened upon her protector, whose coolness amazed her, showed herself worthy of him, and bravely weathered the storm. As for Phileas Fogg, it seemed just as if the typhoon were a part of his programme.

Jusqu'alors la Tankadère avait toujours fait route au nord ; mais vers le soir, comme on pouvait le craindre, le vent, tournant de trois quarts, hâla le nord-ouest. La goélette, prêtant alors le flanc à la lame, fut effroyablement secouée. La mer la frappait avec une violence bien faite pour effrayer, quand on ne sait pas avec quelle solidité toutes les parties d'un bâtiment sont reliées entre elles. Avec la nuit, la tempête s'accentua encore. En voyant l'obscurité se faire, et avec l'obscurité s'accroître la tourmente, John Bunsby ressentit de vives inquiétudes. Il se demanda s'il ne serait pas temps de relâcher, et il consulta son équipage. Ses hommes consultés, John Bunsby s'approcha de Mr. Fogg, et lui dit : « Je crois, Votre Honneur, que nous ferions bien de gagner un des ports de la côte.

Up to this time the Tankadere had always held her course to the north; but towards evening the wind, veering three quarters, bore down from the north-west. The boat, now lying in the trough of the waves, shook and rolled terribly; the sea struck her with fearful violence. At night the tempest increased in violence. John Bunsby saw the approach of darkness and the rising of the storm with dark misgivings. He thought awhile, and then asked his crew if it was not time to slacken speed. After a consultation he approached Mr. Fogg, and said, "I think, your honour, that we should do well to make for one of the ports on the coast."

-- Je le crois aussi, répondit Phileas Fogg.

-- Ah ! fit le pilote, mais lequel ?

"I think so too."

"Ah!" said the pilot. "But which one?"

-- Je n'en connais qu'un, répondit tranquillement Mr. Fogg.

-- Et c'est !...
-- Shangaï. »

Cette réponse, le pilote fut d'abord quelques instants sans comprendre ce qu'elle signifiait, ce qu'elle renfermait d'obstination et de ténacité. Puis il s'écria :

« Eh bien, oui ! Votre Honneur a raison. A Shangaï ! »

Et la direction de la Tankadère fut imperturbablement maintenue vers le nord. Nuit vraiment terrible ! Ce fut un miracle si la petite goélette ne chavira pas. Deux fois elle fut engagée, et tout aurait été enlevé à bord, si les saisines eussent manqué. Mrs. Aouda était brisée, mais elle ne fit pas entendre une plainte. Plus d'une fois Mr. Fogg dut se précipiter vers elle pour la protéger contre la violence des lames.

Le jour reparut. La tempête se déchaînait encore avec une extrême fureur. Toutefois, le vent retomba dans le sud-est. C'était une modification favorable, et la Tankadère fit de nouveau route sur cette mer démontée, dont les lames se heurtaient alors à celles que provoquait la nouvelle aire du vent. De là un choc de contre-houles qui eût écrasé une embarcation moins solidement construite. De temps en temps on apercevait la côte à travers les brumes déchirées, mais pas un navire en vue. La Tankadère était seule à tenir la mer.

"I know of but one," returned Mr. Fogg tranquilly.

"And that is--"
"Shanghai."

The pilot, at first, did not seem to comprehend; he could scarcely realise so much determination and tenacity. Then he cried, "Well--yes! Your honour is right. To Shanghai!"

So the Tankadere kept steadily on her northward track.

The night was really terrible; it would be a miracle if the craft did not founder. Twice it could have been all over with her if the crew had not been constantly on the watch. Aouda was exhausted, but did not utter a complaint. More than once Mr. Fogg rushed to protect her from the violence of the waves.

Day reappeared. The tempest still raged with undiminished fury; but the wind now returned to the south-east. It was a favourable change, and the Tankadere again bounded forward on this mountainous sea, though the waves crossed each other, and imparted shocks and counter-shocks which would have crushed a craft less solidly built. From time to time the coast was visible through the broken mist, but no vessel was in sight. The Tankadere was alone upon the sea.

A midi, il y eut quelques symptômes d'accalmie, qui, avec l'abaissement du soleil sur l'horizon, se prononcèrent plus nettement. Le peu de durée de la tempête tenait à sa violence même. Les passagers, absolument brisés, purent manger un peu et prendre quelque repos.

There were some signs of a calm at noon, and these became more distinct as the sun descended toward the horizon. The tempest had been as brief as terrific. The passengers, thoroughly exhausted, could now eat a little, and take some repose.

La nuit fut relativement paisible. Le pilote fit rétablir ses voiles au bas ris. La vitesse de l'embarcation fut considérable. Le lendemain, 11, au lever du jour, reconnaissance faite de la côte, John Bunsby put affirmer qu'on n'était pas à cent milles de Shangaï. Cent milles, et il ne restait plus que cette journée pour les faire ! C'était le soir même que Mr. Fogg devait arriver à Shangaï, s'il ne voulait pas manquer le départ du paquebot de Yokohama. Sans cette tempête, pendant laquelle il perdit plusieurs heures, il n'eût pas été en ce moment à trente milles du port.

The night was comparatively quiet. Some of the sails were again hoisted, and the speed of the boat was very good. The next morning at dawn they espied the coast, and John Bunsby was able to assert that they were not one hundred miles from Shanghai. A hundred miles, and only one day to traverse them! That very evening Mr. Fogg was due at Shanghai, if he did not wish to miss the steamer to Yokohama. Had there been no storm, during which several hours were lost, they would be at this moment within thirty miles of their destination.

La brise mollissait sensiblement, mais heureusement la Mer tombait avec elle. La goélette se couvrit de toile. Flèches, voiles d'étais, contre-foc, tout portait, et la mer écumait sous l'étrave.

The wind grew decidedly calmer, and happily the sea fell with it. All sails were now hoisted, and at noon the Tankadere was within forty-five miles of Shanghai.

A midi, la Tankadère n'était pas à plus de quarante-cinq milles de Shangaï. Il lui restait six heures encore pour gagner ce port avant le départ du paquebot de Yokohama.

There remained yet six hours in which to accomplish that distance.

Jules Verne

Les craintes furent vives à bord. On voulait arriver à tout prix. Tous -- Phileas Fogg excepté sans doute -- sentaient leur coeur battre d'impatience. Il fallait que la petite goélette se maintînt dans une moyenne de neuf milles à l'heure, et le vent mollissait toujours ! C'était une brise irrégulière, des bouffées capricieuses venant de la côte. Elles passaient, et la mer se déridait aussitôt après leur passage. Cependant l'embarcation était si légère, ses voiles hautes, d'un fin tissu, ramassaient si bien les folles brises, que, le courant aidant, à six heures, John Bunsby ne comptait plus que dix milles jusqu'à la rivière de Shangaï, car la ville elle-même est située à une distance de douze milles au moins au-dessus de l'embouchure. A sept heures, on était encore à trois milles de Shangaï. Un formidable juron s'échappa des lèvres du pilote... La prime de deux cents livres allait évidemment lui échapper. Il regarda Mr. Fogg. Mr. Fogg était impassible, et cependant sa fortune entière se jouait à ce moment...	*All on board feared that it could not be done, and every one--Phileas Fogg, no doubt, excepted--felt his heart beat with impatience. The boat must keep up an average of nine miles an hour, and the wind was becoming calmer every moment! It was a capricious breeze, coming from the coast, and after it passed the sea became smooth. Still, the Tankadere was so light, and her fine sails caught the fickle zephyrs so well, that, with the aid of the currents John Bunsby found himself at six o'clock not more than ten miles from the mouth of Shanghai River. Shanghai itself is situated at least twelve miles up the stream. At seven they were still three miles from Shanghai. The pilot swore an angry oath; the reward of two hundred pounds was evidently on the point of escaping him. He looked at Mr. Fogg. Mr. Fogg was perfectly tranquil; and yet his whole fortune was at this moment at stake.*
A ce moment aussi, un long fuseau noir, couronné d'un panache de fumée, apparut au ras de l'eau. C'était le paquebot américain, qui sortait à l'heure réglementaire.	*At this moment, also, a long black funnel, crowned with wreaths of smoke, appeared on the edge of the waters. It was the American steamer, leaving for Yokohama at the appointed time.*
« Malédiction ! s'écria John Bunsby, qui repoussa la barre d'un bras désespéré.	*"Confound her!" cried John Bunsby, pushing back the rudder with a desperate jerk.*
-- Des signaux ! » dit simplement Phileas Fogg. Un petit canon de bronze s'allongeait à l'avant de la Tankadère. Il servait à faire des signaux par les temps de brume.	*"Signal her!" said Phileas Fogg quietly. A small brass cannon stood on the forward deck of the Tankadere, for making signals in the fogs.*

Le canon fut chargé jusqu'à la gueule, mais au moment où le pilote allait appliquer un charbon ardent sur la lumière : « Le pavillon en berne », dit Mr. Fogg.	*It was loaded to the muzzle; but just as the pilot was about to apply a red-hot coal to the touchhole, Mr. Fogg said, "Hoist your flag!"*
Le pavillon fut amené à mi-mât. C'était un signal de détresse, et l'on pouvait espérer que le paquebot américain, l'apercevant, modifierait un instant sa route pour rallier l'embarcation.	*The flag was run up at half-mast, and, this being the signal of distress, it was hoped that the American steamer, perceiving it, would change her course a little, so as to succour the pilot-boat.*
« Feu ! » dit Mr. Fogg.	*"Fire!" said Mr. Fogg.*
Et la détonation du petit canon de bronze éclata dans l'air.	*And the booming of the little cannon resounded in the air.*

XXII OÙ PASSEPARTOUT VOIT BIEN QUE, MÊME AUX ANTIPODES, IL EST PRUDENT D'AVOIR QUELQUE ARGENT DANS SA POCHE

Chapter XXII IN WHICH PASSEPARTOUT FINDS OUT THAT, EVEN AT THE ANTIPODES, IT IS CONVENIENT TO HAVE SOME MONEY IN ONE'S POCKET

Le Carnatic ayant quitté Hong-Kong, le 7 novembre, à six heures et demie du soir, se dirigeait à toute vapeur vers les terres du Japon. Il emportait un plein chargement de marchandises et de passagers. Deux cabines de l'arrière restaient inoccupées. C'étaient celles qui avaient été retenues pour le compte de Mr. Phileas Fogg.	*The Carnatic, setting sail from Hong Kong at half-past six on the 7th of November, directed her course at full steam towards Japan. She carried a large cargo and a well-filled cabin of passengers. Two state-rooms in the rear were, however, unoccupied-- those which had been engaged by Phileas Fogg.*
Le lendemain matin, les hommes de l'avant pouvaient voir, non sans quelque surprise, un passager, l'oeil à demi hébété, la démarche branlante, la tête ébouriffée, qui sortait du capot des secondes et venait en titubant s'asseoir sur une drome.	*The next day a passenger with a half-stupefied eye, staggering gait, and disordered hair, was seen to emerge from the second cabin, and to totter to a seat on deck.*

Jules Verne

Ce passager, c'était Passepartout en personne. Voici ce qui était arrivé. Quelques instants après que Fix eut quitté la tabagie, deux garçons avaient enlevé Passepartout profondément endormi, et l'avaient couché sur le lit réservé aux fumeurs. Mais trois heures plus tard, Passepartout, poursuivi jusque dans ses cauchemars par une idée fixe, se réveillait et luttait contre l'action stupéfiante du narcotique. La pensée du devoir non accompli secouait sa torpeur. Il quittait ce lit d'ivrognes, et trébuchant, s'appuyant aux murailles, tombant et se relevant, mais toujours et irrésistiblement poussé par une sorte d'instinct, il sortait de la tabagie, criant comme dans un rêve : « Le Carnatic ! le Carnatic ! »

Le paquebot était là fumant, prêt à partir. Passepartout n'avait que quelques pas à faire. Il s'élança sur le pont volant, il franchit la coupée et tomba inanimé à l'avant, au moment où le Carnatic larguait ses amarres. Quelques matelots, en gens habitués à ces sortes de scènes, descendirent le pauvre garçon dans une cabine des secondes, et Passepartout ne se réveilla que le lendemain matin, à cent cinquante milles des terres de la Chine. Voilà donc pourquoi, ce matin-là, Passepartout se trouvait sur le pont du Carnatic, et venait humer à pleine gorgées les fraîches brises de la mer. Cet air pur le dégrisa. Il commença à rassembler ses idées et n'y parvint pas sans peine. Mais, enfin, il se rappela les scènes de la veille, les confidences de Fix, la tabagie, etc.

« Il est évident, se dit-il, que j'ai été abominablement grisé ! Que va dire Mr. Fogg ? En tout cas, je n'ai pas manqué le bateau, et c'est le principal. » Puis, songeant à Fix :

It was Passepartout; and what had happened to him was as follows: Shortly after Fix left the opium den, two waiters had lifted the unconscious Passepartout, and had carried him to the bed reserved for the smokers. Three hours later, pursued even in his dreams by a fixed idea, the poor fellow awoke, and struggled against the stupefying influence of the narcotic. The thought of a duty unfulfilled shook off his torpor, and he hurried from the abode of drunkenness. Staggering and holding himself up by keeping against the walls, falling down and creeping up again, and irresistibly impelled by a kind of instinct, he kept crying out, "The Carnatic! the Carnatic!"

The steamer lay puffing alongside the quay, on the point of starting. Passepartout had but few steps to go; and, rushing upon the plank, he crossed it, and fell unconscious on the deck, just as the Carnatic was moving off. Several sailors, who were evidently accustomed to this sort of scene, carried the poor Frenchman down into the second cabin, and Passepartout did not wake until they were one hundred and fifty miles away from China. Thus he found himself the next morning on the deck of the Carnatic, and eagerly inhaling the exhilarating sea-breeze. The pure air sobered him. He began to collect his sense, which he found a difficult task; but at last he recalled the events of the evening before, Fix's revelation, and the opium-house.

"It is evident," said he to himself, "that I have been abominably drunk! What will Mr. Fogg say? At least I have not missed the steamer, which is the most important thing."

« Pour celui-là, se dit-il, j'espère bien que nous en sommes débarrassés, et qu'il n'a pas osé, après ce qu'il m'a proposé, nous suivre sur le Carnatic. Un inspecteur de police, un détective aux trousses de mon maître, accusé de ce vol commis à la Banque d'Angleterre ! Allons donc ! Mr. Fogg est un voleur comme je suis un assassin ! »	*Then, as Fix occurred to him: "As for that rascal, I hope we are well rid of him, and that he has not dared, as he proposed, to follow us on board the Carnatic. A detective on the track of Mr. Fogg, accused of robbing the Bank of England! Pshaw! Mr. Fogg is no more a robber than I am a murderer."*
Passepartout devait-il raconter ces choses à son maître ? Convenait-il de lui apprendre le rôle joué par Fix dans cette affaire ? Ne ferait-il pas mieux d'attendre son arrivée à Londres, pour lui dire qu'un agent de la police métropolitaine l'avait filé autour du monde, et pour en rire avec lui ? Oui, sans doute. En tout cas, question à examiner. Le plus pressé, c'était de rejoindre Mr. Fogg et de lui faire agréer ses excuses pour cette inqualifiable conduite.	*Should he divulge Fix's real errand to his master? Would it do to tell the part the detective was playing? Would it not be better to wait until Mr. Fogg reached London again, and then impart to him that an agent of the metropolitan police had been following him round the world, and have a good laugh over it? No doubt; at least, it was worth considering. The first thing to do was to find Mr. Fogg, and apologise for his singular behaviour.*
Passepartout se leva donc. La mer était houleuse, et le paquebot roulait fortement. Le digne garçon, aux jambes peu solides encore, gagna tant bien que mal l'arrière du navire. Sur le pont, il ne vit personne qui ressemblât ni à son maître, ni à Mrs. Aouda.	*Passepartout got up and proceeded, as well as he could with the rolling of the steamer, to the after-deck. He saw no one who resembled either his master or Aouda.*
« Bon, fit-il, Mrs. Aouda est encore couchée à cette heure. Quant à Mr. Fogg, il aura trouvé quelque joueur de whist, et suivant son habitude... »	*"Good!" muttered he; "Aouda has not got up yet, and Mr. Fogg has probably found some partners at whist."*
Ce disant, Passepartout descendit au salon. Mr. Fogg n'y était pas. Passepartout n'avait qu'une chose à faire : c'était de demander au purser quelle cabine occupait Mr. Fogg. Le purser lui répondit qu'il ne connaissait aucun passager de ce nom.	*He descended to the saloon. Mr. Fogg was not there. Passepartout had only, however, to ask the purser the number of his master's state-room. The purser replied that he did not know any passenger by the name of Fogg.*
« Pardonnez-moi, dit Passepartout en insistant. Il s'agit d'un gentleman, grand, froid, peu communicatif, accompagné d'une jeune dame...	*"I beg your pardon," said Passepartout persistently. "He is a tall gentleman, quiet, and not very talkative, and has with him a young lady--"*

-- Nous n'avons pas de jeune dame à bord, répondit le purser. Au surplus, voici la liste des passagers. Vous pouvez la consulter. »

Passepartout consulta la liste... Le nom de son maître n'y figurait pas. Il eut comme un éblouissement. Puis une idée lui traversa le cerveau.

« Ah çà ! je suis bien sur le Carnatic ? s'écria-t-il.

-- Oui, répondit le purser.
-- En route pour Yokohama ?
-- Parfaitement. »

Passepartout avait eu un instant cette crainte de s'être trompé de navire ! Mais s'il était sur le Carnatic, il était certain que son maître ne s'y trouvait pas.

Passepartout se laissa tomber sur un fauteuil. C'était un coup de foudre. Et, soudain, la lumière se fit en lui. Il se rappela que l'heure du départ du Carnatic avait été avancée, qu'il devait prévenir son maître, et qu'il ne l'avait pas fait ! C'était donc sa faute si Mr. Fogg et Mrs. Aouda avaient manqué ce départ ! Sa faute, oui, mais plus encore celle du traître qui, pour le séparer de son maître, pour retenir celui-ci à Hong-Kong, l'avait enivré! Car il comprit enfin la manoeuvre de l'inspecteur de police. Et maintenant, Mr. Fogg, à coup sûr ruiné, son pari perdu, arrêté, emprisonné peut-être !... Passepartout, à cette pensée, s'arracha les cheveux. Ah ! si jamais Fix lui tombait sous la main, quel règlement de comptes !

"There is no young lady on board," interrupted the purser. "Here is a list of the passengers; you may see for yourself."

Passepartout scanned the list, but his master's name was not upon it. All at once an idea struck him.

"Ah! am I on the Carnatic?"

"Yes."

"On the way to Yokohama?"

"Certainly."

Passepartout had for an instant feared that he was on the wrong boat; but, though he was really on the Carnatic, his master was not there.

He fell thunderstruck on a seat. He saw it all now. He remembered that the time of sailing had been changed, that he should have informed his master of that fact, and that he had not done so. It was his fault, then, that Mr. Fogg and Aouda had missed the steamer. Yes, but it was still more the fault of the traitor who, in order to separate him from his master, and detain the latter at Hong Kong, had inveigled him into getting drunk! He now saw the detective's trick; and at this moment Mr. Fogg was certainly ruined, his bet was lost, and he himself perhaps arrested and imprisoned! At this thought Passepartout tore his hair. Ah, if Fix ever came within his reach, what a settling of accounts there would be!

Enfin, après le premier moment d'accablement, Passepartout reprit son sang-froid et étudia la situation. Elle était peu enviable. Le Français se trouvait en route pour le Japon. Certain d'y arriver, comment en reviendrait-il ? Il avait la poche vide. Pas un shilling, pas un penny ! Toutefois, son passage et sa nourriture à bord étaient payés d'avance. Il avait donc cinq ou six jours devant lui pour prendre un parti. S'il mangea et but pendant cette traversée, cela ne saurait se décrire. Il mangea pour son maître, pour Mrs. Aouda et pour lui-même. Il mangea comme si le Japon, où il allait aborder, eût été un pays désert, dépourvu de toute substance comestible.

Le 13, à la marée du matin, le Carnatic entrait dans le port de Yokohama. Ce point est une relâche importante du Pacifique, où font escale tous les steamers employés au service de la poste et des voyageurs entre l'Amérique du Nord, la Chine, le Japon et les îles de la Malaisie. Yokohama est située dans la baie même de Yeddo, à peu de distance de cette immense ville, seconde capitale de l'empire japonais, autrefois résidence du taïkoun, du temps que cet empereur civil existait, et rivale de Meako, la grande cité qu'habite le mikado, empereur ecclésiastique, descendant des dieux.

After his first depression, Passepartout became calmer, and began to study his situation. It was certainly not an enviable one. He found himself on the way to Japan, and what should he do when he got there? His pocket was empty; he had not a solitary shilling, not so much as a penny. His passage had fortunately been paid for in advance; and he had five or six days in which to decide upon his future course. He fell to at meals with an appetite, and ate for Mr. Fogg, Aouda, and himself. He helped himself as generously as if Japan were a desert, where nothing to eat was to be looked for.

At dawn on the 13th the Carnatic entered the port of Yokohama. This is an important port of call in the Pacific, where all the mail-steamers, and those carrying travellers between North America, China, Japan, and the Oriental islands put in. It is situated in the bay of Yeddo, and at but a short distance from that second capital of the Japanese Empire, and the residence of the Tycoon, the civil Emperor, before the Mikado, the spiritual Emperor, absorbed his office in his own. The Carnatic anchored at the quay near the custom-house, in the midst of a crowd of ships bearing the flags of all nations.

Le Carnatic vint se ranger au quai de Yokohama, près des jetées du port et des magasins de la douane, au milieu de nombreux navires appartenant à toutes les nations. Passepartout mit le pied, sans aucun enthousiasme, sur cette terre si curieuse des Fils du Soleil. Il n'avait rien de mieux à faire que de prendre le hasard pour guide, et d'aller à l'aventure par les rues de la ville. Passepartout se trouva d'abord dans une cité absolument européenne, avec des maisons à basses façades, ornées de vérandas sous lesquelles se développaient d'élégants péristyles, et qui couvrait de ses rues, de ses places, de ses docks, de ses entrepôts, tout l'espace compris depuis le promontoire du Traité jusqu'à la rivière. Là, comme à Hong-Kong, comme à Calcutta, fourmillait un pêle-mêle de gens de toutes races, Américains, Anglais, Chinois, Hollandais, marchands prêts à tout vendre et à tout acheter, au milieu desquels le Français se trouvait aussi étranger que s'il eût été jeté au pays des Hottentots.

Passepartout avait bien une ressource : c'était de se recommander près des agents consulaires français ou anglais établis à Yokohama ; mais il lui répugnait de raconter son histoire, si intimement mêlée à celle de son maître, et avant d'en venir là, il voulait avoir épuisé toutes les autres chances. Donc, après avoir parcouru la partie européenne de la ville, sans que le hasard l'eût en rien servi, il entra dans la partie japonaise, décidé, s'il le fallait, à pousser jusqu'à Yeddo.

Passepartout went timidly ashore on this so curious territory of the Sons of the Sun. He had nothing better to do than, taking chance for his guide, to wander aimlessly through the streets of Yokohama. He found himself at first in a thoroughly European quarter, the houses having low fronts, and being adorned with verandas, beneath which he caught glimpses of neat peristyles. This quarter occupied, with its streets, squares, docks, and warehouses, all the space between the "promontory of the Treaty" and the river. Here, as at Hong Kong and Calcutta, were mixed crowds of all races, Americans and English, Chinamen and Dutchmen, mostly merchants ready to buy or sell anything. The Frenchman felt himself as much alone among them as if he had dropped down in the midst of Hottentots.

He had, at least, one resource,--to call on the French and English consuls at Yokohama for assistance. But he shrank from telling the story of his adventures, intimately connected as it was with that of his master; and, before doing so, he determined to exhaust all other means of aid. As chance did not favour him in the European quarter, he penetrated that inhabited by the native Japanese, determined, if necessary, to push on to Yeddo.

Cette portion indigène de Yokohama est appelée Benten, du nom d'une déesse de la mer, adorée sur les îles voisines. Là se voyaient d'admirables allées de sapins et de cèdres, des portes sacrées d'une architecture étrange, des ponts enfouis au milieu des bambous et des roseaux, des temples abrités sous le couvert immense et mélancolique des cèdres séculaires, des bonzeries au fond desquelles végétaient les prêtres du bouddhisme et les sectateurs de la religion de Confucius, des rues interminables où l'on eût pu recueillir une moisson d'enfants au teint rose et aux joues rouges, petits bonshommes qu'on eût dit découpés dans quelque paravent indigène, et qui se jouaient au milieu de caniches à jambes courtes et de chats jaunâtres, sans queue, très paresseux et très caressants.

The Japanese quarter of Yokohama is called Benten, after the goddess of the sea, who is worshipped on the islands round about. There Passepartout beheld beautiful fir and cedar groves, sacred gates of a singular architecture, bridges half hid in the midst of bamboos and reeds, temples shaded by immense cedar-trees, holy retreats where were sheltered Buddhist priests and sectaries of Confucius, and interminable streets, where a perfect harvest of rose-tinted and red-cheeked children, who looked as if they had been cut out of Japanese screens, and who were playing in the midst of short-legged poodles and yellowish cats, might have been gathered.

Jules Verne

Dans les rues, ce n'était que fourmillement, va-et-vient incessant : bonzes passant processionnellement en frappant leurs tambourins monotones, yakounines, officiers de douane ou de police, à chapeaux pointus incrustés de laque et portant deux sabres à leur ceinture, soldats vêtus de cotonnades bleues à raies blanches et armés de fusil à percussion, hommes d'armes du mikado, ensachés dans leur pourpoint de soie, avec haubert et cotte de mailles, et nombre d'autres militaires de toutes conditions, -- car, au Japon, la profession de soldat est autant estimée qu'elle est dédaignée en Chine. Puis, des frères quêteurs, des pèlerins en longues robes, de simples civils, chevelure lisse et d'un noir d'ébène, tête grosse, buste long, jambes grêles, taille peu élevée, teint coloré depuis les sombres nuances du cuivre jusqu'au blanc mat, mais jamais jaune comme celui des Chinois, dont les Japonais diffèrent essentiellement. Enfin, entre les voitures, les palanquins, les chevaux, les porteurs, les brouettes à voile, les « norimons » à parois de laque, les « cangos » moelleux, véritables litières en bambou, on voyait circuler, à petits pas de leur petit pied, chaussé de souliers de toile, de sandales de paille ou de socques en bois ouvragé, quelques femmes peu jolies, les yeux bridés, la poitrine déprimée, les dents noircies au goût du jour, mais portant avec élégance le vêtement national, le « kirimon », sorte de robe de chambre croisée d'une écharpe de soie, dont la large ceinture s'épanouissait derrière en un noeud extravagant, -- que les modernes Parisiennes semblent avoir emprunté aux Japonaises.

The streets were crowded with people. Priests were passing in processions, beating their dreary tambourines; police and custom-house officers with pointed hats encrusted with lac and carrying two sabres hung to their waists; soldiers, clad in blue cotton with white stripes, and bearing guns; the Mikado's guards, enveloped in silken doubles, hauberks and coats of mail; and numbers of military folk of all ranks-- for the military profession is as much respected in Japan as it is despised in China--went hither and thither in groups and pairs. Passepartout saw, too, begging friars, long-robed pilgrims, and simple civilians, with their warped and jet-black hair, big heads, long busts, slender legs, short stature, and complexions varying from copper-colour to a dead white, but never yellow, like the Chinese, from whom the Japanese widely differ. He did not fail to observe the curious equipages--carriages and palanquins, barrows supplied with sails, and litters made of bamboo; nor the women--whom he thought not especially handsome--who took little steps with their little feet, whereon they wore canvas shoes, straw sandals, and clogs of worked wood, and who displayed tight-looking eyes, flat chests, teeth fashionably blackened, and gowns crossed with silken scarfs, tied in an enormous knot behind an ornament which the modern Parisian ladies seem to have borrowed from the dames of Japan.

Passepartout se promena pendant quelques heures au milieu de cette foule bigarrée, regardant aussi les curieuses et opulentes boutiques, les bazars où s'entasse tout le clinquant de l'orfèvrerie japonaise, les « restaurations » ornées de banderoles et de bannières, dans lesquelles il lui était interdit d'entrer, et ces maisons de thé où se boit à pleine tasse l'eau chaude odorante, avec le « saki », liqueur tirée du riz en fermentation, et ces confortables tabagies où l'on fume un tabac très fin, et non l'opium, dont l'usage est à peu près inconnu au Japon. Puis Passepartout se trouva dans les champs, au milieu des immenses rizières. Là s'épanouissaient, avec des fleurs qui jetaient leurs dernières couleurs et leurs derniers parfums, des camélias éclatants, portés non plus sur des arbrisseaux, mais sur des arbres, et, dans les enclos de bambous, des cerisiers, des pruniers, des pommiers, que les indigènes cultivent plutôt pour leurs fleurs que pour leurs fruits, et que des mannequins grimaçants, des tourniquets criards défendent contre le bec des moineaux, des pigeons, des corbeaux et autres volatiles voraces. Pas de cèdre majestueux qui n'abritât quelque grand aigle ; pas de saule pleureur qui ne recouvrît de son feuillage quelque héron mélancoliquement perché sur une patte ; enfin, partout des corneilles, des canards, des éperviers, des oies sauvages, et grand nombre de ces grues que les Japonais traitent de « Seigneuries », et qui symbolisent pour eux la longévité et le bonheur.

En errant ainsi, Passepartout aperçut quelques violettes entre les herbes :

« Bon ! dit-il, voilà mon souper. »

Mais les ayant senties, il ne leur trouva aucun parfum.

« Pas de chance ! » pensa-t-il.

Passepartout wandered for several hours in the midst of this motley crowd, looking in at the windows of the rich and curious shops, the jewellery establishments glittering with quaint Japanese ornaments, the restaurants decked with streamers and banners, the tea-houses, where the odorous beverage was being drunk with saki, a liquor concocted from the fermentation of rice, and the comfortable smoking-houses, where they were puffing, not opium, which is almost unknown in Japan, but a very fine, stringy tobacco. He went on till he found himself in the fields, in the midst of vast rice plantations. There he saw dazzling camellias expanding themselves, with flowers which were giving forth their last colours and perfumes, not on bushes, but on trees, and within bamboo enclosures, cherry, plum, and apple trees, which the Japanese cultivate rather for their blossoms than their fruit, and which queerly-fashioned, grinning scarecrows protected from the sparrows, pigeons, ravens, and other voracious birds. On the branches of the cedars were perched large eagles; amid the foliage of the weeping willows were herons, solemnly standing on one leg; and on every hand were crows, ducks, hawks, wild birds, and a multitude of cranes, which the Japanese consider sacred, and which to their minds symbolise long life and prosperity.

As he was strolling along, Passepartout espied some violets among the shrubs.

"Good!" said he; "I'll have some supper."

But, on smelling them, he found that they were odourless.

"No chance there," thought he.

Jules Verne

Certes, l'honnête garçon avait, par prévision, aussi copieusement déjeuné qu'il avait pu avant de quitter le Carnatic ; mais après une journée de promenade, il se sentit l'estomac très creux. Il avait bien remarqué que moutons, chèvres ou porcs, manquaient absolument aux étalages des bouchers indigènes, et, comme il savait que c'est un sacrilège de tuer les boeufs, uniquement réservés aux besoins de l'agriculture, il en avait conclu que la viande était rare au Japon. Il ne se trompait pas ; mais à défaut de viande de boucherie, son estomac se fût fort accommodé des quartiers de sanglier ou de daim, des perdrix ou des cailles, de la volaille ou du poisson, dont les Japonais se nourrissent presque exclusivement avec le produit des rizières. Mais il dut faire contre fortune bon coeur, et remit au lendemain le soin de pourvoir à sa nourriture. La nuit vint. Passepartout rentra dans la ville indigène, et il erra dans les rues au milieu des lanternes multicolores, regardant les groupes de baladins exécuter leurs prestigieux exercices, et les astrologues en plein vent qui amassaient la foule autour de leur lunette. Puis il revit la rade, émaillée des feux de pêcheurs, qui attiraient le poisson à la lueur de résines enflammées.

Enfin les rues se dépeuplèrent. A la foule succédèrent les rondes des yakounines. Ces officiers, dans leurs magnifiques costumes et au milieu de leur suite, ressemblaient à des ambassadeurs, et Passepartout répétait plaisamment, chaque fois qu'il rencontrait quelque patrouille éblouissante : « Allons, bon ! encore une ambassade japonaise qui part pour l'Europe ! »

The worthy fellow had certainly taken good care to eat as hearty a breakfast as possible before leaving the Carnatic; but, as he had been walking about all day, the demands of hunger were becoming importunate. He observed that the butchers stalls contained neither mutton, goat, nor pork; and, knowing also that it is a sacrilege to kill cattle, which are preserved solely for farming, he made up his mind that meat was far from plentiful in Yokohama--nor was he mistaken; and, in default of butcher's meat, he could have wished for a quarter of wild boar or deer, a partridge, or some quails, some game or fish, which, with rice, the Japanese eat almost exclusively. But he found it necessary to keep up a stout heart, and to postpone the meal he craved till the following morning. Night came, and Passepartout re-entered the native quarter, where he wandered through the streets, lit by vari-coloured lanterns, looking on at the dancers, who were executing skilful steps and boundings, and the astrologers who stood in the open air with their telescopes. Then he came to the harbour, which was lit up by the resin torches of the fishermen, who were fishing from their boats.

The streets at last became quiet, and the patrol, the officers of which, in their splendid costumes, and surrounded by their suites, Passepartout thought seemed like ambassadors, succeeded the bustling crowd. Each time a company passed, Passepartout chuckled, and said to himself: "Good! another Japanese embassy departing for Europe!"

XXIII DANS LEQUEL LE NEZ DE PASSEPARTOUT S'ALLONGE DÉMESURÉMENT

Le lendemain, Passepartout, éreinté, affamé, se dit qu'il fallait manger à tout prix, et que le plus tôt serait le mieux. Il avait bien cette ressource de vendre sa montre, mais il fût plutôt mort de faim. C'était alors le cas ou jamais, pour ce brave garçon, d'utiliser la voix forte, sinon mélodieuse, dont la nature l'avait gratifié. Il savait quelques refrains de France et d'Angleterre, et il résolut de les essayer. Les Japonais devaient certainement être amateurs de musique, puisque tout se fait chez eux aux sons des cymbales, du tam-tam et des tambours, et ils ne pouvaient qu'apprécier les talents d'un virtuose européen.

Mais peut-être était-il un peu matin pour organiser un concert, et les dilettanti, inopinément réveillés, n'auraient peut-être pas payé le chanteur en monnaie à l'effigie du mikado. Passepartout se décida donc à attendre quelques heures ; mais, tout en cheminant, il fit cette réflexion qu'il semblerait trop bien vêtu pour un artiste ambulant, et l'idée lui vint alors d'échanger ses vêtements contre une défroque plus en harmonie avec sa position. Cet échange devait, d'ailleurs, produire une soulte, qu'il pourrait immédiatement appliquer à satisfaire son appétit.

Chapter XXIII IN WHICH PASSEPARTOUT'S NOSE BECOMES OUTRAGEOUSLY LONG

The next morning poor, jaded, famished Passepartout said to himself that he must get something to eat at all hazards, and the sooner he did so the better. He might, indeed, sell his watch; but he would have starved first. Now or never he must use the strong, if not melodious voice which nature had bestowed upon him. He knew several French and English songs, and resolved to try them upon the Japanese, who must be lovers of music, since they were for ever pounding on their cymbals, tam-tams, and tambourines, and could not but appreciate European talent.

It was, perhaps, rather early in the morning to get up a concert, and the audience prematurely aroused from their slumbers, might not possibly pay their entertainer with coin bearing the Mikado's features. Passepartout therefore decided to wait several hours; and, as he was sauntering along, it occurred to him that he would seem rather too well dressed for a wandering artist. The idea struck him to change his garments for clothes more in harmony with his project; by which he might also get a little money to satisfy the immediate cravings of hunger. The resolution taken, it remained to carry it out.

Cette résolution prise, restait à l'exécuter. Ce ne fut qu'après de longues recherches que Passepartout découvrit un brocanteur indigène, auquel il exposa sa demande. L'habit européen plut au brocanteur, et bientôt Passepartout sortait affublé d'une vieille robe japonaise et coiffé d'une sorte de turban à côtes, décoloré sous l'action du temps. Mais, en retour, quelques piécettes d'argent résonnaient dans sa poche.

« Bon, pensa-t-il, je me figurerai que nous sommes en carnaval ! »

Le premier soin de Passepartout, ainsi « japonaisé », fut d'entrer dans une « tea-house » de modeste apparence, et là, d'un reste de volaille et de quelques poignées de riz, il déjeuna en homme pour qui le dîner serait encore un problème à résoudre.

« Maintenant, se dit-il quand il fut copieusement restauré, il s'agit de ne pas perdre la tête. Je n'ai plus la ressource de vendre cette défroque contre une autre encore plus japonaise. Il faut donc aviser au moyen de quitter le plus promptement possible ce pays du Soleil, dont je ne garderai qu'un lamentable souvenir ! »

Passepartout songea alors à visiter les paquebots en partance pour l'Amérique. Il comptait s'offrir en qualité de cuisinier ou de domestique, ne demandant pour toute rétribution que le passage et la nourriture. Une fois à San Francisco, il verrait à se tirer d'affaire. L'important, c'était de traverser ces quatre mille sept cents milles du Pacifique qui s'étendent entre le Japon et le Nouveau Monde.

It was only after a long search that Passepartout discovered a native dealer in old clothes, to whom he applied for an exchange. The man liked the European costume, and ere long Passepartout issued from his shop accoutred in an old Japanese coat, and a sort of one-sided turban, faded with long use. A few small pieces of silver, moreover, jingled in his pocket.

"Good!" thought he. "I will imagine I am at the Carnival!"

His first care, after being thus "Japanesed," was to enter a tea-house of modest appearance, and, upon half a bird and a little rice, to breakfast like a man for whom dinner was as yet a problem to be solved.

"Now," thought he, when he had eaten heartily, "I mustn't lose my head. I can't sell this costume again for one still more Japanese. I must consider how to leave this country of the Sun, of which I shall not retain the most delightful of memories, as quickly as possible."

It occurred to him to visit the steamers which were about to leave for America. He would offer himself as a cook or servant, in payment of his passage and meals. Once at San Francisco, he would find some means of going on. The difficulty was, how to traverse the four thousand seven hundred miles of the Pacific which lay between Japan and the New World.

Passepartout, n'étant point homme à laisser languir une idée, se dirigea vers le port de Yokohama. Mais à mesure qu'il s'approchait des docks, son projet, qui lui avait paru si simple au moment où il en avait eu l'idée, lui semblait de plus en plus inexécutable. Pourquoi aurait-on besoin d'un cuisinier ou d'un domestique à bord d'un paquebot américain, et quelle confiance inspirerait-il, affublé de la sorte ? Quelles recommandations faire valoir ? Quelles références indiquer ?	*Passepartout was not the man to let an idea go begging, and directed his steps towards the docks. But, as he approached them, his project, which at first had seemed so simple, began to grow more and more formidable to his mind. What need would they have of a cook or servant on an American steamer, and what confidence would they put in him, dressed as he was? What references could he give?*
Comme il réfléchissait ainsi, ses regards tombèrent sur une immense affiche qu'une sorte de clown promenait dans les rues de Yokohama. Cette affiche était ainsi libellée en anglais : TROUPE JAPONAISE ACROBATIQUE DE L'HONORABLE WILLIAM BATULCAR	*As he was reflecting in this wise, his eyes fell upon an immense placard which a sort of clown was carrying through the streets. This placard, which was in English, read as follows:*
------ DERNIÈRES REPRÉSENTATIONS Avant leur départ pour les États-Unis d'Amérique DES LONGS-NEZ-LONGS-NEZ SOUS L'INVOCATION DIRECTE DU DIEU TINGOU	*ACROBATIC JAPANESE TROUPE, HONOURABLE WILLIAM BATULCAR, PROPRIETOR, LAST REPRESENTATIONS, PRIOR TO THEIR DEPARTURE TO THE UNITED STATES, OF THE LONG NOSES! LONG NOSES! UNDER THE DIRECT PATRONAGE OF THE GOD TINGOU! GREAT ATTRACTION!*
Grande Attraction ! « Les États-Unis d'Amérique ! s'écria Passepartout, voilà justement mon affaire !... »	*"The United States!" said Passepartout; "that's just what I want!"*
Il suivit l'homme-affiche, et, à sa suite, il rentra bientôt dans la ville japonaise. Un quart d'heure plus tard, il s'arrêtait devant une vaste case, que couronnaient plusieurs faisceaux de banderoles, et dont les parois extérieures représentaient, sans perspective, mais en couleurs violentes, toute une bande de jongleurs.	*He followed the clown, and soon found himself once more in the Japanese quarter. A quarter of an hour later he stopped before a large cabin, adorned with several clusters of streamers, the exterior walls of which were designed to represent, in violent colours and without perspective, a company of jugglers.*

C'était l'établissement de l'honorable Batulcar, sorte de Barnum américain, directeur d'une troupe de saltimbanques, jongleurs, clowns, acrobates, équilibristes, gymnastes, qui, suivant l'affiche, donnait ses dernières représentations avant de quitter l'empire du Soleil pour les États de l'Union.

Passepartout entra sous un péristyle qui précédait la case, et demanda Mr. Batulcar. Mr. Batulcar apparut en personne.

« Que voulez-vous ? dit-il à Passepartout, qu'il prit d'abord pour un indigène.

-- Avez-vous besoin d'un domestique ? demanda Passepartout.

-- Un domestique, s'écria le Barnum en caressant l'épaisse barbiche grise qui foisonnait sous son menton, j'en ai deux, obéissants, fidèles, qui ne m'ont jamais quitté, et qui me servent pour rien, à condition que je les nourrisse... Et les voilà, ajouta-t-il en montrant ses deux bras robustes, sillonnés de veines grosses comme des cordes de contrebasse.

-- Ainsi, je ne puis vous être bon à rien ?

-- A rien.

-- Diable ! ça m'aurait pourtant fort convenu de partir avec vous.

-- Ah çà ! dit l'honorable Batulcar, vous êtes Japonais comme je suis un singe ! Pourquoi donc êtes-vous habillé de la sorte ?

-- On s'habille comme on peut !

-- Vrai, cela. Vous êtes un Français, vous ?

-- Oui, un Parisien de Paris.

This was the Honourable William Batulcar's establishment. That gentleman was a sort of Barnum, the director of a troupe of mountebanks, jugglers, clowns, acrobats, equilibrists, and gymnasts, who, according to the placard, was giving his last performances before leaving the Empire of the Sun for the States of the Union.

Passepartout entered and asked for Mr. Batulcar, who straightway appeared in person.

"What do you want?" said he to Passepartout, whom he at first took for a native.

"Would you like a servant, sir?" asked Passepartout.

"A servant!" cried Mr. Batulcar, caressing the thick grey beard which hung from his chin. "I already have two who are obedient and faithful, have never left me, and serve me for their nourishment and here they are," added he, holding out his two robust arms, furrowed with veins as large as the strings of a bass-viol.

"So I can be of no use to you?"

"None."

"The devil! I should so like to cross the Pacific with you!"

"Ah!" said the Honourable Mr. Batulcar. "You are no more a Japanese than I am a monkey! Who are you dressed up in that way?"

"A man dresses as he can."

"That's true. You are a Frenchman, aren't you?"

"Yes; a Parisian of Paris."

-- Alors, vous devez savoir faire des grimaces ?	"Then you ought to know how to make grimaces?"
-- Ma foi, répondit Passepartout, vexé de voir sa nationalité provoquer cette demande, nous autres Français, nous savons faire des grimaces, c'est vrai, mais pas mieux que les Américains !	"Why," replied Passepartout, a little vexed that his nationality should cause this question, "we Frenchmen know how to make grimaces, it is true but not any better than the Americans do."
-- Juste. Eh bien, si je ne vous prends pas comme domestique, je peux vous prendre comme clown. Vous comprenez, mon brave. En France, on exhibe des farceurs étrangers, et à l'étranger, des farceurs français !	"True. Well, if I can't take you as a servant, I can as a clown. You see, my friend, in France they exhibit foreign clowns, and in foreign parts French clowns."
-- Ah !	"Ah!"
-- Vous êtes vigoureux, d'ailleurs ?	"You are pretty strong, eh?"
-- Surtout quand je sors de table.	"Especially after a good meal."
-- Et vous savez chanter ?	"And you can sing?"
-- Oui, répondit Passepartout, qui avait autrefois fait sa partie dans quelques concerts de rue.	"Yes," returned Passepartout, who had formerly been wont to sing in the streets.
-- Mais savez-vous chanter la tête en bas, avec une toupie tournante sur la plante du pied gauche, et un sabre en équilibre sur la plante du pied droit ?	"But can you sing standing on your head, with a top spinning on your left foot, and a sabre balanced on your right?"
-- Parbleu ! répondit Passepartout, qui se rappelait les premiers exercices de son jeune âge.	"Humph! I think so," replied Passepartout, recalling the exercises of his younger days.
-- C'est que, voyez-vous, tout est là ! » répondit l'honorable Batulcar.	"Well, that's enough," said the Honourable William Batulcar.
L'engagement fut conclu hic et nunc.	The engagement was concluded there and then.
Enfin, Passepartout avait trouvé une position. Il était engagé pour tout faire dans la célèbre troupe japonaise. C'était peu flatteur, mais avant huit jours il serait en route pour San Francisco.	Passepartout had at last found something to do. He was engaged to act in the celebrated Japanese troupe. It was not a very dignified position, but within a week he would be on his way to San Francisco.

La représentation, annoncée à grand fracas par l'honorable Batulcar, devait commencer à trois heures, et bientôt les formidables instruments d'un orchestre japonais, tambours et tam-tams, tonnaient à la porte. On comprend bien que Passepartout n'avait pu étudier un rôle, mais il devait prêter l'appui de ses solides épaules dans le grand exercice de la « grappe humaine » exécuté par les Longs-Nez du dieu Tingou. Ce « great attraction » de la représentation devait clore la série des exercices.

Avant trois heures, les spectateurs avaient envahi la vaste case. Européens et indigènes, Chinois et Japonais, hommes, femmes et enfants, se précipitaient sur les étroites banquettes et dans les loges qui faisaient face à la scène. Les musiciens étaient rentrés à l'intérieur, et l'orchestre au complet, gongs, tam-tams, cliquettes, flûtes, tambourins et grosses caisses, opéraient avec fureur.

The performance, so noisily announced by the Honourable Mr. Batulcar, was to commence at three o'clock, and soon the deafening instruments of a Japanese orchestra resounded at the door. Passepartout, though he had not been able to study or rehearse a part, was designated to lend the aid of his sturdy shoulders in the great exhibition of the "human pyramid," executed by the Long Noses of the god Tingou. This "great attraction" was to close the performance.

Before three o'clock the large shed was invaded by the spectators, comprising Europeans and natives, Chinese and Japanese, men, women and children, who precipitated themselves upon the narrow benches and into the boxes opposite the stage. The musicians took up a position inside, and were vigorously performing on their gongs, tam-tams, flutes, bones, tambourines, and immense drums.

Cette représentation fut ce que sont toutes ces exhibitions d'acrobates. Mais il faut bien avouer que les Japonais sont les premiers équilibristes du monde. L'un, armé de son éventail et de petits morceaux de papier, exécutait l'exercice si gracieux des papillons et des fleurs. Un autre, avec la fumée odorante de sa pipe, traçait rapidement dans l'air une série de mots bleuâtres, qui formaient un compliment à l'adresse de l'assemblée. Celui-ci jonglait avec des bougies allumées, qu'il éteignit successivement quand elles passèrent devant ses lèvres, et qu'il ralluma l'une à l'autre sans interrompre un seul instant sa prestigieuse jonglerie. Celui-là reproduisit, au moyen de toupies tournantes, les plus invraisemblables combinaisons ; sous sa main, ces ronflantes machines semblaient s'animer d'une vie propre dans leur interminable giration ; elles couraient sur des tuyaux de pipe, sur des tranchants de sabre, sur des fils de fer, véritables cheveux tendus d'un côté de la scène à l'autre ; elles faisaient le tour de grands vases de cristal, elles gravissaient des échelles de bambou, elles se dispersaient dans tous les coins, produisant des effets harmoniques d'un étrange caractère en combinant leurs tonalités diverses. Les jongleurs jonglaient avec elles, et elles tournaient dans l'air ; ils les lançaient comme des volants, avec des raquettes de bois, et elles tournaient toujours ; ils les fourraient dans leur poche, et quand ils les retiraient, elles tournaient encore, -- jusqu'au moment où un ressort détendu les faisait s'épanouir en gerbes d'artifice !	*The performance was much like all acrobatic displays; but it must be confessed that the Japanese are the first equilibrists in the world. One, with a fan and some bits of paper, performed the graceful trick of the butterflies and the flowers; another traced in the air, with the odorous smoke of his pipe, a series of blue words, which composed a compliment to the audience; while a third juggled with some lighted candles, which he extinguished successively as they passed his lips, and relit again without interrupting for an instant his juggling. Another reproduced the most singular combinations with a spinning-top; in his hands the revolving tops seemed to be animated with a life of their own in their interminable whirling; they ran over pipe-stems, the edges of sabres, wires and even hairs stretched across the stage; they turned around on the edges of large glasses, crossed bamboo ladders, dispersed into all the corners, and produced strange musical effects by the combination of their various pitches of tone. The jugglers tossed them in the air, threw them like shuttlecocks with wooden battledores, and yet they kept on spinning; they put them into their pockets, and took them out still whirling as before.*
Inutile de décrire ici les prodigieux exercices des acrobates et gymnastes de la troupe. Les tours de l'échelle, de la perche, de la boule, des tonneaux, etc. furent exécutés avec une précision remarquable. Mais le principal attrait de la représentation était l'exhibition de ces « Longs-Nez », étonnants équilibristes que l'Europe ne connaît pas encore.	*It is useless to describe the astonishing performances of the acrobats and gymnasts. The turning on ladders, poles, balls, barrels, &c., was executed with wonderful precision. But the principal attraction was the exhibition of the Long Noses, a show to which Europe is as yet a stranger.*

Ces Longs-Nez forment une corporation particulière placée sous l'invocation directe du dieu Tingou. Vêtus comme des hérauts du Moyen Age, ils portaient une splendide paire d'ailes à leurs épaules. Mais ce qui les distinguait plus spécialement, c'était ce long nez dont leur face était agrémentée, et surtout l'usage qu'ils en faisaient. Ces nez n'étaient rien moins que des bambous, longs de cinq, de six, de dix pieds, les uns droits, les autres courbés, ceux-ci lisses, ceux-là verruqueux. Or, c'était sur ces appendices, fixés d'une façon solide, que s'opéraient tous leurs exercices d'équilibre. Une douzaine de ces sectateurs du dieu Tingou se couchèrent sur le dos, et leurs camarades vinrent s'ébattre sur leurs nez, dressés comme des paratonnerres, sautant, voltigeant de celui-ci à celui-là, et exécutant les tours les plus invraisemblables.

The Long Noses form a peculiar company, under the direct patronage of the god Tingou. Attired after the fashion of the Middle Ages, they bore upon their shoulders a splendid pair of wings; but what especially distinguished them was the long noses which were fastened to their faces, and the uses which they made of them. These noses were made of bamboo, and were five, six, and even ten feet long, some straight, others curved, some ribboned, and some having imitation warts upon them. It was upon these appendages, fixed tightly on their real noses, that they performed their gymnastic exercises. A dozen of these sectaries of Tingou lay flat upon their backs, while others, dressed to represent lightning-rods, came and frolicked on their noses, jumping from one to another, and performing the most skilful leapings and somersaults.

Pour terminer, on avait spécialement annoncé au public la pyramide humaine, dans laquelle une cinquantaine de Longs-Nez devaient figurer le « Char de Jaggernaut ». Mais au lieu de former cette pyramide en prenant leurs épaules pour point d'appui, les artistes de l'honorable Batulcar ne devaient s'emmancher que par leur nez. Or, l'un de ceux qui formaient la base du char avait quitté la troupe, et comme il suffisait d'être vigoureux et adroit, Passepartout avait été choisi pour le remplacer.

As a last scene, a "human pyramid" had been announced, in which fifty Long Noses were to represent the Car of Juggernaut. But, instead of forming a pyramid by mounting each other's shoulders, the artists were to group themselves on top of the noses. It happened that the performer who had hitherto formed the base of the Car had quitted the troupe, and, as, to fill this part, only strength and adroitness were necessary, Passepartout had been chosen to take his place.

Certes, le digne garçon se sentit tout piteux, quand -- triste souvenir de sa jeunesse -- il eut endossé son costume du Moyen Age, orné d'ailes multicolores, et qu'un nez de six pieds lui eut été appliqué sur la face ! Mais enfin, ce nez, c'était son gagne-pain, et il en prit son parti.

Passepartout entra en scène, et vint se ranger avec ceux de ses collègues qui devaient figurer la base du Char de Jaggernaut. Tous s'étendirent à terre, le nez dressé vers le ciel. Une seconde section d'équilibristes vint se poser sur ces longs appendices, une troisième s'étagea au-dessus, puis une quatrième, et sur ces nez qui ne se touchaient que par leur pointe, un monument humain s'éleva bientôt jusqu'aux frises du théâtre. Or, les applaudissements redoublaient, et les instruments de l'orchestre éclataient comme autant de tonnerres, quand la pyramide s'ébranla, l'équilibre se rompit, un des nez de la base vint à manquer, et le monument s'écroula comme un château de cartes...

C'était la faute à Passepartout qui, abandonnant son poste, franchissant la rampe sans le secours de ses ailes, et grimpant à la galerie de droite, tombait aux pieds d'un spectateur en s'écriant : « Ah ! mon maître ! mon maître !

-- Vous ?
-- Moi !

-- Eh bien ! en ce cas, au paquebot, mon garçon !... »

The poor fellow really felt sad when-- melancholy reminiscence of his youth!--he donned his costume, adorned with vari-coloured wings, and fastened to his natural feature a false nose six feet long. But he cheered up when he thought that this nose was winning him something to eat.

He went upon the stage, and took his place beside the rest who were to compose the base of the Car of Juggernaut. They all stretched themselves on the floor, their noses pointing to the ceiling. A second group of artists disposed themselves on these long appendages, then a third above these, then a fourth, until a human monument reaching to the very cornices of the theatre soon arose on top of the noses. This elicited loud applause, in the midst of which the orchestra was just striking up a deafening air, when the pyramid tottered, the balance was lost, one of the lower noses vanished from the pyramid, and the human monument was shattered like a castle built of cards!

It was Passepartout's fault. Abandoning his position, clearing the footlights without the aid of his wings, and, clambering up to the right-hand gallery, he fell at the feet of one of the spectators, crying, "Ah, my master! my master!"

"You here?"

"Myself."

"Very well; then let us go to the steamer, young man!"

Mr. Fogg, Mrs. Aouda, qui l'accompagnait, Passepartout s'étaient précipités par les couloirs au-dehors de la case. Mais, là, ils trouvèrent l'honorable Batulcar, furieux, qui réclamait des dommages-intérêts pour « la casse ». Phileas Fogg apaisa sa fureur en lui jetant une poignée de banknotes. Et, à six heures et demie, au moment où il allait partir, Mr. Fogg et Mrs. Aouda mettaient le pied sur le paquebot américain, suivis de Passepartout, les ailes au dos, et sur la face ce nez de six pieds qu'il n'avait pas encore pu arracher de son visage !

XXIV PENDANT LEQUEL S'ACCOMPLIT LA TRAVERSÉE DE L'OCÉAN PACIFIQUE

Ce qui était arrivé en vue de Shangaï, on le comprend. Les signaux faits par la Tankadère avaient été aperçus du paquebot de Yokohama. Le capitaine, voyant un pavillon en berne, s'était dirigé vers la petite goélette. Quelques instants après, Phileas Fogg, soldant son passage au prix convenu, mettait dans la poche du patron John Bunsby cinq cent cinquante livres (13 750 F). Puis l'honorable gentleman, Mrs. Aouda et Fix étaient montés à bord du steamer, qui avait aussitôt fait route pour Nagasaki et Yokohama.

Arrivé le matin même, 14 novembre, à l'heure réglementaire, Phileas Fogg, laissant Fix aller à ses affaires, s'était rendu à bord du Carnatic, et là il apprenait, à la grande joie de Mrs. Aouda -- et peut-être à la sienne, mais du moins il n'en laissa rien paraître -- que le Français Passepartout était effectivement arrivé la veille à Yokohama.

Mr. Fogg, Aouda, and Passepartout passed through the lobby of the theatre to the outside, where they encountered the Honourable Mr. Batulcar, furious with rage. He demanded damages for the "breakage" of the pyramid; and Phileas Fogg appeased him by giving him a handful of banknotes. At half-past six, the very hour of departure, Mr. Fogg and Aouda, followed by Passepartout, who in his hurry had retained his wings, and nose six feet long, stepped upon the American steamer.

Chapter XXIV DURING WHICH MR. FOGG AND PARTY CROSS THE PACIFIC OCEAN

What happened when the pilot-boat came in sight of Shanghai will be easily guessed. The signals made by the Tankadere had been seen by the captain of the Yokohama steamer, who, espying the flag at half-mast, had directed his course towards the little craft. Phileas Fogg, after paying the stipulated price of his passage to John Busby, and rewarding that worthy with the additional sum of five hundred and fifty pounds, ascended the steamer with Aouda and Fix; and they started at once for Nagasaki and Yokohama.

They reached their destination on the morning of the 14th of November. Phileas Fogg lost no time in going on board the Carnatic, where he learned, to Aouda's great delight--and perhaps to his own, though he betrayed no emotion--that Passepartout, a Frenchman, had really arrived on her the day before.

Phileas Fogg, qui devait repartir le soir même pour San Francisco, se mit immédiatement à la recherche de son domestique. Il s'adressa, mais en vain, aux agents consulaires français et anglais, et, après avoir inutilement parcouru les rues de Yokohama, il désespérait de retrouver Passepartout, quand le hasard, ou peut-être une sorte de pressentiment, le fit entrer dans la case de l'honorable Batulcar. Il n'eût certes point reconnu son serviteur sous cet excentrique accoutrement de héraut ; mais celui-ci, dans sa position renversée, aperçut son maître à la galerie. Il ne put retenir un mouvement de son nez. De là rupture de l'équilibre, et ce qui s'ensuivit.

The San Francisco steamer was announced to leave that very evening, and it became necessary to find Passepartout, if possible, without delay. Mr. Fogg applied in vain to the French and English consuls, and, after wandering through the streets a long time, began to despair of finding his missing servant. Chance, or perhaps a kind of presentiment, at last led him into the Honourable Mr. Batulcar's theatre. He certainly would not have recognised Passepartout in the eccentric mountebank's costume; but the latter, lying on his back, perceived his master in the gallery. He could not help starting, which so changed the position of his nose as to bring the "pyramid" pell-mell upon the stage.

Voilà ce que Passepartout apprit de la bouche même de Mrs. Aouda, qui lui raconta alors comment s'était faite cette traversée de Hong-Kong à Yokohama, en compagnie d'un sieur Fix, sur la goélette la Tankadère.

All this Passepartout learned from Aouda, who recounted to him what had taken place on the voyage from Hong Kong to Shanghai on the Tankadere, in company with one Mr. Fix.

Au nom de Fix, Passepartout ne sourcilla pas. Il pensait que le moment n'était pas venu de dire à son maître ce qui s'était passé entre l'inspecteur de police et lui. Aussi, dans l'histoire que Passepartout fit de ses aventures, il s'accusa et s'excusa seulement d'avoir été surpris par l'ivresse de l'opium dans une tabagie de Yokohama.

Passepartout did not change countenance on hearing this name. He thought that the time had not yet arrived to divulge to his master what had taken place between the detective and himself; and, in the account he gave of his absence, he simply excused himself for having been overtaken by drunkenness, in smoking opium at a tavern in Hong Kong.

Jules Verne

Mr. Fogg écouta froidement ce récit, sans répondre ; puis il ouvrit à son domestique un crédit suffisant pour que celui-ci pût se procurer à bord des habits plus convenables. Et, en effet, une heure ne s'était pas écoulée, que l'honnête garçon, ayant coupé son nez et rogné ses ailes, n'avait plus rien en lui qui rappelât le sectateur du dieu Tingou.

Le paquebot faisant la traversée de Yokohama à San Francisco appartenait à la Compagnie du « Pacific Mail steam », et se nommait le General-Grant. C'était un vaste steamer à roues, jaugeant deux mille cinq cents tonnes, bien aménagé et doué d'une grande vitesse. Un énorme balancier s'élevait et s'abaissait successivement au dessus du pont ; à l'une de ses extrémités s'articulait la tige d'un piston, et à l'autre celle d'une bielle, qui, transformant le mouvement rectiligne en mouvement circulaire, s'appliquait directement à l'arbre des roues. Le General-Grant était gréé en trois-mâts goélette, et il possédait une grande surface de voilure, qui aidait puissamment la vapeur. A filer ses douze milles à l'heure, le paquebot ne devait pas employer plus de vingt et un jours pour traverser le Pacifique. Phileas Fogg était donc autorisé à croire que, rendu le 2 décembre à San Francisco, il serait le 11 à New York et le 20 à Londres, -- gagnant ainsi de quelques heures cette date fatale du 21 décembre.

Mr. Fogg heard this narrative coldly, without a word; and then furnished his man with funds necessary to obtain clothing more in harmony with his position. Within an hour the Frenchman had cut off his nose and parted with his wings, and retained nothing about him which recalled the sectary of the god Tingou.

The steamer which was about to depart from Yokohama to San Francisco belonged to the Pacific Mail Steamship Company, and was named the General Grant. She was a large paddle-wheel steamer of two thousand five hundred tons; well equipped and very fast. The massive walking-beam rose and fell above the deck; at one end a piston-rod worked up and down; and at the other was a connecting-rod which, in changing the rectilinear motion to a circular one, was directly connected with the shaft of the paddles. The General Grant was rigged with three masts, giving a large capacity for sails, and thus materially aiding the steam power. By making twelve miles an hour, she would cross the ocean in twenty-one days. Phileas Fogg was therefore justified in hoping that he would reach San Francisco by the 2nd of December, New York by the 11th, and London on the 20th--thus gaining several hours on the fatal date of the 21st of December.

Les passagers étaient assez nombreux à bord du steamer, des Anglais, beaucoup d'Américains, une véritable émigration de coolies pour l'Amérique, et un certain nombre d'officiers de l'armée des Indes, qui utilisaient leur congé en faisant le tour du monde. Pendant cette traversée il ne se produisit aucun incident nautique. Le paquebot, soutenu sur ses larges roues, appuyé par sa forte voilure, roulait peu. L'océan Pacifique justifiait assez son nom. Mr. Fogg était aussi calme, aussi peu communicatif que d'ordinaire. Sa jeune compagne se sentait de plus en plus attachée à cet homme par d'autres liens que ceux de la reconnaissance. Cette silencieuse nature, si généreuse en somme, l'impressionnait plus qu'elle ne le croyait, et c'était presque à son insu qu'elle se laissait aller à des sentiments dont l'énigmatique Fogg ne semblait aucunement subir l'influence.

There was a full complement of passengers on board, among them English, many Americans, a large number of coolies on their way to California, and several East Indian officers, who were spending their vacation in making the tour of the world. Nothing of moment happened on the voyage; the steamer, sustained on its large paddles, rolled but little, and the Pacific almost justified its name. Mr. Fogg was as calm and taciturn as ever. His young companion felt herself more and more attached to him by other ties than gratitude; his silent but generous nature impressed her more than she thought; and it was almost unconsciously that she yielded to emotions which did not seem to have the least effect upon her protector. Aouda took the keenest interest in his plans, and became impatient at any incident which seemed likely to retard his journey.

En outre, Mrs. Aouda s'intéressait prodigieusement aux projets du gentleman. Elle s'inquiétait des contrariétés qui pouvaient compromettre le succès du voyage. Souvent elle causait avec Passepartout, qui n'était point sans lire entre les lignes dans le coeur de Mrs. Aouda. Ce brave garçon avait, maintenant, à l'égard de son maître, la foi du charbonnier ; il ne tarissait pas en éloges sur l'honnêteté, la générosité, le dévouement de Phileas Fogg ; puis il rassurait Mrs. Aouda sur l'issue du voyage, répétant que le plus difficile était fait, que l'on était sorti de ces pays fantastiques de la Chine et du Japon, que l'on retournait aux contrées civilisées, et enfin qu'un train de San Francisco à New York et un transatlantique de New York à Londres suffiraient, sans doute, pour achever cet impossible tour du monde dans les délais convenus.

She often chatted with Passepartout, who did not fail to perceive the state of the lady's heart; and, being the most faithful of domestics, he never exhausted his eulogies of Phileas Fogg's honesty, generosity, and devotion. He took pains to calm Aouda's doubts of a successful termination of the journey, telling her that the most difficult part of it had passed, that now they were beyond the fantastic countries of Japan and China, and were fairly on their way to civilised places again. A railway train from San Francisco to New York, and a transatlantic steamer from New York to Liverpool, would doubtless bring them to the end of this impossible journey round the world within the period agreed upon.

Around the World in Eighty Days

Neuf jours après avoir quitté Yokohama, Phileas Fogg avait exactement parcouru la moitié du globe terrestre. En effet, le General-Grant, le 23 novembre, passait au cent quatre-vingtième méridien, celui sur lequel se trouvent, dans l'hémisphère austral, les antipodes de Londres. Sur quatre-vingts jours mis à sa disposition, Mr. Fogg, il est vrai, en avait employé cinquante-deux, et il ne lui en restait plus que vingt-huit à dépenser. Mais il faut remarquer que si le gentleman se trouvait à moitié route seulement « par la différence des méridiens », il avait en réalité accompli plus des deux tiers du parcours total. Quels détours forcés, en effet, de Londres à Aden, d'Aden à Bombay, de Calcutta à Singapore, de Singapore à Yokohama ! A suivre circulairement le cinquantième parallèle, qui est celui de Londres, la distance n'eût été que de douze mille milles environ, tandis que Phileas Fogg était forcé, par les caprices des moyens de locomotion, d'en parcourir vingt-six mille dont il avait fait environ dix-sept mille cinq cents, à cette date du 23 novembre. Mais maintenant la route était droite, et Fix n'était plus là pour y accumuler les obstacles !

On the ninth day after leaving Yokohama, Phileas Fogg had traversed exactly one half of the terrestrial globe. The General Grant passed, on the 23rd of November, the one hundred and eightieth meridian, and was at the very antipodes of London. Mr. Fogg had, it is true, exhausted fifty-two of the eighty days in which he was to complete the tour, and there were only twenty-eight left. But, though he was only half-way by the difference of meridians, he had really gone over two-thirds of the whole journey; for he had been obliged to make long circuits from London to Aden, from Aden to Bombay, from Calcutta to Singapore, and from Singapore to Yokohama. Could he have followed without deviation the fiftieth parallel, which is that of London, the whole distance would only have been about twelve thousand miles; whereas he would be forced, by the irregular methods of locomotion, to traverse twenty-six thousand, of which he had, on the 23rd of November, accomplished seventeen thousand five hundred. And now the course was a straight one, and Fix was no longer there to put obstacles in their way!

Jules Verne

Il arriva aussi que, ce 23 novembre, Passepartout éprouva une grande joie. On se rappelle que l'entêté s'était obstiné à garder l'heure de Londres à sa fameuse montre de famille, tenant pour fausses toutes les heures des pays qu'il traversait. Or, ce jour-là, bien qu'il ne l'eût jamais ni avancée ni retardée, sa montre se trouva d'accord avec les chronomètres du bord. Si Passepartout triompha, cela se comprend de reste. Il aurait bien voulu savoir ce que Fix aurait pu dire, s'il eût été présent.

« Ce coquin qui me racontait un tas d'histoires sur les méridiens, sur le soleil, sur la lune ! répétait Passepartout. Hein ! ces gens-là ! Si on les écoutait, on ferait de la belle horlogerie ! J'étais bien sûr qu'un jour ou l'autre, le soleil se déciderait à se régler sur ma montre !... »

It happened also, on the 23rd of November, that Passepartout made a joyful discovery. It will be remembered that the obstinate fellow had insisted on keeping his famous family watch at London time, and on regarding that of the countries he had passed through as quite false and unreliable. Now, on this day, though he had not changed the hands, he found that his watch exactly agreed with the ship's chronometers. His triumph was hilarious. He would have liked to know what Fix would say if he were aboard!

"The rogue told me a lot of stories," repeated Passepartout, "about the meridians, the sun, and the moon! Moon, indeed! moonshine more likely! If one listened to that sort of people, a pretty sort of time one would keep! I was sure that the sun would some day regulate itself by my watch!"

Passepartout ignorait ceci : c'est que si le cadran de sa montre eût été divisé en vingt-quatre heures comme les horloges italiennes, il n'aurait eu aucun motif de triompher, car les aiguilles de son instrument, quand il était neuf heures du matin à bord, auraient indiqué neuf heures du soir, c'est-à-dire la vingt et unième heure depuis minuit, -- différence précisément égale à celle qui existe entre Londres et le cent quatre-vingtième méridien. Mais si Fix avait été capable d'expliquer cet effet purement physique, Passepartout, sans doute, eût été incapable, sinon de le comprendre, du moins de l'admettre. Et en tout cas, si, par impossible, l'inspecteur de police se fût inopinément montré à bord en ce moment, il est probable que Passepartout, à bon droit rancunier, eût traité avec lui un sujet tout différent et d'une tout autre manière.

Or, où était Fix en ce moment ?...

Fix était précisément à bord du General-Grant.

En effet, en arrivant à Yokohama, l'agent, abandonnant Mr. Fogg qu'il comptait retrouver dans la journée, s'était immédiatement rendu chez le consul anglais. Là, il avait enfin trouvé le mandat, qui, courant après lui depuis Bombay, avait déjà quarante jours de date, -- mandat qui lui avait été expédié de Hong-Kong par ce même Carnatic à bord duquel on le croyait. Qu'on juge du désappointement du détective ! Le mandat devenait inutile ! Le sieur Fogg avait quitté les possessions anglaises ! Un acte d'extradition était maintenant nécessaire pour l'arrêter !

Passepartout was ignorant that, if the face of his watch had been divided into twenty-four hours, like the Italian clocks, he would have no reason for exultation; for the hands of his watch would then, instead of as now indicating nine o'clock in the morning, indicate nine o'clock in the evening, that is, the twenty-first hour after midnight precisely the difference between London time and that of the one hundred and eightieth meridian. But if Fix had been able to explain this purely physical effect, Passepartout would not have admitted, even if he had comprehended it. Moreover, if the detective had been on board at that moment, Passepartout would have joined issue with him on a quite different subject, and in an entirely different manner.

Where was Fix at that moment?

He was actually on board the General Grant.

On reaching Yokohama, the detective, leaving Mr. Fogg, whom he expected to meet again during the day, had repaired at once to the English consulate, where he at last found the warrant of arrest. It had followed him from Bombay, and had come by the Carnatic, on which steamer he himself was supposed to be. Fix's disappointment may be imagined when he reflected that the warrant was now useless. Mr. Fogg had left English ground, and it was now necessary to procure his extradition!

Jules Verne

« Soit ! se dit Fix, après le premier moment de colère, mon mandat n'est plus bon ici, il le sera en Angleterre. Ce coquin a tout l'air de revenir dans sa patrie, croyant avoir dépisté la police. Bien. Je le suivrai jusque-là. Quant à l'argent, Dieu veuille qu'il en reste ! Mais en voyages, en primes, en procès, en amendes, en éléphant, en frais de toute sorte, mon homme a déjà laissé plus de cinq mille livres sur sa route. Après tout, la Banque est riche ! »

Son parti pris, il s'embarqua aussitôt sur le General-Grant. Il était à bord, quand Mr. Fogg et Mrs. Aouda y arrivèrent. A son extrême surprise, il reconnut Passepartout sous son costume de héraut. Il se cacha aussitôt dans sa cabine, afin d'éviter une explication qui pouvait tout compromettre, -- et, grâce au nombre des passagers, il comptait bien n'être point aperçu de son ennemi, lorsque ce jour-là précisément il se trouva face à face avec lui sur l'avant du navire.

Passepartout sauta à la gorge de Fix, sans autre explication, et, au grand plaisir de certains Américains qui parièrent immédiatement pour lui, il administra au malheureux inspecteur une volée superbe, qui démontra la haute supériorité de la boxe française sur la boxe anglaise.

Quand Passepartout eut fini, il se trouva calme et comme soulagé. Fix se releva, en assez mauvais état, et, regardant son adversaire, il lui dit froidement : « Est-ce fini ?

-- Oui, pour l'instant.

"Well," thought Fix, after a moment of anger, "my warrant is not good here, but it will be in England. The rogue evidently intends to return to his own country, thinking he has thrown the police off his track. Good! I will follow him across the Atlantic. As for the money, heaven grant there may be some left! But the fellow has already spent in travelling, rewards, trials, bail, elephants, and all sorts of charges, more than five thousand pounds. Yet, after all, the Bank is rich!"

His course decided on, he went on board the General Grant, and was there when Mr. Fogg and Aouda arrived. To his utter amazement, he recognised Passepartout, despite his theatrical disguise. He quickly concealed himself in his cabin, to avoid an awkward explanation, and hoped--thanks to the number of passengers--to remain unperceived by Mr. Fogg's servant.

On that very day, however, he met Passepartout face to face on the forward deck. The latter, without a word, made a rush for him, grasped him by the throat, and, much to the amusement of a group of Americans, who immediately began to bet on him, administered to the detective a perfect volley of blows, which proved the great superiority of French over English pugilistic skill.

When Passepartout had finished, he found himself relieved and comforted. Fix got up in a somewhat rumpled condition, and, looking at his adversary, coldly said, "Have you done?"

"For this time--yes."

-- Alors venez me parler. -- Que je... -- Dans l'intérêt de votre maître. » Passepartout, comme subjugué par ce sang-froid, suivit l'inspecteur de police, et tous deux s'assirent à l'avant du steamer. « Vous m'avez rossé, dit Fix. Bien. A présent, écoutez-moi. Jusqu'ici j'ai été l'adversaire de Mr. Fogg, mais maintenant je suis dans son jeu. -- Enfin ! s'écria Passepartout, vous le croyez un honnête homme ? -- Non, répondit froidement Fix, je le crois un coquin... Chut ! ne bougez pas et laissez-moi dire. Tant que Mr. Fogg a été sur les possessions anglaises, j'ai eu intérêt à le retenir en attendant un mandat d'arrestation. J'ai tout fait pour cela. J'ai lancé contre lui les prêtres de Bombay, je vous ai enivré à Hong-Kong, je vous ai séparé de votre maître, je lui ai fait manquer le paquebot de Yokohama... » Passepartout écoutait, les poings fermés. « Maintenant, reprit Fix, Mr. Fogg semble retourner en Angleterre ? Soit, je le suivrai. Mais, désormais, je mettrai à écarter les obstacles de sa route autant de soin et de zèle que j'en ai mis jusqu'ici à les accumuler. Vous le voyez, mon jeu est changé, et il est changé parce que mon intérêt le veut. J'ajoute que votre intérêt est pareil au mien, car c'est en Angleterre seulement que vous saurez si vous êtes au service d'un criminel ou d'un honnête homme ! »	"Then let me have a word with you." "But I--" "In your master's interests." *Passepartout seemed to be vanquished by Fix's coolness, for he quietly followed him, and they sat down aside from the rest of the passengers.* "You have given me a thrashing," said Fix. "Good, I expected it. Now, listen to me. Up to this time I have been Mr. Fogg's adversary. I am now in his game." "Aha!" cried Passepartout; "you are convinced he is an honest man?" "No," replied Fix coldly, "I think him a rascal. Sh! don't budge, and let me speak. As long as Mr. Fogg was on English ground, it was for my interest to detain him there until my warrant of arrest arrived. I did everything I could to keep him back. I sent the Bombay priests after him, I got you intoxicated at Hong Kong, I separated you from him, and I made him miss the Yokohama steamer." *Passepartout listened, with closed fists.* "Now," resumed Fix, "Mr. Fogg seems to be going back to England. Well, I will follow him there. But hereafter I will do as much to keep obstacles out of his way as I have done up to this time to put them in his path. I've changed my game, you see, and simply because it was for my interest to change it. Your interest is the same as mine; for it is only in England that you will ascertain whether you are in the service of a criminal or an honest man."

Passepartout avait très attentivement écouté Fix, et il fut convaincu que Fix parlait avec une entière bonne foi.	Passepartout listened very attentively to Fix, and was convinced that he spoke with entire good faith.
« Sommes-nous amis ? demanda Fix.	"Are we friends?" asked the detective.
-- Amis, non, répondit Passepartout. Alliés, oui, et sous bénéfice d'inventaire, car, à la moindre apparence de trahison, je vous tords le cou.	"Friends?--no," replied Passepartout; "but allies, perhaps. At the least sign of treason, however, I'll twist your neck for you."
-- Convenu », dit tranquillement l'inspecteur de police.	"Agreed," said the detective quietly.
Onze jours après, le 3 décembre, le General-Grant entrait dans la baie de la Porte-d'Or et arrivait à San Francisco.	Eleven days later, on the 3rd of December, the General Grant entered the bay of the Golden Gate, and reached San Francisco.
Mr. Fogg n'avait encore ni gagné ni perdu un seul jour.	Mr. Fogg had neither gained nor lost a single day.
XXV OÙ L'ON DONNE UN LÉGER APERÇU DE SAN FRANCISCO, UN JOUR DE MEETING	Chapter XXV IN WHICH A SLIGHT GLIMPSE IS HAD OF SAN FRANCISCO
Il était sept heures du matin, quand Phileas Fogg, Mrs. Aouda et Passepartout prirent pied sur le continent américain, -- si toutefois on peut donner ce nom au quai flottant sur lequel ils débarquèrent. Ces quais, montant et descendant avec la marée, facilitent le chargement et le déchargement des navires. Là s'embossent les clippers de toutes dimensions, les steamers de toutes nationalités, et ces steam-boats à plusieurs étages, qui font le service du Sacramento et de ses affluents. Là s'entassent aussi les produits d'un commerce qui s'étend au Mexique, au Pérou, au Chili, au Brésil, à l'Europe, à l'Asie, à toutes les îles de l'océan Pacifique.	It was seven in the morning when Mr. Fogg, Aouda, and Passepartout set foot upon the American continent, if this name can be given to the floating quay upon which they disembarked. These quays, rising and falling with the tide, thus facilitate the loading and unloading of vessels. Alongside them were clippers of all sizes, steamers of all nationalities, and the steamboats, with several decks rising one above the other, which ply on the Sacramento and its tributaries. There were also heaped up the products of a commerce which extends to Mexico, Chili, Peru, Brazil, Europe, Asia, and all the Pacific islands.

Around the World in Eighty Days

Passepartout, dans sa joie de toucher enfin la terre américaine, avait cru devoir opérer son débarquement en exécutant un saut périlleux du plus beau style. Mais quand il retomba sur le quai dont le plancher était vermoulu, il faillit passer au travers. Tout décontenancé de la façon dont il avait « pris pied » sur le nouveau continent, l'honnête garçon poussa un cri formidable, qui fit envoler une innombrable troupe de cormorans et de pélicans, hôtes habituels des quais mobiles.

Passepartout, in his joy on reaching at last the American continent, thought he would manifest it by executing a perilous vault in fine style; but, tumbling upon some worm-eaten planks, he fell through them. Put out of countenance by the manner in which he thus "set foot" upon the New World, he uttered a loud cry, which so frightened the innumerable cormorants and pelicans that are always perched upon these movable quays, that they flew noisily away.

Mr. Fogg, aussitôt débarqué, s'informa de l'heure à laquelle partait le premier train pour New York. C'était à six heures du soir. Mr. Fogg avait donc une journée entière à dépenser dans la capitale californienne. Il fit venir une voiture pour Mrs. Aouda et pour lui. Passepartout monta sur le siège, et le véhicule, à trois dollars la course, se dirigea vers International-Hôtel.

Mr. Fogg, on reaching shore, proceeded to find out at what hour the first train left for New York, and learned that this was at six o'clock p.m.; he had, therefore, an entire day to spend in the Californian capital. Taking a carriage at a charge of three dollars, he and Aouda entered it, while Passepartout mounted the box beside the driver, and they set out for the International Hotel.

De la place élevée qu'il occupait, Passepartout observait avec curiosité la grande ville américaine : larges rues, maisons basses bien alignées, églises et temples d'un gothique anglo-saxon, docks immenses, entrepôts comme des palais, les uns en bois, les autres en brique ; dans les rues, voitures nombreuses, omnibus, « cars » de tramways, et sur les trottoirs encombrés, non seulement des Américains et des Européens, mais aussi des Chinois et des Indiens, -- enfin de quoi composer une population de plus de deux cent mille habitants.

From his exalted position Passepartout observed with much curiosity the wide streets, the low, evenly ranged houses, the Anglo-Saxon Gothic churches, the great docks, the palatial wooden and brick warehouses, the numerous conveyances, omnibuses, horse-cars, and upon the side-walks, not only Americans and Europeans, but Chinese and Indians.

Jules Verne

Passepartout fut assez surpris de ce qu'il voyait. Il en était encore à la cité légendaire de 1849, à la ville des bandits, des incendiaires et des assassins, accourus à la conquête des pépites, immense capharnaüm de tous les déclassés, où l'on jouait la poudre l'or, un revolver d'une main et un couteau de l'autre. Mais « ce beau temps » était passé. San Francisco présentait l'aspect d'une grande ville commerçante. La haute tour de l'hôtel de ville, où veillent les guetteurs, dominait tout cet ensemble de rues et d'avenues, se coupant à angles droits, entre lesquels s'épanouissaient des squares verdoyants, puis une ville chinoise qui semblait avoir été importée du Céleste Empire dans une boîte à joujoux. Plus de sombreros, plus de chemises rouges à la mode des coureurs de placers, plus d'Indiens emplumés, mais des chapeaux de soie et des habits noirs, que portaient un grand nombre de gentlemen doués d'une activité dévorante. Certaines rues, entre autres Montgommery-street -- le Régent-street de Londres, le boulevard des Italiens de Paris, le Broadway de New York --, étaient bordées de magasins splendides, qui offraient à leur étalage les produits du monde entier.

Lorsque Passepartout arriva à International-Hôtel, il ne lui semblait pas qu'il eût quitté l'Angleterre.

Passepartout was surprised at all he saw. San Francisco was no longer the legendary city of 1849--a city of banditti, assassins, and incendiaries, who had flocked hither in crowds in pursuit of plunder; a paradise of outlaws, where they gambled with gold-dust, a revolver in one hand and a bowie-knife in the other: it was now a great commercial emporium. The lofty tower of its City Hall overlooked the whole panorama of the streets and avenues, which cut each other at right-angles, and in the midst of which appeared pleasant, verdant squares, while beyond appeared the Chinese quarter, seemingly imported from the Celestial Empire in a toy-box. Sombreros and red shirts and plumed Indians were rarely to be seen; but there were silk hats and black coats everywhere worn by a multitude of nervously active, gentlemanly-looking men. Some of the streets--especially Montgomery Street, which is to San Francisco what Regent Street is to London, the Boulevard des Italiens to Paris, and Broadway to New York--were lined with splendid and spacious stores, which exposed in their windows the products of the entire world.

When Passepartout reached the International Hotel, it did not seem to him as if he had left England at all.

Le rez-de-chaussée de l'hôtel était occupé par un immense « bar », sorte de buffet ouvert gratis à tout passant. Viande sèche, soupe aux huîtres, biscuit et chester s'y débitaient sans que le consommateur eût à délier sa bourse. Il ne payait que sa boisson, ale, porto ou xérès, si sa fantaisie le portait à se rafraîchir. Cela parut « très américain » à Passepartout. Le restaurant de l'hôtel était confortable. Mr. Fogg et Mrs. Aouda s'installèrent devant une table et furent abondamment servis dans des plats lilliputiens par des Nègres du plus beau noir.	*The ground floor of the hotel was occupied by a large bar, a sort of restaurant freely open to all passers-by, who might partake of dried beef, oyster soup, biscuits, and cheese, without taking out their purses. Payment was made only for the ale, porter, or sherry which was drunk. This seemed "very American" to Passepartout. The hotel refreshment-rooms were comfortable, and Mr. Fogg and Aouda, installing themselves at a table, were abundantly served on diminutive plates by negroes of darkest hue.*
Après déjeuner, Phileas Fogg, accompagné de Mrs. Aouda, quitta l'hôtel pour se rendre aux bureaux du consul anglais afin d'y faire viser son passeport. Sur le trottoir, il trouva son domestique, qui lui demanda si, avant de prendre le chemin de fer du Pacifique, il ne serait pas prudent d'acheter quelques douzaines de carabines Enfield ou de revolvers Colt. Passepartout avait entendu parler de Sioux et de Pawnies, qui arrêtent les trains comme de simples voleurs espagnols. Mr. Fogg répondit que c'était là une précaution inutile, mais il le laissa libre d'agir comme il lui conviendrait. Puis il se dirigea vers les bureaux de l'agent consulaire.	*After breakfast, Mr. Fogg, accompanied by Aouda, started for the English consulate to have his passport visaed. As he was going out, he met Passepartout, who asked him if it would not be well, before taking the train, to purchase some dozens of Enfield rifles and Colt's revolvers. He had been listening to stories of attacks upon the trains by the Sioux and Pawnees. Mr. Fogg thought it a useless precaution, but told him to do as he thought best, and went on to the consulate.*

Phileas Fogg n'avait pas fait deux cents pas que, « par le plus grand des hasards », il rencontrait Fix. L'inspecteur se montra extrêmement surpris. Comment ! Mr. Fogg et lui avaient fait ensemble la traversée du Pacifique, et ils ne s'étaient pas rencontrés à bord ! En tout cas, Fix ne pouvait être qu'honoré de revoir le gentleman auquel il devait tant, et, ses affaires le rappelant en Europe, il serait enchanté de poursuivre son voyage en une si agréable compagnie.

Mr. Fogg répondit que l'honneur serait pour lui, et Fix -- qui tenait à ne point le perdre de vue -- lui demanda la permission de visiter avec lui cette curieuse ville de San Francisco. Ce qui fut accordé.

Voici donc Mrs. Aouda, Phileas Fogg et Fix flânant par les rues. Ils se trouvèrent bientôt dans Montgommery-street, où l'affluence du populaire était énorme. Sur les trottoirs, au milieu de la chaussée, sur les rails des tramways, malgré le passage incessant des coaches et des omnibus, au seuil des boutiques, aux fenêtres de toutes les maisons, et même jusque sur les toits, foule innombrable. Des hommes-affiches circulaient au milieu des groupes. Des bannières et des banderoles flottaient au vent. Des cris éclataient de toutes parts.

« Hurrah pour Kamerfield !
-- Hurrah pour Mandiboy ! »

C'était un meeting. Ce fut du moins la pensée de Fix, et il communiqua son idée à Mr. Fogg, en ajoutant :

« Nous ferons peut-être bien, monsieur, de ne point nous mêler à cette cohue. Il n'y a que de mauvais coups à recevoir.

He had not proceeded two hundred steps, however, when, "by the greatest chance in the world," he met Fix. The detective seemed wholly taken by surprise. What! Had Mr. Fogg and himself crossed the Pacific together, and not met on the steamer! At least Fix felt honoured to behold once more the gentleman to whom he owed so much, and, as his business recalled him to Europe, he should be delighted to continue the journey in such pleasant company.

Mr. Fogg replied that the honour would be his; and the detective--who was determined not to lose sight of him--begged permission to accompany them in their walk about San Francisco--a request which Mr. Fogg readily granted.

They soon found themselves in Montgomery Street, where a great crowd was collected; the side-walks, street, horsecar rails, the shop-doors, the windows of the houses, and even the roofs, were full of people. Men were going about carrying large posters, and flags and streamers were floating in the wind; while loud cries were heard on every hand.

"Hurrah for Camerfield!"

"Hurrah for Mandiboy!"

It was a political meeting; at least so Fix conjectured, who said to Mr. Fogg,

"Perhaps we had better not mingle with the crowd. There may be danger in it."

-- En effet, répondit Phileas Fogg, et les coups de poing, pour être politiques, n'en sont pas moins des coups de poing ! »
Fix crut devoir sourire en entendant cette observation, et, afin de voir sans être pris dans la bagarre, Mrs. Aouda, Phileas Fogg et lui prirent place sur le palier supérieur d'un escalier que desservait une terrasse, située en contre-haut de Montgommery-street. Devant eux, de l'autre côté de la rue, entre le wharf d'un marchand de charbon et le magasin d'un négociant en pétrole, se développait un large bureau en plein vent, vers lequel les divers courants de la foule semblaient converger.

Et maintenant, pourquoi ce meeting ? A quelle occasion se tenait-il ? Phileas Fogg l'ignorait absolument. S'agissait-il de la nomination d'un haut fonctionnaire militaire ou civil, d'un gouverneur d'État ou d'un membre du Congrès ? Il était permis de le conjecturer, à voir l'animation extraordinaire qui passionnait la ville.

En ce moment un mouvement considérable se produisit dans la foule. Toutes les mains étaient en l'air. Quelques-unes, solidement fermées, semblaient se lever et s'abattre rapidement au milieu des cris, -- manière énergique, sans doute, de formuler un vote. Des remous agitaient la masse qui refluait. Les bannières oscillaient, disparaissaient un instant et reparaissaient en loques. Les ondulations de la houle se propageaient jusqu'à l'escalier, tandis que toutes les têtes moutonnaient à la surface comme une mer soudainement remuée par un grain. Le nombre des chapeaux noirs diminuait à vue d'oeil, et la plupart semblaient avoir perdu de leur hauteur normale.

"Yes," returned Mr. Fogg; "and blows, even if they are political are still blows." Fix smiled at this remark; and, in order to be able to see without being jostled about, the party took up a position on the top of a flight of steps situated at the upper end of Montgomery Street. Opposite them, on the other side of the street, between a coal wharf and a petroleum warehouse, a large platform had been erected in the open air, towards which the current of the crowd seemed to be directed.

For what purpose was this meeting? What was the occasion of this excited assemblage? Phileas Fogg could not imagine. Was it to nominate some high official--a governor or member of Congress? It was not improbable, so agitated was the multitude before them.

Just at this moment there was an unusual stir in the human mass. All the hands were raised in the air. Some, tightly closed, seemed to disappear suddenly in the midst of the cries--an energetic way, no doubt, of casting a vote. The crowd swayed back, the banners and flags wavered, disappeared an instant, then reappeared in tatters. The undulations of the human surge reached the steps, while all the heads floundered on the surface like a sea agitated by a squall. Many of the black hats disappeared, and the greater part of the crowd seemed to have diminished in height.

« C'est évidemment un meeting, dit Fix, et la question qui l'a provoqué doit être palpitante. Je ne serais point étonné qu'il fût encore question de l'affaire de l'Alabama, bien qu'elle soit résolue.

-- Peut-être, répondit simplement Mr. Fogg.

-- En tout cas, reprit Fix, deux champions sont en présence l'un de l'autre, l'honorable Kamerfield et l'honorable Mandiboy. »

Mrs. Aouda, au bras de Phileas Fogg, regardait avec surprise cette scène tumultueuse, et Fix allait demander à l'un de ses voisins la raison de cette effervescence populaire, quand un mouvement plus accusé se prononça. Les hurrahs, agrémentés d'injures, redoublèrent. La hampe des bannières se transforma en arme offensive. Plus de mains, des poings partout. Du haut des voitures arrêtées, et des omnibus enrayés dans leur course, s'échangeaient force horions. Tout servait de projectiles. Bottes et souliers décrivaient dans l'air des trajectoires très tendues, et il sembla même que quelques revolvers mêlaient aux vociférations de la foule leurs détonations nationales. La cohue se rapprocha de l'escalier et reflua sur les premières marches. L'un des partis était évidemment repoussé, sans que les simples spectateurs pussent reconnaître si l'avantage restait à Mandiboy ou à Kamerfield.

« Je crois prudent de nous retirer, dit Fix, qui ne tenait pas à ce que « son homme » reçût un mauvais coup ou se fît une mauvaise affaire. S'il est question de l'Angleterre dans tout ceci et qu'on nous reconnaisse, nous serons fort compromis dans la bagarre !

"It is evidently a meeting," said Fix, "and its object must be an exciting one. I should not wonder if it were about the Alabama, despite the fact that that question is settled."

"Perhaps," replied Mr. Fogg, simply.

"At least, there are two champions in presence of each other, the Honourable Mr. Camerfield and the Honourable Mr. Mandiboy."

Aouda, leaning upon Mr. Fogg's arm, observed the tumultuous scene with surprise, while Fix asked a man near him what the cause of it all was. Before the man could reply, a fresh agitation arose; hurrahs and excited shouts were heard; the staffs of the banners began to be used as offensive weapons; and fists flew about in every direction. Thumps were exchanged from the tops of the carriages and omnibuses which had been blocked up in the crowd. Boots and shoes went whirling through the air, and Mr. Fogg thought he even heard the crack of revolvers mingling in the din, the rout approached the stairway, and flowed over the lower step. One of the parties had evidently been repulsed; but the mere lookers-on could not tell whether Mandiboy or Camerfield had gained the upper hand.

"It would be prudent for us to retire," said Fix, who was anxious that Mr. Fogg should not receive any injury, at least until they got back to London. "If there is any question about England in all this, and we were recognised, I fear it would go hard with us."

-- Un citoyen anglais... », répondit Phileas Fogg.

Mais le gentleman ne put achever sa phrase. Derrière lui, de cette terrasse qui précédait l'escalier, partirent des hurlements épouvantables. On criait : « Hurrah ! Hip ! Hip ! pour Mandiboy ! » C'était une troupe d'électeurs qui arrivait à la rescousse, prenant en flanc les partisans de Kamerfield.

Mr. Fogg, Mrs. Aouda, Fix se trouvèrent entre deux feux. Il était trop tard pour s'échapper. Ce torrent d'hommes, armés de cannes plombées et de casse-tête, était irrésistible. Phileas Fogg et Fix, en préservant la jeune femme, furent horriblement bousculés. Mr. Fogg, non moins flegmatique que d'habitude, voulut se défendre avec ces armes naturelles que la nature a mises au bout des bras de tout Anglais, mais inutilement. Un énorme gaillard à barbiche rouge, au teint coloré, large d'épaules, qui paraissait être le chef de la bande, leva son formidable poing sur Mr. Fogg, et il eût fort endommagé le gentleman, si Fix, par dévouement, n'eût reçu le coup à sa place. Une énorme bosse se développa instantanément sous le chapeau de soie du détective, transformé en simple toque.

« Yankee ! dit Mr. Fogg, en lançant à son adversaire un regard de profond mépris.

-- Englishman ! répondit l'autre.

-- Nous nous retrouverons !
-- Quand il vous plaira. -- Votre nom ?
-- Phileas Fogg. Le vôtre ?

"An English subject--" began Mr. Fogg.

He did not finish his sentence; for a terrific hubbub now arose on the terrace behind the flight of steps where they stood, and there were frantic shouts of, "Hurrah for Mandiboy! Hip, hip, hurrah!"

It was a band of voters coming to the rescue of their allies, and taking the Camerfield forces in flank. Mr. Fogg, Aouda, and Fix found themselves between two fires; it was too late to escape. The torrent of men, armed with loaded canes and sticks, was irresistible. Phileas Fogg and Fix were roughly hustled in their attempts to protect their fair companion; the former, as cool as ever, tried to defend himself with the weapons which nature has placed at the end of every Englishman's arm, but in vain. A big brawny fellow with a red beard, flushed face, and broad shoulders, who seemed to be the chief of the band, raised his clenched fist to strike Mr. Fogg, whom he would have given a crushing blow, had not Fix rushed in and received it in his stead. An enormous bruise immediately made its appearance under the detective's silk hat, which was completely smashed in.

"Yankee!" exclaimed Mr. Fogg, darting a contemptuous look at the ruffian.

"Englishman!" returned the other. "We will meet again!"

"When you please."

"What is your name?"

"Phileas Fogg. And yours?"

-- Le colonel Stamp W. Proctor. »

Puis, cela dit, la marée passa. Fix fut renversé et se releva, les habits déchirés, mais sans meurtrissure sérieuse. Son paletot de voyage s'était séparé en deux parties inégales, et son pantalon ressemblait à ces culottes dont certains Indiens -- affaire de mode -- ne se vêtent qu'après en avoir préalablement enlevé le fond. Mais, en somme, Mrs. Aouda avait été épargnée, et, seul, Fix en était pour son coup de poing.

« Merci, dit Mr. Fogg à l'inspecteur, dès qu'ils furent hors de la foule.

-- Il n'y a pas de quoi, répondit Fix, mais venez.

-- Où ?

-- Chez un marchand de confection. »

En effet, cette visite était opportune. Les habits de Phileas Fogg et de Fix étaient en lambeaux, comme si ces deux gentlemen se fussent battus pour le compte des honorables Kamerfield et Mandiboy. Une heure après, ils étaient convenablement vêtus et coiffés. Puis ils revinrent à International-Hôtel.

Là, Passepartout attendait son maître, armé d'une demi-douzaine de revolvers-poignards à six coups et à inflammation centrale. Quand il aperçut Fix en compagnie de Mr. Fogg, son front s'obscurcit. Mais Mrs. Aouda, ayant fait en quelques mots le récit de ce qui s'était passé, Passepartout se rasséréna. Évidemment Fix n'était plus un ennemi, c'était un allié. Il tenait sa parole.

"Colonel Stamp Proctor."

The human tide now swept by, after overturning Fix, who speedily got upon his feet again, though with tattered clothes. Happily, he was not seriously hurt. His travelling overcoat was divided into two unequal parts, and his trousers resembled those of certain Indians, which fit less compactly than they are easy to put on. Aouda had escaped unharmed, and Fix alone bore marks of the fray in his black and blue bruise.

"Thanks," said Mr. Fogg to the detective, as soon as they were out of the crowd.

"No thanks are necessary," replied Fix; "but let us go."

"Where?"

"To a tailor's."

Such a visit was, indeed, opportune. The clothing of both Mr. Fogg and Fix was in rags, as if they had themselves been actively engaged in the contest between Camerfield and Mandiboy. An hour after, they were once more suitably attired, and with Aouda returned to the International Hotel.

Passepartout was waiting for his master, armed with half a dozen six-barrelled revolvers. When he perceived Fix, he knit his brows; but Aouda having, in a few words, told him of their adventure, his countenance resumed its placid expression. Fix evidently was no longer an enemy, but an ally; he was faithfully keeping his word.

Le dîner terminé, un coach fut amené, qui devait conduire à la gare les voyageurs et leurs colis. Au moment de monter en voiture, Mr. Fogg dit à Fix : « Vous n'avez pas revu ce colonel Proctor ?	Dinner over, the coach which was to convey the passengers and their luggage to the station drew up to the door. As he was getting in, Mr. Fogg said to Fix, "You have not seen this Colonel Proctor again?"
-- Non, répondit Fix.	"No."
-- Je reviendrai en Amérique pour le retrouver, dit froidement Phileas Fogg. Il ne serait pas convenable qu'un citoyen anglais se laissât traiter de cette façon. »	"I will come back to America to find him," said Phileas Fogg calmly. "It would not be right for an Englishman to permit himself to be treated in that way, without retaliating."
L'inspecteur sourit et ne répondit pas. Mais, on le voit, Mr. Fogg était de cette race d'Anglais qui, s'ils ne tolèrent pas le duel chez eux, se battent à l'étranger, quand il s'agit de soutenir leur honneur.	The detective smiled, but did not reply. It was clear that Mr. Fogg was one of those Englishmen who, while they do not tolerate duelling at home, fight abroad when their honour is attacked.
A six heures moins un quart, les voyageurs atteignaient la gare et trouvaient le train prêt à partir. Au moment où Mr. Fogg allait s'embarquer, il avisa un employé et le rejoignant : « Mon ami, lui dit-il, n'y a-t-il pas eu quelques troubles aujourd'hui à San Francisco ?	At a quarter before six the travellers reached the station, and found the train ready to depart. As he was about to enter it, Mr. Fogg called a porter, and said to him: "My friend, was there not some trouble to-day in San Francisco?"
-- C'était un meeting, monsieur, répondit l'employé.	"It was a political meeting, sir," replied the porter.
-- Cependant, j'ai cru remarquer une certaine animation dans les rues.	"But I thought there was a great deal of disturbance in the streets."
-- Il s'agissait simplement d'un meeting organisé pour une élection.	"It was only a meeting assembled for an election."
-- L'élection d'un général en chef, sans doute ? demanda Mr. Fogg.	"The election of a general-in-chief, no doubt?" asked Mr. Fogg.
-- Non, monsieur, d'un juge de paix. »	"No, sir; of a justice of the peace."
Sur cette réponse, Phileas Fogg monta dans le wagon, et le train partit à toute vapeur.	Phileas Fogg got into the train, which started off at full speed.
XXVI DANS LEQUEL ON PREND LE TRAIN EXPRESS DU CHEMIN DE FER DU PACIFIQUE	Chapter XXVI IN WHICH PHILEAS FOGG AND PARTY TRAVEL BY THE PACIFIC RAILROAD

Jules Verne

« Ocean to Ocean » -- ainsi disent les Américains --, et ces trois mots devraient être la dénomination générale du « grand trunk », qui traverse les États-Unis d'Amérique dans leur plus grande largeur. Mais, en réalité, le « Pacific rail-road » se divise en deux parties distinctes : « Central Pacific » entre San Francisco et Ogden, et « Union Pacific » entre Ogden et Omaha. Là se raccordent cinq lignes distinctes, qui mettent Omaha en communication fréquente avec New York.

New York et San Francisco sont donc présentement réunis par un ruban de métal non interrompu qui ne mesure pas moins de trois mille sept cent quatre-vingt-six milles. Entre Omaha et le Pacifique, le chemin de fer franchit une contrée encore fréquentée par les Indiens et les fauves, -- vaste étendue de territoire que les Mormons commencèrent à coloniser vers 1845, après qu'ils eurent été chassés de l'Illinois.

Autrefois, dans les circonstances les plus favorables, on employait six mois pour aller de New York à San Francisco. Maintenant, on met sept jours.

"From ocean to ocean"--so say the Americans; and these four words compose the general designation of the "great trunk line" which crosses the entire width of the United States. The Pacific Railroad is, however, really divided into two distinct lines: the Central Pacific, between San Francisco and Ogden, and the Union Pacific, between Ogden and Omaha. Five main lines connect Omaha with New York.

New York and San Francisco are thus united by an uninterrupted metal ribbon, which measures no less than three thousand seven hundred and eighty-six miles. Between Omaha and the Pacific the railway crosses a territory which is still infested by Indians and wild beasts, and a large tract which the Mormons, after they were driven from Illinois in 1845, began to colonise.

The journey from New York to San Francisco consumed, formerly, under the most favourable conditions, at least six months. It is now accomplished in seven days.

C'est en 1862 que, malgré l'opposition des députés du Sud, qui voulaient une ligne plus méridionale, le tracé du rail-road fut arrêté entre le quarante et unième et le quarante-deuxième parallèle. Le président Lincoln, de si regrettée mémoire, fixa lui-même, dans l'État de Nebraska, à la ville d'Omaha, la tête de ligne du nouveau réseau. Les travaux furent aussitôt commencés et poursuivis avec cette activité américaine, qui n'est ni paperassière ni bureaucratique. La rapidité de la main-d'oeuvre ne devait nuire en aucune façon à la bonne exécution du chemin. Dans la prairie, on avançait à raison d'un mille et demi par jour. Une locomotive, roulant sur les rails de la veille, apportait les rails du lendemain, et courait à leur surface au fur et à mesure qu'ils étaient posés.

It was in 1862 that, in spite of the Southern Members of Congress, who wished a more southerly route, it was decided to lay the road between the forty-first and forty-second parallels. President Lincoln himself fixed the end of the line at Omaha, in Nebraska. The work was at once commenced, and pursued with true American energy; nor did the rapidity with which it went on injuriously affect its good execution. The road grew, on the prairies, a mile and a half a day. A locomotive, running on the rails laid down the evening before, brought the rails to be laid on the morrow, and advanced upon them as fast as they were put in position.

Le Pacific rail-road jette plusieurs embranchements sur son parcours, dans les États de Iowa, du Kansas, du Colorado et de l'Oregon. En quittant Omaha, il longe la rive gauche de Platte-river jusqu'à l'embouchure de la branche du nord, suit la branche du sud, traverse les terrains de Laramie et les montagnes Wahsatch, contourne le lac Salé, arrive à Lake Salt City, la capitale des Mormons, s'enfonce dans la vallée de la Tuilla, longe le désert américain, les monts de Cédar et Humboldt, Humboldt-river, la Sierra Nevada, et redescend par Sacramento jusqu'au Pacifique, sans que ce tracé dépasse en pente cent douze pieds par mille, même dans la traversée des montagnes Rocheuses.

The Pacific Railroad is joined by several branches in Iowa, Kansas, Colorado, and Oregon. On leaving Omaha, it passes along the left bank of the Platte River as far as the junction of its northern branch, follows its southern branch, crosses the Laramie territory and the Wahsatch Mountains, turns the Great Salt Lake, and reaches Salt Lake City, the Mormon capital, plunges into the Tuilla Valley, across the American Desert, Cedar and Humboldt Mountains, the Sierra Nevada, and descends, via Sacramento, to the Pacific--its grade, even on the Rocky Mountains, never exceeding one hundred and twelve feet to the mile.

Jules Verne

Telle était cette longue artère que les trains parcouraient en sept jours, et qui allait permettre à l'honorable Phileas Fogg -- il l'espérait du moins -- de prendre, le 11, à New York, le paquebot de Liverpool.	Such was the road to be traversed in seven days, which would enable Phileas Fogg--at least, so he hoped--to take the Atlantic steamer at New York on the 11th for Liverpool.
Le wagon occupé par Phileas Fogg était une sorte de long omnibus qui reposait sur deux trains formés de quatre roues chacun, dont la mobilité permet d'attaquer des courbes de petit rayon. A l'intérieur, point de compartiments : deux files de sièges, disposés de chaque côté, perpendiculairement à l'axe, et entre lesquels était réservé un passage conduisant aux cabinets de toilette et autres, dont chaque wagon est pourvu. Sur toute la longueur du train, les voitures communiquaient entre elles par des passerelles, et les voyageurs pouvaient circuler d'une extrémité à l'autre du convoi, qui mettait à leur disposition des wagons-salons, des wagons-terrasses, des wagons-restaurants et des wagons à cafés. Il n'y manquait que des wagons-théâtres. Mais il y en aura un jour.	The car which he occupied was a sort of long omnibus on eight wheels, and with no compartments in the interior. It was supplied with two rows of seats, perpendicular to the direction of the train on either side of an aisle which conducted to the front and rear platforms. These platforms were found throughout the train, and the passengers were able to pass from one end of the train to the other. It was supplied with saloon cars, balcony cars, restaurants, and smoking-cars; theatre cars alone were wanting, and they will have these some day.
Sur les passerelles circulaient incessamment des marchands de livres et de journaux, débitant leur marchandise, et des vendeurs de liqueurs, de comestibles, de cigares, qui ne manquaient point de chalands.	Book and news dealers, sellers of edibles, drinkables, and cigars, who seemed to have plenty of customers, were continually circulating in the aisles.
Les voyageurs étaient partis de la station d'Oakland à six heures du soir. Il faisait déjà nuit, -- une nuit froide, sombre, avec un ciel couvert dont les nuages menaçaient de se résoudre en neige. Le train ne marchait pas avec une grande rapidité. En tenant compte des arrêts, il ne parcourait pas plus de vingt milles à l'heure, vitesse qui devait, cependant, lui permettre de franchir les États-Unis dans les temps réglementaires.	The train left Oakland station at six o'clock. It was already night, cold and cheerless, the heavens being overcast with clouds which seemed to threaten snow. The train did not proceed rapidly; counting the stoppages, it did not run more than twenty miles an hour, which was a sufficient speed, however, to enable it to reach Omaha within its designated time.

On causait peu dans le wagon. D'ailleurs, le sommeil allait bientôt gagner les voyageurs. Passepartout se trouvait placé auprès de l'inspecteur de police, mais il ne lui parlait pas. Depuis les derniers événements, leurs relations s'étaient notablement refroidies. Plus de sympathie, plus d'intimité. Fix n'avait rien changé à sa manière d'être, mais Passepartout se tenait, au contraire, sur une extrême réserve, prêt au moindre soupçon à étrangler son ancien ami.

Une heure après le départ du train, la neige tomba --, neige fine, qui ne pouvait, fort heureusement, retarder la marche du convoi. On n'apercevait plus à travers les fenêtres qu'une immense nappe blanche, sur laquelle, en déroulant ses volutes, la vapeur de la locomotive paraissait grisâtre.

A huit heures, un « steward » entra dans le wagon et annonça aux voyageurs que l'heure du coucher était sonnée. Ce wagon était un « sleeping-car », qui, en quelques minutes, fut transformé en dortoir. Les dossiers des bancs se replièrent, des couchettes soigneusement paquetées se déroulèrent par un système ingénieux, des cabines furent improvisées en quelques instants, et chaque voyageur eut bientôt à sa disposition un lit confortable, que d'épais rideaux défendaient contre tout regard indiscret. Les draps étaient blancs, les oreillers moelleux. Il n'y avait plus qu'à se coucher et à dormir -- ce que chacun fit, comme s'il se fût trouvé dans la cabine confortable d'un paquebot --, pendant que le train filait à toute vapeur à travers l'État de Californie.

There was but little conversation in the car, and soon many of the passengers were overcome with sleep. Passepartout found himself beside the detective; but he did not talk to him. After recent events, their relations with each other had grown somewhat cold; there could no longer be mutual sympathy or intimacy between them. Fix's manner had not changed; but Passepartout was very reserved, and ready to strangle his former friend on the slightest provocation.

Snow began to fall an hour after they started, a fine snow, however, which happily could not obstruct the train; nothing could be seen from the windows but a vast, white sheet, against which the smoke of the locomotive had a greyish aspect.

At eight o'clock a steward entered the car and announced that the time for going to bed had arrived; and in a few minutes the car was transformed into a dormitory. The backs of the seats were thrown back, bedsteads carefully packed were rolled out by an ingenious system, berths were suddenly improvised, and each traveller had soon at his disposition a comfortable bed, protected from curious eyes by thick curtains. The sheets were clean and the pillows soft. It only remained to go to bed and sleep which everybody did--while the train sped on across the State of California.

Dans cette portion du territoire qui s'étend entre San Francisco et Sacramento, le sol est peu accidenté. Cette partie du chemin de fer, sous le nom de « Central Pacific road », prit d'abord Sacramento pour point de départ, et s'avança vers l'est à la rencontre de celui qui partait d'Omaha. De San Francisco à la capitale de la Californie, la ligne courait directement au nord-est, en longeant American-river, qui se jette dans la baie de San Pablo. Les cent vingt milles compris entre ces deux importantes cités furent franchis en six heures, et vers minuit, pendant qu'ils dormaient de leur premier sommeil, les voyageurs passèrent à Sacramento. Ils ne virent donc rien de cette ville considérable, siège de la législature de l'État de Californie, ni ses beaux quais, ni ses rues larges, ni ses hôtels splendides, ni ses squares, ni ses temples.

The country between San Francisco and Sacramento is not very hilly. The Central Pacific, taking Sacramento for its starting-point, extends eastward to meet the road from Omaha. The line from San Francisco to Sacramento runs in a north-easterly direction, along the American River, which empties into San Pablo Bay. The one hundred and twenty miles between these cities were accomplished in six hours, and towards midnight, while fast asleep, the travellers passed through Sacramento; so that they saw nothing of that important place, the seat of the State government, with its fine quays, its broad streets, its noble hotels, squares, and churches.

En sortant de Sacramento, le train, après avoir dépassé les stations de Junction, de Roclin, d'Auburn et de Colfax, s'engagea dans le massif de la Sierra Nevada. Il était sept heures du matin quand fut traversée la station de Cisco. Une heure après, le dortoir était redevenu un wagon ordinaire et les voyageurs pouvaient à travers les vitres entrevoir les points de vue pittoresques de ce montagneux pays. Le tracé du train obéissait aux caprices de la Sierra, ici accroché aux flancs de la montagne, là suspendu au-dessus des précipices, évitant les angles brusques par des courbes audacieuses, s'élançant dans des gorges étroites que l'on devait croire sans issues. La locomotive, étincelante comme une châsse, avec son grand fanal qui jetait de fauves lueurs, sa cloche argentée, son « chasse-vache », qui s'étendait comme un éperon, mêlait ses sifflements et ses mugissements à ceux des torrent et des cascades, et tordait sa fumée à la noire ramure des sapins.	*The train, on leaving Sacramento, and passing the junction, Roclin, Auburn, and Colfax, entered the range of the Sierra Nevada. 'Cisco was reached at seven in the morning; and an hour later the dormitory was transformed into an ordinary car, and the travellers could observe the picturesque beauties of the mountain region through which they were steaming. The railway track wound in and out among the passes, now approaching the mountain-sides, now suspended over precipices, avoiding abrupt angles by bold curves, plunging into narrow defiles, which seemed to have no outlet. The locomotive, its great funnel emitting a weird light, with its sharp bell, and its cow-catcher extended like a spur, mingled its shrieks and bellowings with the noise of torrents and cascades, and twined its smoke among the branches of the gigantic pines.*
Peu ou point de tunnels, ni de pont sur le parcours. Le rail-road contournait le flanc des montagnes, ne cherchant pas dans la ligne droite le plus court chemin d'un point à un autre, et ne violentant pas la nature.	*There were few or no bridges or tunnels on the route. The railway turned around the sides of the mountains, and did not attempt to violate nature by taking the shortest cut from one point to another.*
Vers neuf heures, par la vallée de Carson, le train pénétrait dans l'État de Nevada, suivant toujours la direction du nord-est. A midi, il quittait Reno, où les voyageurs eurent vingt minutes pour déjeuner.	*The train entered the State of Nevada through the Carson Valley about nine o'clock, going always northeasterly; and at midday reached Reno, where there was a delay of twenty minutes for breakfast.*

Depuis ce point, la voie ferrée, côtoyant Humboldt-river, s'éleva pendant quelques milles vers le nord, en suivant son cours. Puis elle s'infléchit vers l'est, et ne devait plus quitter le cours d'eau avant d'avoir atteint les Humboldt-Ranges, qui lui donnent naissance, presque à l'extrémité orientale de l'État du Nevada.	*From this point the road, running along Humboldt River, passed northward for several miles by its banks; then it turned eastward, and kept by the river until it reached the Humboldt Range, nearly at the extreme eastern limit of Nevada.*
Après avoir déjeuné, Mr. Fogg, Mrs. Aouda et leurs compagnons reprirent leur place dans le wagon. Phileas Fogg, la jeune femme, Fix et Passepartout, confortablement assis, regardaient le paysage varié qui passait sous leurs yeux, -- vastes prairies, montagnes se profilant à l'horizon, « creeks » roulant leurs eaux écumeuses. Parfois, un grand troupeau de bisons, se massant au loin, apparaissait comme une digue mobile. Ces innombrables armées de ruminants opposent souvent un insurmontable obstacle au passage des trains. On a vu des milliers de ces animaux défiler pendant plusieurs heures, en rangs pressés, au travers du rail-road. La locomotive est alors forcée de s'arrêter et d'attendre que la voie soit redevenue libre.	*Having breakfasted, Mr. Fogg and his companions resumed their places in the car, and observed the varied landscape which unfolded itself as they passed along the vast prairies, the mountains lining the horizon, and the creeks, with their frothy, foaming streams. Sometimes a great herd of buffaloes, massing together in the distance, seemed like a moveable dam. These innumerable multitudes of ruminating beasts often form an insurmountable obstacle to the passage of the trains; thousands of them have been seen passing over the track for hours together, in compact ranks. The locomotive is then forced to stop and wait till the road is once more clear.*
Ce fut même ce qui arriva dans cette occasion. Vers trois heures du soir, un troupeau de dix à douze mille têtes barra le rail-road. La machine, après avoir modéré sa vitesse, essaya d'engager son éperon dans le flanc de l'immense colonne, mais elle dut s'arrêter devant l'impénétrable masse.	*This happened, indeed, to the train in which Mr. Fogg was travelling. About twelve o'clock a troop of ten or twelve thousand head of buffalo encumbered the track. The locomotive, slackening its speed, tried to clear the way with its cow-catcher; but the mass of animals was too great.*

On voyait ces ruminants -- ces buffalos, comme les appellent improprement les Américains -- marcher ainsi de leur pas tranquille, poussant parfois des beuglements formidables. Ils avaient une taille supérieure à celle des taureaux d'Europe, les jambes et la queue courtes, le garrot saillant qui formait une bosse musculaire, les cornes écartées à la base, la tête, le cou et les épaulés recouverts d'une crinière à longs poils. Il ne fallait pas songer à arrêter cette migration. Quand les bisons ont adopté une direction, rien ne pourrait ni enrayer ni modifier leur marche. C'est un torrent de chair vivante qu'aucune digue ne saurait contenir.

The buffaloes marched along with a tranquil gait, uttering now and then deafening bellowings. There was no use of interrupting them, for, having taken a particular direction, nothing can moderate and change their course; it is a torrent of living flesh which no dam could contain. The travellers gazed on this curious spectacle from the platforms; but Phileas Fogg, who had the most reason of all to be in a hurry, remained in his seat, and waited philosophically until it should please the buffaloes to get out of the way.

Les voyageurs, dispersés sur les passerelles, regardaient ce curieux spectacle. Mais celui qui devait être le plus pressé de tous, Phileas Fogg, était demeuré à sa place et attendait philosophiquement qu'il plût aux buffles de lui livrer passage. Passepartout était furieux du retard que causait cette agglomération d'animaux. Il eût voulu décharger contre eux son arsenal de revolvers.

Passepartout was furious at the delay they occasioned, and longed to discharge his arsenal of revolvers upon them.

« Quel pays ! s'écria-t-il. De simples boeufs qui arrêtent des trains, et qui s'en vont là, processionnellement, sans plus se hâter que s'ils ne gênaient pas la circulation ! Pardieu ! je voudrais bien savoir si Mr. Fogg avait prévu ce contretemps dans son programme ! Et ce mécanicien qui n'ose pas lancer sa machine à travers ce bétail encombrant ! »

"What a country!" cried he. "Mere cattle stop the trains, and go by in a procession, just as if they were not impeding travel! Parbleu! I should like to know if Mr. Fogg foresaw this mishap in his programme! And here's an engineer who doesn't dare to run the locomotive into this herd of beasts!"

Le mécanicien n'avait point tenté de renverser l'obstacle, et il avait prudemment agi. Il eût écrasé sans doute les premiers buffles attaqués par l'éperon de la locomotive ; mais, si puissante qu'elle fût, la machine eût été arrêtée bientôt, un déraillement se serait inévitablement produit, et le train fût resté en détresse.

Le mieux était donc d'attendre patiemment, quitte ensuite à regagner le temps perdu par une accélération de la marche du train. Le défilé des bisons dura trois grandes heures, et la voie ne redevint libre qu'à la nuit tombante. A ce moment, les derniers rangs du troupeau traversaient les rails, tandis que les premiers disparaissaient au-dessous de l'horizon du sud.

Il était donc huit heures, quand le train franchit les défilés des Humboldt-Ranges, et neuf heures et demie, lorsqu'il pénétra sur le territoire de l'Utah, la région du grand lac Salé, le curieux pays des Mormons.

XXVII DANS LEQUEL PASSEPARTOUT SUIT, AVEC UNE VITESSE DE VINGT MILLES A L'HEURE, UN COURS D'HISTOIRE MORMONE

Pendant la nuit du 5 au 6 décembre, le train courut au sud-est sur un espace de cinquante milles environ ; puis il remonta d'autant vers le nord-est, en s'approchant du grand lac Salé.

The engineer did not try to overcome the obstacle, and he was wise. He would have crushed the first buffaloes, no doubt, with the cow-catcher; but the locomotive, however powerful, would soon have been checked, the train would inevitably have been thrown off the track, and would then have been helpless.

The best course was to wait patiently, and regain the lost time by greater speed when the obstacle was removed. The procession of buffaloes lasted three full hours, and it was night before the track was clear. The last ranks of the herd were now passing over the rails, while the first had already disappeared below the southern horizon.

It was eight o'clock when the train passed through the defiles of the Humboldt Range, and half-past nine when it penetrated Utah, the region of the Great Salt Lake, the singular colony of the Mormons.

Chapter XXVII IN WHICH PASSEPARTOUT UNDERGOES, AT A SPEED OF TWENTY MILES AN HOUR, A COURSE OF MORMON HISTORY

During the night of the 5th of December, the train ran south-easterly for about fifty miles; then rose an equal distance in a north-easterly direction, towards the Great Salt Lake.

Passepartout, vers neuf heures du matin, vint prendre l'air sur les passerelles. Le temps était froid, le ciel gris, mais il ne neigeait plus. Le disque du soleil, élargi par les brumes, apparaissait comme une énorme pièce d'or, et Passepartout s'occupait à en calculer la valeur en livres sterling, quand il fut distrait de cet utile travail par l'apparition d'un personnage assez étrange.	*Passepartout, about nine o'clock, went out upon the platform to take the air. The weather was cold, the heavens grey, but it was not snowing. The sun's disc, enlarged by the mist, seemed an enormous ring of gold, and Passepartout was amusing himself by calculating its value in pounds sterling, when he was diverted from this interesting study by a strange-looking personage who made his appearance on the platform.*
Ce personnage, qui avait pris le train à la station d'Elko, était un homme de haute taille, très brun, moustaches noires, bas noirs, chapeau de soie noir, gilet noir, pantalon noir, cravate blanche, gants de peau de chien. On eût dit un révérend. Il allait d'une extrémité du train à l'autre, et, sur la portière de chaque wagon, il collait avec des pains à cacheter une notice écrite à la main.	*This personage, who had taken the train at Elko, was tall and dark, with black moustache, black stockings, a black silk hat, a black waistcoat, black trousers, a white cravat, and dogskin gloves. He might have been taken for a clergyman. He went from one end of the train to the other, and affixed to the door of each car a notice written in manuscript.*
Passepartout s'approcha et lut sur une de ces notices que l'honorable « elder » William Hitch, missionnaire mormon, profitant de sa présence sur le train n° 48, ferait, de onze heures à midi, dans le car n° 117, une conférence sur le mormonisme --, invitant à l'entendre tous les gentlemen soucieux de s'instruire touchant les mystères de la religion des « Saints des derniers jours ».	*Passepartout approached and read one of these notices, which stated that Elder William Hitch, Mormon missionary, taking advantage of his presence on train No. 48, would deliver a lecture on Mormonism in car No. 117, from eleven to twelve o'clock; and that he invited all who were desirous of being instructed concerning the mysteries of the religion of the "Latter Day Saints" to attend.*
« Certes, j'irai », se dit Passepartout, qui ne connaissait guère du mormonisme que ses usages polygames, base de la société mormone.	*"I'll go," said Passepartout to himself. He knew nothing of Mormonism except the custom of polygamy, which is its foundation.*

La nouvelle se répandit rapidement dans le train, qui emportait une centaine de voyageurs. Sur ce nombre, trente au plus, alléchés par l'appât de la conférence, occupaient à onze heures les banquettes du car n° 117. Passepartout figurait au premier rang des fidèles. Ni son maître ni Fix n'avaient cru devoir se déranger.	The news quickly spread through the train, which contained about one hundred passengers, thirty of whom, at most, attracted by the notice, ensconced themselves in car No. 117. Passepartout took one of the front seats. Neither Mr. Fogg nor Fix cared to attend.
A l'heure dite, l'elder William Hitch se leva, et d'une voix assez irritée, comme s'il eût été contredit d'avance, il s'écria : « Je vous dis, moi, que Joe Smyth est un martyr, que son frère Hvram est un martyr, et que les persécutions du gouvernement de l'Union contre les prophètes vont faire également un martyr de Brigham Young ! Qui oserait soutenir le contraire ? »	At the appointed hour Elder William Hitch rose, and, in an irritated voice, as if he had already been contradicted, said, "I tell you that Joe Smith is a martyr, that his brother Hiram is a martyr, and that the persecutions of the United States Government against the prophets will also make a martyr of Brigham Young. Who dares to say the contrary?"
Personne ne se hasarda à contredire le missionnaire, dont l'exaltation contrastait avec sa physionomie naturellement calme. Mais, sans doute, sa colère s'expliquait par ce fait que le mormonisme était actuellement soumis à de dures épreuves. Et, en effet, le gouvernement des États-Unis venait, non sans peine, de réduire ces fanatiques indépendants. Il s'était rendu maître de l'Utah, et l'avait soumis aux lois de l'Union, après avoir emprisonné Brigham Young, accusé de rébellion et de polygamie. Depuis cette époque, les disciples du prophète redoublaient leurs efforts, et, en attendant les actes, ils résistaient par la parole aux prétentions du Congrès. On le voit, l'elder William Hitch faisait du prosélytisme jusqu'en chemin de fer.	No one ventured to gainsay the missionary, whose excited tone contrasted curiously with his naturally calm visage. No doubt his anger arose from the hardships to which the Mormons were actually subjected. The government had just succeeded, with some difficulty, in reducing these independent fanatics to its rule. It had made itself master of Utah, and subjected that territory to the laws of the Union, after imprisoning Brigham Young on a charge of rebellion and polygamy. The disciples of the prophet had since redoubled their efforts, and resisted, by words at least, the authority of Congress. Elder Hitch, as is seen, was trying to make proselytes on the very railway trains.

Et alors il raconta, en passionnant son récit par les éclats de sa voix et la violence de ses gestes, l'histoire du mormonisme, depuis les temps bibliques : « comment, dans Israël, un prophète mormon de la tribu de Joseph publia les annales de la religion nouvelle, et les légua à son fils Morom ; comment, bien des siècles plus tard, une traduction de ce précieux livre, écrit en caractères égyptiens, fut faite par Joseph Smyth junior, fermier de l'État de Vermont, qui se révéla comme prophète mystique en 1825 ; comment, enfin, un messager céleste lui apparut dans une forêt lumineuse et lui remit les annales du Seigneur. »

Then, emphasising his words with his loud voice and frequent gestures, he related the history of the Mormons from Biblical times: how that, in Israel, a Mormon prophet of the tribe of Joseph published the annals of the new religion, and bequeathed them to his son Mormon; how, many centuries later, a translation of this precious book, which was written in Egyptian, was made by Joseph Smith, junior, a Vermont farmer, who revealed himself as a mystical prophet in 1825; and how, in short, the celestial messenger appeared to him in an illuminated forest, and gave him the annals of the Lord.

En ce moment, quelques auditeurs, peu intéressés par le récit rétrospectif du missionnaire, quittèrent le wagon ; mais William Hitch, continuant, raconta « comment Smyth junior, réunissant son père, ses deux frères et quelques disciples, fonda la religion des Saints des derniers jours --, religion qui, adoptée non seulement en Amérique, mais en Angleterre, en Scandinavie, en Allemagne, compte parmi ses fidèles des artisans et aussi nombre de gens exerçant des professions libérales ; comment une colonie fut fondée dans l'Ohio ; comment un temple fut élevé au prix de deux cent mille dollars et une ville bâtie à Kirkland ; comment Smyth devint un audacieux banquier et reçut d'un simple montreur de momies un papyrus contenant un récit écrit de la main d'Abraham et autres célèbres Égyptiens. » Cette narration devenant un peu longue, les rangs des auditeurs s'éclaircirent encore, et le public ne se composa plus que d'une vingtaine de personnes.

Several of the audience, not being much interested in the missionary's narrative, here left the car; but Elder Hitch, continuing his lecture, related how Smith, junior, with his father, two brothers, and a few disciples, founded the church of the "Latter Day Saints," which, adopted not only in America, but in England, Norway and Sweden, and Germany, counts many artisans, as well as men engaged in the liberal professions, among its members; how a colony was established in Ohio, a temple erected there at a cost of two hundred thousand dollars, and a town built at Kirkland; how Smith became an enterprising banker, and received from a simple mummy showman a papyrus scroll written by Abraham and several famous Egyptians.

Mais l'elder, sans s'inquiéter de cette désertion, raconta avec détail « comme quoi Joe Smyth fit banqueroute en 1837 ; comme quoi ses actionnaires ruinés l'enduisirent de goudron et le roulèrent dans la plume ; comme quoi on le retrouva, plus honorable et plus honoré que jamais, quelques années après, à Independance, dans le Missouri, et chef d'une communauté florissante, qui ne comptait pas moins de trois mille disciples, et qu'alors, poursuivi par la haine des gentils, il dut fuir dans le Far West américain. »

Dix auditeurs étaient encore là, et parmi eux l'honnête Passepartout, qui écoutait de toutes ses oreilles. Ce fut ainsi qu'il apprit « comment, après de longues persécutions, Smyth reparut dans l'Illinois et fonda en 1839, sur les bords du Mississippi, Nauvoo-la-Belle, dont la population s'éleva jusqu'à vingt-cinq mille âmes ; comment Smyth en devint le maire, le juge suprême et le général en chef ; comment, en 1843, il posa sa candidature à la présidence des États-Unis, et comment enfin, attiré dans un guet-apens, à Carthage, il fut jeté en prison et assassiné par une bande d'hommes masqués. »

The Elder's story became somewhat wearisome, and his audience grew gradually less, until it was reduced to twenty passengers. But this did not disconcert the enthusiast, who proceeded with the story of Joseph Smith's bankruptcy in 1837, and how his ruined creditors gave him a coat of tar and feathers; his reappearance some years afterwards, more honourable and honoured than ever, at Independence, Missouri, the chief of a flourishing colony of three thousand disciples, and his pursuit thence by outraged Gentiles, and retirement into the Far West.

Ten hearers only were now left, among them honest Passepartout, who was listening with all his ears. Thus he learned that, after long persecutions, Smith reappeared in Illinois, and in 1839 founded a community at Nauvoo, on the Mississippi, numbering twenty-five thousand souls, of which he became mayor, chief justice, and general-in-chief; that he announced himself, in 1843, as a candidate for the Presidency of the United States; and that finally, being drawn into ambuscade at Carthage, he was thrown into prison, and assassinated by a band of men disguised in masks.

En ce moment, Passepartout était absolument seul dans le wagon, et l'elder, le regardant en face, le fascinant par ses paroles, lui rappela que, deux ans après l'assassinat de Smyth, son successeur, le prophète inspiré, Brigham Young, abandonnant Nauvoo, vint s'établir aux bords du lac Salé, et que là, sur cet admirable territoire, au milieu de cette contrée fertile, sur le chemin des émigrants qui traversaient l'Utah pour se rendre en Californie, la nouvelle colonie, grâce aux principes polygames du mormonisme, prit une extension énorme.

Passepartout was now the only person left in the car, and the Elder, looking him full in the face, reminded him that, two years after the assassination of Joseph Smith, the inspired prophet, Brigham Young, his successor, left Nauvoo for the banks of the Great Salt Lake, where, in the midst of that fertile region, directly on the route of the emigrants who crossed Utah on their way to California, the new colony, thanks to the polygamy practised by the Mormons, had flourished beyond expectations.

« Et voilà, ajouta William Hitch, voilà pourquoi la jalousie du Congrès s'est exercée contre nous ! pourquoi les soldats de l'Union ont foulé le sol de l'Utah ! pourquoi notre chef, le prophète Brigham Young, a été emprisonné au mépris de toute justice ! Céderons-nous à la force ? Jamais ! Chassés du Vermont, chassés de l'Illinois, chassés de l'Ohio, chassés du Missouri, chassés de l'Utah, nous retrouverons encore quelque territoire indépendant où nous planterons notre tente... Et vous, mon fidèle, ajouta l'elder en fixant sur son unique auditeur des regards courroucés, planterez-vous la vôtre à l'ombre de notre drapeau ?

"And this," added Elder William Hitch, "this is why the jealousy of Congress has been aroused against us! Why have the soldiers of the Union invaded the soil of Utah? Why has Brigham Young, our chief, been imprisoned, in contempt of all justice? Shall we yield to force? Never! Driven from Vermont, driven from Illinois, driven from Ohio, driven from Missouri, driven from Utah, we shall yet find some independent territory on which to plant our tents. And you, my brother," continued the Elder, fixing his angry eyes upon his single auditor, "will you not plant yours there, too, under the shadow of our flag?"

-- Non », répondit bravement Passepartout, qui s'enfuit à son tour, laissant l'énergumène prêcher dans le désert.

"No!" replied Passepartout courageously, in his turn retiring from the car, and leaving the Elder to preach to vacancy.

Mais pendant cette conférence, le train avait marché rapidement, et, vers midi et demi, il touchait à sa pointe nord-ouest le grand lac Salé. De là, on pouvait embrasser, sur un vaste périmètre, l'aspect de cette mer intérieure, qui porte aussi le nom de mer Morte et dans laquelle se jette un Jourdain d'Amérique. Lac admirable, encadré de belles roches sauvages, à larges assises, encroûtées de sel blanc, superbe nappe d'eau qui couvrait autrefois un espace plus considérable ; mais avec le temps, ses bords, montant peu à peu, ont réduit sa superficie en accroissant sa profondeur.	*During the lecture the train had been making good progress, and towards half-past twelve it reached the northwest border of the Great Salt Lake. Thence the passengers could observe the vast extent of this interior sea, which is also called the Dead Sea, and into which flows an American Jordan. It is a picturesque expanse, framed in lofty crags in large strata, encrusted with white salt--a superb sheet of water, which was formerly of larger extent than now, its shores having encroached with the lapse of time, and thus at once reduced its breadth and increased its depth.*
Le lac Salé, long de soixante-dix milles environ, large de trente-cinq, est situé à trois mille huit cents pieds au-dessus du niveau de la mer. Bien différent du lac Asphaltite, dont la dépression accuse douze cents pieds au-dessous, sa salure est considérable, et ses eaux tiennent en dissolution le quart de leur poids de matière solide. Leur pesanteur spécifique est de 1 170, celle de l'eau distillée étant 1 000. Aussi les poissons n'y peuvent vivre. Ceux qu'y jettent le Jourdain, le Weber et autres creeks, y périssent bientôt ; mais il n'est pas vrai que la densité de ses eaux soit telle qu'un homme n'y puisse plonger.	*The Salt Lake, seventy miles long and thirty-five wide, is situated three miles eight hundred feet above the sea. Quite different from Lake Asphaltite, whose depression is twelve hundred feet below the sea, it contains considerable salt, and one quarter of the weight of its water is solid matter, its specific weight being 1,170, and, after being distilled, 1,000. Fishes are, of course, unable to live in it, and those which descend through the Jordan, the Weber, and other streams soon perish.*

Autour du lac, la campagne était admirablement cultivée, car les Mormons s'entendent aux travaux de la terre : des ranchos et des corrals pour les animaux domestiques, des champs de blé, de maïs, de sorgho, des prairies luxuriantes, partout des haies de rosiers sauvages, des bouquets d'acacias et d'euphorbes, tel eût été l'aspect de cette contrée, six mois plus tard ; mais en ce moment le sol disparaissait sous une mince couche de neige, qui le poudrait légèrement.	*The country around the lake was well cultivated, for the Mormons are mostly farmers; while ranches and pens for domesticated animals, fields of wheat, corn, and other cereals, luxuriant prairies, hedges of wild rose, clumps of acacias and milk-wort, would have been seen six months later. Now the ground was covered with a thin powdering of snow.*
A deux heures, les voyageurs descendaient à la station d'Ogden. Le train ne devant repartir qu'à six heures, Mr. Fogg, Mrs. Aouda et leurs deux compagnons avaient donc le temps de se rendre à la Cité des Saints par le petit embranchement qui se détache de la station d'Ogden. Deux heures suffisaient à visiter cette ville absolument américaine et, comme telle, bâtie sur le patron de toutes les villes de l'Union, vastes échiquiers à longues lignes froides, avec la « tristesse lugubre des angles droits », suivant l'expression de Victor Hugo. Le fondateur de la Cité des Saints ne pouvait échapper à ce besoin de symétrie qui distingue les Anglo-Saxons. Dans ce singulier pays, où les hommes ne sont certainement pas à la hauteur des institutions, tout se fait « carrément », les villes, les maisons et les sottises.	*The train reached Ogden at two o'clock, where it rested for six hours, Mr. Fogg and his party had time to pay a visit to Salt Lake City, connected with Ogden by a branch road; and they spent two hours in this strikingly American town, built on the pattern of other cities of the Union, like a checker-board, "with the sombre sadness of right-angles," as Victor Hugo expresses it. The founder of the City of the Saints could not escape from the taste for symmetry which distinguishes the Anglo-Saxons. In this strange country, where the people are certainly not up to the level of their institutions, everything is done "squarely"--cities, houses, and follies.*

Jules Verne

A trois heures, les voyageurs se promenaient donc par les rues de la cité, bâtie entre la rive du Jourdain et les premières ondulations des monts Wahsatch. Ils y remarquèrent peu ou point d'églises, mais, comme monuments, la maison du prophète, la Court-house et l'arsenal ; puis, des maisons de brique bleuâtre avec vérandas et galeries, entourées de jardins, bordées d'acacias, de palmiers et de caroubiers. Un mur d'argile et de cailloux, construit en 1853, ceignait la ville. Dans la principale rue, où se tient le marché, s'élevaient quelques hôtels ornés de pavillons, et entre autres Lake-Salt-house. Mr. Fogg et ses compagnons ne trouvèrent pas la cité fort peuplée. Les rues étaient presque désertes, -- sauf toutefois la partie du Temple, qu'ils n'atteignirent qu'après avoir traversé plusieurs quartiers entourés de palissades. Les femmes étaient assez nombreuses, ce qui s'explique par la composition singulière des ménages mormons. Il ne faut pas croire, cependant, que tous les Mormons soient polygames. On est libre, mais il est bon de remarquer que ce sont les citoyennes de l'Utah qui tiennent surtout à être épousées, car, suivant la religion du pays, le ciel mormon n'admet point à la possession de ses béatitudes les célibataires du sexe féminin. Ces pauvres créatures ne paraissaient ni aisées ni heureuses. Quelques-unes, les plus riches sans doute, portaient une jaquette de soie noire ouverte à la taille, sous une capuche ou un châle fort modeste. Les autres n'étaient vêtues que d'indienne.

The travellers, then, were promenading, at three o'clock, about the streets of the town built between the banks of the Jordan and the spurs of the Wahsatch Range. They saw few or no churches, but the prophet's mansion, the court-house, and the arsenal, blue-brick houses with verandas and porches, surrounded by gardens bordered with acacias, palms, and locusts. A clay and pebble wall, built in 1853, surrounded the town; and in the principal street were the market and several hotels adorned with pavilions. The place did not seem thickly populated. The streets were almost deserted, except in the vicinity of the temple, which they only reached after having traversed several quarters surrounded by palisades. There were many women, which was easily accounted for by the "peculiar institution" of the Mormons; but it must not be supposed that all the Mormons are polygamists. They are free to marry or not, as they please; but it is worth noting that it is mainly the female citizens of Utah who are anxious to marry, as, according to the Mormon religion, maiden ladies are not admitted to the possession of its highest joys. These poor creatures seemed to be neither well off nor happy. Some--the more well-to-do, no doubt--wore short, open, black silk dresses, under a hood or modest shawl; others were habited in Indian fashion.

Passepartout, lui, en sa qualité de garçon convaincu, ne regardait pas sans un certain effroi ces Mormones chargées de faire à plusieurs le bonheur d'un seul Mormon. Dans son bon sens, c'était le mari qu'il plaignait surtout. Cela lui paraissait terrible d'avoir à guider tant de dames à la fois au travers des vicissitudes de la vie, à les conduire ainsi en troupe jusqu'au paradis mormon, avec cette perspective de les y retrouver pour l'éternité en compagnie du glorieux Smyth, qui devait faire l'ornement de ce lieu de délices. Décidément, il ne se sentait pas la vocation, et il trouvait -- peut-être s'abusait-il en ceci -- que les citoyennes de Great-Lake-City jetaient sur sa personne des regards un peu inquiétants. Très heureusement, son séjour dans la Cité des Saints ne devait pas se prolonger. A quatre heures moins quelques minutes, les voyageurs se retrouvaient à la gare et reprenaient leur place dans leurs wagons. Le coup de sifflet se fit entendre ; mais au moment où les roues motrices de la locomotive, patinant sur les rails, commençaient à imprimer au train quelque vitesse, ces cris : « Arrêtez ! arrêtez ! » retentirent.	*Passepartout could not behold without a certain fright these women, charged, in groups, with conferring happiness on a single Mormon. His common sense pitied, above all, the husband. It seemed to him a terrible thing to have to guide so many wives at once across the vicissitudes of life, and to conduct them, as it were, in a body to the Mormon paradise with the prospect of seeing them in the company of the glorious Smith, who doubtless was the chief ornament of that delightful place, to all eternity. He felt decidedly repelled from such a vocation, and he imagined--perhaps he was mistaken--that the fair ones of Salt Lake City cast rather alarming glances on his person. Happily, his stay there was but brief. At four the party found themselves again at the station, took their places in the train, and the whistle sounded for starting. Just at the moment, however, that the locomotive wheels began to move, cries of "Stop! stop!" were heard.*
On n'arrête pas un train en marche. Le gentleman qui proférait ces cris était évidemment un Mormon attardé. Il courait à perdre haleine. Heureusement pour lui, la gare n'avait ni portes ni barrières. Il s'élança donc sur la voie, sauta sur le marchepied de la dernière voiture, et tomba essoufflé sur une des banquettes du wagon.	*Trains, like time and tide, stop for no one. The gentleman who uttered the cries was evidently a belated Mormon. He was breathless with running. Happily for him, the station had neither gates nor barriers. He rushed along the track, jumped on the rear platform of the train, and fell, exhausted, into one of the seats.*

Passepartout, qui avait suivi avec émotion les incidents de cette gymnastique, vint contempler ce retardataire, auquel il s'intéressa vivement, quand il apprit que ce citoyen de l'Utah n'avait ainsi pris la fuite qu'à la suite d'une scène de ménage.

Lorsque le Mormon eut repris haleine, Passepartout se hasarda à lui demander poliment combien il avait de femmes, à lui tout seul, -- et à la façon dont il venait de décamper, il lui en supposait une vingtaine au moins.

« Une, monsieur ! répondit le Mormon en levant les bras au ciel, une, et c'était assez ! »

XXVIII DANS LEQUEL PASSEPARTOUT NE PUT PARVENIR A FAIRE ENTENDRE LE LANGAGE DE LA RAISON

Passepartout, who had been anxiously watching this amateur gymnast, approached him with lively interest, and learned that he had taken flight after an unpleasant domestic scene.

When the Mormon had recovered his breath, Passepartout ventured to ask him politely how many wives he had; for, from the manner in which he had decamped, it might be thought that he had twenty at least.

"One, sir," replied the Mormon, raising his arms heavenward--"one, and that was enough!"

Chapter XXVIII IN WHICH PASSEPARTOUT DOES NOT SUCCEED IN MAKING ANYBODY LISTEN TO REASON

Le train, en quittant Great-Salt-Lake et la station d'Ogden, s'éleva pendant une heure vers le nord, jusqu'à Weber-river, ayant franchi neuf cents milles environ depuis San Francisco. A partir de ce point, il reprit la direction de l'est à travers le massif accidenté des monts Wahsatch. C'est dans cette partie du territoire, comprise entre ces montagnes et les montagnes Rocheuses proprement dites, que les ingénieurs américains ont été aux prises avec les plus sérieuses difficultés. Aussi, dans ce parcours, la subvention du gouvernement de l'Union s'est-elle élevée à quarante-huit mille dollars par mille, tandis qu'elle n'était que de seize mille dollars en plaine ; mais les ingénieurs, ainsi qu'il a été dit, n'ont pas violenté la nature, ils ont rusé avec elle, tournant les difficultés, et pour atteindre le grand bassin, un seul tunnel, long de quatorze mille pieds, a été percé dans tout le parcours du rail-road.

The train, on leaving Great Salt Lake at Ogden, passed northward for an hour as far as Weber River, having completed nearly nine hundred miles from San Francisco. From this point it took an easterly direction towards the jagged Wahsatch Mountains. It was in the section included between this range and the Rocky Mountains that the American engineers found the most formidable difficulties in laying the road, and that the government granted a subsidy of forty-eight thousand dollars per mile, instead of sixteen thousand allowed for the work done on the plains. But the engineers, instead of violating nature, avoided its difficulties by winding around, instead of penetrating the rocks. One tunnel only, fourteen thousand feet in length, was pierced in order to arrive at the great basin.

C'était au lac Salé même que le tracé avait atteint jusqu'alors sa plus haute cote d'altitude. Depuis ce point, son profil décrivait une courbe très allongée, s'abaissant vers la vallée du Bitter-creek, pour remonter jusqu'au point de partage des eaux entre l'Atlantique et le Pacifique. Les rios étaient nombreux dans cette montagneuse région. Il fallut franchir sur des ponceaux le Muddy, le Green et autres. Passepartout était devenu plus impatient à mesure qu'il s'approchait du but. Mais Fix, à son tour, aurait voulu être déjà sorti de cette difficile contrée. Il craignait les retards, il redoutait les accidents, et était plus pressé que Phileas Fogg lui-même de mettre le pied sur la terre anglaise !

The track up to this time had reached its highest elevation at the Great Salt Lake. From this point it described a long curve, descending towards Bitter Creek Valley, to rise again to the dividing ridge of the waters between the Atlantic and the Pacific. There were many creeks in this mountainous region, and it was necessary to cross Muddy Creek, Green Creek, and others, upon culverts.

Jules Verne

A dix heures du soir, le train s'arrêtait à la station de Fort-Bridger, qu'il quitta presque aussitôt, et, vingt milles plus loin, il entrait dans l'État de Wyoming, -- l'ancien Dakota --, en suivant toute la vallée du Bitter-creek, d'où s'écoulent une partie des eaux qui forment le système hydrographique du Colorado.

Le lendemain, 7 décembre, il y eut un quart d'heure d'arrêt à la station de Green-river. La neige avait tombé pendant la nuit assez abondamment, mais, mêlée à de la pluie, à demi fondue, elle ne pouvait gêner la marche du train. Toutefois, ce mauvais temps ne laissa pas d'inquiéter Passepartout, car l'accumulation des neiges, en embourbant les roues des wagons, eût certainement compromis le voyage.

« Aussi, quelle idée, se disait-il, mon maître a-t-il eue de voyager pendant l'hiver ! Ne pouvait-il attendre la belle saison pour augmenter ses chances ? »

Mais, en ce moment, où l'honnête garçon ne se préoccupait que de l'état du ciel et de l'abaissement de la température, Mrs. Aouda éprouvait des craintes plus vives, qui provenaient d'une tout autre cause.

Passepartout grew more and more impatient as they went on, while Fix longed to get out of this difficult region, and was more anxious than Phileas Fogg himself to be beyond the danger of delays and accidents, and set foot on English soil.

At ten o'clock at night the train stopped at Fort Bridger station, and twenty minutes later entered Wyoming Territory, following the valley of Bitter Creek throughout. The next day, 7th December, they stopped for a quarter of an hour at Green River station. Snow had fallen abundantly during the night, but, being mixed with rain, it had half melted, and did not interrupt their progress. The bad weather, however, annoyed Passepartout; for the accumulation of snow, by blocking the wheels of the cars, would certainly have been fatal to Mr. Fogg's tour.

"What an idea!" he said to himself. "Why did my master make this journey in winter? Couldn't he have waited for the good season to increase his chances?"

While the worthy Frenchman was absorbed in the state of the sky and the depression of the temperature, Aouda was experiencing fears from a totally different cause.

En effet, quelques voyageurs étaient descendus de leur wagon, et se promenaient sur le quai de la gare de Green-river, en attendant le départ du train. Or, à travers la vitre, la jeune femme reconnut parmi eux le colonel Stamp W. Proctor, cet Américain qui s'était si grossièrement comporté à l'égard de Phileas Fogg pendant le meeting de San Francisco. Mrs. Aouda, ne voulant pas être vue, se rejeta en arrière. Cette circonstance impressionna vivement la jeune femme. Elle s'était attachée à l'homme qui, si froidement que ce fût, lui donnait chaque jour les marques du plus absolu dévouement. Elle ne comprenait pas, sans doute, toute la profondeur du sentiment que lui inspirait son sauveur, et à ce sentiment elle ne donnait encore que le nom de reconnaissance, mais, à son insu, il y avait plus que cela. Aussi son coeur se serra-t-il, quand elle reconnut le grossier personnage auquel Mr. Fogg voulait tôt ou tard demander raison de sa conduite. Évidemment, c'était le hasard seul qui avait amené dans ce train le colonel Proctor, mais enfin il y était, et il fallait empêcher à tout prix que Phileas Fogg aperçût son adversaire.

Several passengers had got off at Green River, and were walking up and down the platforms; and among these Aouda recognised Colonel Stamp Proctor, the same who had so grossly insulted Phileas Fogg at the San Francisco meeting. Not wishing to be recognised, the young woman drew back from the window, feeling much alarm at her discovery. She was attached to the man who, however coldly, gave her daily evidences of the most absolute devotion. She did not comprehend, perhaps, the depth of the sentiment with which her protector inspired her, which she called gratitude, but which, though she was unconscious of it, was really more than that. Her heart sank within her when she recognised the man whom Mr. Fogg desired, sooner or later, to call to account for his conduct. Chance alone, it was clear, had brought Colonel Proctor on this train; but there he was, and it was necessary, at all hazards, that Phileas Fogg should not perceive his adversary.

Mrs. Aouda, lorsque le train se fut remis en route, profita d'un moment où sommeillait Mr. Fogg pour mettre Fix et Passepartout au courant de la situation.

Aouda seized a moment when Mr. Fogg was asleep to tell Fix and Passepartout whom she had seen.

« Ce Proctor est dans le train ! s'écria Fix. Eh bien, rassurez-vous, madame, avant d'avoir affaire au sieur... à Mr. Fogg, il aura affaire à moi ! Il me semble que, dans tout ceci, c'est encore moi qui ai reçu les plus graves insultes !

"That Proctor on this train!" cried Fix. "Well, reassure yourself, madam; before he settles with Mr. Fogg; he has got to deal with me! It seems to me that I was the more insulted of the two."

-- Et, de plus, ajouta Passepartout, je me charge de lui, tout colonel qu'il est.

-- Monsieur Fix, reprit Mrs. Aouda, Mr. Fogg ne laissera à personne le soin de le venger. Il est homme, il l'a dit, à revenir en Amérique pour retrouver cet insulteur. Si donc il aperçoit le colonel Proctor, nous ne pourrons empêcher une rencontre, qui peut amener de déplorables résultats. Il faut donc qu'il ne le voie pas.

-- Vous avez raison, madame, répondit Fix, une rencontre pourrait tout perdre. Vainqueur ou vaincu, Mr. Fogg serait retardé, et...

-- Et, ajouta Passepartout, cela ferait le jeu des gentlemen du Reform-Club. Dans quatre jours nous serons à New York ! Eh bien, si pendant quatre jours mon maître ne quitte pas son wagon, on peut espérer que le hasard ne le mettra pas face à face avec ce maudit Américain, que Dieu confonde ! Or, nous saurons bien l'empêcher... »

La conversation fut suspendue. Mr. Fogg s'était réveillé, et regardait la campagne à travers la vitre tachetée de neige. Mais, plus tard, et sans être entendu de son maître ni de Mrs. Aouda, Passepartout dit à l'inspecteur de police : « Est-ce que vraiment vous vous battriez pour lui ?

-- Je ferai tout pour le ramener vivant en Europe ! » répondit simplement Fix, d'un ton qui marquait une implacable volonté.

Passepartout sentit comme un frisson lui courir par le corps, mais ses convictions à l'endroit de son maître ne faiblirent pas.

"And, besides," added Passepartout, "I'll take charge of him, colonel as he is."

"Mr. Fix," resumed Aouda, "Mr. Fogg will allow no one to avenge him. He said that he would come back to America to find this man. Should he perceive Colonel Proctor, we could not prevent a collision which might have terrible results. He must not see him."

"You are right, madam," replied Fix; "a meeting between them might ruin all. Whether he were victorious or beaten, Mr. Fogg would be delayed, and--"

"And," added Passepartout, "that would play the game of the gentlemen of the Reform Club. In four days we shall be in New York. Well, if my master does not leave this car during those four days, we may hope that chance will not bring him face to face with this confounded American. We must, if possible, prevent his stirring out of it."

The conversation dropped. Mr. Fogg had just woke up, and was looking out of the window. Soon after Passepartout, without being heard by his master or Aouda, whispered to the detective, "Would you really fight for him?"

"I would do anything," replied Fix, in a tone which betrayed determined will, "to get him back living to Europe!"

Passepartout felt something like a shudder shoot through his frame, but his confidence in his master remained unbroken.

Et maintenant, y avait-il un moyen quelconque de retenir Mr. Fogg dans ce compartiment pour prévenir toute rencontre entre le colonel et lui ? Cela ne pouvait être difficile, le gentleman étant d'un naturel peu remuant et peu curieux. En tout cas, l'inspecteur de police crut avoir trouvé ce moyen, car, quelques instants plus tard, il disait à Phileas Fogg : « Ce sont de longues et lentes heures, monsieur, que celles que l'on passe ainsi en chemin de fer.

-- En effet, répondit le gentleman, mais elles passent.

-- A bord des paquebots, reprit l'inspecteur, vous aviez l'habitude de faire votre whist ?

-- Oui, répondit Phileas Fogg, mais ici ce serait difficile. Je n'ai ni cartes ni partenaires.

-- Oh ! les cartes, nous trouverons bien à les acheter. On vend de tout dans les wagons américains. Quant aux partenaires, si, par hasard, madame...

-- Certainement, monsieur, répondit vivement la jeune femme, je connais le whist. Cela fait partie de l'éducation anglaise.

-- Et moi, reprit Fix, j'ai quelques prétentions à bien jouer ce jeu. Or, à nous trois et un mort...

-- Comme il vous plaira, monsieur », répondit Phileas Fogg, enchanté de reprendre son jeu favori --, même en chemin de fer.

Was there any means of detaining Mr. Fogg in the car, to avoid a meeting between him and the colonel? It ought not to be a difficult task, since that gentleman was naturally sedentary and little curious. The detective, at least, seemed to have found a way; for, after a few moments, he said to Mr. Fogg, "These are long and slow hours, sir, that we are passing on the railway."

"Yes," replied Mr. Fogg; "but they pass."

"You were in the habit of playing whist," resumed Fix, "on the steamers."

"Yes; but it would be difficult to do so here. I have neither cards nor partners."

"Oh, but we can easily buy some cards, for they are sold on all the American trains. And as for partners, if madam plays--"

"Certainly, sir," Aouda quickly replied; "I understand whist. It is part of an English education."

"I myself have some pretensions to playing a good game. Well, here are three of us, and a dummy--"

"As you please, sir," replied Phileas Fogg, heartily glad to resume his favourite pastime even on the railway.

Passepartout fut dépêché à la recherche du steward, et il revint bientôt avec deux jeux complets, des fiches, des jetons et une tablette recouverte de drap. Rien ne manquait. Le jeu commença. Mrs. Aouda savait très suffisamment le whist, et elle reçut même quelques compliments du sévère Phileas Fogg. Quant à l'inspecteur, il était tout simplement de première force, et digne de tenir tête au gentleman.	*Passepartout was dispatched in search of the steward, and soon returned with two packs of cards, some pins, counters, and a shelf covered with cloth. The game commenced. Aouda understood whist sufficiently well, and even received some compliments on her playing from Mr. Fogg. As for the detective, he was simply an adept, and worthy of being matched against his present opponent.*
« Maintenant, se dit Passepartout à lui-même, nous le tenons. Il ne bougera plus ! »	*"Now," thought Passepartout, "we've got him. He won't budge."*
A onze heures du matin, le train avait atteint le point de partage des eaux des deux océans. C'était à Passe-Bridger, à une hauteur de sept mille cinq cent vingt-quatre pieds anglais au-dessus du niveau de la mer, un des plus hauts points touchés par le profil du tracé dans ce passage à travers les montagnes Rocheuses. Après deux cents milles environ, les voyageurs se trouveraient enfin sur ces longues plaines qui s'étendent jusqu'à l'Atlantique, et que la nature rendait si propices à l'établissement d'une voie ferrée.	*At eleven in the morning the train had reached the dividing ridge of the waters at Bridger Pass, seven thousand five hundred and twenty-four feet above the level of the sea, one of the highest points attained by the track in crossing the Rocky Mountains. After going about two hundred miles, the travellers at last found themselves on one of those vast plains which extend to the Atlantic, and which nature has made so propitious for laying the iron road.*

Sur le versant du bassin atlantique se développaient déjà les premiers rios, affluents ou sous-affluents de North-Platte-river. Tout l'horizon du nord et de l'est était couvert par cette immense courtine semi-circulaire, qui forme la portion septentrionale des Rocky-Mountains, dominée par le pic de Laramie. Entre cette courbure et la ligne de fer s'étendaient de vastes plaines, largement arrosées. Sur la droite du rail-road s'étageaient les premières rampes du massif montagneux qui s'arrondit au sud jusqu'aux sources de la rivière de l'Arkansas, l'un des grands tributaires du Missouri.	*On the declivity of the Atlantic basin the first streams, branches of the North Platte River, already appeared. The whole northern and eastern horizon was bounded by the immense semi-circular curtain which is formed by the southern portion of the Rocky Mountains, the highest being Laramie Peak. Between this and the railway extended vast plains, plentifully irrigated. On the right rose the lower spurs of the mountainous mass which extends southward to the sources of the Arkansas River, one of the great tributaries of the Missouri.*
A midi et demi, les voyageurs entrevoyaient un instant le fort Halleck, qui commande cette contrée. Encore quelques heures, et la traversée des montagnes Rocheuses serait accomplie. On pouvait donc espérer qu'aucun accident ne signalerait le passage du train à travers cette difficile région. La neige avait cessé de tomber. Le temps se mettait au froid sec. De grands oiseaux, effrayés par la locomotive, s'enfuyaient au loin. Aucun fauve, ours ou loup, ne se montrait sur la plaine. C'était le désert dans son immense nudité.	*At half-past twelve the travellers caught sight for an instant of Fort Halleck, which commands that section; and in a few more hours the Rocky Mountains were crossed. There was reason to hope, then, that no accident would mark the journey through this difficult country. The snow had ceased falling, and the air became crisp and cold. Large birds, frightened by the locomotive, rose and flew off in the distance. No wild beast appeared on the plain. It was a desert in its vast nakedness.*
Après un déjeuner assez confortable, servi dans le wagon même, Mr. Fogg et ses partenaires venaient de reprendre leur interminable whist, quand de violents coups de sifflet se firent entendre. Le train s'arrêta. Passepartout mit la tête à la portière et ne vit rien qui motivât cet arrêt. Aucune station n'était en vue.	*After a comfortable breakfast, served in the car, Mr. Fogg and his partners had just resumed whist, when a violent whistling was heard, and the train stopped. Passepartout put his head out of the door, but saw nothing to cause the delay; no station was in view.*

Mrs. Aouda et Fix purent craindre un instant que Mr. Fogg ne songeât à descendre sur la voie. Mais le gentleman se contenta de dire à son domestique : « Voyez donc ce que c'est. »	*Aouda and Fix feared that Mr. Fogg might take it into his head to get out; but that gentleman contented himself with saying to his servant, "See what is the matter."*
Passepartout s'élança hors du wagon. Une quarantaine de voyageurs avaient déjà quitté leurs places, et parmi eux le colonel Stamp W. Proctor.	*Passepartout rushed out of the car. Thirty or forty passengers had already descended, amongst them Colonel Stamp Proctor.*
Le train était arrêté devant un signal tourné au rouge qui fermait la voie. Le mécanicien et le conducteur, étant descendus, discutaient assez vivement avec un garde-voie, que le chef de gare de Medicine-Bow, la station prochaine, avait envoyé au-devant du train. Des voyageurs s'étaient approchés et prenaient part à la discussion, -- entre autres le susdit colonel Proctor, avec son verbe haut et ses gestes impérieux.	*The train had stopped before a red signal which blocked the way. The engineer and conductor were talking excitedly with a signal-man, whom the station-master at Medicine Bow, the next stopping place, had sent on before. The passengers drew around and took part in the discussion, in which Colonel Proctor, with his insolent manner, was conspicuous.*
Passepartout, ayant rejoint le groupe, entendit le garde-voie qui disait : « Non ! il n'y a pas moyen de passer ! Le pont de Medicine-Bow est ébranlé et ne supporterait pas le poids du train. »	*Passepartout, joining the group, heard the signal-man say, "No! you can't pass. The bridge at Medicine Bow is shaky, and would not bear the weight of the train."*
Ce pont, dont il était question, était un pont suspendu, jeté sur un rapide, à un mille de l'endroit où le convoi s'était arrêté. Au dire du garde-voie, il menaçait ruine, plusieurs des fils étaient rompus, et il était impossible d'en risquer le passage. Le garde-voie n'exagérait donc en aucune façon en affirmant qu'on ne pouvait passer. Et d'ailleurs, avec les habitudes d'insouciance des Américains, on peut dire que, quand ils se mettent à être prudents, il y aurait folie à ne pas l'être.	*This was a suspension-bridge thrown over some rapids, about a mile from the place where they now were. According to the signal-man, it was in a ruinous condition, several of the iron wires being broken; and it was impossible to risk the passage. He did not in any way exaggerate the condition of the bridge. It may be taken for granted that, rash as the Americans usually are, when they are prudent there is good reason for it.*
Passepartout, n'osant aller prévenir son maître, écoutait, les dents serrées, immobile comme une statue.	*Passepartout, not daring to apprise his master of what he heard, listened with set teeth, immovable as a statue.*

« Ah çà ! s'écria le colonel Proctor, nous n'allons pas, j'imagine, rester ici à prendre racine dans la neige !	"Hum!" cried Colonel Proctor; "but we are not going to stay here, I imagine, and take root in the snow?"
-- Colonel, répondit le conducteur, on a télégraphié à la station d'Omaha pour demander un train, mais il n'est pas probable qu'il arrive à Medicine-Bow avant six heures.	"Colonel," replied the conductor, "we have telegraphed to Omaha for a train, but it is not likely that it will reach Medicine Bow in less than six hours."
-- Six heures ! s'écria Passepartout.	"Six hours!" cried Passepartout.
-- Sans doute, répondit le conducteur. D'ailleurs, ce temps nous sera nécessaire pour gagner à pied la station.	"Certainly," returned the conductor, "besides, it will take us as long as that to reach Medicine Bow on foot."
-- A pied ! s'écrièrent tous les voyageurs.	"But it is only a mile from here," said one of the passengers.
-- Mais à quelle distance est donc cette station ? demanda l'un d'eux au conducteur.	"Yes, but it's on the other side of the river."
-- A douze milles, de l'autre côté de la rivière. -- Douze milles dans la neige ! » s'écria Stamp W. Proctor.	"And can't we cross that in a boat?" asked the colonel. "That's impossible. The creek is swelled by the rains. It is a rapid, and we shall have to make a circuit of ten miles to the north to find a ford."
Le colonel lança une bordée de jurons, s'en prenant à la compagnie, s'en prenant au conducteur, et Passepartout, furieux, n'était pas loin de faire chorus avec lui. Il y avait là un obstacle matériel contre lequel échoueraient, cette fois, toutes les bank-notes de son maître.	The colonel launched a volley of oaths, denouncing the railway company and the conductor; and Passepartout, who was furious, was not disinclined to make common cause with him. Here was an obstacle, indeed, which all his master's banknotes could not remove.
Au surplus, le désappointement était général parmi les voyageurs, qui, sans compter le retard, se voyaient obligés à faire une quinzaine de milles à travers la plaine couverte de neige. Aussi était-ce un brouhaha, des exclamations, des vociférations, qui auraient certainement attiré l'attention de Phileas Fogg, si ce gentleman n'eût été absorbé par son jeu.	There was a general disappointment among the passengers, who, without reckoning the delay, saw themselves compelled to trudge fifteen miles over a plain covered with snow. They grumbled and protested, and would certainly have thus attracted Phileas Fogg's attention if he had not been completely absorbed in his game.

Jules Verne

Cependant Passepartout se trouvait dans la nécessité de le prévenir, et, la tête basse, il se dirigeait vers le wagon, quand le mécanicien du train -- un vrai Yankee, nommé Forster --, élevant la voix, dit : « Messieurs, il y aurait peut-être moyen de passer.	*Passepartout found that he could not avoid telling his master what had occurred, and, with hanging head, he was turning towards the car, when the engineer, a true Yankee, named Forster called out, "Gentlemen, perhaps there is a way, after all, to get over."*
-- Sur le pont ? répondit un voyageur. -- Sur le pont.	*"On the bridge?" asked a passenger.* *"On the bridge."*
-- Avec notre train ? demanda le colonel.	*"With our train?"*
-- Avec notre train. » Passepartout s'était arrêté, et dévorait les paroles du mécanicien.	*"With our train."* *Passepartout stopped short, and eagerly listened to the engineer.*
« Mais le pont menace ruine ! reprit le conducteur.	*"But the bridge is unsafe," urged the conductor.*
-- N'importe, répondit Forster. Je crois qu'en lançant le train avec son maximum de vitesse, on aurait quelques chances de passer.	*"No matter," replied Forster; "I think that by putting on the very highest speed we might have a chance of getting over."*
-- Diable ! » fit Passepartout.	*"The devil!" muttered Passepartout.*
Mais un certain nombre de voyageurs avaient été immédiatement séduits par la proposition. Elle plaisait particulièrement au colonel Proctor. Ce cerveau brûlé trouvait la chose très faisable. Il rappela même que des ingénieurs avaient eu l'idée de passer des rivières « sans pont » avec des trains rigides lancés à toute vitesse, etc. Et, en fin de compte, tous les intéressés dans la question se rangèrent à l'avis du mécanicien.	*But a number of the passengers were at once attracted by the engineer's proposal, and Colonel Proctor was especially delighted, and found the plan a very feasible one. He told stories about engineers leaping their trains over rivers without bridges, by putting on full steam; and many of those present avowed themselves of the engineer's mind.*
« Nous avons cinquante chances pour passer, disait l'un.	*"We have fifty chances out of a hundred of getting over," said one.*
-- Soixante, disait l'autre.	*"Eighty! ninety!"*

-- Quatre-vingts !... quatre-vingt-dix sur cent ! » Passepartout était ahuri, quoiqu'il fût prêt à tout tenter pour opérer le passage du Medicine-creek, mais la tentative lui semblait un peu trop « américaine ». « D'ailleurs, pensa-t-il, il y a une chose bien plus simple à faire, et ces gens-là n'y songent même pas !... » « Monsieur, dit-il à un des voyageurs, le moyen proposé par le mécanicien me paraît un peu hasardé, mais...

-- Quatre-vingts chances ! répondit le voyageur, qui lui tourna le dos.

-- Je sais bien, répondit Passepartout en s'adressant à un autre gentleman, mais une simple réflexion...

-- Pas de réflexion, c'est inutile ! répondit l'Américain interpellé en haussant les épaules, puisque le mécanicien assure qu'on passera !

-- Sans doute, reprit Passepartout, on passera, mais il serait peut-être plus prudent...

-- Quoi ! prudent ! s'écria le colonel Proctor, que ce mot, entendu par hasard, fit bondir. A grande vitesse, on vous dit ! Comprenez-vous ? A grande vitesse !

-- Je sais... je comprends..., répétait Passepartout, auquel personne ne laissait achever sa phrase, mais il serait, sinon plus prudent, puisque le mot vous choque, du moins plus naturel...

-- Qui ? que ? quoi ? Qu'a-t-il donc celui-là avec son naturel ?... » s'écria-t-on de toutes parts.

Le pauvre garçon ne savait plus de qui se faire entendre.

« Est-ce que vous avez peur ? lui demanda le colonel Proctor.

Passepartout was astounded, and, though ready to attempt anything to get over Medicine Creek, thought the experiment proposed a little too American. "Besides," thought he, "there's a still more simple way, and it does not even occur to any of these people! Sir," said he aloud to one of the passengers, "the engineer's plan seems to me a little dangerous, but--"

"Eighty chances!" replied the passenger, turning his back on him.

"I know it," said Passepartout, turning to another passenger, "but a simple idea--"

"Ideas are no use," returned the American, shrugging his shoulders, "as the engineer assures us that we can pass."

"Doubtless," urged Passepartout, "we can pass, but perhaps it would be more prudent--"

"What! Prudent!" cried Colonel Proctor, whom this word seemed to excite prodigiously. "At full speed, don't you see, at full speed!"

"I know--I see," repeated Passepartout; "but it would be, if not more prudent, since that word displeases you, at least more natural-"

"Who! What! What's the matter with this fellow?" cried several.

The poor fellow did not know to whom to address himself.

"Are you afraid?" asked Colonel Proctor.

-- Moi, peur ! s'écria Passepartout. Eh bien, soit ! Je montrerai à ces gens-là qu'un Français peut être aussi américain qu'eux !

-- En voiture ! en voiture ! criait le conducteur.

-- Oui ! en voiture, répétait Passepartout, en voiture ! Et tout de suite ! Mais on ne m'empêchera pas de penser qu'il eût été plus naturel de nous faire d'abord passer à pied sur ce pont, nous autres voyageurs, puis le train ensuite !... »

Mais personne n'entendit cette sage réflexion, et personne n'eût voulu en reconnaître la justesse. Les voyageurs étaient réintégrés dans leur wagon. Passepartout reprit sa place, sans rien dire de ce qui s'était passé. Les joueurs étaient tout entiers à leur whist.

La locomotive siffla vigoureusement. Le mécanicien, renversant la vapeur, ramena son train en arrière pendant près d'un mille --, reculant comme un sauteur qui veut prendre son élan. Puis, à un second coup de sifflet, la marche en avant recommença : elle s'accéléra ; bientôt la vitesse devint effroyable ; on n'entendait plus qu'un seul hennissement sortant de la locomotive ; les pistons battaient vingt coups à la seconde ; les essieux des roues fumaient dans les boîtes à graisse. On sentait, pour ainsi dire, que le train tout entier, marchant avec une rapidité de cent milles à l'heure, ne pesait plus sur les rails. La vitesse mangeait la pesanteur.

"I afraid? Very well; I will show these people that a Frenchman can be as American as they!"

"All aboard!" cried the conductor.

"Yes, all aboard!" repeated Passepartout, and immediately. "But they can't prevent me from thinking that it would be more natural for us to cross the bridge on foot, and let the train come after!"

But no one heard this sage reflection, nor would anyone have acknowledged its justice. The passengers resumed their places in the cars. Passepartout took his seat without telling what had passed. The whist-players were quite absorbed in their game.

The locomotive whistled vigorously; the engineer, reversing the steam, backed the train for nearly a mile-- retiring, like a jumper, in order to take a longer leap. Then, with another whistle, he began to move forward; the train increased its speed, and soon its rapidity became frightful; a prolonged screech issued from the locomotive; the piston worked up and down twenty strokes to the second. They perceived that the whole train, rushing on at the rate of a hundred miles an hour, hardly bore upon the rails at all.

Et l'on passa ! Et ce fut comme un éclair. On ne vit rien du pont. Le convoi sauta, on peut le dire, d'une rive à l'autre, et le mécanicien ne parvint à arrêter sa machine emportée qu'à cinq milles au-delà de la station. Mais à peine le train avait-il franchi la rivière, que le pont, définitivement ruiné, s'abîmait avec fracas dans le rapide de Medicine-Bow.	*And they passed over! It was like a flash. No one saw the bridge. The train leaped, so to speak, from one bank to the other, and the engineer could not stop it until it had gone five miles beyond the station. But scarcely had the train passed the river, when the bridge, completely ruined, fell with a crash into the rapids of Medicine Bow.*
XXIX OÙ IL SERA FAIT LE RÉCIT D'INCIDENTS DIVERS QUI NE SE RENCONTRENT QUE SUR LES RAIL-ROADS DE L'UNION	*Chapter XXIX IN WHICH CERTAIN INCIDENTS ARE NARRATED WHICH ARE ONLY TO BE MET WITH ON AMERICAN RAILROADS*
Le soir même, le train poursuivait sa route sans obstacles, dépassait le fort Sauders, franchissait la passe de Cheyenne et arrivait à la passe d'Evans. En cet endroit, le rail-road atteignait le plus haut point du parcours, soit huit mille quatre-vingt-onze pieds au-dessus du niveau de l'océan. Les voyageurs n'avaient plus qu'à descendre jusqu'à l'Atlantique sur ces plaines sans limites, nivelées par la nature. Là se trouvait sur le « grand trunk » l'embranchement de Denver-city, la principale ville du Colorado. Ce territoire est riche en mines d'or et d'argent, et plus de cinquante mille habitants y ont déjà fixé leur demeure.	*The train pursued its course, that evening, without interruption, passing Fort Saunders, crossing Cheyne Pass, and reaching Evans Pass. The road here attained the highest elevation of the journey, eight thousand and ninety-two feet above the level of the sea. The travellers had now only to descend to the Atlantic by limitless plains, levelled by nature. A branch of the "grand trunk" led off southward to Denver, the capital of Colorado. The country round about is rich in gold and silver, and more than fifty thousand inhabitants are already settled there.*
A ce moment, treize cent quatre-vingt-deux milles avaient été faits depuis San Francisco, en trois jours et trois nuits. Quatre nuits et quatre jours, selon toute prévision, devaient suffire pour atteindre New York. Phileas Fogg se maintenait donc dans les délais réglementaires.	*Thirteen hundred and eighty-two miles had been passed over from San Francisco, in three days and three nights; four days and nights more would probably bring them to New York. Phileas Fogg was not as yet behind-hand.*

Jules Verne

Pendant la nuit, on laissa sur la gauche le camp Walbah. Le Lodge-pole-creek courait parallèlement à la voie, en suivant la frontière rectiligne commune aux États du Wyoming et du Colorado. A onze heures, on entrait dans le Nebraska, on passait près du Sedgwick, et l'on touchait à Julesburgh, placé sur la branche sud de Platte-river.

C'est à ce point que se fit l'inauguration de l'Union Pacific Road, le 23 octobre 1867, et dont l'ingénieur en chef fut le général J. M. Dodge. Là s'arrêtèrent les deux puissantes locomotives, remorquant les neuf wagons des invités, au nombre desquels figurait le vice-président, Mr. Thomas C. Durant ; là retentirent les acclamations ; là, les Sioux et les Pawnies donnèrent le spectacle d'une petite guerre indienne ; là, les feux d'artifice éclatèrent ; là, enfin, se publia, au moyen d'une imprimerie portative, le premier numéro du journal Railway Pioneer. Ainsi fut célébrée l'inauguration de ce grand chemin de fer, instrument de progrès et de civilisation, jeté à travers le désert et destiné à relier entre elles des villes et des cités qui n'existaient pas encore. Le sifflet de la locomotive, plus puissant que la lyre d'Amphion, allait bientôt les faire surgir du sol américain.

During the night Camp Walbach was passed on the left; Lodge Pole Creek ran parallel with the road, marking the boundary between the territories of Wyoming and Colorado. They entered Nebraska at eleven, passed near Sedgwick, and touched at Julesburg, on the southern branch of the Platte River.

It was here that the Union Pacific Railroad was inaugurated on the 23rd of October, 1867, by the chief engineer, General Dodge. Two powerful locomotives, carrying nine cars of invited guests, amongst whom was Thomas C. Durant, vice-president of the road, stopped at this point; cheers were given, the Sioux and Pawnees performed an imitation Indian battle, fireworks were let off, and the first number of the Railway Pioneer was printed by a press brought on the train. Thus was celebrated the inauguration of this great railroad, a mighty instrument of progress and civilisation, thrown across the desert, and destined to link together cities and towns which do not yet exist. The whistle of the locomotive, more powerful than Amphion's lyre, was about to bid them rise from American soil.

A huit heures du matin, le fort Mac-Pherson était laissé en arrière. Trois cent cinquante-sept milles séparent ce point d'Omaha. La voie ferrée suivait, sur sa rive gauche, les capricieuses sinuosités de la branche sud de Platte-river. A neuf heures, on arrivait à l'importante ville de North-Platte, bâtie entre ces deux bras du grand cours d'eau, qui se rejoignent autour d'elle pour ne plus former qu'une seule artère --, affluent considérable dont les eaux se confondent avec celles du Missouri, un peu au-dessus d'Omaha.

Le cent-unième méridien était franchi. Mr. Fogg et ses partenaires avaient repris leur jeu. Aucun d'eux ne se plaignait de la longueur de la route --, pas même le mort. Fix avait commencé par gagner quelques guinées, qu'il était en train de reperdre, mais il ne se montrait pas moins passionné que Mr. Fogg. Pendant cette matinée, la chance favorisa singulièrement ce gentleman. Les atouts et les honneurs pleuvaient dans ses mains. A un certain moment, après avoir combiné un coup audacieux, il se préparait à jouer pique, quand, derrière la banquette, une voix se fit entendre, qui disait :

« Moi, je jouerais carreau... »
Mr. Fogg, Mrs. Aouda, Fix levèrent la tête. Le colonel Proctor était près d'eux. Stamp W. Proctor et Phileas Fogg se reconnurent aussitôt.

« Ah ! c'est vous, monsieur l'Anglais, s'écria le colonel, c'est vous qui voulez jouer pique !

-- Et qui le joue, répondit froidement Phileas Fogg, en abattant un dix de cette couleur.

Fort McPherson was left behind at eight in the morning, and three hundred and fifty-seven miles had yet to be traversed before reaching Omaha. The road followed the capricious windings of the southern branch of the Platte River, on its left bank. At nine the train stopped at the important town of North Platte, built between the two arms of the river, which rejoin each other around it and form a single artery, a large tributary, whose waters empty into the Missouri a little above Omaha.

The one hundred and first meridian was passed. Mr. Fogg and his partners had resumed their game; no one--not even the dummy--complained of the length of the trip. Fix had begun by winning several guineas, which he seemed likely to lose; but he showed himself a not less eager whist-player than Mr. Fogg. During the morning, chance distinctly favoured that gentleman. Trumps and honours were showered upon his hands. Once, having resolved on a bold stroke, he was on the point of playing a spade, when a voice behind him said,

"I should play a diamond."
Mr. Fogg, Aouda, and Fix raised their heads, and beheld Colonel Proctor. Stamp Proctor and Phileas Fogg recognised each other at once.

"Ah! it's you, is it, Englishman?" cried the colonel; "it's you who are going to play a spade!"

"And who plays it," replied Phileas Fogg coolly, throwing down the ten of spades.

-- Eh bien, il me plaît que ce soit carreau », répliqua le colonel Proctor d'une voix irritée. Et il fit un geste pour saisir la carte jouée, en ajoutant : « Vous n'entendez rien à ce jeu.

-- Peut-être serai-je plus habile à un autre, dit Phileas Fogg, qui se leva.

-- Il ne tient qu'à vous d'en essayer, fils de John Bull ! » répliqua le grossier personnage.

Mrs. Aouda était devenue pâle. Tout son sang lui refluait au coeur. Elle avait saisi le bras de Phileas Fogg, qui la repoussa doucement. Passepartout était prêt à se jeter sur l'Américain, qui regardait son adversaire de l'air le plus insultant. Mais Fix s'était levé, et, allant au colonel Proctor, il lui dit : « Vous oubliez que c'est moi à qui vous avez affaire, monsieur, moi que vous avez, non seulement injurié, mais frappé !

-- Monsieur Fix, dit Mr. Fogg, je vous demande pardon, mais ceci me regarde seul. En prétendant que j'avais tort de jouer pique, le colonel m'a fait une nouvelle injure, et il m'en rendra raison.

-- Quand vous voudrez, et où vous voudrez, répondit l'Américain, et à l'arme qu'il vous plaira ! »

"Well, it pleases me to have it diamonds," replied Colonel Proctor, in an insolent tone. He made a movement as if to seize the card which had just been played, adding, "You don't understand anything about whist."

"Perhaps I do, as well as another," said Phileas Fogg, rising.

"You have only to try, son of John Bull," replied the colonel.

Aouda turned pale, and her blood ran cold. She seized Mr. Fogg's arm and gently pulled him back. Passepartout was ready to pounce upon the American, who was staring insolently at his opponent. But Fix got up, and, going to Colonel Proctor said, "You forget that it is I with whom you have to deal, sir; for it was I whom you not only insulted, but struck!"

"Mr. Fix," said Mr. Fogg, "pardon me, but this affair is mine, and mine only. The colonel has again insulted me, by insisting that I should not play a spade, and he shall give me satisfaction for it."

"When and where you will," replied the American, "and with whatever weapon you choose."

Mrs. Aouda essaya vainement de retenir Mr. Fogg. L'inspecteur tenta inutilement de reprendre la querelle à son compte. Passepartout voulait jeter le colonel par la portière, mais un signe de son maître l'arrêta. Phileas Fogg quitta le wagon, et l'Américain le suivit sur la passerelle. « Monsieur, dit Mr. Fogg à son adversaire, je suis fort pressé de retourner en Europe, et un retard quelconque préjudicierait beaucoup à mes intérêts.

-- Eh bien ! qu'est-ce que cela me fait ? répondit le colonel Proctor.

-- Monsieur, reprit très poliment Mr. Fogg, après notre rencontre à San Francisco, j'avais formé le projet de venir vous retrouver en Amérique, dès que j'aurais terminé les affaires qui m'appellent sur l'ancien continent.

-- Vraiment !

-- Voulez-vous me donner rendez-vous dans six mois ?

-- Pourquoi pas dans six ans ?

-- Je dis six mois, répondit Mr. Fogg, et je serai exact au rendez-vous.

-- Des défaites, tout cela ! s'écria Stamp W. Proctor. Tout de suite ou pas.

-- Soit, répondit Mr. Fogg. Vous allez à New York ?

-- Non.

-- A Chicago ?

-- Non.

-- A Omaha ?

-- Peu vous importe ! Connaissez-vous Plum-Creek ?

-- Non, répondit Mr. Fogg.

Aouda in vain attempted to retain Mr. Fogg; as vainly did the detective endeavour to make the quarrel his. Passepartout wished to throw the colonel out of the window, but a sign from his master checked him. Phileas Fogg left the car, and the American followed him upon the platform. "Sir," said Mr. Fogg to his adversary, "I am in a great hurry to get back to Europe, and any delay whatever will be greatly to my disadvantage."

"Well, what's that to me?" replied Colonel Proctor.

"Sir," said Mr. Fogg, very politely, "after our meeting at San Francisco, I determined to return to America and find you as soon as I had completed the business which called me to England."

"Really!"

"Will you appoint a meeting for six months hence?"

"Why not ten years hence?"

"I say six months," returned Phileas Fogg; "and I shall be at the place of meeting promptly."

"All this is an evasion," cried Stamp Proctor. "Now or never!"

"Very good. You are going to New York?"

"No."

"To Chicago?"

"No."

"To Omaha?"

"What difference is it to you? Do you know Plum Creek?"

"No," replied Mr. Fogg.

-- C'est la station prochaine. Le train y sera dans une heure. Il y stationnera dix minutes. En dix minutes, on peut échanger quelques coups de revolver.

-- Soit, répondit Mr. Fogg. Je m'arrêterai à Plum-Creek.

-- Et je crois même que vous y resterez ! ajouta l'Américain avec une insolence sans pareille.

-- Qui sait, monsieur ? » répondit Mr. Fogg, et il rentra dans son wagon, aussi froid que d'habitude.

Là, le gentleman commença par rassurer Mrs. Aouda, lui disant que les fanfarons n'étaient jamais à craindre. Puis il pria Fix de lui servir de témoin dans la rencontre qui allait avoir lieu. Fix ne pouvait refuser, et Phileas Fogg reprit tranquillement son jeu interrompu, en jouant pique avec un calme parfait.

A onze heures, le sifflet de la locomotive annonça l'approche de la station de Plum-Creek. Mr. Fogg se leva, et, suivi de Fix, il se rendit sur la passerelle. Passepartout l'accompagnait, portant une paire de revolvers. Mrs. Aouda était restée dans le wagon, pâle comme une morte.

En ce moment, la porte de l'autre wagon s'ouvrit, et le colonel Proctor apparut également sur la passerelle, suivi de son témoin, un Yankee de sa trempe. Mais à l'instant où les deux adversaires allaient descendre sur la voie, le conducteur accourut et leur cria : « On ne descend pas, messieurs.

-- Et pourquoi ? demanda le colonel.
-- Nous avons vingt minutes de retard, et le train ne s'arrête pas.

-- Mais je dois me battre avec monsieur.

"It's the next station. The train will be there in an hour, and will stop there ten minutes. In ten minutes several revolver-shots could be exchanged."

"Very well," said Mr. Fogg. "I will stop at Plum Creek."

"And I guess you'll stay there too," added the American insolently.

"Who knows?" replied Mr. Fogg, returning to the car as coolly as usual.

He began to reassure Aouda, telling her that blusterers were never to be feared, and begged Fix to be his second at the approaching duel, a request which the detective could not refuse. Mr. Fogg resumed the interrupted game with perfect calmness.

At eleven o'clock the locomotive's whistle announced that they were approaching Plum Creek station. Mr. Fogg rose, and, followed by Fix, went out upon the platform. Passepartout accompanied him, carrying a pair of revolvers. Aouda remained in the car, as pale as death.

The door of the next car opened, and Colonel Proctor appeared on the platform, attended by a Yankee of his own stamp as his second. But just as the combatants were about to step from the train, the conductor hurried up, and shouted, "You can't get off, gentlemen!"

"Why not?" asked the colonel.

"We are twenty minutes late, and we shall not stop."

"But I am going to fight a duel with this gentleman."

-- Je le regrette, répondit l'employé, mais nous repartons immédiatement. Voici la cloche qui sonne ! »

La cloche sonnait, en effet, et le train se remit en route.

« Je suis vraiment désolé, messieurs, dit alors le conducteur. En toute autre circonstance, j'aurai pu vous obliger. Mais, après tout, puisque vous n'avez pas eu le temps de vous battre ici, qui vous empêche de vous battre en route ?

-- Cela ne conviendra peut-être pas à monsieur ! dit le colonel Proctor d'un air goguenard.

-- Cela me convient parfaitement », répondit Phileas Fogg.

« Allons, décidément, nous sommes en Amérique ! pensa Passepartout, et le conducteur de train est un gentleman du meilleur monde ! »

Et ce disant il suivit son maître.

Les deux adversaires, leurs témoins, précédés du conducteur, se rendirent, en passant d'un wagon à l'autre, à l'arrière du train. Le dernier wagon n'était occupé que par une dizaine de voyageurs. Le conducteur leur demanda s'ils voulaient bien, pour quelques instants, laisser la place libre à deux gentlemen qui avaient une affaire d'honneur à vider. Comment donc ! Mais les voyageurs étaient trop heureux de pouvoir être agréables aux deux gentlemen, et ils se retirèrent sur les passerelles.

"I am sorry," said the conductor; "but we shall be off at once. There's the bell ringing now."

The train started.

"I'm really very sorry, gentlemen," said the conductor. "Under any other circumstances I should have been happy to oblige you. But, after all, as you have not had time to fight here, why not fight as we go along?"

"That wouldn't be convenient, perhaps, for this gentleman," said the colonel, in a jeering tone.

"It would be perfectly so," replied Phileas Fogg.

"Well, we are really in America," thought Passepartout, "and the conductor is a gentleman of the first order!"

So muttering, he followed his master.

The two combatants, their seconds, and the conductor passed through the cars to the rear of the train. The last car was only occupied by a dozen passengers, whom the conductor politely asked if they would not be so kind as to leave it vacant for a few moments, as two gentlemen had an affair of honour to settle. The passengers granted the request with alacrity, and straightway disappeared on the platform.

Ce wagon, long d'une cinquantaine de pieds, se prêtait très convenablement à la circonstance. Les deux adversaires pouvaient marcher l'un sur l'autre entre les banquettes et s'arquebuser à leur aise. Jamais duel ne fut plus facile à régler. Mr. Fogg et le colonel Proctor, munis chacun de deux revolvers à six coups, entrèrent dans le wagon. Leurs témoins, restés en dehors, les y enfermèrent. Au premier coup de sifflet de la locomotive, ils devaient commencer le feu... Puis, après un laps de deux minutes, on retirerait du wagon ce qui resterait des deux gentlemen.	*The car, which was some fifty feet long, was very convenient for their purpose. The adversaries might march on each other in the aisle, and fire at their ease. Never was duel more easily arranged. Mr. Fogg and Colonel Proctor, each provided with two six-barrelled revolvers, entered the car. The seconds, remaining outside, shut them in. They were to begin firing at the first whistle of the locomotive. After an interval of two minutes, what remained of the two gentlemen would be taken from the car.*
Rien de plus simple en vérité. C'était même si simple, que Fix et Passepartout sentaient leur coeur battre à se briser. On attendait donc le coup de sifflet convenu, quand soudain des cris sauvages retentirent. Des détonations les accompagnèrent, mais elles ne venaient point du wagon réservé aux duellistes. Ces détonations se prolongeaient, au contraire, jusqu'à l'avant et sur toute la ligne du train. Des cris de frayeur se faisaient entendre à l'intérieur du convoi.	*Nothing could be more simple. Indeed, it was all so simple that Fix and Passepartout felt their hearts beating as if they would crack. They were listening for the whistle agreed upon, when suddenly savage cries resounded in the air, accompanied by reports which certainly did not issue from the car where the duellists were. The reports continued in front and the whole length of the train. Cries of terror proceeded from the interior of the cars.*
Le colonel Proctor et Mr. Fogg, revolver au poing, sortirent aussitôt du wagon et se précipitèrent vers l'avant, où retentissaient plus bruyamment les détonations et les cris. Ils avaient compris que le train était attaqué par une bande de Sioux.	*Colonel Proctor and Mr. Fogg, revolvers in hand, hastily quitted their prison, and rushed forward where the noise was most clamorous. They then perceived that the train was attacked by a band of Sioux.*
Ces hardis Indiens n'en étaient pas à leur coup d'essai, et plus d'une fois déjà ils avaient arrêté les convois. Suivant leur habitude, sans attendre l'arrêt du train, s'élançant sur les marchepieds au nombre d'une centaine, ils avaient escaladé les wagons comme fait un clown d'un cheval au galop.	*This was not the first attempt of these daring Indians, for more than once they had waylaid trains on the road. A hundred of them had, according to their habit, jumped upon the steps without stopping the train, with the ease of a clown mounting a horse at full gallop.*

Ces Sioux étaient munis de fusils. De là les détonations auxquelles les voyageurs, presque tous armés, ripostaient par des coups de revolver. Tout d'abord, les Indiens s'étaient précipités sur la machine. Le mécanicien et le chauffeur avaient été à demi assommés à coups de casse-tête. Un chef sioux, voulant arrêter le train, mais ne sachant pas manoeuvrer la manette du régulateur, avait largement ouvert l'introduction de la vapeur au lieu de la fermer, et la locomotive, emportée, courait avec une vitesse effroyable.	*The Sioux were armed with guns, from which came the reports, to which the passengers, who were almost all armed, responded by revolver-shots. The Indians had first mounted the engine, and half stunned the engineer and stoker with blows from their muskets. A Sioux chief, wishing to stop the train, but not knowing how to work the regulator, had opened wide instead of closing the steam-valve, and the locomotive was plunging forward with terrific velocity.*
En même temps, les Sioux avaient envahi les wagons, ils couraient comme des singes en fureur sur les impériales, ils enfonçaient les portières et luttaient corps à corps avec les voyageurs. Hors du wagon de bagages, forcé et pillé, les colis étaient précipités sur la voie. Cris et coups de feu ne discontinuaient pas. Cependant les voyageurs se défendaient avec courage. Certains wagons, barricadés, soutenaient un siège, comme de véritables forts ambulants, emportés avec une rapidité de cent milles à l'heure.	*The Sioux had at the same time invaded the cars, skipping like enraged monkeys over the roofs, thrusting open the doors, and fighting hand to hand with the passengers. Penetrating the baggage-car, they pillaged it, throwing the trunks out of the train. The cries and shots were constant. The travellers defended themselves bravely; some of the cars were barricaded, and sustained a siege, like moving forts, carried along at a speed of a hundred miles an hour.*
Dès le début de l'attaque, Mrs. Aouda s'était courageusement comportée. Le revolver à la main, elle se défendait héroïquement, tirant à travers les vitres brisées, lorsque quelque sauvage se présentait à elle. Une vingtaine de Sioux, frappés à mort, étaient tombés sur la voie, et les roues des wagons écrasaient comme des vers ceux d'entre eux qui glissaient sur les rails du haut des passerelles.	*Aouda behaved courageously from the first. She defended herself like a true heroine with a revolver, which she shot through the broken windows whenever a savage made his appearance. Twenty Sioux had fallen mortally wounded to the ground, and the wheels crushed those who fell upon the rails as if they had been worms.*
Plusieurs voyageurs, grièvement atteints par les balles ou les casse-tête, gisaient sur les banquettes.	*Several passengers, shot or stunned, lay on the seats.*

Cependant il fallait en finir. Cette lutte durait déjà depuis dix minutes, et ne pouvait que se terminer à l'avantage des Sioux, si le train ne s'arrêtait pas. En effet, la station du fort Kearney n'était pas à deux milles de distance. Là se trouvait un poste américain ; mais ce poste passé, entre le fort Kearney et la station suivante les Sioux seraient les maîtres du train.	*It was necessary to put an end to the struggle, which had lasted for ten minutes, and which would result in the triumph of the Sioux if the train was not stopped. Fort Kearney station, where there was a garrison, was only two miles distant; but, that once passed, the Sioux would be masters of the train between Fort Kearney and the station beyond.*
Le conducteur se battait aux côtés de Mr. Fogg, quand une balle le renversa. En tombant, cet homme s'écria : « Nous sommes perdus, si le train ne s'arrête pas avant cinq minutes !	*The conductor was fighting beside Mr. Fogg, when he was shot and fell. At the same moment he cried, "Unless the train is stopped in five minutes, we are lost!"*
-- Il s'arrêtera ! dit Phileas Fogg, qui voulut s'élancer hors du wagon.	*"It shall be stopped," said Phileas Fogg, preparing to rush from the car.*
-- Restez, monsieur, lui cria Passepartout. Cela me regarde ! »	*"Stay, monsieur," cried Passepartout; "I will go."*
Phileas Fogg n'eut pas le temps d'arrêter ce courageux garçon, qui, ouvrant une portière sans être vu des Indiens, parvint à se glisser sous le wagon. Et alors, tandis que la lutte continuait, pendant que les balles se croisaient au-dessus de sa tête, retrouvant son agilité, sa souplesse de clown, se faufilant sous les wagons, s'accrochant aux chaînes, s'aidant du levier des freins et des longerons des châssis, rampant d'une voiture à l'autre avec une adresse merveilleuse, il gagna ainsi l'avant du train. Il n'avait pas été vu, il n'avait pu l'être.	*Mr. Fogg had not time to stop the brave fellow, who, opening a door unperceived by the Indians, succeeded in slipping under the car; and while the struggle continued and the balls whizzed across each other over his head, he made use of his old acrobatic experience, and with amazing agility worked his way under the cars, holding on to the chains, aiding himself by the brakes and edges of the sashes, creeping from one car to another with marvellous skill, and thus gaining the forward end of the train.*

Là, suspendu d'une main entre le wagon des bagages et le tender, de l'autre il décrocha les chaînes de sûreté ; mais par suite de la traction opérée, il n'aurait jamais pu parvenir à dévisser la barre d'attelage, si une secousse que la machine éprouva n'eût fait sauter cette barre, et le train, détaché, resta peu à peu en arrière, tandis que la locomotive s'enfuyait avec une nouvelle vitesse.	*There, suspended by one hand between the baggage-car and the tender, with the other he loosened the safety chains; but, owing to the traction, he would never have succeeded in unscrewing the yoking-bar, had not a violent concussion jolted this bar out. The train, now detached from the engine, remained a little behind, whilst the locomotive rushed forward with increased speed.*
Emporté par la force acquise, le train roula encore pendant quelques minutes, mais les freins furent manoeuvrés à l'intérieur des wagons, et le convoi s'arrêta enfin, à moins de cent pas de la station de Kearney.	*Carried on by the force already acquired, the train still moved for several minutes; but the brakes were worked and at last they stopped, less than a hundred feet from Kearney station.*
Là, les soldats du fort, attirés par les coups de feu, accoururent en hâte. Les Sioux ne les avaient pas attendus, et, avant l'arrêt complet du train, toute la bande avait décampé.	*The soldiers of the fort, attracted by the shots, hurried up; the Sioux had not expected them, and decamped in a body before the train entirely stopped.*
Mais quand les voyageurs se comptèrent sur le quai de la station, ils reconnurent que plusieurs manquaient à l'appel, et entre autres le courageux Français dont le dévouement venait de les sauver.	*But when the passengers counted each other on the station platform several were found missing; among others the courageous Frenchman, whose devotion had just saved them.*
XXX DANS LEQUEL PHILEAS FOGG FAIT TOUT SIMPLEMENT SON DEVOIR	*Chapter XXX IN WHICH PHILEAS FOGG SIMPLY DOES HIS DUTY*
Trois voyageurs, Passepartout compris, avaient disparu. Avaient-ils été tués dans la lutte ? Etaient-ils prisonniers des Sioux ? On ne pouvait encore le savoir.	*Three passengers including Passepartout had disappeared. Had they been killed in the struggle? Were they taken prisoners by the Sioux? It was impossible to tell.*
Les blessés étaient assez nombreux, mais on reconnut qu'aucun n'était atteint mortellement. Un dès plus grièvement frappé, c'était le colonel Proctor, qui s'était bravement battu, et qu'une balle à l'aine avait renversé. Il fut transporté à la gare avec d'autres voyageurs, dont l'état réclamait des soins immédiats.	*There were many wounded, but none mortally. Colonel Proctor was one of the most seriously hurt; he had fought bravely, and a ball had entered his groin. He was carried into the station with the other wounded passengers, to receive such attention as could be of avail.*

Mrs. Aouda était sauve. Phileas Fogg, qui ne s'était pas épargné, n'avait pas une égratignure. Fix était blessé au bras, blessure sans importance. Mais Passepartout manquait, et des larmes coulaient des yeux de la jeune femme.

Cependant tous les voyageurs avaient quitté le train. Les roues des wagons étaient tachées de sang. Aux moyeux et aux rayons pendaient d'informes lambeaux de chair. On voyait à perte de vue sur la plaine blanche de longues traînées rouges. Les derniers Indiens disparaissaient alors dans le sud, du côté de Republican-river.

Mr. Fogg, les bras croisés, restait immobile. Il avait une grave décision à prendre. Mrs. Aouda, près de lui, le regardait sans prononcer une parole... Il comprit ce regard. Si son serviteur était prisonnier, ne devait-il pas tout risquer pour l'arracher aux Indiens ?...

« Je le retrouverai mort ou vivant, dit-il simplement à Mrs. Aouda.

-- Ah ! monsieur... monsieur Fogg ! s'écria la jeune femme, en saisissant les mains de son compagnon qu'elle couvrit de larmes.

-- Vivant ! ajouta Mr. Fogg, si nous ne perdons pas une minute ! »

Par cette résolution, Phileas Fogg se sacrifiait tout entier. Il venait de prononcer sa ruine. Un seul jour de retard lui faisait manquer le paquebot à New York. Son pari était irrévocablement perdu. Mais devant cette pensée : « C'est mon devoir ! » il n'avait pas hésité.

Aouda was safe; and Phileas Fogg, who had been in the thickest of the fight, had not received a scratch. Fix was slightly wounded in the arm. But Passepartout was not to be found, and tears coursed down Aouda's cheeks.

All the passengers had got out of the train, the wheels of which were stained with blood. From the tyres and spokes hung ragged pieces of flesh. As far as the eye could reach on the white plain behind, red trails were visible. The last Sioux were disappearing in the south, along the banks of Republican River.

Mr. Fogg, with folded arms, remained motionless. He had a serious decision to make. Aouda, standing near him, looked at him without speaking, and he understood her look. If his servant was a prisoner, ought he not to risk everything to rescue him from the Indians?

"I will find him, living or dead," said he quietly to Aouda.

"Ah, Mr.--Mr. Fogg!" cried she, clasping his hands and covering them with tears.

"Living," added Mr. Fogg, "if we do not lose a moment."

Phileas Fogg, by this resolution, inevitably sacrificed himself; he pronounced his own doom. The delay of a single day would make him lose the steamer at New York, and his bet would be certainly lost. But as he thought, "It is my duty," he did not hesitate.

Le capitaine commandant le fort Kearney était là. Ses soldats -- une centaine d'hommes environ -- s'étaient mis sur la défensive pour le cas où les Sioux auraient dirigé une attaque directe contre la gare.	The commanding officer of Fort Kearney was there. A hundred of his soldiers had placed themselves in a position to defend the station, should the Sioux attack it.
« Monsieur, dit Mr. Fogg au capitaine, trois voyageurs ont disparu.	"Sir," said Mr. Fogg to the captain, "three passengers have disappeared."
-- Morts ? demanda le capitaine.	"Dead?" asked the captain.
-- Morts ou prisonniers, répondit Phileas Fogg. Là est une incertitude qu'il faut faire cesser. Votre intention est-elle de poursuivre les Sioux ?	"Dead or prisoners; that is the uncertainty which must be solved. Do you propose to pursue the Sioux?"
-- Cela est grave, monsieur, dit le capitaine. Ces Indiens peuvent fuir jusqu'au-delà de l'Arkansas ! Je ne saurais abandonner le fort qui m'est confié.	"That's a serious thing to do, sir," returned the captain. "These Indians may retreat beyond the Arkansas, and I cannot leave the fort unprotected."
-- Monsieur, reprit Phileas Fogg, il s'agit de la vie de trois hommes.	"The lives of three men are in question, sir," said Phileas Fogg.
-- Sans doute... mais puis-je risquer la vie de cinquante pour en sauver trois ?	"Doubtless; but can I risk the lives of fifty men to save three?"
-- Je ne sais si vous le pouvez, monsieur, mais vous le devez.	"I don't know whether you can, sir; but you ought to do so."
-- Monsieur, répondit le capitaine, personne ici n'a à m'apprendre quel est mon devoir.	"Nobody here," returned the other, "has a right to teach me my duty."
-- Soit, dit froidement Phileas Fogg. J'irai seul !	"Very well," said Mr. Fogg, coldly. "I will go alone."
-- Vous, monsieur ! s'écria Fix, qui s'était approché, aller seul à la poursuite des Indiens !	"You, sir!" cried Fix, coming up; "you go alone in pursuit of the Indians?"
-- Voulez-vous donc que je laisse périr ce malheureux, à qui tout ce qui est vivant ici doit la vie ? J'irai.	"Would you have me leave this poor fellow to perish--him to whom every one present owes his life? I shall go."
-- Eh bien, non, vous n'irez pas seul ! s'écria le capitaine, ému malgré lui. Non ! Vous êtes un brave coeur !... Trente hommes de bonne volonté ! » ajouta-t-il en se tournant vers ses soldats.	"No, sir, you shall not go alone," cried the captain, touched in spite of himself. "No! you are a brave man. Thirty volunteers!" he added, turning to the soldiers.

Toute la compagnie s'avança en masse. Le capitaine n'eut qu'à choisir parmi ces braves gens. Trente soldats furent désignés, et un vieux sergent se mit à leur tête.

« Merci, capitaine ! dit Mr. Fogg.

-- Vous me permettrez de vous accompagner ? demanda Fix au gentleman.

-- Vous ferez comme il vous plaira, monsieur, lui répondit Phileas Fogg. Mais si vous voulez me rendre service, vous resterez près de Mrs. Aouda. Au cas où il m'arriverait malheur... »

Une pâleur subite envahit la figure de l'inspecteur de police. Se séparer de l'homme qu'il avait suivi pas à pas et avec tant de persistance ! Le laisser s'aventurer ainsi dans ce désert ! Fix regarda attentivement le gentleman, et, quoi qu'il en eût, malgré ses préventions, en dépit du combat qui se livrait en lui, il baissa les yeux devant ce regard calme et franc.

« Je resterai », dit-il.

Quelques instants après, Mr. Fogg avait serré la main de la jeune femme ; puis, après lui avoir remis son précieux sac de voyage, il partait avec le sergent et sa petite troupe. Mais avant de partir, il avait dit aux soldats : « Mes amis, il y a mille livres pour vous si nous sauvons les prisonniers ! »

Il était alors midi et quelques minutes. Mrs. Aouda s'était retirée dans une chambre de la gare, et là, seule, elle attendait, songeant à Phileas Fogg, à cette générosité simple et grande, à ce tranquille courage. Mr. Fogg avait sacrifié sa fortune, et maintenant il jouait sa vie, tout cela sans hésitation, par devoir, sans phrases. Phileas Fogg était un héros à ses yeux.

The whole company started forward at once. The captain had only to pick his men. Thirty were chosen, and an old sergeant placed at their head.

"Thanks, captain," said Mr. Fogg.

"Will you let me go with you?" asked Fix.

"Do as you please, sir. But if you wish to do me a favour, you will remain with Aouda. In case anything should happen to me--"

A sudden pallor overspread the detective's face. Separate himself from the man whom he had so persistently followed step by step! Leave him to wander about in this desert! Fix gazed attentively at Mr. Fogg, and, despite his suspicions and of the struggle which was going on within him, he lowered his eyes before that calm and frank look.

"I will stay," said he.

A few moments after, Mr. Fogg pressed the young woman's hand, and, having confided to her his precious carpet-bag, went off with the sergeant and his little squad. But, before going, he had said to the soldiers, "My friends, I will divide five thousand dollars among you, if we save the prisoners."

It was then a little past noon. Aouda retired to a waiting-room, and there she waited alone, thinking of the simple and noble generosity, the tranquil courage of Phileas Fogg. He had sacrificed his fortune, and was now risking his life, all without hesitation, from duty, in silence.

L'inspecteur Fix, lui, ne pensait pas ainsi, et il ne pouvait contenir son agitation. Il se promenait fébrilement sur le quai de la gare. Un moment subjugué, il redevenait lui-même. Fogg parti, il comprenait la sottise qu'il avait faite de le laisser partir. Quoi ! cet homme qu'il venait de suivre autour du monde, il avait consenti à s'en séparer ! Sa nature reprenait le dessus, il s'incriminait, il s'accusait, il se traitait comme s'il eût été le directeur de la police métropolitaine, admonestant un agent pris en flagrant délit de naïveté.	*Fix did not have the same thoughts, and could scarcely conceal his agitation. He walked feverishly up and down the platform, but soon resumed his outward composure. He now saw the folly of which he had been guilty in letting Fogg go alone. What! This man, whom he had just followed around the world, was permitted now to separate himself from him! He began to accuse and abuse himself, and, as if he were director of police, administered to himself a sound lecture for his greenness.*
« J'ai été inepte ! pensait-il. L'autre lui aura appris qui j'étais ! Il est parti, il ne reviendra pas ! Où le reprendre maintenant ? Mais comment ai-je pu me laisser fasciner ainsi, moi, Fix, moi, qui ai en poche son ordre d'arrestation ! Décidément je ne suis qu'une bête ! »	*"I have been an idiot!" he thought, "and this man will see it. He has gone, and won't come back! But how is it that I, Fix, who have in my pocket a warrant for his arrest, have been so fascinated by him? Decidedly, I am nothing but an ass!"*
Ainsi raisonnait l'inspecteur de police, tandis que les heures s'écoulaient si lentement à son gré. Il ne savait que faire. Quelquefois, il avait envie de tout dire à Mrs. Aouda. Mais il comprenait comment il serait reçu par la jeune femme. Quel parti prendre ? Il était tenté de s'en aller à travers les longues plaines blanches, à la poursuite de ce Fogg ! Il ne lui semblait pas impossible de le retrouver. Les pas du détachement étaient encore imprimés sur la neige !... Mais bientôt, sous une couche nouvelle, toute empreinte s'effaça.	*So reasoned the detective, while the hours crept by all too slowly. He did not know what to do. Sometimes he was tempted to tell Aouda all; but he could not doubt how the young woman would receive his confidences. What course should he take? He thought of pursuing Fogg across the vast white plains; it did not seem impossible that he might overtake him. Footsteps were easily printed on the snow! But soon, under a new sheet, every imprint would be effaced.*
Alors le découragement prit Fix. Il éprouva comme une insurmontable envie d'abandonner la partie. Or, précisément, cette occasion de quitter la station de Kearney et de poursuivre ce voyage, si fécond en déconvenues, lui fut offerte.	*Fix became discouraged. He felt a sort of insurmountable longing to abandon the game altogether. He could now leave Fort Kearney station, and pursue his journey homeward in peace.*

Jules Verne

En effet, vers deux heures après midi, pendant que la neige tombait à gros flocons, on entendit de longs sifflets qui venaient de l'est. Une énorme ombre, précédée d'une lueur fauve, s'avançait lentement, considérablement grandie par les brumes, qui lui donnaient un aspect fantastique. Cependant on n'attendait encore aucun train venant de l'est. Les secours réclamés par le télégraphe ne pouvaient arriver sitôt, et le train d'Omaha à San Francisco ne devait passer que le lendemain. -- On fut bientôt fixé.

Cette locomotive qui marchait à petite vapeur, en jetant de grands coups de sifflet, c'était celle qui, après avoir été détachée du train, avait continué sa route avec une si effrayante vitesse, emportant le chauffeur et le mécanicien inanimés. Elle avait couru sur les rails pendant plusieurs milles ; puis, le feu avait baissé, faute de combustible ; la vapeur s'était détendue, et une heure après, ralentissant peu à peu sa marche, la machine s'arrêtait enfin à vingt milles au-delà de la station de Kearney. Ni le mécanicien ni le chauffeur n'avaient succombé, et, après un évanouissement assez prolongé, ils étaient revenus à eux.

La machine était alors arrêtée. Quand il se vit dans le désert, la locomotive seule, n'ayant plus de wagons à sa suite, le mécanicien comprit ce qui s'était passé. Comment la locomotive avait été détachée du train, il ne put le deviner, mais il n'était pas douteux, pour lui, que le train, resté en arrière, se trouvât en détresse.

Towards two o'clock in the afternoon, while it was snowing hard, long whistles were heard approaching from the east. A great shadow, preceded by a wild light, slowly advanced, appearing still larger through the mist, which gave it a fantastic aspect. No train was expected from the east, neither had there been time for the succour asked for by telegraph to arrive; the train from Omaha to San Francisco was not due till the next day. The mystery was soon explained.

The locomotive, which was slowly approaching with deafening whistles, was that which, having been detached from the train, had continued its route with such terrific rapidity, carrying off the unconscious engineer and stoker. It had run several miles, when, the fire becoming low for want of fuel, the steam had slackened; and it had finally stopped an hour after, some twenty miles beyond Fort Kearney. Neither the engineer nor the stoker was dead, and, after remaining for some time in their swoon, had come to themselves.

The train had then stopped. The engineer, when he found himself in the desert, and the locomotive without cars, understood what had happened. He could not imagine how the locomotive had become separated from the train; but he did not doubt that the train left behind was in distress.

Le mécanicien n'hésita pas sur ce qu'il devait faire. Continuer la route dans la direction d'Omaha était prudent ; retourner vers le train, que les Indiens pillaient peut-être encore, était dangereux... N'importe ! Des pelletées de charbon et de bois furent engouffrées dans le foyer de sa chaudière, le feu se ranima, la pression monta de nouveau, et, vers deux heures après midi, la machine revenait en arrière vers la station de Kearney. C'était elle qui sifflait dans la brume.

Ce fut une grande satisfaction pour les voyageurs, quand ils virent la locomotive se mettre en tête du train. Ils allaient pouvoir continuer ce voyage si malheureusement interrompu.

A l'arrivée de la machine, Mrs. Aouda avait quitté la gare, et s'adressant au conducteur : « Vous allez partir ? lui demanda-t-elle.

-- A l'instant, madame.

-- Mais ces prisonniers... nos malheureux compagnons...

-- Je ne puis interrompre le service, répondit le conducteur. Nous avons déjà trois heures de retard.

-- Et quand passera l'autre train venant de San Francisco ?

-- Demain soir, madame.

-- Demain soir ! mais il sera trop tard. Il faut attendre...

-- C'est impossible, répondit le conducteur. Si vous voulez partir, montez en voiture.

He did not hesitate what to do. It would be prudent to continue on to Omaha, for it would be dangerous to return to the train, which the Indians might still be engaged in pillaging. Nevertheless, he began to rebuild the fire in the furnace; the pressure again mounted, and the locomotive returned, running backwards to Fort Kearney. This it was which was whistling in the mist.

The travellers were glad to see the locomotive resume its place at the head of the train. They could now continue the journey so terribly interrupted.

Aouda, on seeing the locomotive come up, hurried out of the station, and asked the conductor, "Are you going to start?"

"At once, madam."

"But the prisoners, our unfortunate fellow-travellers--"

"I cannot interrupt the trip," replied the conductor. "We are already three hours behind time."

"And when will another train pass here from San Francisco?"

"To-morrow evening, madam."

"To-morrow evening! But then it will be too late! We must wait--"

"It is impossible," responded the conductor. "If you wish to go, please get in."

-- Je ne partirai pas », répondit la jeune femme. Fix avait entendu cette conversation. Quelques instants auparavant, quand tout moyen de locomotion lui manquait, il était décidé à quitter Kearney, et maintenant que le train était là, prêt à s'élancer, qu'il n'avait plus qu'à reprendre sa place dans le wagon, une irrésistible force le rattachait au sol. Ce quai de la gare lui brûlait les pieds, et il ne pouvait s'en arracher. Le combat recommençait en lui. La colère de l'insuccès l'étouffait. Il voulait lutter jusqu'au bout.

Cependant les voyageurs et quelques blessés -- entre autres le colonel Proctor, dont l'état était grave -- avaient pris place dans les wagons. On entendait les bourdonnements de la chaudière surchauffée, et la vapeur s'échappait par les soupapes. Le mécanicien siffla, le train se mit en marche, et disparut bientôt, mêlant sa fumée blanche au tourbillon des neiges.

L'inspecteur Fix était resté.

Quelques heures s'écoulèrent. Le temps était fort mauvais, le froid très vif. Fix, assis sur un banc dans la gare, restait immobile. On eût pu croire qu'il dormait. Mrs. Aouda, malgré la rafale, quittait à chaque instant la chambre qui avait été mise à sa disposition. Elle venait à l'extrémité du quai, cherchant à voir à travers la tempête de neige, voulant percer cette brume qui réduisait l'horizon autour d'elle, écoutant si quelque bruit se ferait entendre. Mais rien. Elle rentrait alors, toute transie, pour revenir quelques moments plus tard, et toujours inutilement.

"I will not go," said Aouda. Fix had heard this conversation. A little while before, when there was no prospect of proceeding on the journey, he had made up his mind to leave Fort Kearney; but now that the train was there, ready to start, and he had only to take his seat in the car, an irresistible influence held him back. The station platform burned his feet, and he could not stir. The conflict in his mind again began; anger and failure stifled him. He wished to struggle on to the end.

Meanwhile the passengers and some of the wounded, among them Colonel Proctor, whose injuries were serious, had taken their places in the train. The buzzing of the over-heated boiler was heard, and the steam was escaping from the valves. The engineer whistled, the train started, and soon disappeared, mingling its white smoke with the eddies of the densely falling snow.

The detective had remained behind.

Several hours passed. The weather was dismal, and it was very cold. Fix sat motionless on a bench in the station; he might have been thought asleep. Aouda, despite the storm, kept coming out of the waiting-room, going to the end of the platform, and peering through the tempest of snow, as if to pierce the mist which narrowed the horizon around her, and to hear, if possible, some welcome sound. She heard and saw nothing. Then she would return, chilled through, to issue out again after the lapse of a few moments, but always in vain.

Le soir se fit. Le petit détachement n'était pas de retour. Où était-il en ce moment ? Avait-il pu rejoindre les Indiens ? Y avait-il eu lutte, ou ces soldats, perdus dans la brume, erraient-ils au hasard ? Le capitaine du fort Kearney était très inquiet, bien qu'il ne voulût rien laisser paraître de son inquiétude. La nuit vint, la neige tomba moins abondamment, mais l'intensité du froid s'accrut. Le regard le plus intrépide n'eût pas considéré sans épouvante cette obscure immensité. Un absolu silence régnait sur la plaine. Ni le vol d'un oiseau, ni la passée d'un fauve n'en troublait le calme infini.	*Evening came, and the little band had not returned. Where could they be? Had they found the Indians, and were they having a conflict with them, or were they still wandering amid the mist? The commander of the fort was anxious, though he tried to conceal his apprehensions. As night approached, the snow fell less plentifully, but it became intensely cold. Absolute silence rested on the plains. Neither flight of bird nor passing of beast troubled the perfect calm.*
Pendant toute cette nuit, Mrs. Aouda, l'esprit plein de pressentiments sinistres, le coeur rempli d'angoisses, erra sur la lisière de la prairie. Son imagination l'emportait au loin et lui montrait mille dangers. Ce qu'elle souffrit pendant ces longues heures ne saurait s'exprimer.	*Throughout the night Aouda, full of sad forebodings, her heart stifled with anguish, wandered about on the verge of the plains. Her imagination carried her far off, and showed her innumerable dangers. What she suffered through the long hours it would be impossible to describe.*
Fix était toujours immobile à la même place, mais, lui non plus, il ne dormait pas. A un certain moment, un homme s'était approché, lui avait parlé même, mais l'agent l'avait renvoyé, après répondu à ses paroles par un signe négatif.	*Fix remained stationary in the same place, but did not sleep. Once a man approached and spoke to him, and the detective merely replied by shaking his head.*
La nuit s'écoula ainsi. A l'aube, le disque à demi éteint du soleil se leva sur un horizon embrumé. Cependant la portée du regard pouvait s'étendre à une distance de deux milles. C'était vers le sud que Phileas Fogg et le détachement s'étaient dirigés... Le sud était absolument désert. Il était alors sept heures du matin.	*Thus the night passed. At dawn, the half-extinguished disc of the sun rose above a misty horizon; but it was now possible to recognise objects two miles off. Phileas Fogg and the squad had gone southward; in the south all was still vacancy. It was then seven o'clock.*

Le capitaine, extrêmement soucieux, ne savait quel parti prendre. Devait-il envoyer un second détachement au secours du premier ? Devait-il sacrifier de nouveaux hommes avec si peu de chances de sauver ceux qui étaient sacrifiés tout d'abord ? Mais son hésitation ne dura pas, et d'un geste, appelant un de ses lieutenants, il lui donnait l'ordre de pousser une reconnaissance dans le sud --, quand des coups de feu éclatèrent. Était-ce un signal ? Les soldats se jetèrent hors du fort, et à un demi-mille ils aperçurent une petite troupe qui revenait en bon ordre.

Mr. Fogg marchait en tête, et près de lui Passepartout et les deux autres voyageurs, arrachés aux mains des Sioux.

Il y avait eu combat à dix milles au sud de Kearney. Peu d'instants avant l'arrivée du détachement, Passepartout et ses deux compagnons luttaient déjà contre leurs gardiens, et le Français en avait assommé trois à coups de poing, quand son maître et les soldats se précipitèrent à leur secours.

Tous, les sauveurs et les sauvés, furent accueillis par des cris de joie, et Phileas Fogg distribua aux soldats la prime qu'il leur avait promise, tandis que Passepartout se répétait, non sans quelque raison : « Décidément, il faut avouer que je coûte cher à mon maître ! »

Fix, sans prononcer une parole, regardait Mr. Fogg, et il eût été difficile d'analyser les impressions qui se combattaient alors en lui. Quant à Mrs. Aouda, elle avait pris la main du gentleman, et elle la serrait dans les siennes, sans pouvoir prononcer une parole !

The captain, who was really alarmed, did not know what course to take. Should he send another detachment to the rescue of the first? Should he sacrifice more men, with so few chances of saving those already sacrificed? His hesitation did not last long, however. Calling one of his lieutenants, he was on the point of ordering a reconnaissance, when gunshots were heard. Was it a signal? The soldiers rushed out of the fort, and half a mile off they perceived a little band returning in good order.

Mr. Fogg was marching at their head, and just behind him were Passepartout and the other two travellers, rescued from the Sioux.

They had met and fought the Indians ten miles south of Fort Kearney. Shortly before the detachment arrived, Passepartout and his companions had begun to struggle with their captors, three of whom the Frenchman had felled with his fists, when his master and the soldiers hastened up to their relief.

All were welcomed with joyful cries. Phileas Fogg distributed the reward he had promised to the soldiers, while Passepartout, not without reason, muttered to himself, "It must certainly be confessed that I cost my master dear!"

Fix, without saying a word, looked at Mr. Fogg, and it would have been difficult to analyse the thoughts which struggled within him. As for Aouda, she took her protector's hand and pressed it in her own, too much moved to speak.

Cependant Passepartout, dès son arrivée, avait cherché le train dans la gare. Il croyait le trouver là, prêt à filer sur Omaha, et il espérait que l'on pourrait encore regagner le temps perdu.	Meanwhile, Passepartout was looking about for the train; he thought he should find it there, ready to start for Omaha, and he hoped that the time lost might be regained.
« Le train, le train ! s'écria-t-il.	"The train! the train!" cried he.
-- Parti, répondit Fix.	"Gone," replied Fix.
-- Et le train suivant, quand passera-t-il ? demanda Phileas Fogg.	"And when does the next train pass here?" said Phileas Fogg.
-- Ce soir seulement.	"Not till this evening."
-- Ah ! » répondit simplement l'impassible gentleman.	"Ah!" returned the impassible gentleman quietly.

XXXI DANS LEQUEL L'INSPECTEUR FIX PREND TRÈS SÉRIEUSEMENT LES INTÉRÊTS DE PHILEAS FOGG

Chapter XXXI IN WHICH FIX, THE DETECTIVE, CONSIDERABLY FURTHERS THE INTERESTS OF PHILEAS FOGG

Phileas Fogg se trouvait en retard de vingt heures. Passepartout, la cause involontaire de ce retard, était désespéré. Il avait décidément ruiné son maître !	Phileas Fogg found himself twenty hours behind time. Passepartout, the involuntary cause of this delay, was desperate. He had ruined his master!
En ce moment, l'inspecteur s'approcha de Mr. Fogg, et, le regardant bien en face :	At this moment the detective approached Mr. Fogg, and, looking him intently in the face, said:
« Très sérieusement, monsieur, lui demanda-t-il, vous êtes pressé ?	"Seriously, sir, are you in great haste?"
-- Très sérieusement, répondit Phileas Fogg.	"Quite seriously."
-- J'insiste, reprit Fix. Vous avez bien intérêt à être à New York le 11, avant neuf heures du soir, heure du départ du paquebot de Liverpool ?	"I have a purpose in asking," resumed Fix. "Is it absolutely necessary that you should be in New York on the 11th, before nine o'clock in the evening, the time that the steamer leaves for Liverpool?"
-- Un intérêt majeur.	"It is absolutely necessary."
-- Et si votre voyage n'eût pas été interrompu par cette attaque d'Indiens, vous seriez arrivé à New York le 11, dès le matin ?	"And, if your journey had not been interrupted by these Indians, you would have reached New York on the morning of the 11th?"

Jules Verne

-- Oui, avec douze heures d'avance sur le paquebot.

-- Bien. Vous avez donc vingt heures de retard. Entre vingt et douze, l'écart est de huit. C'est huit heures à regagner. Voulez-vous tenter de le faire ?

-- A pied ? demanda Mr. Fogg.

-- Non, en traîneau, répondit Fix, en traîneau à voiles. Un homme m'a proposé ce moyen de transport. »

C'était l'homme qui avait parlé à l'inspecteur de police pendant la nuit, et dont Fix avait refusé l'offre.

Phileas Fogg ne répondit pas à Fix ; mais Fix lui ayant montré l'homme en question qui se promenait devant la gare, le gentleman alla à lui. Un instant après, Phileas Fogg et cet Américain, nommé Mudge, entraient dans une hutte construite au bas du fort Kearney.

"Yes; with eleven hours to spare before the steamer left."

"Good! you are therefore twenty hours behind. Twelve from twenty leaves eight. You must regain eight hours. Do you wish to try to do so?"

"On foot?" asked Mr. Fogg.

"No; on a sledge," replied Fix. "On a sledge with sails. A man has proposed such a method to me."

It was the man who had spoken to Fix during the night, and whose offer he had refused.

Phileas Fogg did not reply at once; but Fix, having pointed out the man, who was walking up and down in front of the station, Mr. Fogg went up to him. An instant after, Mr. Fogg and the American, whose name was Mudge, entered a hut built just below the fort.

Là, Mr. Fogg examina un assez singulier véhicule, sorte de châssis, établi sur deux longues poutres, un peu relevées à l'avant comme les semelles d'un traîneau, et sur lequel cinq ou six personnes pouvaient prendre place. Au tiers du châssis, sur l'avant, se dressait un mât très élevé, sur lequel s'envergait une immense brigantine. Ce mât, solidement retenu par des haubans métalliques, tendait un étai de fer qui servait à guinder un foc de grande dimension. A l'arrière, une sorte de gouvernail-godille permettait de diriger l'appareil. C'était, on le voit, un traîneau gréé en sloop. Pendant l'hiver, sur la plaine glacée, lorsque les trains sont arrêtés par les neiges, ces véhicules font des traversées extrêmement rapides d'une station à l'autre. Ils sont, d'ailleurs, prodigieusement voilés -- plus voilés même que ne peut l'être un cotre de course, exposé à chavirer --, et, vent arrière, ils glissent à la surface des prairies avec une rapidité égale, sinon supérieure, à celle des express.	*There Mr. Fogg examined a curious vehicle, a kind of frame on two long beams, a little raised in front like the runners of a sledge, and upon which there was room for five or six persons. A high mast was fixed on the frame, held firmly by metallic lashings, to which was attached a large brigantine sail. This mast held an iron stay upon which to hoist a jib-sail. Behind, a sort of rudder served to guide the vehicle. It was, in short, a sledge rigged like a sloop. During the winter, when the trains are blocked up by the snow, these sledges make extremely rapid journeys across the frozen plains from one station to another. Provided with more sails than a cutter, and with the wind behind them, they slip over the surface of the prairies with a speed equal if not superior to that of the express trains.*
En quelques instants, un marché fut conclu entre Mr. Fogg et le patron de cette embarcation de terre. Le vent était bon. Il soufflait de l'ouest en grande brise. La neige était durcie, et Mudge se faisait fort de conduire Mr. Fogg en quelques heures à la station d'Omaha. Là, les trains sont fréquents et les voies nombreuses, qui conduisent à Chicago et à New York. Il n'était pas impossible que le retard fût regagné. Il n'y avait donc pas à hésiter à tenter l'aventure.	*Mr. Fogg readily made a bargain with the owner of this land-craft. The wind was favourable, being fresh, and blowing from the west. The snow had hardened, and Mudge was very confident of being able to transport Mr. Fogg in a few hours to Omaha. Thence the trains eastward run frequently to Chicago and New York. It was not impossible that the lost time might yet be recovered; and such an opportunity was not to be rejected.*

Jules Verne

Mr. Fogg, ne voulant pas exposer Mrs. Aouda aux tortures d'une traversée en plein air, par ce froid que la vitesse rendrait plus insupportable encore, lui proposa de rester sous la garde de Passepartout à la station de Kearney. L'honnête garçon se chargerait de ramener la jeune femme en Europe par une route meilleure et dans des conditions plus acceptables. Mrs. Aouda refusa de se séparer de Mr. Fogg, et Passepartout se sentit très heureux de cette détermination. En effet, pour rien au monde il n'eût voulu quitter son maître, puisque Fix devait l'accompagner.	*Not wishing to expose Aouda to the discomforts of travelling in the open air, Mr. Fogg proposed to leave her with Passepartout at Fort Kearney, the servant taking upon himself to escort her to Europe by a better route and under more favourable conditions. But Aouda refused to separate from Mr. Fogg, and Passepartout was delighted with her decision; for nothing could induce him to leave his master while Fix was with him.*
Quant à ce que pensait alors l'inspecteur de police ce serait difficile à dire. Sa conviction avait-elle été ébranlée par le retour de Phileas Fogg, ou bien le tenait-il pour un coquin extrêmement fort, qui, son tour du monde accompli, devait croire qu'il serait absolument en sûreté en Angleterre ? Peut-être l'opinion de Fix touchant Phileas Fogg était-elle en effet modifiée. Mais il n'en était pas moins décidé à faire son devoir et, plus impatient que tous, à presser de tout son pouvoir le retour en Angleterre.	*It would be difficult to guess the detective's thoughts. Was this conviction shaken by Phileas Fogg's return, or did he still regard him as an exceedingly shrewd rascal, who, his journey round the world completed, would think himself absolutely safe in England? Perhaps Fix's opinion of Phileas Fogg was somewhat modified; but he was nevertheless resolved to do his duty, and to hasten the return of the whole party to England as much as possible.*
A huit heures, le traîneau était prêt à partir. Les voyageurs -- on serait tenté de dire les passagers -- y prenaient place et se serraient étroitement dans leurs couvertures de voyage. Les deux immenses voiles étaient hissées, et, sous l'impulsion du vent, le véhicule filait sur la neige durcie avec une rapidité de quarante milles à l'heure.	*At eight o'clock the sledge was ready to start. The passengers took their places on it, and wrapped themselves up closely in their travelling-cloaks. The two great sails were hoisted, and under the pressure of the wind the sledge slid over the hardened snow with a velocity of forty miles an hour.*

Around the World in Eighty Days

La distance qui sépare le fort Kearney d'Omaha est, en droite ligne -- à vol d'abeille, comme disent les Américains --, de deux cents milles au plus. Si le vent tenait, en cinq heures cette distance pouvait être franchie. Si aucun incident ne se produisait, à une heure après midi le traîneau devait avoir atteint Omaha.

Quelle traversée ! Les voyageurs, pressés les uns contre les autres, ne pouvaient se parler. Le froid, accru par la vitesse, leur eût coupé la parole. Le traîneau glissait aussi légèrement à la surface de la plaine qu'une embarcation à la surface des eaux --, avec la houle en moins. Quand la brise arrivait en rasant la terre, il semblait que le traîneau fût enlevé du sol par ses voiles, vastes ailes d'une immense envergure. Mudge, au gouvernail se maintenait dans la ligne droite, et, d'un coup de godille il rectifiait les embardées que l'appareil tendait à faire. Toute la toile portait. Le foc avait été perqué et n'était plus abrité par la brigantine. Un mât de hune fut guindé, et une flèche, tendue au vent, ajouta sa puissance d'impulsion à celle des autres voiles. On ne pouvait l'estimer, mathématiquement, mais certainement la vitesse du traîneau ne devait pas être moindre de quarante milles à l'heure.

« Si rien ne casse, dit Mudge, nous arriverons ! »

Et Mudge avait intérêt à arriver dans le délai convenu, car Mr. Fogg, fidèle à son système, l'avait alléché par une forte prime.

The distance between Fort Kearney and Omaha, as the birds fly, is at most two hundred miles. If the wind held good, the distance might be traversed in five hours; if no accident happened the sledge might reach Omaha by one o'clock.

What a journey! The travellers, huddled close together, could not speak for the cold, intensified by the rapidity at which they were going. The sledge sped on as lightly as a boat over the waves. When the breeze came skimming the earth the sledge seemed to be lifted off the ground by its sails. Mudge, who was at the rudder, kept in a straight line, and by a turn of his hand checked the lurches which the vehicle had a tendency to make. All the sails were up, and the jib was so arranged as not to screen the brigantine. A topmast was hoisted, and another jib, held out to the wind, added its force to the other sails. Although the speed could not be exactly estimated, the sledge could not be going at less than forty miles an hour.

"If nothing breaks," said Mudge, "we shall get there!"

Mr. Fogg had made it for Mudge's interest to reach Omaha within the time agreed on, by the offer of a handsome reward.

La prairie, que le traîneau coupait en ligne droite, était plate comme une mer. On eût dit un immense étang glacé. Le rail-road qui desservait cette partie du territoire remontait, du sud-ouest au nord-ouest, par Grand-Island, Columbus, ville importante du Nebraska, Schuyler, Fremont, puis Omaha. Il suivait pendant tout son parcours la rive droite de Platte-river. Le traîneau, abrégeant cette route, prenait la corde de l'arc décrit par le chemin de fer. Mudge ne pouvait craindre d'être arrêté par la Platte-river, à ce petit coude qu'elle fait en avant de Fremont, puisque ses eaux étaient glacées. Le chemin était donc entièrement débarrassé d'obstacles, et Phileas Fogg n'avait donc que deux circonstances à redouter : une avarie à l'appareil, un changement ou une tombée du vent.	*The prairie, across which the sledge was moving in a straight line, was as flat as a sea. It seemed like a vast frozen lake. The railroad which ran through this section ascended from the south-west to the north-west by Great Island, Columbus, an important Nebraska town, Schuyler, and Fremont, to Omaha. It followed throughout the right bank of the Platte River. The sledge, shortening this route, took a chord of the arc described by the railway. Mudge was not afraid of being stopped by the Platte River, because it was frozen. The road, then, was quite clear of obstacles, and Phileas Fogg had but two things to fear--an accident to the sledge, and a change or calm in the wind.*
Mais la brise ne mollissait pas. Au contraire. Elle soufflait à courber le mât, que les haubans de fer maintenaient solidement. Ces filins métalliques, semblables aux cordes d'un instrument, résonnaient comme si un archet eût provoqué leurs vibrations. Le traîneau s'enlevait au milieu d'une harmonie plaintive, d'une intensité toute particulière.	*But the breeze, far from lessening its force, blew as if to bend the mast, which, however, the metallic lashings held firmly. These lashings, like the chords of a stringed instrument, resounded as if vibrated by a violin bow. The sledge slid along in the midst of a plaintively intense melody.*
« Ces cordes donnent la quinte et l'octave », dit Mr. Fogg.	*"Those chords give the fifth and the octave," said Mr. Fogg.*

Et ce furent les seules paroles qu'il prononça pendant cette traversée. Mrs. Aouda, soigneusement empaquetée dans les fourrures et les couvertures de voyage, était, autant que possible, préservée des atteintes du froid. Quant à Passepartout, la face rouge comme le disque solaire quand il se couche dans les brumes, il humait cet air piquant. Avec le fond d'imperturbable confiance qu'il possédait, il s'était repris à espérer. Au lieu d'arriver le matin à New York, on y arriverait le soir, mais il y avait encore quelques chances pour que ce fût avant le départ du paquebot de Liverpool.

These were the only words he uttered during the journey. Aouda, cosily packed in furs and cloaks, was sheltered as much as possible from the attacks of the freezing wind. As for Passepartout, his face was as red as the sun's disc when it sets in the mist, and he laboriously inhaled the biting air. With his natural buoyancy of spirits, he began to hope again. They would reach New York on the evening, if not on the morning, of the 11th, and there was still some chances that it would be before the steamer sailed for Liverpool.

Passepartout avait même éprouvé une forte envie de serrer la main de son allié Fix. Il n'oubliait pas que c'était l'inspecteur lui-même qui avait procuré le traîneau à voiles, et, par conséquent, le seul moyen qu'il y eût de gagner Omaha en temps utile. Mais, par on ne sait quel pressentiment, il se tint dans sa réserve accoutumée. En tout cas, une chose que Passepartout n'oublierait jamais, c'était le sacrifice que Mr. Fogg avait fait, sans hésiter, pour l'arracher aux mains des Sioux. A cela, Mr. Fogg avait risqué sa fortune et sa vie... Non ! son serviteur ne l'oublierait pas !

Passepartout even felt a strong desire to grasp his ally, Fix, by the hand. He remembered that it was the detective who procured the sledge, the only means of reaching Omaha in time; but, checked by some presentiment, he kept his usual reserve. One thing, however, Passepartout would never forget, and that was the sacrifice which Mr. Fogg had made, without hesitation, to rescue him from the Sioux. Mr. Fogg had risked his fortune and his life. No! His servant would never forget that!

Pendant que chacun des voyageurs se laissait aller à des réflexions si diverses, le traîneau volait sur l'immense tapis de neige. S'il passait quelques creeks, affluents ou sous-affluents de la Little-Blue-river, on ne s'en apercevait pas. Les champs et les cours d'eau disparaissaient sous une blancheur uniforme. La plaine était absolument déserte. Comprise entre l'Union Pacific Road et l'embranchement qui doit réunir Kearney à Saint-Joseph, elle formait comme une grande île inhabitée. Pas un village, pas une station, pas même un fort. De temps en temps, on voyait passer comme un éclair quelque arbre grimaçant, dont le blanc squelette se tordait sous la brise. Parfois, des bandes d'oiseaux sauvages s'enlevaient du même vol. Parfois aussi, quelques loups de prairies, en troupes nombreuses, maigres, affamés, poussés par un besoin féroce, luttaient de vitesse avec le traîneau. Alors Passepartout, le revolver à la main, se tenait prêt à faire feu sur les plus rapprochés. Si quelque accident eût alors arrêté le traîneau, les voyageurs, attaqués par ces féroces carnassiers, auraient couru les plus grands risques. Mais le traîneau tenait bon, il ne tardait pas à prendre de l'avance, et bientôt toute la bande hurlante restait en arrière.

While each of the party was absorbed in reflections so different, the sledge flew past over the vast carpet of snow. The creeks it passed over were not perceived. Fields and streams disappeared under the uniform whiteness. The plain was absolutely deserted. Between the Union Pacific road and the branch which unites Kearney with Saint Joseph it formed a great uninhabited island. Neither village, station, nor fort appeared. From time to time they sped by some phantom-like tree, whose white skeleton twisted and rattled in the wind. Sometimes flocks of wild birds rose, or bands of gaunt, famished, ferocious prairie-wolves ran howling after the sledge. Passepartout, revolver in hand, held himself ready to fire on those which came too near. Had an accident then happened to the sledge, the travellers, attacked by these beasts, would have been in the most terrible danger; but it held on its even course, soon gained on the wolves, and ere long left the howling band at a safe distance behind.

A midi, Mudge reconnut à quelques indices qu'il passait le cours glacé de la Platte-river. Il ne dit rien, mais il était déjà sûr que, vingt milles plus loin, il aurait atteint la station d'Omaha.

About noon Mudge perceived by certain landmarks that he was crossing the Platte River. He said nothing, but he felt certain that he was now within twenty miles of Omaha.

Et, en effet, il n'était pas une heure, que ce guide habile, abandonnant la barre, se précipitait aux drisses des voiles et les amenait en bande, pendant que le traîneau, emporté par son irrésistible élan, franchissait encore un demi-mille à sec de toile. Enfin il s'arrêta, et Mudge, montrant un amas de toits blancs de neige, disait : « Nous sommes arrivés. »	*In less than an hour he left the rudder and furled his sails, whilst the sledge, carried forward by the great impetus the wind had given it, went on half a mile further with its sails unspread. It stopped at last, and Mudge, pointing to a mass of roofs white with snow, said: "We have got there!"*
Arrivés ! Arrivés, en effet, à cette station qui, par des trains nombreux, est quotidiennement en communication avec l'est des États-Unis !	*Arrived! Arrived at the station which is in daily communication, by numerous trains, with the Atlantic seaboard!*
Passepartout et Fix avaient sauté à terre et secouaient leurs membres engourdis. Ils aidèrent Mr. Fogg et la jeune femme à descendre du traîneau. Phileas Fogg régla généreusement avec Mudge, auquel Passepartout serra la main comme à un ami, et tous se précipitèrent vers la gare d'Omaha.	*Passepartout and Fix jumped off, stretched their stiffened limbs, and aided Mr. Fogg and the young woman to descend from the sledge. Phileas Fogg generously rewarded Mudge, whose hand Passepartout warmly grasped, and the party directed their steps to the Omaha railway station.*
C'est à cette importante cité du Nebraska que s'arrête le chemin de fer du Pacifique proprement dit, qui met le bassin du Mississippi en communication avec le grand océan. Pour aller d'Omaha à Chicago, le rail-road, sous le nom de « Chicago-Rock-island-road », court directement dans l'est en desservant cinquante stations.	*The Pacific Railroad proper finds its terminus at this important Nebraska town. Omaha is connected with Chicago by the Chicago and Rock Island Railroad, which runs directly east, and passes fifty stations.*
Un train direct était prêt à partir. Phileas Fogg et ses compagnons n'eurent que le temps de se précipiter dans un wagon. Ils n'avaient rien vu d'Omaha, mais Passepartout s'avoua à lui-même qu'il n'y avait pas lieu de le regretter, et que ce n'était pas de voir qu'il s'agissait.	*A train was ready to start when Mr. Fogg and his party reached the station, and they only had time to get into the cars. They had seen nothing of Omaha; but Passepartout confessed to himself that this was not to be regretted, as they were not travelling to see the sights.*

Avec une extrême rapidité, ce train passa dans l'État d'Iowa, par Council-Bluffs, Des Moines, Iowa-city. Pendant la nuit, il traversait le Mississipi à Davenport, et par Rock-Island, il entrait dans l'Illinois. Le lendemain, 10, à quatre heures du soir il arrivait à Chicago, déjà relevée de ses ruines, et plus fièrement assise que jamais sur les bords de son beau lac Michigan.	*The train passed rapidly across the State of Iowa, by Council Bluffs, Des Moines, and Iowa City. During the night it crossed the Mississippi at Davenport, and by Rock Island entered Illinois. The next day, which was the 10th, at four o'clock in the evening, it reached Chicago, already risen from its ruins, and more proudly seated than ever on the borders of its beautiful Lake Michigan.*
Neuf cents milles séparent Chicago de New York. Les trains ne manquaient pas à Chicago. Mr. Fogg passa immédiatement de l'un dans l'autre. La fringante locomotive du « Pittsburg-Fort-Wayne-Chicago-rail-road » partit à toute vitesse, comme si elle eût compris que l'honorable gentleman n'avait pas de temps à perdre. Elle traversa comme un éclair l'Indiana, l'Ohio, la Pennsylvanie, le New Jersey, passant par des villes aux noms antiques, dont quelques-unes avaient des rues et des tramways, mais pas de maisons encore. Enfin l'Hudson apparut, et, le 11 décembre, à onze heures un quart du soir, le train s'arrêtait dans la gare, sur la rive droite du fleuve, devant le « pier » même des steamers de la ligne Cunard, autrement dite « British and North American royal mail steam packet Co. »	*Nine hundred miles separated Chicago from New York; but trains are not wanting at Chicago. Mr. Fogg passed at once from one to the other, and the locomotive of the Pittsburgh, Fort Wayne, and Chicago Railway left at full speed, as if it fully comprehended that that gentleman had no time to lose. It traversed Indiana, Ohio, Pennsylvania, and New Jersey like a flash, rushing through towns with antique names, some of which had streets and car-tracks, but as yet no houses. At last the Hudson came into view; and, at a quarter-past eleven in the evening of the 11th, the train stopped in the station on the right bank of the river, before the very pier of the Cunard line.*
Le China, à destination de Liverpool, était parti depuis quarante-cinq minutes !	*The China, for Liverpool, had started three-quarters of an hour before!*
XXXII DANS LEQUEL PHILEAS FOGG ENGAGE UNE LUTTE DIRECTE CONTRE LA MAUVAISE CHANCE	*Chapter XXXII IN WHICH PHILEAS FOGG ENGAGES IN A DIRECT STRUGGLE WITH BAD FORTUNE*
En partant, le China semblait avoir emporté avec lui le dernier espoir de Phileas Fogg.	*The China, in leaving, seemed to have carried off Phileas Fogg's last hope.*

En effet, aucun des autres paquebots qui font le service direct entre l'Amérique et l'Europe, ni les transatlantiques français, ni les navires du « White-Star-line », ni les steamers de la Compagnie Imman, ni ceux de la ligne Hambourgeoise, ni autres, ne pouvaient servir les projets du gentleman. En effet, le Pereire, de la Compagnie transatlantique française -- dont les admirables bâtiments égalent en vitesse et surpassent en confortable tous ceux des autres lignes, sans exception --, ne partait que le surlendemain, 14 décembre. Et d'ailleurs, de même que ceux de la Compagnie hambourgeoise, il n'allait pas directement à Liverpool ou à Londres, mais au Havre, et cette traversée supplémentaire du Havre à Southampton, en retardant Phileas Fogg, eût annulé ses derniers efforts.

None of the other steamers were able to serve his projects. The Pereire, of the French Transatlantic Company, whose admirable steamers are equal to any in speed and comfort, did not leave until the 14th; the Hamburg boats did not go directly to Liverpool or London, but to Havre; and the additional trip from Havre to Southampton would render Phileas Fogg's last efforts of no avail. The Inman steamer did not depart till the next day, and could not cross the Atlantic in time to save the wager.

Quant aux paquebots Imman, dont l'un, le City-of-Paris, mettait en mer le lendemain, il n'y fallait pas songer. Ces navires sont particulièrement affectés au transport des émigrants, leurs machines sont faibles, ils naviguent autant à la voile qu'à la vapeur, et leur vitesse est médiocre. Ils employaient à cette traversée de New York à l'Angleterre plus de temps qu'il n'en restait à Mr. Fogg pour gagner son pari.

De tout ceci le gentleman se rendit parfaitement compte en consultant son Bradshaw, qui lui donnait, jour par jour, les mouvements de la navigation transocéanienne.

Mr. Fogg learned all this in consulting his Bradshaw, which gave him the daily movements of the trans-Atlantic steamers.

Passepartout était anéanti. Avoir manqué le paquebot de quarante-cinq minutes, cela le tuait. C'était sa faute à lui, qui, au lieu d'aider son maître, n'avait cessé de semer des obstacles sur sa route ! Et quand il revoyait dans son esprit tous les incidents du voyage, quand il supputait les sommes dépensées en pure perte et dans son seul intérêt, quand il songeait que cet énorme pari, en y joignant les frais considérables de ce voyage devenu inutile, ruinait complètement Mr. Fogg, il s'accablait d'injures. Mr. Fogg ne lui fit, cependant, aucun reproche, et, en quittant le pier des paquebots transatlantiques, il ne dit que ces mots : « Nous aviserons demain. Venez. »

Passepartout was crushed; it overwhelmed him to lose the boat by three-quarters of an hour. It was his fault, for, instead of helping his master, he had not ceased putting obstacles in his path! And when he recalled all the incidents of the tour, when he counted up the sums expended in pure loss and on his own account, when he thought that the immense stake, added to the heavy charges of this useless journey, would completely ruin Mr. Fogg, he overwhelmed himself with bitter self-accusations. Mr. Fogg, however, did not reproach him; and, on leaving the Cunard pier, only said: "We will consult about what is best to-morrow. Come."

Mr. Fogg, Mrs. Aouda, Fix, Passepartout traversèrent l'Hudson dans le Jersey-city-ferry-boat, et montèrent dans un fiacre, qui les conduisit à l'hôtel Saint-Nicolas, dans Broadway. Des chambres furent mises à leur disposition, et la nuit se passa, courte pour Phileas Fogg, qui dormit d'un sommeil parfait, mais bien longue pour Mrs. Aouda et ses compagnons, auxquels leur agitation ne permit pas de reposer.

The party crossed the Hudson in the Jersey City ferryboat, and drove in a carriage to the St. Nicholas Hotel, on Broadway. Rooms were engaged, and the night passed, briefly to Phileas Fogg, who slept profoundly, but very long to Aouda and the others, whose agitation did not permit them to rest.

Le lendemain, c'était le 12 décembre. Du 12, sept heures du matin, au 21, huit heures quarante-cinq minutes du soir, il restait neuf jours treize heures et quarante-cinq minutes. Si donc Phileas Fogg fût parti la veille par le China, l'un des meilleurs marcheurs de la ligne Cunard, il serait arrivé à Liverpool, puis à Londres, dans les délais voulus !

The next day was the 12th of December. From seven in the morning of the 12th to a quarter before nine in the evening of the 21st there were nine days, thirteen hours, and forty-five minutes. If Phileas Fogg had left in the China, one of the fastest steamers on the Atlantic, he would have reached Liverpool, and then London, within the period agreed upon.

Mr. Fogg quitta l'hôtel, seul, après avoir recommandé à son domestique de l'attendre et de prévenir Mrs. Aouda de se tenir prête à tout instant. Mr. Fogg se rendit aux rives de l'Hudson, et parmi les navires amarrés au quai ou ancrés dans le fleuve, il rechercha avec soin ceux qui étaient en partance. Plusieurs bâtiments avaient leur guidon de départ et se préparaient à prendre la mer à la marée du matin, car dans cet immense et admirable port de New York, il n'est pas de jour où cent navires ne fassent route pour tous les points du monde ; mais la plupart étaient des bâtiments à voiles, et ils ne pouvaient convenir à Phileas Fogg.

Mr. Fogg left the hotel alone, after giving Passepartout instructions to await his return, and inform Aouda to be ready at an instant's notice. He proceeded to the banks of the Hudson, and looked about among the vessels moored or anchored in the river, for any that were about to depart. Several had departure signals, and were preparing to put to sea at morning tide; for in this immense and admirable port there is not one day in a hundred that vessels do not set out for every quarter of the globe. But they were mostly sailing vessels, of which, of course, Phileas Fogg could make no use.

Ce gentleman semblait devoir échouer dans sa dernière tentative, quand il aperçut, mouillé devant la Batterie, à une encablure au plus, un navire de commerce à hélice, de formes fines, dont la cheminée, laissant échapper de gros flocons de fumée, indiquait qu'il se préparait à appareiller.

He seemed about to give up all hope, when he espied, anchored at the Battery, a cable's length off at most, a trading vessel, with a screw, well-shaped, whose funnel, puffing a cloud of smoke, indicated that she was getting ready for departure.

Phileas Fogg héla un canot, s'y embarqua, et, en quelques coups d'aviron, il se trouvait à l'échelle de l'Henrietta, steamer à coque de fer, dont tous les hauts étaient en bois. Le capitaine de l'Henrietta était à bord. Phileas Fogg monta sur le pont et fit demander le capitaine. Celui-ci se présenta aussitôt.

Phileas Fogg hailed a boat, got into it, and soon found himself on board the Henrietta, iron-hulled, wood-built above. He ascended to the deck, and asked for the captain, who forthwith presented himself.

C'était un homme de cinquante ans, une sorte le loup de mer, un bougon qui ne devait pas être commode. Gros yeux, teint de cuivre oxydé, cheveux rouges, forte encolure, -- rien de l'aspect d'un homme du monde.

He was a man of fifty, a sort of sea-wolf, with big eyes, a complexion of oxidised copper, red hair and thick neck, and a growling voice.

« Le capitaine ? demanda Mr. Fogg.
-- C'est moi.
-- Je suis Phileas Fogg, de Londres.

"The captain?" asked Mr. Fogg.

"I am the captain."

"I am Phileas Fogg, of London."

-- Et moi, Andrew Speedy, de Cardif.	"And I am Andrew Speedy, of Cardiff."
-- Vous allez partir ?...	"You are going to put to sea?"
-- Dans une heure.	"In an hour."
-- Vous êtes chargé pour... ?	"You are bound for--"
-- Bordeaux.	"Bordeaux."
-- Et votre cargaison ?	"And your cargo?"
-- Des cailloux dans le ventre. Pas de fret. Je pars sur lest.	"No freight. Going in ballast."
-- Vous avez des passagers ?	"Have you any passengers?"
-- Pas de passagers. Jamais de passagers. Marchandise encombrante et raisonnante.	"No passengers. Never have passengers. Too much in the way."
-- Votre navire marche bien ?	"Is your vessel a swift one?"
-- Entre onze et douze noeuds. L'Henrietta, bien connue.	"Between eleven and twelve knots. The Henrietta, well known."
-- Voulez-vous me transporter à Liverpool, moi et trois personnes ?	"Will you carry me and three other persons to Liverpool?"
-- A Liverpool ? Pourquoi pas en Chine ?	"To Liverpool? Why not to China?"
-- Je dis Liverpool.	"I said Liverpool."
-- Non !	"No!"
-- Non ?	"No?"
-- Non. Je suis en partance pour Bordeaux, et je vais à Bordeaux.	"No. I am setting out for Bordeaux, and shall go to Bordeaux."
-- N'importe quel prix ?	"Money is no object?"
-- N'importe quel prix. »	"None."
Le capitaine avait parlé d'un ton qui n'admettait pas de réplique.	The captain spoke in a tone which did not admit of a reply.
« Mais les armateurs de l'Henrietta... reprit Phileas Fogg.	"But the owners of the Henrietta--" resumed Phileas Fogg.
-- Les armateurs, c'est moi, répondit le capitaine. Le navire m'appartient.	"The owners are myself," replied the captain. "The vessel belongs to me."
-- Je vous affrète.	"I will freight it for you."
-- Non.	"No."
-- Je vous l'achète.	"I will buy it of you."
-- Non. »	"No."

Around the World in Eighty Days

Phileas Fogg ne sourcilla pas. Cependant la situation était grave. Il n'en était pas de New York comme de Hong-Kong, ni du capitaine de l'Henrietta comme du patron de la Tankadère. Jusqu'ici l'argent du gentleman avait toujours eu raison des obstacles. Cette fois-ci, l'argent échouait.

Cependant, il fallait trouver le moyen de traverser l'Atlantique en bateau -- à moins de le traverser en ballon --, ce qui eût été fort aventureux, et ce qui, d'ailleurs, n'était pas réalisable. Il paraît, pourtant, que Phileas Fogg eut une idée, car il dit au capitaine :

« Eh bien, voulez-vous me mener à Bordeaux ?

-- Non, quand même vous me paieriez deux cents dollars !

-- Je vous en offre deux mille (10 000 F).

-- Par personne ?
-- Par personne.
-- Et vous êtes quatre ?
-- Quatre. »

Le capitaine Speedy commença à se gratter le front, comme s'il eût voulu en arracher l'épiderme. Huit mille dollars à gagner, sans modifier son voyage, cela valait bien la peine qu'il mît de côté son antipathie prononcée pour toute espèce de passager. Des passagers à deux mille dollars, d'ailleurs, ce ne sont plus des passagers, c'est de la marchandise précieuse. « Je pars à neuf heures, dit simplement le capitaine Speedy, et si vous et les vôtres, vous êtes là ?...

-- A neuf heures, nous serons à bord ! » répondit non moins simplement Mr. Fogg.

Phileas Fogg did not betray the least disappointment; but the situation was a grave one. It was not at New York as at Hong Kong, nor with the captain of the Henrietta as with the captain of the Tankadère. Up to this time money had smoothed away every obstacle. Now money failed.

Still, some means must be found to cross the Atlantic on a boat, unless by balloon--which would have been venturesome, besides not being capable of being put in practice. It seemed that Phileas Fogg had an idea, for he said to the captain,

"Well, will you carry me to Bordeaux?"

"No, not if you paid me two hundred dollars."

"I offer you two thousand."

"Apiece?"
"Apiece."
"And there are four of you?"
"Four."

Captain Speedy began to scratch his head. There were eight thousand dollars to gain, without changing his route; for which it was well worth conquering the repugnance he had for all kinds of passengers. Besides, passengers at two thousand dollars are no longer passengers, but valuable merchandise. "I start at nine o'clock," said Captain Speedy, simply. "Are you and your party ready?"

"We will be on board at nine o'clock," replied, no less simply, Mr. Fogg.

Il était huit heures et demie. Débarquer de l'Henrietta, monter dans une voiture, se rendre à l'hôtel Saint-Nicolas, en ramener Mrs. Aouda, Passepartout, et même l'inséparable Fix, auquel il offrait gracieusement le passage, cela fut fait par le gentleman avec ce calme qui ne l'abandonnait en aucune circonstance. Au moment où l'Henrietta appareillait, tous quatre étaient à bord.

Lorsque Passepartout apprit ce que coûterait cette dernière traversée, il poussa un de ces « Oh ! » prolongés, qui parcourent tous les intervalles de la gamme chromatique descendante !

Quant à l'inspecteur Fix, il se dit que décidément la Banque d'Angleterre ne sortirait pas indemne de cette affaire. En effet, en arrivant et en admettant que le sieur Fogg n'en jetât pas encore quelques poignées à la mer, plus de sept mille livres (175 000 F) manqueraient au sac à bank-notes !

XXXIII OÙ PHILEAS FOGG SE MONTRE A LA HAUTEUR DES CIRCONSTANCES

Une heure après, le steamer Henrietta dépassait le Light-boat qui marque l'entrée de l'Hudson, tournait la pointe de Sandy-Hook et donnait en mer. Pendant la journée, il prolongea Long-Island, au large du feu de Fire-Island, et courut rapidement vers l'est.

It was half-past eight. To disembark from the Henrietta, jump into a hack, hurry to the St. Nicholas, and return with Aouda, Passepartout, and even the inseparable Fix was the work of a brief time, and was performed by Mr. Fogg with the coolness which never abandoned him. They were on board when the Henrietta made ready to weigh anchor.

When Passepartout heard what this last voyage was going to cost, he uttered a prolonged "Oh!" which extended throughout his vocal gamut.

As for Fix, he said to himself that the Bank of England would certainly not come out of this affair well indemnified. When they reached England, even if Mr. Fogg did not throw some handfuls of bank-bills into the sea, more than seven thousand pounds would have been spent!

Chapter XXXIII IN WHICH PHILEAS FOGG SHOWS HIMSELF EQUAL TO THE OCCASION

An hour after, the Henrietta passed the lighthouse which marks the entrance of the Hudson, turned the point of Sandy Hook, and put to sea. During the day she skirted Long Island, passed Fire Island, and directed her course rapidly eastward.

Le lendemain, 13 décembre, à midi, un homme monta sur la passerelle pour faire le point. Certes, on doit croire que cet homme était le capitaine Speedy ! Pas le moins du monde. C'était Phileas Fogg. esq. Quant au capitaine Speedy, il était tout bonnement enfermé à clef dans sa cabine, et poussait des hurlements qui dénotaient une colère, bien pardonnable, poussée jusqu'au paroxysme.

Ce qui s'était passé était très simple. Phileas Fogg voulait aller à Liverpool, le capitaine ne voulait pas l'y conduire. Alors Phileas Fogg avait accepté de prendre passage pour Bordeaux, et, depuis trente heures qu'il était à bord, il avait si bien manoeuvré à coups de bank-notes, que l'équipage, matelots et chauffeurs -- équipage un peu interlope, qui était en assez mauvais termes avec le capitaine --, lui appartenait. Et voilà pourquoi Phileas Fogg commandait au lieu et place du capitaine Speedy, pourquoi le capitaine était enfermé dans sa cabine, et pourquoi enfin l'Henrietta se dirigeait vers Liverpool. Seulement, il était très clair, à voir manoeuvrer Mr. Fogg, que Mr. Fogg avait été marin.

Maintenant, comment finirait l'aventure, on le saurait plus tard. Toutefois, Mrs. Aouda ne laissait pas d'être inquiète, sans en rien dire. Fix, lui, avait été abasourdi tout d'abord. Quant à Passepartout, il trouvait la chose tout simplement adorable.

« Entre onze et douze noeuds », avait dit le capitaine Speedy, et en effet l'Henrietta se maintenait dans cette moyenne de vitesse.

At noon the next day, a man mounted the bridge to ascertain the vessel's position. It might be thought that this was Captain Speedy. Not the least in the world. It was Phileas Fogg, Esquire. As for Captain Speedy, he was shut up in his cabin under lock and key, and was uttering loud cries, which signified an anger at once pardonable and excessive.

What had happened was very simple. Phileas Fogg wished to go to Liverpool, but the captain would not carry him there. Then Phileas Fogg had taken passage for Bordeaux, and, during the thirty hours he had been on board, had so shrewdly managed with his banknotes that the sailors and stokers, who were only an occasional crew, and were not on the best terms with the captain, went over to him in a body. This was why Phileas Fogg was in command instead of Captain Speedy; why the captain was a prisoner in his cabin; and why, in short, the Henrietta was directing her course towards Liverpool. It was very clear, to see Mr. Fogg manage the craft, that he had been a sailor.

How the adventure ended will be seen anon. Aouda was anxious, though she said nothing. As for Passepartout, he thought Mr. Fogg's manoeuvre simply glorious.

The captain had said "between eleven and twelve knots," and the Henrietta confirmed his prediction.

Si donc -- que de « si » encore ! -- si donc la mer ne devenait pas trop mauvaise, si le vent ne sautait pas dans l'est, s'il ne survenait aucune avarie au bâtiment, aucun accident à la machine, l'Henrietta, dans les neuf jours comptés du 12 décembre au 21, pouvait franchir les trois mille milles qui séparent New York de Liverpool. Il est vrai qu'une fois arrivé, l'affaire de l'Henrietta brochant sur l'affaire de la Banque, cela pouvait mener le gentleman un peu plus loin qu'il ne voudrait.

Pendant les premiers jours, la navigation se fit dans d'excellentes conditions. La mer n'était pas trop dure ; le vent paraissait fixé au nord-est ; les voiles furent établies, et, sous ses goélettes, l'Henrietta marcha comme un vrai transatlantique.

If, then--for there were "ifs" still--the sea did not become too boisterous, if the wind did not veer round to the east, if no accident happened to the boat or its machinery, the Henrietta might cross the three thousand miles from New York to Liverpool in the nine days, between the 12th and the 21st of December. It is true that, once arrived, the affair on board the Henrietta, added to that of the Bank of England, might create more difficulties for Mr. Fogg than he imagined or could desire.

During the first days, they went along smoothly enough. The sea was not very unpropitious, the wind seemed stationary in the north-east, the sails were hoisted, and the Henrietta ploughed across the waves like a real trans-Atlantic steamer.

Passepartout était enchanté. Le dernier exploit de son maître, dont il ne voulait pas voir les conséquences, l'enthousiasmait. Jamais l'équipage n'avait vu un garçon plus gai, plus agile. Il faisait mille amitiés aux matelots et les étonnait par ses tours de voltige. Il leur prodiguait les meilleurs noms et les boissons les plus attrayantes. Pour lui, ils manoeuvraient comme des gentlemen, et les chauffeurs chauffaient comme des héros. Sa bonne humeur, très communicative, s'imprégnait à tous. Il avait oublié le passé, les ennuis, les périls. Il ne songeait qu'à ce but, si près d'être atteint, et parfois il bouillait d'impatience, comme s'il eût été chauffé par les fourneaux de l'Henrietta. Souvent aussi, le digne garçon tournait autour de Fix ; il le regardait d'un oeil « qui en disait long » ! mais il ne lui parlait pas, car il n'existait plus aucune intimité entre les deux anciens amis.

Passepartout was delighted. His master's last exploit, the consequences of which he ignored, enchanted him. Never had the crew seen so jolly and dexterous a fellow. He formed warm friendships with the sailors, and amazed them with his acrobatic feats. He thought they managed the vessel like gentlemen, and that the stokers fired up like heroes. His loquacious good-humour infected everyone. He had forgotten the past, its vexations and delays. He only thought of the end, so nearly accomplished; and sometimes he boiled over with impatience, as if heated by the furnaces of the Henrietta. Often, also, the worthy fellow revolved around Fix, looking at him with a keen, distrustful eye; but he did not speak to him, for their old intimacy no longer existed.

D'ailleurs Fix, il faut le dire, n'y comprenait plus rien ! La conquête de l'Henrietta, l'achat de son équipage, ce Fogg manoeuvrant comme un marin consommé, tout cet ensemble de choses l'étourdissait. Il ne savait plus que penser ! Mais, après tout, un gentleman qui commençait par voler cinquante-cinq mille livres pouvait bien finir par voler un bâtiment. Et Fix fut naturellement amené à croire que l'Henrietta, dirigée par Fogg, n'allait point du tout à Liverpool, mais dans quelque point du monde où le voleur, devenu pirate, se mettrait tranquillement en sûreté! Cette hypothèse, il faut bien l'avouer, était on ne peut plus plausible, et le détective commençait à regretter très sérieusement de s'être embarqué dans cette affaire.

Fix, it must be confessed, understood nothing of what was going on. The conquest of the Henrietta, the bribery of the crew, Fogg managing the boat like a skilled seaman, amazed and confused him. He did not know what to think. For, after all, a man who began by stealing fifty-five thousand pounds might end by stealing a vessel; and Fix was not unnaturally inclined to conclude that the Henrietta under Fogg's command, was not going to Liverpool at all, but to some part of the world where the robber, turned into a pirate, would quietly put himself in safety. The conjecture was at least a plausible one, and the detective began to seriously regret that he had embarked on the affair.

Quant au capitaine Speedy, il continuait à hurler dans sa cabine, et Passepartout, chargé de pourvoir à sa nourriture, ne le faisait qu'en prenant les plus grandes précautions, quelque vigoureux qu'il fût. Mr. Fogg, lui, n'avait plus même l'air de se douter qu'il y eût un capitaine à bord.

As for Captain Speedy, he continued to howl and growl in his cabin; and Passepartout, whose duty it was to carry him his meals, courageous as he was, took the greatest precautions. Mr. Fogg did not seem even to know that there was a captain on board.

Le 13, on passe sur la queue du banc de Terre-Neuve. Ce sont là de mauvais parages. Pendant l'hiver surtout, les brumes y sont fréquentes, les coups de vent redoutables. Depuis la veille, le baromètre, brusquement abaissé, faisait pressentir un changement prochain dans l'atmosphère. En effet, pendant la nuit, la température se modifia, le froid devint plus vif, et en même temps le vent sauta dans le sud-est.

On the 13th they passed the edge of the Banks of Newfoundland, a dangerous locality; during the winter, especially, there are frequent fogs and heavy gales of wind. Ever since the evening before the barometer, suddenly falling, had indicated an approaching change in the atmosphere; and during the night the temperature varied, the cold became sharper, and the wind veered to the south-east.

C'était un contretemps. Mr. Fogg, afin de ne point s'écarter de sa route, dut serrer ses voiles et forcer de vapeur. Néanmoins, la marche du navire fut ralentie, attendu l'état de la mer, dont les longues lames brisaient contre son étrave. Il éprouva des mouvements de tangage très violents, et cela au détriment de sa vitesse. La brise tournait peu à peu à l'ouragan, et l'on prévoyait déjà le cas où l'Henrietta ne pourrait plus se maintenir debout à la lame. Or, s'il fallait fuir, c'était l'inconnu avec toutes ses mauvaises chances.

This was a misfortune. Mr. Fogg, in order not to deviate from his course, furled his sails and increased the force of the steam; but the vessel's speed slackened, owing to the state of the sea, the long waves of which broke against the stern. She pitched violently, and this retarded her progress. The breeze little by little swelled into a tempest, and it was to be feared that the Henrietta might not be able to maintain herself upright on the waves.

Around the World in Eighty Days

Le visage de Passepartout se rembrunit en même temps que le ciel, et, pendant deux jours, l'honnête garçon éprouva de mortelles transes. Mais Phileas Fogg était un marin hardi, qui savait tenir tête à la mer, et il fit toujours route, même sans se mettre sous petite vapeur. L'Henrietta, quand elle ne pouvait s'élever à la lame, passait au travers, et son pont était balayé en grand, mais elle passait. Quelquefois aussi l'hélice émergeait, battant l'air de ses branches affolées, lorsqu'une montagne d'eau soulevait l'arrière hors des flots, mais le navire allait toujours de l'avant.

Passepartout's visage darkened with the skies, and for two days the poor fellow experienced constant fright. But Phileas Fogg was a bold mariner, and knew how to maintain headway against the sea; and he kept on his course, without even decreasing his steam. The Henrietta, when she could not rise upon the waves, crossed them, swamping her deck, but passing safely. Sometimes the screw rose out of the water, beating its protruding end, when a mountain of water raised the stern above the waves; but the craft always kept straight ahead.

Toutefois le vent ne fraîchit pas autant qu'on aurait pu le craindre. Ce ne fut pas un de ces ouragans qui passent avec une vitesse de quatre-vingt-dix milles à l'heure. Il se tint au grand frais, mais malheureusement il souffla avec obstination de la partie du sud-est et ne permit pas de faire de la toile. Et cependant, ainsi qu'on va le voir, il eût été bien utile de venir en aide à la vapeur !

The wind, however, did not grow as boisterous as might have been feared; it was not one of those tempests which burst, and rush on with a speed of ninety miles an hour. It continued fresh, but, unhappily, it remained obstinately in the south-east, rendering the sails useless.

Le 16 décembre, c'était le soixante quinzième jour écoulé depuis le départ de Londres. En somme, l'Henrietta n'avait pas encore un retard inquiétant. La moitié de la traversée était à peu près faite, et les plus mauvais parages avaient été franchis. En été, on eût répondu du succès. En hiver, on était à la merci de la mauvaise saison. Passepartout ne se prononçait pas. Au fond, il avait espoir, et, si le vent faisait défaut, du moins il comptait sur la vapeur.

The 16th of December was the seventy-fifth day since Phileas Fogg's departure from London, and the Henrietta had not yet been seriously delayed. Half of the voyage was almost accomplished, and the worst localities had been passed. In summer, success would have been well-nigh certain. In winter, they were at the mercy of the bad season. Passepartout said nothing; but he cherished hope in secret, and comforted himself with the reflection that, if the wind failed them, they might still count on the steam.

Or, ce jour-là, le mécanicien étant monté sur le pont, rencontra Mr. Fogg et s'entretint assez vivement avec lui. Sans savoir pourquoi -- par un pressentiment sans doute --, Passepartout éprouva comme une vague inquiétude. Il eût donné une de ses oreilles pour entendre de l'autre ce qui se disait là. Cependant, il put saisir quelques mots, ceux-ci entre autres, prononcés par son maître : « Vous êtes certain de ce que vous avancez ?

-- Certain, monsieur, répondit le mécanicien. N'oubliez pas que, depuis notre départ, nous chauffons avec tous nos fourneaux allumés, et si nous avions assez de charbon pour aller à petite vapeur de New York à Bordeaux, nous n'en avons pas assez pour aller à toute vapeur de New York à Liverpool ! -- J'aviserai », répondit Mr. Fogg. Passepartout avait compris. Il fut pris d'une inquiétude mortelle.

Le charbon allait manquer ! « Ah ! si mon maître pare celle-là, se dit-il, décidément ce sera un fameux homme ! » Et ayant rencontré Fix, il ne put s'empêcher de le mettre au courant de la situation.

« Alors, lui répondit l'agent les dents serrées, vous croyez que nous allons à Liverpool !
-- Parbleu !
-- Imbécile ! » répondit l'inspecteur, qui s'en alla, haussant les épaules.

On this day the engineer came on deck, went up to Mr. Fogg, and began to speak earnestly with him. Without knowing why it was a presentiment, perhaps Passepartout became vaguely uneasy. He would have given one of his ears to hear with the other what the engineer was saying. He finally managed to catch a few words, and was sure he heard his master say, "You are certain of what you tell me?"

"Certain, sir," replied the engineer. "You must remember that, since we started, we have kept up hot fires in all our furnaces, and, though we had coal enough to go on short steam from New York to Bordeaux, we haven't enough to go with all steam from New York to Liverpool." "I will consider," replied Mr. Fogg.

Passepartout understood it all; he was seized with mortal anxiety. The coal was giving out! "Ah, if my master can get over that," muttered he, "he'll be a famous man!" He could not help imparting to Fix what he had overheard.

"Then you believe that we really are going to Liverpool?"

"Of course."

"Ass!" replied the detective, shrugging his shoulders and turning on his heel.

Passepartout fut sur le point de relever vertement le qualificatif, dont il ne pouvait d'ailleurs comprendre la vraie signification ; mais il se dit que l'infortuné Fix devait être très déçu, très humilié dans son amour-propre, après avoir si maladroitement suivi une fausse piste autour du monde, et il passa condamnation.	*Passepartout was on the point of vigorously resenting the epithet, the reason of which he could not for the life of him comprehend; but he reflected that the unfortunate Fix was probably very much disappointed and humiliated in his self-esteem, after having so awkwardly followed a false scent around the world, and refrained.*
Et maintenant quel parti allait prendre Phileas Fogg ? Cela était difficile à imaginer. Cependant, il paraît que le flegmatique gentleman en prit un, car le soir même il fit venir le mécanicien et lui dit : « Poussez les feux et faites route jusqu'à complet épuisement du combustible. »	*And now what course would Phileas Fogg adopt? It was difficult to imagine. Nevertheless he seemed to have decided upon one, for that evening he sent for the engineer, and said to him, "Feed all the fires until the coal is exhausted."*
Quelques instants après, la cheminée de l'Henrietta vomissait des torrents de fumée. Le navire continua donc de marcher à toute vapeur ; mais ainsi qu'il l'avait annoncé, deux jours plus tard, le 18, le mécanicien fit savoir que le charbon manquerait dans la journée.	*A few moments after, the funnel of the Henrietta vomited forth torrents of smoke. The vessel continued to proceed with all steam on; but on the 18th, the engineer, as he had predicted, announced that the coal would give out in the course of the day.*
« Que l'on ne laisse pas baisser les feux, répondit Mr. Fogg. Au contraire. Que l'on charge les soupapes ».	*"Do not let the fires go down," replied Mr. Fogg. "Keep them up to the last. Let the valves be filled."*
Ce jour-là, vers midi, après avoir pris hauteur et calculé la position du navire, Phileas Fogg fit venir Passepartout, et il lui donna l'ordre d'aller chercher le capitaine Speedy. C'était comme si on eût commandé à ce brave garçon d'aller déchaîner un tigre, et il descendit dans la dunette, se disant :	*Towards noon Phileas Fogg, having ascertained their position, called Passepartout, and ordered him to go for Captain Speedy. It was as if the honest fellow had been commanded to unchain a tiger. He went to the poop, saying to himself, "He will be like a madman!"*

Jules Verne

« Positivement il sera enragé ! » En effet, quelques minutes plus tard, au milieu de cris et de jurons, une bombe arrivait sur la dunette. Cette bombe, c'était le capitaine Speedy. Il était évident qu'elle allait éclater. « Où sommes-nous ? » telles furent les premières paroles qu'il prononça au milieu des suffocations de la colère, et certes, pour peu que le digne homme eût été apoplectique, il n'en serait jamais revenu.	*In a few moments, with cries and oaths, a bomb appeared on the poop-deck. The bomb was Captain Speedy. It was clear that he was on the point of bursting. "Where are we?" were the first words his anger permitted him to utter. Had the poor man been an apoplectic, he could never have recovered from his paroxysm of wrath.*
« Où sommes-nous ? répéta-t-il, la face congestionnée.	"Where are we?" he repeated, with purple face.
-- A sept cent soixante-dix milles de Liverpool (300 lieues), répondit Mr. Fogg avec un calme imperturbable.	"Seven hundred and seven miles from Liverpool," replied Mr. Fogg, with imperturbable calmness.
-- Pirate ! s'écria Andrew Speedy.	"Pirate!" cried Captain Speedy.
-- Je vous ai fait venir, monsieur...	"I have sent for you, sir--"
-- Écumeur de mer !	"Pickaroon!"
-- ...monsieur, reprit Phileas Fogg, pour vous prier de me vendre votre navire.	"--sir," continued Mr. Fogg, "to ask you to sell me your vessel."
-- Non ! de par tous les diables, non !	"No! By all the devils, no!"
-- C'est que je vais être obligé de le brûler.	"But I shall be obliged to burn her."
-- Brûler mon navire !	"Burn the Henrietta!"
-- Oui, du moins dans ses hauts, car nous manquons de combustible.	"Yes; at least the upper part of her. The coal has given out."
-- Brûler mon navire ! s'écria le capitaine Speedy, qui ne pouvait même plus prononcer les syllabes. Un navire qui vaut cinquante mille dollars (250 000 F).	"Burn my vessel!" cried Captain Speedy, who could scarcely pronounce the words. "A vessel worth fifty thousand dollars!"

Around the World in Eighty Days

-- En voici soixante mille (300 000 F)! répondit Phileas Fogg, en offrant au capitaine une liasse de bank-notes. Cela fit un effet prodigieux sur Andrew Speedy. On n'est pas Américain sans que la vue de soixante mille dollars vous cause une certaine émotion. Le capitaine oublia en un instant sa colère, son emprisonnement, tous ses griefs contre son passager. Son navire avait vingt ans. Cela pouvait devenir une affaire d'or !... La bombe ne pouvait déjà plus éclater. Mr. Fogg en avait arraché la mèche.

« Et la coque en fer me restera, dit-il d'un ton singulièrement radouci.

-- La coque en fer et la machine, monsieur. Est-ce conclu ?

-- Conclu. »

Et Andrew Speedy, saisissant la liasse de bank-notes, les compta et les fit disparaître dans sa poche.

Pendant cette scène, Passepartout était blanc. Quant à Fix, il faillit avoir un coup de sang. Près de vingt mille livres dépensées, et encore ce Fogg qui abandonnait à son vendeur la coque et la machine, c'est-à-dire presque la valeur totale du navire ! Il est vrai que la somme volée à la banque s'élevait à cinquante-cinq mille livres !

Quand Andrew Speedy eut empoché l'argent : « Monsieur, lui dit Mr. Fogg, que tout ceci ne vous étonne pas. Sachez que je perds vingt mille livres, si je ne suis pas rendu à Londres le 21 décembre, à huit heures quarante-cinq du soir. Or, j'avais manqué le paquebot de New York, et comme vous refusiez de me conduire à Liverpool...

"Here are sixty thousand," replied Phileas Fogg, handing the captain a roll of bank-bills. This had a prodigious effect on Andrew Speedy. An American can scarcely remain unmoved at the sight of sixty thousand dollars. The captain forgot in an instant his anger, his imprisonment, and all his grudges against his passenger. The Henrietta was twenty years old; it was a great bargain. The bomb would not go off after all. Mr. Fogg had taken away the match.

"And I shall still have the iron hull," said the captain in a softer tone.

"The iron hull and the engine. Is it agreed?"

"Agreed."

And Andrew Speedy, seizing the banknotes, counted them and consigned them to his pocket.

During this colloquy, Passepartout was as white as a sheet, and Fix seemed on the point of having an apoplectic fit. Nearly twenty thousand pounds had been expended, and Fogg left the hull and engine to the captain, that is, near the whole value of the craft! It was true, however, that fifty-five thousand pounds had been stolen from the Bank.

When Andrew Speedy had pocketed the money, Mr. Fogg said to him, "Don't let this astonish you, sir. You must know that I shall lose twenty thousand pounds, unless I arrive in London by a quarter before nine on the evening of the 21st of December. I missed the steamer at New York, and as you refused to take me to Liverpool--"

-- Et j'ai bien fait, par les cinquante mille diables de l'enfer, s'écria Andrew Speedy, puisque j'y gagne au moins quarante mille dollars. » Puis, plus posément : « Savez-vous une chose, ajouta-t-il, capitaine ?...

-- Fogg.

-- Capitaine Fogg, eh bien, il y a du Yankee en vous ».

Et après avoir fait à son passager ce qu'il croyait être un compliment, il s'en allait, quand Phileas Fogg lui dit : « Maintenant ce navire m'appartient ?

-- Certes, de la quille à la pomme des mâts, pour tout ce qui est « bois », s'entend !

-- Bien. Faites démolir les aménagements intérieurs et chauffez avec ces débris. »

On juge ce qu'il fallut consommer de ce bois sec pour maintenir la vapeur en suffisante pression. Ce jour-là, la dunette, les rouffles, les cabines, les logements, le faux pont, tout y passa. Le lendemain, 19 décembre, on brûla la mâture, les dromes, les espars. On abattit les mâts, on les débita à coups de hache. L'équipage y mettait un zèle incroyable. Passepartout, taillant, coupant, sciant, faisait l'ouvrage de dix hommes. C'était une fureur de démolition.

Le lendemain, 20, les bastingages, les pavois, les oeuvres-mortes, la plus grande partie du pont, furent dévorés. L'Henrietta n'était plus qu'un bâtiment rasé comme un ponton.

"And I did well!" cried Andrew Speedy; "for I have gained at least forty thousand dollars by it!" He added, more sedately, "Do you know one thing, Captain--"

"Fogg."

"Captain Fogg, you've got something of the Yankee about you."

And, having paid his passenger what he considered a high compliment, he was going away, when Mr. Fogg said, "The vessel now belongs to me?"

"Certainly, from the keel to the truck of the masts--all the wood, that is."

"Very well. Have the interior seats, bunks, and frames pulled down, and burn them."

It was necessary to have dry wood to keep the steam up to the adequate pressure, and on that day the poop, cabins, bunks, and the spare deck were sacrificed. On the next day, the 19th of December, the masts, rafts, and spars were burned; the crew worked lustily, keeping up the fires. Passepartout hewed, cut, and sawed away with all his might. There was a perfect rage for demolition.

The railings, fittings, the greater part of the deck, and top sides disappeared on the 20th, and the Henrietta was now only a flat hulk.

Mais, ce jour-là, on avait eu connaissance de la côte d'Irlande et du feu de Fastenet. Toutefois, à dix heures du soir, le navire n'était encore que par le travers de Queenstown. Phileas Fogg n'avait plus que vingt-quatre heures pour atteindre Londres ! Or, c'était le temps qu'il fallait à l'Henrietta pour gagner Liverpool, -- même en marchant à toute vapeur. Et la vapeur allait manquer enfin à l'audacieux gentleman !

« Monsieur, lui dit alors le capitaine Speedy, qui avait fini par s'intéresser à ses projets, je vous plains vraiment. Tout est contre vous ! Nous ne sommes encore que devant Queenstown.

-- Ah ! fit Mr. Fogg, c'est Queenstown, cette ville dont nous apercevons les feux ?

-- Oui.

-- Pouvons-nous entrer dans le port ?

-- Pas avant trois heures. A pleine mer seulement.

-- Attendons ! » répondit tranquillement Phileas Fogg, sans laisser voir sur son visage que, par une suprême inspiration, il allait tenter de vaincre encore une fois la chance contraire !

En effet, Queenstown est un port de la côte d'Irlande dans lequel les transatlantiques qui viennent des États-Unis jettent en passant leur sac aux lettres. Ces lettres sont emportées à Dublin par des express toujours prêts à partir. De Dublin elles arrivent à Liverpool par des steamers de grande vitesse, -- devançant ainsi de douze heures les marcheurs les plus rapides des compagnies maritimes.

But on this day they sighted the Irish coast and Fastnet Light. By ten in the evening they were passing Queenstown. Phileas Fogg had only twenty-four hours more in which to get to London; that length of time was necessary to reach Liverpool, with all steam on. And the steam was about to give out altogether!

"Sir," said Captain Speedy, who was now deeply interested in Mr. Fogg's project, "I really commiserate you. Everything is against you. We are only opposite Queenstown."

"Ah," said Mr. Fogg, "is that place where we see the lights Queenstown?"

"Yes."

"Can we enter the harbour?"

"Not under three hours. Only at high tide."

"Stay," replied Mr. Fogg calmly, without betraying in his features that by a supreme inspiration he was about to attempt once more to conquer ill-fortune.

Queenstown is the Irish port at which the trans-Atlantic steamers stop to put off the mails. These mails are carried to Dublin by express trains always held in readiness to start; from Dublin they are sent on to Liverpool by the most rapid boats, and thus gain twelve hours on the Atlantic steamers.

Jules Verne

Ces douze heures que gagnait ainsi le courrier d'Amérique, Phileas Fogg prétendait les gagner aussi. Au lieu d'arriver sur l'Henrietta, le lendemain soir, à Liverpool, il y serait à midi, et, par conséquent, il aurait le temps d'être à Londres avant huit heures quarante-cinq minutes du soir.	*Phileas Fogg counted on gaining twelve hours in the same way. Instead of arriving at Liverpool the next evening by the Henrietta, he would be there by noon, and would therefore have time to reach London before a quarter before nine in the evening.*
Vers une heure du matin, l'Henrietta entrait à haute mer dans le port de Queenstown, et Phileas Fogg, après avoir reçu une vigoureuse poignée de main du capitaine Speedy, le laissait sur la carcasse rasée de son navire, qui valait encore la moitié de ce qu'il l'avait vendue !	*The Henrietta entered Queenstown Harbour at one o'clock in the morning, it then being high tide; and Phileas Fogg, after being grasped heartily by the hand by Captain Speedy, left that gentleman on the levelled hulk of his craft, which was still worth half what he had sold it for.*
Les passagers débarquèrent aussitôt. Fix, à ce moment, eut une envie féroce d'arrêter le sieur Fogg. Il ne le fit pas, pourtant ! Pourquoi ? Quel combat se livrait donc en lui ? Était-il revenu sur le compte de Mr. Fogg ? Comprenait-il enfin qu'il s'était trompé ? Toutefois, Fix n'abandonna pas Mr. Fogg. Avec lui, avec Mrs. Aouda, avec Passepartout, qui ne prenait plus le temps de respirer, il montait dans le train de Queenstown à une heure et demi du matin, arrivait à Dublin au jour naissant, et s'embarquait aussitôt sur un des steamers -- vrais fuseaux d'acier, tout en machine -- qui, dédaignant de s'élever à la lame, passent invariablement au travers.	*The party went on shore at once. Fix was greatly tempted to arrest Mr. Fogg on the spot; but he did not. Why? What struggle was going on within him? Had he changed his mind about "his man"? Did he understand that he had made a grave mistake? He did not, however, abandon Mr. Fogg. They all got upon the train, which was just ready to start, at half-past one; at dawn of day they were in Dublin; and they lost no time in embarking on a steamer which, disdaining to rise upon the waves, invariably cut through them.*
A midi moins vingt, le 21 décembre, Phileas Fogg débarquait enfin sur le quai de Liverpool. Il n'était plus qu'à six heures de Londres.	*Phileas Fogg at last disembarked on the Liverpool quay, at twenty minutes before twelve, 21st December. He was only six hours distant from London.*
Mais à ce moment, Fix s'approcha, lui mit la main sur l'épaule, et, exhibant son mandat : « Vous êtes le sieur Phileas Fogg ? dit-il. -- Oui, monsieur.	*But at this moment Fix came up, put his hand upon Mr. Fogg's shoulder, and, showing his warrant, said, "You are really Phileas Fogg?"* *"I am."*

-- Au nom de la reine, je vous arrête ! »	"I arrest you in the Queen's name!"

XXXIV QUI PROCURE A PASSEPARTOUT L'OCCASION DE FAIRE UN JEU DE MOTS ATROCE, MAIS PEUT-ÊTRE INÉDIT

Chapter XXXIV IN WHICH PHILEAS FOGG AT LAST REACHES LONDON

Phileas Fogg était en prison. On l'avait enfermé dans le poste de Custom-house, la douane de Liverpool, et il devait y passer la nuit en attendant son transfèrement à Londres.	Phileas Fogg was in prison. He had been shut up in the Custom House, and he was to be transferred to London the next day.
Au moment de l'arrestation, Passepartout avait voulu se précipiter sur le détective. Des policemen le retinrent. Mrs. Aouda, épouvantée par la brutalité du fait, ne sachant rien, n'y pouvait rien comprendre. Passepartout lui expliqua la situation. Mr. Fogg, cet honnête et courageux gentleman, auquel elle devait la vie, était arrêté comme voleur. La jeune femme protesta contre une telle allégation, son coeur s'indigna, et des pleurs coulèrent de ses yeux, quand elle vit qu'elle ne pouvait rien faire, rien tenter, pour sauver son sauveur.	Passepartout, when he saw his master arrested, would have fallen upon Fix had he not been held back by some policemen. Aouda was thunderstruck at the suddenness of an event which she could not understand. Passepartout explained to her how it was that the honest and courageous Fogg was arrested as a robber. The young woman's heart revolted against so heinous a charge, and when she saw that she could attempt to do nothing to save her protector, she wept bitterly.
Quant à Fix, il avait arrêté le gentleman parce que son devoir lui commandait de l'arrêter, fût-il coupable ou non. La justice en déciderait.	As for Fix, he had arrested Mr. Fogg because it was his duty, whether Mr. Fogg were guilty or not.

Jules Verne

Mais alors une pensée vint à Passepartout, cette pensée terrible qu'il était décidément la cause de tout ce malheur ! En effet, pourquoi avait il caché cette aventure à Mr. Fogg ? Quand Fix avait révélé et sa qualité d'inspecteur de police et la mission dont il était chargé, pourquoi avait-il pris sur lui de ne point avertir son maître ? Celui-ci, prévenu, aurait sans doute donné à Fix des preuves de son innocence ; il lui aurait démontré son erreur ; en tout cas, il n'eût pas véhiculé à ses frais et à ses trousses ce malencontreux agent, dont le premier soin avait été de l'arrêter, au moment où il mettait le pied sur le sol du Royaume-Uni. En songeant à ses fautes, à ses imprudences, le pauvre garçon était pris d'irrésistibles remords. Il pleurait, il faisait peine à voir. Il voulait se briser la tête !

The thought then struck Passepartout, that he was the cause of this new misfortune! Had he not concealed Fix's errand from his master? When Fix revealed his true character and purpose, why had he not told Mr. Fogg? If the latter had been warned, he would no doubt have given Fix proof of his innocence, and satisfied him of his mistake; at least, Fix would not have continued his journey at the expense and on the heels of his master, only to arrest him the moment he set foot on English soil. Passepartout wept till he was blind, and felt like blowing his brains out.

Mrs. Aouda et lui étaient restés, malgré le froid, sous le péristyle de la douane. Ils ne voulaient ni l'un ni l'autre quitter la place. Ils voulaient revoir encore une fois Mr. Fogg.

Aouda and he had remained, despite the cold, under the portico of the Custom House. Neither wished to leave the place; both were anxious to see Mr. Fogg again.

Quant à ce gentleman, il était bien et dûment ruiné, et cela au moment où il allait atteindre son but. Cette arrestation le perdait sans retour. Arrivé à midi moins vingt à Liverpool, le 21 décembre, il avait jusqu'à huit heures quarante-cinq minutes pour se présenter au Reform-Club, soit neuf heures quinze minutes, -- et il ne lui en fallait que six pour atteindre Londres.

That gentleman was really ruined, and that at the moment when he was about to attain his end. This arrest was fatal. Having arrived at Liverpool at twenty minutes before twelve on the 21st of December, he had till a quarter before nine that evening to reach the Reform Club, that is, nine hours and a quarter; the journey from Liverpool to London was six hours.

En ce moment, qui eût pénétré dans le poste de la douane eût trouvé Mr. Fogg, immobile, assis sur un banc de bois, sans colère, imperturbable. Résigné, on n'eût pu le dire, mais ce dernier coup n'avait pu l'émouvoir, au moins en apparence. S'était-il formé en lui une de ces rages secrètes, terribles parce qu'elles sont contenues, et qui n'éclatent qu'au dernier moment avec une force irrésistible ? On ne sait. Mais Phileas Fogg était là, calme, attendant... quoi ? Conservait-il quelque espoir ? Croyait-il encore au succès, quand la porte de cette prison était fermée sur lui ?

If anyone, at this moment, had entered the Custom House, he would have found Mr. Fogg seated, motionless, calm, and without apparent anger, upon a wooden bench. He was not, it is true, resigned; but this last blow failed to force him into an outward betrayal of any emotion. Was he being devoured by one of those secret rages, all the more terrible because contained, and which only burst forth, with an irresistible force, at the last moment? No one could tell. There he sat, calmly waiting--for what? Did he still cherish hope? Did he still believe, now that the door of this prison was closed upon him, that he would succeed?

Quoi qu'il en soit, Mr. Fogg avait soigneusement posé sa montre sur une table et il en regardait les aiguilles marcher. Pas une parole ne s'échappait de ses lèvres, mais son regard avait une fixité singulière. En tout cas, la situation était terrible, et, pour qui ne pouvait lire dans cette conscience, elle se résumait ainsi : Honnête homme, Phileas Fogg était ruiné.

However that may have been, Mr. Fogg carefully put his watch upon the table, and observed its advancing hands. Not a word escaped his lips, but his look was singularly set and stern. The situation, in any event, was a terrible one, and might be thus stated: if Phileas Fogg was honest he was ruined; if he was a knave, he was caught.

Malhonnête homme, il était pris. Eut-il alors la pensée de se sauver ? Songea-t-il à chercher si ce poste présentait une issue praticable ? Pensa-t-il à fuir ? On serait tenté de le croire, car, à un certain moment, il fit le tour de la chambre. Mais la porte était solidement fermée et la fenêtre garnie de barreaux de fer. Il vint donc se rasseoir, et il tira de son portefeuille l'itinéraire du voyage. Sur la ligne qui portait ces mots : « 21 décembre, samedi, Liverpool », il ajouta : « 80e jour, 11 h 40 du matin », et il attendit.

Did escape occur to him? Did he examine to see if there were any practicable outlet from his prison? Did he think of escaping from it? Possibly; for once he walked slowly around the room. But the door was locked, and the window heavily barred with iron rods. He sat down again, and drew his journal from his pocket. On the line where these words were written, "21st December, Saturday, Liverpool," he added, "80th day, 11.40 a.m.," and waited.

Une heure sonna à l'horloge de Custom-house. Mr. Fogg constata que sa montre avançait de deux minutes sur cette horloge.	*The Custom House clock struck one. Mr. Fogg observed that his watch was two hours too fast.*
Deux heures ! En admettant qu'il montât en ce moment dans un express, il pouvait encore arriver à Londres et au Reform-Club avant huit heures quarante-cinq du soir. Son front se plissa légèrement...	*Two hours! Admitting that he was at this moment taking an express train, he could reach London and the Reform Club by a quarter before nine, p.m. His forehead slightly wrinkled.*
A deux heures trente-trois minutes, un bruit retentit au-dehors, un vacarme de portes qui s'ouvraient. On entendait la voix de Passepartout, on entendait la voix de Fix. Le regard de Phileas Fogg brilla un instant.	*At thirty-three minutes past two he heard a singular noise outside, then a hasty opening of doors. Passepartout's voice was audible, and immediately after that of Fix. Phileas Fogg's eyes brightened for an instant.*
La porte du poste s'ouvrit, et il vit Mrs. Aouda, Passepartout, Fix, qui se précipitèrent vers lui.	*The door swung open, and he saw Passepartout, Aouda, and Fix, who hurried towards him.*
Fix était hors d'haleine, les cheveux en désordre... Il ne pouvait parler ! « Monsieur, balbutia-t-il, monsieur... pardon... une ressemblance déplorable... Voleur arrêté depuis trois jours... vous... libre !... »	*Fix was out of breath, and his hair was in disorder. He could not speak. "Sir," he stammered, "sir--forgive me--most--unfortunate resemblance--robber arrested three days ago--you are free!"*
Phileas Fogg était libre ! Il alla au détective. Il le regarda bien en face, et, faisant le seul mouvement rapide qu'il eût jamais fait eût qu'il dût jamais faire de sa vie, il ramena ses deux bras en arrière, puis, avec la précision d'un automate, il frappa de ses deux poings le malheureux inspecteur.	*Phileas Fogg was free! He walked to the detective, looked him steadily in the face, and with the only rapid motion he had ever made in his life, or which he ever would make, drew back his arms, and with the precision of a machine knocked Fix down.*
« Bien tapé! » s'écria Passepartout, qui, se permettant un atroce jeu de mots, bien digne d'un Français, ajouta : « Pardieu voilà ce qu'on peut appeler une belle application de poings d'Angleterre ! » Fix, renversé, ne prononça pas un mot. Il n'avait que ce qu'il méritait. Mais aussitôt Mr. Fogg, Mrs. Aouda, Passepartout quittèrent la douane. Ils se jetèrent dans une voiture, et, en quelques minutes, ils arrivèrent à la gare de Liverpool.	*"Well hit!" cried Passepartout, "Parbleu! that's what you might call a good application of English fists!" Fix, who found himself on the floor, did not utter a word. He had only received his deserts. Mr. Fogg, Aouda, and Passepartout left the Custom House without delay, got into a cab, and in a few moments descended at the station.*

Phileas Fogg demanda s'il y avait un express prêt à partir pour Londres...	Phileas Fogg asked if there was an express train about to leave for London.
Il était deux heures quarante... L'express était parti depuis trente-cinq minutes. Phileas Fogg commanda alors un train spécial.	It was forty minutes past two. The express train had left thirty-five minutes before. Phileas Fogg then ordered a special train.
Il y avait plusieurs locomotives de grande vitesse en pression ; mais, attendu les exigences du service, le train spécial ne put quitter la gare avant trois heures.	There were several rapid locomotives on hand; but the railway arrangements did not permit the special train to leave until three o'clock.
A trois heures, Phileas Fogg, après avoir dit quelques mots au mécanicien d'une certaine prime à gagner, filait dans la direction de Londres, en compagnie de la jeune femme et de son fidèle serviteur.	At that hour Phileas Fogg, having stimulated the engineer by the offer of a generous reward, at last set out towards London with Aouda and his faithful servant.
Il fallait franchir en cinq heures et demie la distance qui sépare Liverpool de Londres --, chose très faisable, quand la voie est libre sur tout le parcours. Mais il y eut des retards forcés, et, quand le gentleman arriva à la gare, neuf heures moins dix sonnaient à toutes les horloges de Londres.	It was necessary to make the journey in five hours and a half; and this would have been easy on a clear road throughout. But there were forced delays, and when Mr. Fogg stepped from the train at the terminus, all the clocks in London were striking ten minutes before nine.
Phileas Fogg, après avoir accompli ce voyage autour du monde, arrivait avec un retard de cinq minutes !... Il avait perdu.	Having made the tour of the world, he was behind-hand five minutes. He had lost the wager!
XXXV DANS LEQUEL PASSEPARTOUT NE SE FAIT PAS RÉPÉTER DEUX FOIS L'ORDRE QUE SON MAÎTRE LUI DONNE	Chapter XXXV IN WHICH PHILEAS FOGG DOES NOT HAVE TO REPEAT HIS ORDERS TO PASSEPARTOUT TWICE
Le lendemain, les habitants de Saville-row auraient été bien surpris, si on leur eût affirmé que Mr. Fogg avait réintégré son domicile. Portes et fenêtres, tout était clos. Aucun changement ne s'était produit à l'extérieur.	The dwellers in Saville Row would have been surprised the next day, if they had been told that Phileas Fogg had returned home. His doors and windows were still closed, no appearance of change was visible.

En effet, après avoir quitté la gare, Phileas Fogg avait donné à Passepartout l'ordre d'acheter quelques provisions, et il était rentré dans sa maison.

Ce gentleman avait reçu avec son impassibilité habituelle le coup qui le frappait. Ruiné ! et par la faute de ce maladroit inspecteur de police ! Après avoir marché d'un pas sûr pendant ce long parcours, après avoir renversé mille obstacles, bravé mille dangers, ayant encore trouvé le temps de faire quelque bien sur sa route, échouer au port devant un fait brutal, qu'il ne pouvait prévoir, et contre lequel il était désarmé : cela était terrible ! De la somme considérable qu'il avait emportée au départ, il ne lui restait qu'un reliquat insignifiant. Sa fortune ne se composait plus que des vingt mille livres déposées chez Baring frères, et ces vingt mille livres, il les devait à ses collègues du Reform-Club. Après tant de dépenses faites, ce pari gagné ne l'eût pas enrichi sans doute, et il est probable qu'il n'avait pas cherché à s'enrichir -- étant de ces hommes qui parient pour l'honneur --, mais ce pari perdu le ruinait totalement. Au surplus, le parti du gentleman était pris. Il savait ce qui lui restait à faire.

Une chambre de la maison de Saville-row avait été réservée à Mrs. Aouda. La jeune femme était désespérée. A certaines paroles prononcées par Mr. Fogg, elle avait compris que celui-ci méditait quelque projet funeste.

On sait, en effet, à quelles déplorables extrémités se portent quelquefois ces Anglais monomanes sous la pression d'une idée fixe. Aussi Passepartout, sans en avoir l'air, surveillait-il son maître.

After leaving the station, Mr. Fogg gave Passepartout instructions to purchase some provisions, and quietly went to his domicile.

He bore his misfortune with his habitual tranquillity. Ruined! And by the blundering of the detective! After having steadily traversed that long journey, overcome a hundred obstacles, braved many dangers, and still found time to do some good on his way, to fail near the goal by a sudden event which he could not have foreseen, and against which he was unarmed; it was terrible! But a few pounds were left of the large sum he had carried with him. There only remained of his fortune the twenty thousand pounds deposited at Barings, and this amount he owed to his friends of the Reform Club. So great had been the expense of his tour that, even had he won, it would not have enriched him; and it is probable that he had not sought to enrich himself, being a man who rather laid wagers for honour's sake than for the stake proposed. But this wager totally ruined him. Mr. Fogg's course, however, was fully decided upon; he knew what remained for him to do.

A room in the house in Saville Row was set apart for Aouda, who was overwhelmed with grief at her protector's misfortune. From the words which Mr. Fogg dropped, she saw that he was meditating some serious project.

Knowing that Englishmen governed by a fixed idea sometimes resort to the desperate expedient of suicide, Passepartout kept a narrow watch upon his master, though he carefully concealed the appearance of so doing.

Mais, tout d'abord, l'honnête garçon était monté dans sa chambre et avait éteint le bec qui brûlait depuis quatre-vingts jours. Il avait trouvé dans la boîte aux lettres une note de la Compagnie du gaz, et il pensa qu'il était plus que temps d'arrêter ces frais dont il était responsable.	*First of all, the worthy fellow had gone up to his room, and had extinguished the gas burner, which had been burning for eighty days. He had found in the letter-box a bill from the gas company, and he thought it more than time to put a stop to this expense, which he had been doomed to bear.*
La nuit se passa. Mr. Fogg s'était couché, mais avait-il dormi ? Quant à Mrs. Aouda, elle ne put prendre un seul instant de repos. Passepartout, lui, avait veillé comme un chien à la porte de son maître.	*The night passed. Mr. Fogg went to bed, but did he sleep? Aouda did not once close her eyes. Passepartout watched all night, like a faithful dog, at his master's door.*
Le lendemain, Mr. Fogg le fit venir et lui recommanda, en termes fort brefs, de s'occuper du déjeuner de Mrs. Aouda. Pour lui, il se contenterait d'une tasse de thé et d'une rôtie. Mrs. Aouda voudrait bien l'excuser pour le déjeuner et le dîner, car tout son temps était consacré à mettre ordre à ses affaires. Il ne descendrait pas. Le soir seulement, il demanderait à Mrs. Aouda la permission de l'entretenir pendant quelques instants.	*Mr. Fogg called him in the morning, and told him to get Aouda's breakfast, and a cup of tea and a chop for himself. He desired Aouda to excuse him from breakfast and dinner, as his time would be absorbed all day in putting his affairs to rights. In the evening he would ask permission to have a few moment's conversation with the young lady.*
Passepartout, ayant communication du programme de la journée, n'avait plus qu'à s'y conformer. Il regardait son maître toujours impassible, et il ne pouvait se décider à quitter sa chambre. Son coeur était gros, sa conscience bourrelée de remords, car il s'accusait plus que jamais de cet irréparable désastre. Oui ! s'il eût prévenu Mr. Fogg, s'il lui eût dévoilé les projets de l'agent Fix, Mr. Fogg n'aurait certainement pas traîné l'agent Fix jusqu'à Liverpool, et alors...	*Passepartout, having received his orders, had nothing to do but obey them. He looked at his imperturbable master, and could scarcely bring his mind to leave him. His heart was full, and his conscience tortured by remorse; for he accused himself more bitterly than ever of being the cause of the irretrievable disaster. Yes! if he had warned Mr. Fogg, and had betrayed Fix's projects to him, his master would certainly not have given the detective passage to Liverpool, and then--*
Passepartout ne put plus y tenir.	*Passepartout could hold in no longer.*
« Mon maître ! monsieur Fogg ! s'écria-t-il, maudissez-moi. C'est par ma faute que...	*"My master! Mr. Fogg!" he cried, "why do you not curse me? It was my fault that--"*

-- Je n'accuse personne, répondit Phileas Fogg du ton le plus calme. Allez. »

Passepartout quitta la chambre et vint trouver la jeune femme, à laquelle il fit connaître les intentions de son maître.

« Madame, ajouta-t-il, je ne puis rien par moi-même, rien ! Je n'ai aucune influence sur l'esprit de mon maître. Vous, peut-être...

-- Quelle influence aurais-je, répondit Mrs. Aouda. Mr. Fogg n'en subit aucune ! A-t-il jamais compris que ma reconnaissance pour lui était prête à déborder ! A-t-il jamais lu dans mon coeur !... Mon ami, il ne faudra pas le quitter, pas un seul instant. Vous dites qu'il a manifesté l'intention de me parler ce soir ?

-- Oui, madame. Il s'agit sans doute de sauvegarder votre situation en Angleterre.

-- Attendons », répondit la jeune femme, qui demeura toute pensive.

Ainsi, pendant cette journée du dimanche, la maison de Saville-row fut comme si elle eût été inhabitée, et, pour la première fois depuis qu'il demeurait dans cette maison, Phileas Fogg n'alla pas à son club, quand onze heures et demie sonnèrent à la tour du Parlement.

"I blame no one," returned Phileas Fogg, with perfect calmness. "Go!"

Passepartout left the room, and went to find Aouda, to whom he delivered his master's message.

"Madam," he added, "I can do nothing myself--nothing! I have no influence over my master; but you, perhaps--"

"What influence could I have?" replied Aouda. "Mr. Fogg is influenced by no one. Has he ever understood that my gratitude to him is overflowing? Has he ever read my heart? My friend, he must not be left alone an instant! You say he is going to speak with me this evening?"

"Yes, madam; probably to arrange for your protection and comfort in England."

"We shall see," replied Aouda, becoming suddenly pensive.

Throughout this day (Sunday) the house in Saville Row was as if uninhabited, and Phileas Fogg, for the first time since he had lived in that house, did not set out for his club when Westminster clock struck half-past eleven.

Et pourquoi ce gentleman se fût-il présenté au Reform-Club ? Ses collègues ne l'y attendaient plus. Puisque, la veille au soir, à cette date fatale du samedi 21 décembre, à huit heures quarante-cinq, Phileas Fogg n'avait pas paru dans le salon du Reform-Club, son pari était perdu. Il n'était même pas nécessaire qu'il allât chez son banquier pour y prendre cette somme de vingt mille livres. Ses adversaires avaient entre les mains un chèque signé de lui, et il suffisait d'une simple écriture à passer chez Baring frères, pour que les vingt mille livres fussent portées à leur crédit.	*Why should he present himself at the Reform? His friends no longer expected him there. As Phileas Fogg had not appeared in the saloon on the evening before (Saturday, the 21st of December, at a quarter before nine), he had lost his wager. It was not even necessary that he should go to his bankers for the twenty thousand pounds; for his antagonists already had his cheque in their hands, and they had only to fill it out and send it to the Barings to have the amount transferred to their credit.*
Mr. Fogg n'avait donc pas à sortir, et il ne sortit pas. Il demeura dans sa chambre et mit ordre à ses affaires. Passepartout ne cessa de monter et de descendre l'escalier de la maison de Saville-row. Les heures ne marchaient pas pour ce pauvre garçon. Il écoutait à la porte de la chambre de son maître, et, ce faisant, il ne pensait pas commettre la moindre indiscrétion ! Il regardait par le trou de la serrure, et il s'imaginait avoir ce droit ! Passepartout redoutait à chaque instant quelque catastrophe. Parfois, il songeait à Fix, mais un revirement s'était fait dans son esprit. Il n'en voulait plus à l'inspecteur de police. Fix s'était trompé comme tout le monde à l'égard de Phileas Fogg, et, en le filant, en l'arrêtant, il n'avait fait que son devoir, tandis que lui... Cette pensée l'accablait, et il se tenait pour le dernier des misérables.	*Mr. Fogg, therefore, had no reason for going out, and so he remained at home. He shut himself up in his room, and busied himself putting his affairs in order. Passepartout continually ascended and descended the stairs. The hours were long for him. He listened at his master's door, and looked through the keyhole, as if he had a perfect right so to do, and as if he feared that something terrible might happen at any moment. Sometimes he thought of Fix, but no longer in anger. Fix, like all the world, had been mistaken in Phileas Fogg, and had only done his duty in tracking and arresting him; while he, Passepartout.... This thought haunted him, and he never ceased cursing his miserable folly.*
Quand, enfin, Passepartout se trouvait trop malheureux d'être seul, il frappait à la porte de Mrs. Aouda, il entrait dans sa chambre, il s'asseyait dans un coin sans mot dire, et il regardait la jeune femme toujours pensive.	*Finding himself too wretched to remain alone, he knocked at Aouda's door, went into her room, seated himself, without speaking, in a corner, and looked ruefully at the young woman. Aouda was still pensive.*

Vers sept heures et demie du soir, Mr. Fogg fit demander à Mrs. Aouda si elle pouvait le recevoir, et quelques instants après, la jeune femme et lui étaient seuls dans cette chambre.	*About half-past seven in the evening Mr. Fogg sent to know if Aouda would receive him, and in a few moments he found himself alone with her.*
Phileas Fogg prit une chaise et s'assit près de la cheminée, en face de Mrs. Aouda. Son visage ne reflétait aucune émotion. Le Fogg du retour était exactement le Fogg du départ. Même calme, même impassibilité.	*Phileas Fogg took a chair, and sat down near the fireplace, opposite Aouda. No emotion was visible on his face. Fogg returned was exactly the Fogg who had gone away; there was the same calm, the same impassibility.*
Il resta sans parler pendant cinq minutes. Puis levant les yeux sur Mrs. Aouda : « Madame, dit-il, me pardonnerez-vous de vous avoir amenée en Angleterre ?	*He sat several minutes without speaking; then, bending his eyes on Aouda, "Madam," said he, "will you pardon me for bringing you to England?"*
-- Moi, monsieur Fogg !... répondit Mrs. Aouda, en comprimant les battements de son coeur.	*"I, Mr. Fogg!" replied Aouda, checking the pulsations of her heart.*
-- Veuillez me permettre d'achever, reprit Mr. Fogg. Lorsque j'eus la pensée de vous entraîner loin de cette contrée, devenue si dangereuse pour vous, j'étais riche, et je comptais mettre une partie de ma fortune à votre disposition. Votre existence eût été heureuse et libre. Maintenant, je suis ruiné.	*"Please let me finish," returned Mr. Fogg. "When I decided to bring you far away from the country which was so unsafe for you, I was rich, and counted on putting a portion of my fortune at your disposal; then your existence would have been free and happy. But now I am ruined."*
-- Je le sais, monsieur Fogg, répondit la jeune femme, et je vous demanderai à mon tour : Me pardonnerez-vous de vous avoir suivi, et -- qui sait ? -- d'avoir peut-être, en vous retardant, contribué à votre ruine ?	*"I know it, Mr. Fogg," replied Aouda; "and I ask you in my turn, will you forgive me for having followed you, and--who knows?--for having, perhaps, delayed you, and thus contributed to your ruin?"*
-- Madame, vous ne pouviez rester dans l'Inde, et votre salut n'était assuré que si vous vous éloigniez assez pour que ces fanatiques ne pussent vous reprendre.	*"Madam, you could not remain in India, and your safety could only be assured by bringing you to such a distance that your persecutors could not take you."*
-- Ainsi, monsieur Fogg, reprit Mrs. Aouda, non content de m'arracher à une mort horrible, vous vous croyiez encore obligé d'assurer ma position à l'étranger ?	*"So, Mr. Fogg," resumed Aouda, "not content with rescuing me from a terrible death, you thought yourself bound to secure my comfort in a foreign land?"*

-- Oui, madame, répondit Fogg, mais les événements ont tourné contre moi. Cependant, du peu qui me reste, je vous demande la permission de disposer en votre faveur.	"Yes, madam; but circumstances have been against me. Still, I beg to place the little I have left at your service."
-- Mais, vous, monsieur Fogg, que deviendrez-vous ? demanda Mrs. Aouda.	"But what will become of you, Mr. Fogg?"
-- Moi, madame, répondit froidement le gentleman, je n'ai besoin de rien.	"As for me, madam," replied the gentleman, coldly, "I have need of nothing."
-- Mais comment, monsieur, envisagez-vous donc le sort qui vous attend ?	"But how do you look upon the fate, sir, which awaits you?"
-- Comme il convient de le faire, répondit Mr. Fogg.	"As I am in the habit of doing."
-- En tout cas, reprit Mrs. Aouda, la misère ne saurait atteindre un homme tel que vous. Vos amis...	"At least," said Aouda, "want should not overtake a man like you. Your friends--"
-- Je n'ai point d'amis, madame.	"I have no friends, madam."
-- Vos parents...	"Your relatives--"
-- Je n'ai plus de parents.	"I have no longer any relatives."
-- Je vous plains alors, monsieur Fogg, car l'isolement est une triste chose. Quoi ! pas un coeur pour y verser vos peines. On dit cependant qu'à deux la misère elle-même est supportable encore !	"I pity you, then, Mr. Fogg, for solitude is a sad thing, with no heart to which to confide your griefs. They say, though, that misery itself, shared by two sympathetic souls, may be borne with patience."
-- On le dit, madame.	"They say so, madam."
-- Monsieur Fogg, dit alors Mrs. Aouda, qui se leva et tendit sa main au gentleman, voulez-vous à la fois d'une parente et d'une amie ? Voulez-vous de moi pour votre femme ? »	"Mr. Fogg," said Aouda, rising and seizing his hand, "do you wish at once a kinswoman and friend? Will you have me for your wife?"

Mr. Fogg, à cette parole, s'était levé à son tour. Il y avait comme un reflet inaccoutumé dans ses yeux, comme un tremblement sur ses lèvres. Mrs. Aouda le regardait. La sincérité, la droiture, la fermeté et la douceur de ce beau regard d'une noble femme qui ose tout pour sauver celui auquel elle doit tout, l'étonnèrent d'abord, puis le pénétrèrent. Il ferma les yeux un instant, comme pour éviter que ce regard ne s'enfonçât plus avant... Quand il les rouvrit : « Je vous aime ! dit-il simplement. Oui, en vérité, par tout ce qu'il y a de plus sacré au monde, je vous aime, et je suis tout à vous !	*Mr. Fogg, at this, rose in his turn. There was an unwonted light in his eyes, and a slight trembling of his lips. Aouda looked into his face. The sincerity, rectitude, firmness, and sweetness of this soft glance of a noble woman, who could dare all to save him to whom she owed all, at first astonished, then penetrated him. He shut his eyes for an instant, as if to avoid her look. When he opened them again, "I love you!" he said, simply. "Yes, by all that is holiest, I love you, and I am entirely yours!"*
-- Ah !... » s'écria Mrs. Aouda, en portant la main à son coeur.	*"Ah!" cried Aouda, pressing his hand to her heart.*
Passepartout fut sonné. Il arriva aussitôt. Mr. Fogg tenait encore dans sa main la main de Mrs. Aouda. Passepartout comprit, et sa large face rayonna comme le soleil au zénith des régions tropicales.	*Passepartout was summoned and appeared immediately. Mr. Fogg still held Aouda's hand in his own; Passepartout understood, and his big, round face became as radiant as the tropical sun at its zenith.*
Mr. Fogg lui demanda s'il ne serait pas trop tard pour aller prévenir le révérend Samuel Wilson, de la paroisse de Mary-le-Bone.	*Mr. Fogg asked him if it was not too late to notify the Reverend Samuel Wilson, of Marylebone parish, that evening.*
Passepartout sourit de son meilleur sourire.	*Passepartout smiled his most genial smile, and said, "Never too late."*
« Jamais trop tard », dit-il. Il n'était que huit heures cinq.	*It was five minutes past eight.* *"Will it be for to-morrow, Monday?"*
« Ce serait pour demain, lundi ! dit-il.	*"For to-morrow, Monday," said Mr. Fogg, turning to Aouda.*
-- Pour demain lundi ? demanda Mr. Fogg en regardant la jeune femme.	*"Yes; for to-morrow, Monday," she replied.*
-- Pour demain lundi ! » répondit Mrs. Aouda. Passepartout sortit, tout courant.	*Passepartout hurried off as fast as his legs could carry him.*

XXXVI DANS LEQUEL PHILEAS FOGG FAIT DE NOUVEAU PRIME SUR LE MARCHÉ

Il est temps de dire ici quel revirement de l'opinion s'était produit dans le Royaume-Uni, quand on apprit l'arrestation du vrai voleur de la Banque un certain James Strand -- qui avait eu lieu le 17 décembre, à Edimbourg. Trois jours avant, Phileas Fogg était un criminel que la police poursuivait à outrance, et maintenant c'était le plus honnête gentleman, qui accomplissait mathématiquement son excentrique voyage autour du monde.

Quel effet, quel bruit dans les journaux ! Tous les parieurs pour ou contre, qui avaient déjà oublié cette affaire, ressuscitèrent comme par magie. Toutes les transactions redevenaient valables. Tous les engagements revivaient, et, il faut le dire, les paris reprirent avec une nouvelle énergie. Le nom de Phileas Fogg fit de nouveau prime sur le marché.

Les cinq collègues du gentleman, au Reform-Club, passèrent ces trois jours dans une certaine inquiétude. Ce Phileas Fogg qu'ils avaient oublié reparaissait à leurs yeux ! Où était-il en ce moment ? Le 17 décembre --, jour où James Strand fut arrêté --, il y avait soixante-seize jours que Phileas Fogg était parti, et pas une nouvelle de lui ! Avait-il succombé ? Avait-il renoncé à la lutte, ou continuait il sa marche suivant l'itinéraire convenu ? Et le samedi 21 décembre, à huit heures quarante-cinq du soir, allait-il apparaître, comme le dieu de l'exactitude, sur le seuil du salon du Reform-Club ?

Chapter XXXVI IN WHICH PHILEAS FOGG'S NAME IS ONCE MORE AT A PREMIUM ON 'CHANGE

It is time to relate what a change took place in English public opinion when it transpired that the real bankrobber, a certain James Strand, had been arrested, on the 17th day of December, at Edinburgh. Three days before, Phileas Fogg had been a criminal, who was being desperately followed up by the police; now he was an honourable gentleman, mathematically pursuing his eccentric journey round the world.

The papers resumed their discussion about the wager; all those who had laid bets, for or against him, revived their interest, as if by magic; the "Phileas Fogg bonds" again became negotiable, and many new wagers were made. Phileas Fogg's name was once more at a premium on 'Change.

His five friends of the Reform Club passed these three days in a state of feverish suspense. Would Phileas Fogg, whom they had forgotten, reappear before their eyes! Where was he at this moment? The 17th of December, the day of James Strand's arrest, was the seventy-sixth since Phileas Fogg's departure, and no news of him had been received. Was he dead? Had he abandoned the effort, or was he continuing his journey along the route agreed upon? And would he appear on Saturday, the 21st of December, at a quarter before nine in the evening, on the threshold of the Reform Club saloon?

Jules Verne

Il faut renoncer à peindre l'anxiété dans laquelle, pendant trois jours, vécut tout ce monde de la société anglaise. On lança des dépêches en Amérique, en Asie, pour avoir des nouvelles de Phileas Fogg ! On envoya matin et soir observer la maison de Saville-row,.. Rien. La police elle-même ne savait plus ce qu'était devenu le détective Fix, qui s'était si malencontreusement jeté sur une fausse piste. Ce qui n'empêcha pas les paris de s'engager de nouveau sur une plus vaste échelle. Phileas Fogg, comme un cheval de course, arrivait au dernier tournant. On ne le cotait plus à cent, mais à vingt, mais à dix, mais à cinq, et le vieux paralytique, Lord Albermale, le prenait, lui, à égalité.

The anxiety in which, for three days, London society existed, cannot be described. Telegrams were sent to America and Asia for news of Phileas Fogg. Messengers were dispatched to the house in Saville Row morning and evening. No news. The police were ignorant what had become of the detective, Fix, who had so unfortunately followed up a false scent. Bets increased, nevertheless, in number and value. Phileas Fogg, like a racehorse, was drawing near his last turning-point. The bonds were quoted, no longer at a hundred below par, but at twenty, at ten, and at five; and paralytic old Lord Albemarle bet even in his favour.

Aussi, le samedi soir, y avait-il foule dans Pall-Mall et dans les rues voisines. On eût dit un immense attroupement de courtiers, établis en permanence aux abords du Reform-Club. La circulation était empêchée. On discutait, on disputait, on criait les cours du « Phileas Fogg », comme ceux des fonds anglais. Les policemen avaient beaucoup de peine à contenir le populaire, et à mesure que s'avançait l'heure à laquelle devait arriver Phileas Fogg, l'émotion prenait des proportions invraisemblables.

A great crowd was collected in Pall Mall and the neighbouring streets on Saturday evening; it seemed like a multitude of brokers permanently established around the Reform Club. Circulation was impeded, and everywhere disputes, discussions, and financial transactions were going on. The police had great difficulty in keeping back the crowd, and as the hour when Phileas Fogg was due approached, the excitement rose to its highest pitch.

Ce soir-là, les cinq collègues du gentleman étaient réunis depuis neuf heures dans le grand salon du Reform-Club. Les deux banquiers, John Sullivan et Samuel Fallentin, l'ingénieur Andrew Stuart, Gauthier Ralph, administrateur de la Banque d'Angleterre, le brasseur Thomas Flanagan, tous attendaient avec anxiété.

The five antagonists of Phileas Fogg had met in the great saloon of the club. John Sullivan and Samuel Fallentin, the bankers, Andrew Stuart, the engineer, Gauthier Ralph, the director of the Bank of England, and Thomas Flanagan, the brewer, one and all waited anxiously.

Au moment où l'horloge du grand salon marqua huit heures vingt-cinq, Andrew Stuart, se levant, dit : « Messieurs, dans vingt minutes, le délai convenu entre Mr. Phileas Fogg et nous sera expiré.	*When the clock indicated twenty minutes past eight, Andrew Stuart got up, saying, "Gentlemen, in twenty minutes the time agreed upon between Mr. Fogg and ourselves will have expired."*
-- A quelle heure est arrivé le dernier train de Liverpool ? demanda Thomas Flanagan.	*"What time did the last train arrive from Liverpool?" asked Thomas Flanagan.*
-- A sept heures vingt-trois, répondit Gauthier Ralph, et le train suivant n'arrive qu'à minuit dix.	*"At twenty-three minutes past seven," replied Gauthier Ralph; "and the next does not arrive till ten minutes after twelve."*
-- Eh bien, messieurs, reprit Andrew Stuart, si Phileas Fogg était arrivé par le train de sept heures vingt-trois, il serait déjà ici. Nous pouvons donc considérer le pari comme gagné.	*"Well, gentlemen," resumed Andrew Stuart, "if Phileas Fogg had come in the 7:23 train, he would have got here by this time. We can, therefore, regard the bet as won."*
-- Attendons, ne nous prononçons pas, répondit Samuel Fallentin. Vous voyez que notre collègue est un excentrique de premier ordre. Son exactitude en tout est bien connue. Il n'arrive jamais ni trop tard ni trop tôt, et il apparaîtrait ici à la dernière minute, que je n'en serais pas autrement surpris.	*"Wait; don't let us be too hasty," replied Samuel Fallentin. "You know that Mr. Fogg is very eccentric. His punctuality is well known; he never arrives too soon, or too late; and I should not be surprised if he appeared before us at the last minute."*
-- Et moi, dit Andrew Stuart, qui était, comme toujours, très nerveux, je le verrais je n'y croirais pas.	*"Why," said Andrew Stuart nervously, "if I should see him, I should not believe it was he."*
-- En effet, reprit Thomas Flanagan, le projet de Phileas Fogg était insensé. Quelle que fût son exactitude, il ne pouvait empêcher des retards inévitables de se produire, et un retard de deux ou trois jours seulement suffisait à compromettre son voyage.	*"The fact is," resumed Thomas Flanagan, "Mr. Fogg's project was absurdly foolish. Whatever his punctuality, he could not prevent the delays which were certain to occur; and a delay of only two or three days would be fatal to his tour."*
-- Vous remarquerez, d'ailleurs, ajouta John Sullivan, que nous n'avons reçu aucune nouvelle de notre collègue et cependant, les fils télégraphiques ne manquaient pas sur son itinéraire.	*"Observe, too," added John Sullivan, "that we have received no intelligence from him, though there are telegraphic lines all along his route."*

Jules Verne

-- Il a perdu, messieurs, reprit Andrew Stuart, il a cent fois perdu ! Vous savez, d'ailleurs, que le China -- le seul paquebot de New York qu'il pût prendre pour venir à Liverpool en temps utile -- est arrivé hier. Or, voici la liste des passagers, publiée par la Shipping Gazette, et le nom de Phileas Fogg n'y figure pas. En admettant les chances les plus favorables, notre collègue est à peine en Amérique ! J'estime à vingt jours, au moins, le retard qu'il subira sur la date convenue, et le vieux Lord Albermale en sera, lui aussi, pour ses cinq mille livres !

-- C'est évident, répondit Gauthier Ralph, et demain nous n'aurons qu'à présenter chez Baring frères le chèque de Mr. Fogg ».

En ce moment l'horloge du salon sonna huit heures quarante.

« Encore cinq minutes », dit Andrew Stuart.

Les cinq collègues se regardaient. On peut croire que les battements de leur coeur avaient subi une légère accélération, car enfin, même pour de beaux joueurs, la partie était forte ! Mais ils n'en voulaient rien laisser paraître, car, sur la proposition de Samuel Fallentin, ils prirent place à une table de jeu.

« Je ne donnerais pas ma part de quatre mille livres dans le pari, dit Andrew Stuart en s'asseyant, quand même on m'en offrirait trois mille neuf cent quatre-vingt-dix-neuf ! »

L'aiguille marquait, en ce moment, huit heures quarante-deux minutes.

"He has lost, gentleman," said Andrew Stuart, "he has a hundred times lost! You know, besides, that the China the only steamer he could have taken from New York to get here in time arrived yesterday. I have seen a list of the passengers, and the name of Phileas Fogg is not among them. Even if we admit that fortune has favoured him, he can scarcely have reached America. I think he will be at least twenty days behind-hand, and that Lord Albemarle will lose a cool five thousand."

"It is clear," replied Gauthier Ralph; "and we have nothing to do but to present Mr. Fogg's cheque at Barings to-morrow."

At this moment, the hands of the club clock pointed to twenty minutes to nine.

"Five minutes more," said Andrew Stuart.

The five gentlemen looked at each other. Their anxiety was becoming intense; but, not wishing to betray it, they readily assented to Mr. Fallentin's proposal of a rubber.

"I wouldn't give up my four thousand of the bet," said Andrew Stuart, as he took his seat, "for three thousand nine hundred and ninety-nine."

The clock indicated eighteen minutes to nine.

Les joueurs avaient pris les cartes, mais, à chaque instant, leur regard se fixait sur l'horloge. On peut affirmer que, quelle que fût leur sécurité, jamais minutes ne leur avaient paru si longues !	The players took up their cards, but could not keep their eyes off the clock. Certainly, however secure they felt, minutes had never seemed so long to them!
« Huit heures quarante-trois », dit Thomas Flanagan, en coupant le jeu que lui présentait Gauthier Ralph.	"Seventeen minutes to nine," said Thomas Flanagan, as he cut the cards which Ralph handed to him.
Puis un moment de silence se fit. Le vaste salon du club était tranquille. Mais, au-dehors, on entendait le brouhaha de la foule, que dominaient parfois des cris aigus. Le balancier de l'horloge battait la seconde avec une régularité mathématique. Chaque joueur pouvait compter les divisions sexagésimales qui frappaient son oreille.	Then there was a moment of silence. The great saloon was perfectly quiet; but the murmurs of the crowd outside were heard, with now and then a shrill cry. The pendulum beat the seconds, which each player eagerly counted, as he listened, with mathematical regularity.
« Huit heures quarante-quatre ! » dit John Sullivan d'une voix dans laquelle on sentait une émotion involontaire.	"Sixteen minutes to nine!" said John Sullivan, in a voice which betrayed his emotion.
Plus qu'une minute, et le pari était gagné. Andrew Stuart et ses collègues ne jouaient plus. Ils avaient abandonné les cartes ! Ils comptaient les secondes !	One minute more, and the wager would be won. Andrew Stuart and his partners suspended their game. They left their cards, and counted the seconds.
A la quarantième seconde, rien. A la cinquantième, rien encore !	At the fortieth second, nothing. At the fiftieth, still nothing.
A la cinquante-cinquième, on entendit comme un tonnerre au-dehors, des applaudissements, des hurrahs, et même des imprécations, qui se propagèrent dans un roulement continu.	At the fifty-fifth, a loud cry was heard in the street, followed by applause, hurrahs, and some fierce growls.
Les joueurs se levèrent.	The players rose from their seats.
A la cinquante-septième seconde, la porte du salon s'ouvrit, et le balancier n'avait pas battu la soixantième seconde, que Phileas Fogg apparaissait, suivi d'une foule en délire qui avait forcé l'entrée du club, et de sa voix calme : « Me voici, messieurs », disait-il.	At the fifty-seventh second the door of the saloon opened; and the pendulum had not beat the sixtieth second when Phileas Fogg appeared, followed by an excited crowd who had forced their way through the club doors, and in his calm voice, said, "Here I am, gentlemen!"

XXXVII DANS LEQUEL IL EST PROUVÉ QUE PHILEAS FOGG N'A RIEN GAGNÉ A FAIRE CE TOUR DU MONDE, SI CE N'EST LE BONHEUR

Oui ! Phileas Fogg en personne.

On se rappelle qu'à huit heures cinq du soir -- vingt-cinq heures environ après l'arrivée des voyageurs à Londres --, Passepartout avait été chargé par son maître de prévenir le révérend Samuel Wilson au sujet d'un certain mariage qui devait se conclure le lendemain même.

Passepartout était donc parti, enchanté. Il se rendit d'un pas rapide à la demeure du révérend Samuel Wilson, qui n'était pas encore rentré. Naturellement, Passepartout attendit, mais il attendit vingt bonnes minutes au moins. Bref, il était huit heures trente-cinq quand il sortit de la maison du révérend. Mais dans quel état ! Les cheveux en désordre, sans chapeau, courant, courant, comme on n'a jamais vu courir de mémoire d'homme, renversant les passants, se précipitant comme une trombe sur les trottoirs !

En trois minutes, il était de retour à la maison de Saville-row, et il tombait, essoufflé, dans la chambre de Mr. Fogg.

Il ne pouvait parler.

« Qu'y a-t-il ? demanda Mr. Fogg.

-- Mon maître... balbutia Passepartout... mariage... impossible.

-- Impossible ?

-- Impossible... pour demain.

-- Pourquoi ?

-- Parce que demain... c'est dimanche !

-- Lundi, répondit Mr. Fogg.

Chapter XXXVII IN WHICH IT IS SHOWN THAT PHILEAS FOGG GAINED NOTHING BY HIS TOUR AROUND THE WORLD, UNLESS IT WERE HAPPINESS

Yes; Phileas Fogg in person.

The reader will remember that at five minutes past eight in the evening--about five and twenty hours after the arrival of the travellers in London--Passepartout had been sent by his master to engage the services of the Reverend Samuel Wilson in a certain marriage ceremony, which was to take place the next day.

Passepartout went on his errand enchanted. He soon reached the clergyman's house, but found him not at home. Passepartout waited a good twenty minutes, and when he left the reverend gentleman, it was thirty-five minutes past eight. But in what a state he was! With his hair in disorder, and without his hat, he ran along the street as never man was seen to run before, overturning passers-by, rushing over the sidewalk like a waterspout.

In three minutes he was in Saville Row again, and staggered back into Mr. Fogg's room.

He could not speak.

"What is the matter?" asked Mr. Fogg.

"My master!" gasped Passepartout-- "marriage--impossible--"

"Impossible?"

"Impossible--for to-morrow."

"Why so?"

"Because to-morrow--is Sunday!"

"Monday," replied Mr. Fogg.

Around the World in Eighty Days

-- Non... aujourd'hui... samedi.

-- Samedi ? impossible !

-- Si, si, si, si ! s'écria Passepartout. Vous vous êtes trompé d'un jour ! Nous sommes arrivés vingt-quatre heures en avance... mais il ne reste plus que dix minutes !... »

Passepartout avait saisi son maître au collet, et il l'entraînait avec une force irrésistible !

Phileas Fogg, ainsi enlevé, sans avoir le temps de réfléchir, quitta sa chambre, quitta sa maison, sauta dans un cab, promit cent livres au cocher, et après avoir écrasé deux chiens et accroché cinq voitures, il arriva au Reform-Club.

L'horloge marquait huit heures quarante-cinq, quand il parut dans le grand salon...

Phileas Fogg avait accompli ce tour du monde en quatre-vingts jours !...

Phileas Fogg avait gagné son pari de vingt mille livres !

Et maintenant, comment un homme si exact, si méticuleux, avait-il pu commettre cette erreur de jour ? Comment se croyait-il au samedi soir, 21 décembre, quand il débarqua à Londres, alors qu'il n'était qu'au vendredi, 20 décembre, soixante dix neuf jours seulement après son départ ?

Voici la raison de cette erreur.

Elle est fort simple. Phileas Fogg avait, « sans s'en douter », gagné un jour sur son itinéraire, -- et cela uniquement parce qu'il avait fait le tour du monde en allant vers l'est, et il eût, au contraire, perdu ce jour en allant en sens inverse, soit vers l'ouest.

"No--to-day is Saturday."

"Saturday? Impossible!"

"Yes, yes, yes, yes!" cried Passepartout. "You have made a mistake of one day! We arrived twenty-four hours ahead of time; but there are only ten minutes left!"

Passepartout had seized his master by the collar, and was dragging him along with irresistible force.

Phileas Fogg, thus kidnapped, without having time to think, left his house, jumped into a cab, promised a hundred pounds to the cabman, and, having run over two dogs and overturned five carriages, reached the Reform Club.

The clock indicated a quarter before nine when he appeared in the great saloon.

Phileas Fogg had accomplished the journey round the world in eighty days!

Phileas Fogg had won his wager of twenty thousand pounds!

How was it that a man so exact and fastidious could have made this error of a day? How came he to think that he had arrived in London on Saturday, the twenty-first day of December, when it was really Friday, the twentieth, the seventy-ninth day only from his departure?

The cause of the error is very simple.

Phileas Fogg had, without suspecting it, gained one day on his journey, and this merely because he had travelled constantly eastward; he would, on the contrary, have lost a day had he gone in the opposite direction, that is, westward.

Jules Verne

En effet, en marchant vers l'est, Phileas Fogg allait au-devant du soleil, et, par conséquent les jours diminuaient pour lui d'autant de fois quatre minutes qu'il franchissait de degrés dans cette direction. Or, on compte trois cent soixante degrés sur la circonférence terrestre, et ces trois cent soixante degrés, multipliés par quatre minutes, donnent précisément vingt-quatre heures, -- c'est-à-dire ce jour inconsciemment gagné. En d'autres termes, pendant que Phileas Fogg, marchant vers l'est, voyait le soleil passer quatre-vingts fois au méridien, ses collègues restés à Londres ne le voyaient passer que soixante-dix-neuf fois. C'est pourquoi, ce jour-là même, qui était le samedi et non le dimanche, comme le croyait Mr. Fogg, ceux-ci l'attendaient dans le salon du Reform-Club.

Et c'est ce que la fameuse montre de Passepartout -- qui avait toujours conservé l'heure de Londres -- eût constaté si, en même temps que les minutes et les heures, elle eût marqué les jours !

Phileas Fogg avait donc gagné les vingt mille livres. Mais comme il en avait dépensé en route environ dix-neuf mille, le résultat pécuniaire était médiocre. Toutefois, on l'a dit, l'excentrique gentleman n'avait, en ce pari, cherché que la lutte, non la fortune. Et même, les mille livres restant, il les partagea entre l'honnête Passepartout et le malheureux Fix, auquel il était incapable d'en vouloir. Seulement, et pour la régularité, il retint à son serviteur le prix des dix-neuf cent vingt heures de gaz dépensé par sa faute.

In journeying eastward he had gone towards the sun, and the days therefore diminished for him as many times four minutes as he crossed degrees in this direction. There are three hundred and sixty degrees on the circumference of the earth; and these three hundred and sixty degrees, multiplied by four minutes, gives precisely twenty-four hours-- that is, the day unconsciously gained. In other words, while Phileas Fogg, going eastward, saw the sun pass the meridian eighty times, his friends in London only saw it pass the meridian seventy-nine times. This is why they awaited him at the Reform Club on Saturday, and not Sunday, as Mr. Fogg thought.

And Passepartout's famous family watch, which had always kept London time, would have betrayed this fact, if it had marked the days as well as the hours and the minutes!

Phileas Fogg, then, had won the twenty thousand pounds; but, as he had spent nearly nineteen thousand on the way, the pecuniary gain was small. His object was, however, to be victorious, and not to win money. He divided the one thousand pounds that remained between Passepartout and the unfortunate Fix, against whom he cherished no grudge. He deducted, however, from Passepartout's share the cost of the gas which had burned in his room for nineteen hundred and twenty hours, for the sake of regularity.

Around the World in Eighty Days

Ce soir-là même, Mr. Fogg, aussi impassible, aussi flegmatique, disait à Mrs. Aouda : « Ce mariage vous convient-il toujours, madame ?	That evening, Mr. Fogg, as tranquil and phlegmatic as ever, said to Aouda: "Is our marriage still agreeable to you?"
-- Monsieur Fogg, répondit Mrs. Aouda, c'est à moi de vous faire cette question. Vous étiez ruiné, vous voici riche...	"Mr. Fogg," replied she, "it is for me to ask that question. You were ruined, but now you are rich again."
-- Pardonnez-moi, madame, cette fortune vous appartient. Si vous n'aviez pas eu la pensée de ce mariage, mon domestique ne serait pas allé chez le révérend Samuel Wilson, je n'aurais pas été averti de mon erreur, et...	"Pardon me, madam; my fortune belongs to you. If you had not suggested our marriage, my servant would not have gone to the Reverend Samuel Wilson's, I should not have been apprised of my error, and--"
-- Cher monsieur Fogg..., dit la jeune femme.	"Dear Mr. Fogg!" said the young woman.
-- Chère Aouda... », répondit Phileas Fogg.	"Dear Aouda!" replied Phileas Fogg.
On comprend bien que le mariage se fit quarante-huit heures plus tard, et Passepartout, superbe, resplendissant, éblouissant, y figura comme témoin de la jeune femme. Ne l'avait-il pas sauvée, et ne lui devait-on pas cet honneur ?	It need not be said that the marriage took place forty-eight hours after, and that Passepartout, glowing and dazzling, gave the bride away. Had he not saved her, and was he not entitled to this honour?
Seulement, le lendemain, dès l'aube, Passepartout frappait avec fracas à la porte de son maître.	The next day, as soon as it was light, Passepartout rapped vigorously at his master's door.
La porte s'ouvrit, et l'impassible gentleman parut.	Mr. Fogg opened it, and asked,
« Qu'y a-t-il, Passepartout ?	"What's the matter, Passepartout?"
-- Ce qu'il y a, monsieur ! Il y a que je viens d'apprendre à l'instant...	"What is it, sir? Why, I've just this instant found out--"
-- Quoi donc ?	"What?"
-- Que nous pouvions faire le tour du monde en soixante-dix-huit jours seulement.	"That we might have made the tour of the world in only seventy-eight days."
-- Sans doute, répondit Mr. Fogg, en ne traversant pas l'Inde. Mais si je n'avais pas traversé l'Inde, je n'aurais pas sauvé Mrs. Aouda, elle ne serait pas ma femme, et... »	"No doubt," returned Mr. Fogg, "by not crossing India. But if I had not crossed India, I should not have saved Aouda; she would not have been my wife, and--"

Jules Verne

Et Mr. Fogg ferma tranquillement la porte.

Ainsi donc Phileas Fogg avait gagné son pari. Il avait accompli en quatre-vingts jours ce voyage autour du monde ! Il avait employé pour ce faire tous les moyens de transport, paquebots, railways, voitures, yachts, bâtiments de commerce, traîneaux, éléphant. L'excentrique gentleman avait déployé dans cette affaire ses merveilleuses qualités de sang-froid et d'exactitude. Mais après ? Qu'avait-il gagné à ce déplacement ? Qu'avait-il rapporté de ce voyage ?

Rien, dira-t-on ? Rien, soit, si ce n'est une charmante femme, qui -- quelque invraisemblable que cela puisse paraître -- le rendit le plus heureux des hommes ! En vérité, ne ferait-on pas, pour moins que cela, le Tour du Monde ?

Mr. Fogg quietly shut the door.

Phileas Fogg had won his wager, and had made his journey around the world in eighty days. To do this he had employed every means of conveyance--steamers, railways, carriages, yachts, trading-vessels, sledges, elephants. The eccentric gentleman had throughout displayed all his marvellous qualities of coolness and exactitude. But what then? What had he really gained by all this trouble? What had he brought back from this long and weary journey?

Nothing, say you? Perhaps so; nothing but a charming woman, who, strange as it may appear, made him the happiest of men! Truly, would you not for less than that make the tour around the world?

Printed in Poland
by Amazon Fulfillment
Poland Sp. z o.o., Wrocław